'Vom Glauben der Kinder
im Mutter-Leibe'

KONTEXTE

Neue Beiträge zur
Historischen und Systematischen Theologie

Herausgegeben von Johannes Wirsching

Band 31

PETER LANG

Frankfurt am Main · Berlin · Bern · Bruxelles· New York · Wien

Eckhard Struckmeier

'Vom Glauben der Kinder im Mutter-Leibe'

Eine historisch-
anthropologische Untersuchung
frühneuzeitlicher lutherischer
Seelsorge und Frömmigkeit
im Zusammenhang
mit der Geburt

PETER LANG
Europäischer Verlag der Wissenschaften

Die Deutsche Bibliothek - CIP-Einheitsaufnahme

Struckmeier, Eckhard:
"Vom Glauben der Kinder im Mutter-Leibe" : eine historisch-
anthropologische Untersuchung frühneuzeitlicher lutherischer
Seelsorge und Frömmigkeit im Zusammenhang mit der Geburt /
Eckhard Struckmeier. - Frankfurt am Main ; Berlin ; Bern ;
Bruxelles ; New York ; Wien : Lang, 2000
   (Kontexte ; Bd. 31)
   Zugl.: Bielefeld, Univ., Diss., 1995
   ISBN 3-631-35618-8

Gedruckt auf alterungsbeständigem,
säurefreiem Papier.

D 361
ISSN 0724-6366
ISBN 3-631-35618-8
© Peter Lang GmbH
Europäischer Verlag der Wissenschaften
Frankfurt am Main 2000
Alle Rechte vorbehalten.

Das Werk einschließlich aller seiner Teile ist urheberrechtlich
geschützt. Jede Verwertung außerhalb der engen Grenzen des
Urheberrechtsgesetzes ist ohne Zustimmung des Verlages
unzulässig und strafbar. Das gilt insbesondere für
Vervielfältigungen, Übersetzungen, Mikroverfilmungen und die
Einspeicherung und Verarbeitung in elektronischen Systemen.

Printed in Germany 1   3 4 5 6 7

Vorwort

Die vorliegende Studie setzt sich anhand der Analyse eines bisher nicht, wenig oder doch unter dem hier gewählten Untersuchungsschwerpunkt noch nicht erschlossenen Quellenfundus mit einer bislang nicht aufgearbeiteten Problematik auseinander: der frühneuzeitlichen lutherischen Seelsorge und Frömmigkeit im Zusammenhang mit der Geburt. Die der Studie zugrundeliegende historisch-anthropologische Frage nach der Bewältigung der 'Grundsituation' Geburt im frühneuzeitlichen Luthertum führt zu einer Auseinandersetzung mit Aspekten der Geschichte der Seelsorge und Frömmigkeit, systematisch-theologischen Zusammenhängen sowie der Geschichte der Frau und ihrer Beziehung zu ihrem noch ungeborenen oder neugeborenen Kind.

Aufgrund der Aussagekraft der untersuchten Quellen steht im Vordergrund der Studie nicht die 'Realgeschichte' der Geburt. Die Arbeit ist im Kern eine Untersuchung zu den Zielen von Seelsorge und Frömmigkeit, ihren Normen, theologischen Grundlagen und Prämissen. Von diesem Schwerpunkt aus soll sie zur Aufarbeitung eines bisher vernachlässigten Aspekts der Geschichte lutherischer Seelsorge und Frömmigkeit beitragen.

Die vorliegende Untersuchung wurde im Sommersemester 1995 von der Fakultät für Geschichtswissenschaft und Philosophie der Universität Bielefeld als Dissertation angenommen. Meinem Doktorvater, Prof. Dr. Heinrich Rüthing, danke ich für seine Förderung und engagierte Betreuung. Als Geschichtsforscher und Lehrer wird er für mich immer ein - allerdings unerreichbares - Vorbild bleiben. Prof. Dr. Neithard Bulst bin ich für seine Bereitschaft zur Übernahme der Aufgaben des Korreferenten verbunden.

Die langwierige Eruierung, Sammlung und Auswertung der zugrundegelegten Quellen wäre nicht möglich gewesen ohne meine Anstellung als Wissenschaftlicher Mitarbeiter an der Fakultät für Theologie, Geographie, Kunst und Musik, Fach: Evangelische Theologie der Universität Bielefeld. Dafür und für viele hilfreiche Gespräche danke ich Prof. Dr. Gisela Kittel. Prof. Dr. Elke Axmacher (Fakultät für Theologie, Geographie, Kunst und Musik der Universität Bielefeld) gebührt Dank für konstruktive Hinweise zum Manuskript meiner Arbeit und die bereitwillige Übernahme meiner Prüfung im Rigorosum (Fach: Evangelische Theologie). Bei Prof. Dr. Johannes Wirsching (Humboldt-Universität zu Berlin) bedanke ich mich für weiterführende Hinweise zum Manuskript und die Aufnahme meiner Dissertation in die Reihe "Kontexte. Neue Beiträge zur Historischen und Systematischen Theologie".

Dr. phil. dr hab. Rudolf Lenz und der "Forschungsstelle für Personalschriften. Arbeitsstelle der Akademie der Wissenschaften und der Literatur zu Mainz" ist für wichtige Hilfen bei der Auffindung der im Rahmen dieser Arbeit untersuchten Leichenpredigten zu danken. Dank für hilfreiche Anregungen gilt außerdem Priv.-Dozent Dr. Gerhard Schwerhoff (Fakultät für Geschichtswissenschaft und Philosophie der Universität Bielefeld) und Prof. Dr. Johannes Wallmann (Ruhr-Universität Bochum). Prof. Dr. Jürgen Schlumbohm, Dr. Patrice Veit und der Arbeitsgruppe zur Geschichte der Geburt beim Max-Planck-Institut für Geschichte (Göttingen) sage ich Dank für anregende Diskussionen über Teile dieser Studie.

Für die kritische Lektüre des Manuskripts meiner Dissertation, viele fruchtbare Gespräche und Hilfen bei der Erstellung des vorliegenden Textes danke ich außerdem Bernd Hüllinghorst, Karsten Jelten, Hugh Logan, B.A., M.Sc. und Thomas Strunk, M.A. Meinem Freund Reiner Oevermann schulde ich Dank dafür, daß er keine Mühe gescheut hat, wenn es darum ging, mir 'zur Zeit oder zur Unzeit' bei Problemen mit der Textverarbeitung zur Seite zu stehen.

Dieses Buch soll meinem Sohn Anselm Erich gewidmet sein, der während der Entstehung dieser Studie geboren wurde.

Hüllhorst, im Juni 1999

INHALT

VORWORT V

EINLEITUNG 1

A. Problemhorizont und Fragestellung 1

   1. Allgemeine Einführung 1

   2. Untersuchungsschwerpunkte und Bezugsrahmen: Die
Geschichte der Seelsorge und Frömmigkeit, der werdenden
Mütter und Mütter und der Mutter-Kind-Beziehung 3

      2.1 Die Geschichte der Seelsorge und Frömmigkeit 3

      2.2 Die Geschichte der werdenden Mütter und Mütter und der
Mutter-Kind-Beziehung 5

B. Quellen und Forschungsstand 8

C. Zum Bezug der Quellen zur historischen Wirklichkeit 11

D. Zum hermeneutischen Anliegen der Arbeit und zur Gliederung 14

TEIL I: DIE SCHWANGERE, GEBÄRENDE UND WÖCHNERIN 17

A. Fruchtbarkeit: Ein Geschenk Gottes 17

   1. Das Gebet um Fruchtbarkeit und die Aufforderung zur
Dankbarkeit für die Gnade der Fruchtbarkeit 17

   2. Die Verurteilung einer ablehnenden Haltung gegenüber
Schwangerschaft und Kindern 22

B. Schwangerschaftsbeschwerden, Geburtsschmerzen und mit
Schwangerschaft und Entbindung verbundene Ängste: Die
bewußte Wahrnehmung der körperlichen und seelischen
Bedrängnisse zum geistlichen Nutzen 26

1. Schwangerschaftsbeschwerden und Geburtsschmerzen als von Gott auferlegte Sündenstrafen 26

2. Die Funktion der Entbindung als Mittel zur Demütigung des weiblichen Geschlechts 29

3. Die Ängste der Schwangeren: 'Zur-Sprache-Bringen' der psychischen Belastungen in Anlehnung an biblische Topoi 33

4. Die Todesfurcht der Schwangeren: Todesvorahnungen als Mahnung zur Vorbereitung auf das Sterben 36

5. Der Trost der Verhängung der Beschwerden und Ängste durch Gott selbst 40

C. Gottes 'Hebammendienst': Das Vertrauen auf Gott als 'Geburtshelferin' 41

1. Die Anrufung Gottes als 'Hebamme' angesichts der Unmöglichkeit, das Gelingen der Entbindung aus menschlicher Kraft zu erreichen 41

2. Die Abhängigkeit der Hebammen von Gottes 'Geburtshilfe' und das von ihnen geforderte Gottvertrauen 45

3. Das Vertrauen der Gebärenden auf den allmächtigen Gott und seine Verheißungen 50

4. Der Kampf gegen 'Aberglauben' und die Anrufung der Heiligen im Zusammenhang mit der Geburt 53

D. Die Entbindung als Glaubenskampf und Glaubensschule 59

1. Die Gebärende als Überwinderin im 'Kampf des Glaubens' 59

2. Der gekreuzigte Christus als Erlöser und Vorbild der Gebärenden: Die Konzentration auf die durch Christus vollbrachte Errettung 66

E. Gegen Vorstellungen von der 'Unreinheit' der Kindbetterinnen: Der 'Segensstand' der Schwangeren, Gebärenden und Wöchnerinnen 70

F. Die Berufung zur 'Geburtsarbeit' als Lebensaufgabe der Frau 78

TEIL II: DAS KIND 87

A. Die Nottaufe und damit zusammenhängende Probleme 87

1. Die Taufe des Neugeborenen und die Bestätigung des ordnungsgemäßen Vollzuges der Nottaufe durch Zeugen: Die Sicherung der Heilswirksamkeit der Taufe durch ihren formal korrekten Vollzug 87

2. Taufmaterie und Tauformel bei der Nottaufe: Ihre Funktion als Hilfen zur Vermittlung von Gewißheit über den Heilsempfang 96

3. Zum Vollzug von Nottaufen durch Frauen 105

4. Die Beseitigung eines Problemzusammenhangs in Verbindung mit der Nottaufe: Die Abschaffung der katholischen Lehre von der 'geistlichen Verwandtschaft' 110

5. Die für die Heilsgewißheit unabdingbare Verwendung der trinitarischen Tauformel ohne kasuistische Zusätze: Die Abschaffung der Konditionaltaufe im Luthertum 113

6. Die Möglichkeit des Heilsempfangs auch ohne die Vermittlung der 'Taufe im Mutterleib': Die Abschaffung der Nottaufe von Körperteilen vor der Vollendung der Geburt 118

B. Das Heil der ungetauft sterbenden Kinder 122

1. Die Errettung der ungetauft sterbenden Kinder durch die Fürbitte ihrer Eltern und anderer Christen 122

   1.1 Die Fürbitte für das Heil ungetauft sterbender Kinder an Stelle der 'Taufe im Mutterleib' 122

   1.2 Zum Fehlen der theologischen Grundlage für das Gebet um das volle Heil der ungetauft sterbenden Kinder im frühneuzeitlichen Katholizismus 126

   1.3 Die Fürbitte für das Heil der ungetauft sterbenden Kinder im Vertrauen auf göttliche 'Verheißungen' 128

   1.4 Das 'Seufzen' der Mutter und das stellvertretende Gebet des Heiligen Geistes: Gewißheit über das Heil der ungetauft sterbenden Kinder auch ohne bewußte Fürbitte 131

2. In den untersuchten Texten angeführte systematisch-
theologische Grundlagen für die Lehre vom Heil der ungetauft
sterbenden Kinder 134

   2.1 Die 'Bundesverheißung' 134

      2.1.1 Die Errettung der ungetauft sterbenden Kinder der
Christen aufgrund ihrer Herkunft von christlichen
Eltern 134

      2.1.2 Die Heilsübermittlung ohne den Empfang des
Taufsakraments als besonderes göttliches
Gnadenhandeln 137

   2.2 Gottes Freiheit und Allmacht und Gottes Erwählung 143

      2.2.1 Der göttliche Heilswille als Grundlage der Errettung
der ungetauft sterbenden Kinder christlicher Eltern 143

      2.2.2 Zum Schicksal der ungetauft sterbenden Kinder der
Juden und 'Heiden' 152

3. Die Vermittlung des Heils an die ungetauft sterbenden Kinder
der Christen 155

   3.1 Die Blut- und die Geisttaufe 155

   3.2 Errettung 'sola fide': Seligmachender Glaube im
Mutterleib 161

4. Sichtbare Zeichen für den Glauben an das Heil der ungetauft
gestorbenen Kinder: ihre Gleichstellung mit den getauften
Kindern und Erwachsenen durch die Zulassung zum
Begräbnis auf dem kirchlichen Friedhof und die bei ihren
Beerdigungen durchgeführten Zeremonien 169

C. Exkurs: Die fehlende Differenzierung zwischen dem 'religiösen
Verhalten' von Kleinkindern und Erwachsenen in Leichenpredigten
auf Kleinkinder 177

   1. Die 'Frömmigkeit' der Kleinkinder als Zeugnis ihres Glaubens
und ihrer Errettung 177

   2. Zum 'Gebet' der Säuglinge - ein Versuch der Annäherung 184

TEIL III: DIE VERBINDUNG DER WERDENDEN MUTTER UND
DER MUTTER MIT IHREM KIND UND IHRE
GOTTESBEZIEHUNG GEMÄß DEN UNTERSUCHTEN GEBETEN
DES 16. BIS 18. JAHRHUNDERTS FÜR SCHWANGERE,
GEBÄRENDE UND WÖCHNERINNEN 187

    A. Die enge Verbindung der Schwangeren und der Mutter mit ihrem
       Kind gemäß der inhaltlichen Untersuchung der Gebete 187

    B. Der relative Bedeutungsverlust der Verbindung der Mutter mit
       ihrem Kind gemäß der quantifizierenden Untersuchung der Gebete 192

    C. Die Steigerung der Emotionalität und die Konzentration auf das
       betende Subjekt in den Gebeten Schwangerer, Gebärender und
       Wöchnerinnen hinsichtlich der Gottesbeziehung der Beterin 196

    D. Exkurs: Die Konzentration auf die geistliche Zurüstung der
       einzelnen Leserin in den lutherischen Schriften des 16. bis 18.
       Jahrhunderts für Schwangere, Gebärende und Wöchnerinnen 201

SCHLUSS 205

    A. Seelsorge, Frömmigkeit und die hohe Wertschätzung von Mutter
       und Kind 205

    B. Zur Entwicklung der Mutter-Kind-Verbindung und der
       Gottesbeziehung 209

ANHANG 213

    A. Erbauliche Texte 213

       1. Martin Girlich (1551): Ein kurtzer Bericht 213

       2. Bonifazius Stölzlin (1652): Erinnerung vnd Trost an die
          hartgebaehrende Frawen 214

       3. Johann Friedrich Stark (o.J., 1731): Trost bey herannahender
          Geburt 217

    B. Gebete 218

       1. Johannes Hug (1562): Gebett gleubiger kindtbetterin in
          schmertzen vnd noeten vber der geburt.. 218

 2. Otho Körber (1580): Wie man das Kindlein / so in der geburt in gfahr seines lebens stehet / vnd sich zum theil beweiset / oder noch gantz verdeckt / dem lieben Gott befehlen soll 219

 3. Philipp von Zesen (1657): Seufzer einer kreuschenden frauen / so in kindesnoehten arbeitet 220

 4. Nikolaus Haas (1718, 1695): Wegen eines Kindes, so bald nach der Geburt ohne die Tauffe gestorben 221

C. Lieder 223

 1. Johannes Bugenhagen (1551): Ein trostlich Lied / wie die Eltern jre Kindlein in mutter leibe Christo sollen zutragen. Jm Thon / Jch danck dem Herrn von gantzem hertzen / etc. 223

 2. Johann Friedrich Stark (o.J., 1731): Gesang bey herannahender Geburtsstunde. Mel. Zion klagt mit Angst und Schmerzen 224

ABKÜRZUNGS-, QUELLEN- UND LITERATURVERZEICHNIS UND VERZEICHNIS DER VERWENDETEN HILFSMITTEL 225

 A. Abkürzungsverzeichnis 225

  1. Archive und Bibliotheken 225

  2. Handbücher und Zeitschriften 226

  3. Quellen 226

  4. Sonstige Abkürzungen 227

 B. Quellenverzeichnis 227

  1. Hebammenordnungen und Hebammenlehrbücher 227

  2. Schriften für Schwangere, Gebärende und Wöchnerinnen 231

  3. Leichenpredigten 232

   3.1 Leichenpredigten-Sammelwerke 232

   3.2 Leichenpredigten auf im Zusammenhang mit der Geburt gestorbene Frauen und Leichenpredigten auf Kinder 233

3.2.1 Leichenpredigten auf im Zusammenhang mit der Geburt gestorbene Frauen 233
    3.2.1.1 Predigten aus Leichenpredigten-Sammelwerken 233
    3.2.1.2 Einzelne Leichenpredigten 233
3.2.2 Leichenpredigten auf Kinder 238
    3.2.2.1 Predigten aus Leichenpredigten-Sammelwerken 238
    3.2.2.2 Einzelne Leichenpredigten 239
3.3 Andere Leichenpredigten 242

4. Gebetbücher 242

5. Erbauungsschriften und Schriften für Eheleute 247

6. Andere Quellen 251

C. Literaturverzeichnis 258

D. Verzeichnis der verwendeten Hilfsmittel 299

SUMMARY 300

REGISTER 303

  A. Personen 303

  B. Bibelstellen 310

NACHWEISE 317

Einleitung

A. Problemhorizont und Fragestellung

1. Allgemeine Einführung

Im Mittelpunkt der historischen Forschung sollte nach Thomas Nipperdey die Vergangenheit des Menschen stehen, "sofern sie anderes und mehr ist als eine biologische Vergangenheit"[1]. Die geschichtlichen Handlungs- und Erfahrungsbereiche, in denen die Körperlichkeit und Geistigkeit des Menschen zusammentreffen, gehören zum Arbeitsgebiet der Historischen Anthropologie[2]. Dieser Zweig der Geschichtswissenschaft bemüht sich darum, zur "Einsicht in sich wandelnde und überdauernde konstitutionelle Bedingungen menschlicher Einstellungen und Verhaltensweisen" beizutragen[3]. Die Historische Anthropologie fragt u.a. nach der Daseinsbewältigung[4] des Menschen in 'Grundsituationen' und 'elementaren Erfahrungen'. Dazu gehören die existentiellen Krisen[5] von Geburt und Tod[6].

Während in zahlreichen Untersuchungen die Geschichte des Todes behandelt wurde[7], ist die Geschichte der Geburt bisher vernachlässigt worden. In der

---

[1] Nipperdey, Die anthropologische Dimension, S. 225. Vgl. auch ders., Kulturgeschichte. Zu den verwendeten Abkürzungen vgl. das Abkürzungsverzeichnis. Vgl. die vollständigen Titel der genannten Werke im Quellen- und Literaturverzeichnis.

[2] Vgl. Martin, Probleme, S. 44. Die historisch-anthropologisch relevanten Zusammenhänge sind biologisch verankert; sie bedürfen jedoch einer "kulturellen Überformung und/oder einer historischen Auswicklung". Lepenies, S. 338. Vgl. auch Imhof (Hg.), Biologie; ders. (Hg.), Mensch und Gesundheit; ders., Die gewonnenen Jahre; ders. (Hg.), Leib; ders., Der Mensch; ders., Die verlorenen Welten. Als kurze Einführung in die Historische Anthropologie vgl. Eder. Zu den theoretischen Grundlagen und Arbeitsweisen der Historischen Anthropologie vgl. auch Köhler; Sprandel, Kritische Bemerkungen; Nitschke, Historische Verhaltensforschung; ders., Fragestellungen. Vgl. auch Kocka; Medick, "Missionare"; ders., Vom Interesse; Gebauer; Groh; Habermas, Minkmar (Hg.); Dressel; Po-Chia Hsia, Scribner (Hg.); Christoph Wulf (Hg.).

[3] Süssmuth, S. 5.

[4] Sprandel, Historische Anthropologie, S. 121, 141; Süssmuth, S. 7.

[5] Zum Phänomen 'Krise' vgl. Selbach.

[6] Vgl. Süssmuth, S. 5. Vgl. auch Borscheid, Teuteberg; Nitschke, Geburt.

[7] Vgl. u.a. Choron; Ariès, Studien; ders., Geschichte des Todes; Vgl. auch Hahn; Böse. Vgl. u.a. die folgenden Arbeiten aus dem deutschsprachigen Raum: Fuchs; Rudolf; Imhof, Ars; Paul Richard Blum (Hg.). Vgl. auch Appel; Klein; Berger; Guth.

einzigen Monographie über die Geschichte der Geburt ("Die Geburt. Volksglaube, Rituale und Praktiken. Von 1500 - 1900"[8]) befaßt sich Jacques Gélis mit hinsichtlich ihrer religiösen Dimension fast ausschließlich durch die katholische Tradition geprägten Denk- und Verhaltensformen im Zusammenhang mit der Geburt[9]. Gélis bemüht sich um die "Aufdeckung der Motivationen und Verhaltensweisen der Männer und Frauen ..., die ... in früheren Jahrhunderten das Leben weitergaben"[10]. Seine Untersuchung bezieht sich geographisch auf ganz Westeuropa, obwohl der weitaus größte Teil seiner Quellen aus Frankreich stammt[11]. Die vorliegende Untersuchung von Seelsorge und Frömmigkeit im Kontext der Geburt setzt sich mit protestantischen (lutherischen) Denkformen und Handlungsorientierungen im deutschsprachigen Raum auseinander.

Die Gebärfähigkeit gehört zu den Determinanten der Frauenrolle, und die Geburt ist eine "zentrale Erfahrung im Leben einer Frau"[12]. Sie hat Einfluß auf die Entfaltung ihrer Persönlichkeit und ihr Ansehen in der Gesellschaft[13]. Die Geschichte der Seelsorge und Frömmigkeit im Zusammenhang mit der Geburt ist deshalb eng verbunden mit der Geschichte der Frau[14]. Angesichts der Geburt werden die Wertschätzung der Leibesfrucht bzw. des Neugeborenen und die Tiefe der Beziehung der Mutter zu ihrem noch ungeborenen oder neugeborenen

---

[8] Gélis' Monographie "Die Geburt ..." erschien nach einer Arbeit über Geburt und Kindheit in der Frühen Neuzeit. Vgl. Gélis, Laget, Morel. Vgl. auch Gélis, Les sanctuaires. Vgl. auch Müllerheim; Samter; R.W. Wertz, D.C. Wertz; Lehmann; Schindler (Hg.); Gay, S. 242-288; Leavitt. Vgl. auch die folgenden, nach der Fertigstellung dieser Dissertation erschienenen Arbeiten: Labouvie, Andere Umstände; Schlumbohm, Duden, Gélis, Veit (Hg.).

[9] Vgl. Gélis, Die Geburt.

[10] Gélis, Die Geburt, S. 11.

[11] Vgl. Gélis, Die Geburt, S. 11.

[12] Kitzinger, Natürliche Geburt, S. 18. "Jahre nachdem das Baby geboren wurde, erinnert sie sich genau an die Einzelheiten des Geburtsablaufs und an ihre Gefühle, als das Kind da war". Ebd. Vgl. auch dies., Frauen als Mütter; Chesler; Sibylle Hoffmann.

[13] Vgl. Kammeier-Nebel, S. 136. Vgl. auch Steffen, Sp. 604. In vielen Sprachen bezeichnet das Wort 'Frau' ursprünglich nur das weibliche Geschlechtsteil. Vgl. Krauss, S. 41. Vgl. auch Schönfeld, S. 57.

[14] Die Frauengeschichte zeigt "grundlegende (wenn auch meist langsame) Wandlungsprozesse und Veränderungserfahrungen auf; d.h. sie erweist die Geschlechterverhältnisse als flexibel und gestaltbar". von Borries, S. 4. Als Kurzbibliographie zur Einführung in verschiedene Aspekte der Frauengeschichte vgl. Geyer-Kordesch, Kuhn (Hg.). Zur Frauengeschichte allgemein vgl. u.a. auch Frauen; Martin, Zoepffel (Hg.). Vgl. auch Wiesner Wood; Fischer-Homberger, "Krankheit"; Honegger; Shorter, Der weibliche Körper; Prior (Hg.); Suleiman (Hg.); Davis; Bock, Nobili (Hg.); Goldstein (Hg.); Wunder, Vanja (Hg.); Hausen, Wunder (Hg.); Volkov (Hg.); Labouvie (Hg.), Frauenleben; Middell; Lerner; Labouvie (Hg.), Ungleiche Paare.

Kind erkennbar. Die Geschichte der Seelsorge und Frömmigkeit im Zusammenhang mit der Geburt ist deshalb verknüpft mit der Geschichte der Mutter-Kind-Beziehung.

Im folgenden soll versucht werden, der engen Verbindung der Geschichte der Seelsorge und Frömmigkeit im Zusammenhang mit der Geburt mit der Geschichte der Frau und der Mutter-Kind-Beziehung Rechnung zu tragen: Bei der Aufarbeitung der seelsorge- und frömmigkeitsgeschichtlichen Phänomene ist dem in den Quellen zum Ausdruck gebrachten Frauenbild und dem Charakter der Mutter-Kind-Verbindung nachzugehen.

2. Untersuchungsschwerpunkte und Bezugsrahmen: Die Geschichte der Seelsorge und Frömmigkeit, der werdenden Mütter und Mütter und der Mutter-Kind-Beziehung

2.1 Die Geschichte der Seelsorge und Frömmigkeit

Nach William A. Clebsch und Charles R. Jaekle versuchen seelsorgerliche Bemühungen auf die Heilung[15], Unterstützung, Führung und Versöhnung von Menschen hinzuwirken[16]. Seelsorge vermittelt Hoffnung, "wo biologisch jede Hoffnung zu Ende ist"[17]. Das geistliche Anliegen christlicher Seelsorge ist der Bau des 'Reiches Gottes'[18], des 'Corpus Christi mysticum'[19].

---

[15] Heilung bezeichnet einen Fortschritt gegenüber der vor der Schwierigkeit erreichten Ebene. Vgl. Clebsch, Jaekle, S. 33.

[16] "The ministry of the cure of souls, or pastoral care consists of helping acts ... directed toward the healing, sustaining, guiding, and reconciling of troubled persons whose troubles arise in the context of ultimate meanings and concerns". Clebsch, Jaekle, S. 4. "The health that is ultimately sought is ... the well-being of the soul". Mc Neill, S. VII. Nach Köstlin bedeutet "Seelsorge" "die Bemühung um die Seele im Interesse der Erhaltung des ihr eigentümlichen Lebens und die Bewahrung der für ihr Dasein wie für ihre bestimmungsgemäße Entwickelung wesentlichen Lebensbeziehungen". Köstlin, S. 1. Gemäß Bonhoeffer bezeichnet 'psyches therapeia', "worum es bei ... Seelsorge im Grunde geht". Bonhoeffer, S. 11.

[17] Thurneysen, S. 139.

[18] Vgl. Schrott, S. 10.

[19] Vgl. Köstlin, S. 43, 50. "Although only a tiny fraction of the total activity of pastoral care has been recorded, the range that is documented is overwhelming. The records ... reveal ... the richness and inventiveness of pastoral ingenuity". Clebsch, Jaekle, S. 1. Obwohl nach christlicher Überzeugung durch die Seelsorge der über der Zeit stehende Heilige Geist wirk-

Mit Bezug auf die frühe Neuzeit ist auf die disziplinierende Funktion der Seelsorge hingewiesen worden. Nach Volker Läpple war die frühneuzeitliche Seelsorge durch starken Zwang und strenge Überprüfung der Normeinhaltung gekennzeichnet[20]. Ihre disziplinierende Funktion weist auf die Verbindung der frühneuzeitlichen Seelsorge mit der frühneuzeitlichen 'Sozialdisziplinierung'[21], der umfassenden Formung des Denkens und Verhaltens durch obrigkeitliche Maßnahmen und Bürokratisierungsprozesse hin[22].

Von Wolfgang Reinhard wurde eine enge Verbindung der Geschichte der Frömmigkeit mit der Geschichte der 'Sozialdisziplinierung' postuliert[23]. Der Be-

---

sam ist, sind die Organisation und die Methoden der Seelsorge geschichtliche Gebilde. Vgl. Schrott, S. 11, 13.

[20] Vgl. Läpple, S. 19. Läpple unterscheidet zwischen "traditionalen" und "innengeleiteten" historischen Seelsorgeformen. Das eigentliche "Zeitalter der Innenlenkung" brach nach Läpples Auffassung erst im 19. Jahrhundert an. Vgl. Läpple, S. 15-35. Schütz stellt heraus, die frühneuzeitliche Seelsorge könne "nicht ohne die leidige Verklammerung mit der Kirchenzucht richtig gesehen werden". Schütz, bes. S. 9-64, hier: S. 27. Nach Clebsch, Jaekle war die Seelsorge des 14. bis 16. Jahrhunderts vor allem durch das Anliegen der Versöhnung des einzelnen mit dem "gerechten Gott" gekennzeichnet. Die Seelsorge der Aufklärung konzentrierte sich auf die Lehre von der Unsterblichkeit der Seele und die Praxis moralischen Verhaltens, um dadurch in einer durch die Infragestellung religiöser Werte und Normen gekennzeichneten Epoche die Menschen in ihrem angefochtenen Glaubensleben zu unterstützen. Vgl. Clebsch, Jaekle, S. 28. Zur Geschichte der protestantischen Seelsorge und Frömmigkeit im 17. Jahrhundert vgl. auch Tholuck; Emil Fischer.

[21] Vgl. Breuer; Peukert, bes. S. 18 ff; Schulze; Po-Chia Hsia. Vgl. auch Jütte, "Disziplin", bes. S. 92-98. Für Weber ist Diszipin als zentrales Element bei der Durchsetzung des rationalen, bürokratischen Anstaltsstaates der Neuzeit ein wichtiges Phänomen. Vgl. Weber, Wirtschaft, S. 551-580, 681-687, 815-837. Elias erklärt den Prozeß äußerer und innerer Disziplinierung als einen eigengesetzlichen, "mechanischen" und mit der gesellschaftlichen Entwicklung verflochtenen Prozeß zunehmender Steuerung der Affekte. Vgl. Elias. Zum Zusammenhang von Kirchenzucht und "Sozialdisziplinierung" vgl. Schilling, Reformierte Kirchenzucht, S. 261-327; ders., "Geschichte". Vgl. auch Zeeden, Die Entstehung; ders., Das Zeitalter; Schilling, Die Konfessionalisierung.

[22] Nach der von Oestreich entwickelten Konzeption der 'Sozialdisziplinierung' erfolgte im Zeitalter des Absolutismus durch obrigkeitliche Maßnahmen wie Polizeiverordnungen, militärischen Drill und bürokratische Disziplin eine Formung der Menschen, die langfristig bewirkte, daß aus "äußerem Zwang" "Selbst-Zwang" wurde. Vgl. Oestreich. Die Rolle der Kirche wird von Oestreich nicht problematisiert.

[23] Vgl. Reinhard, Konfession; ders., Zwang. Vgl. auch ders., Gegenreformation; ders., Möglichkeiten. Vgl. auch Freitag, bes. S. 18, 24 f. Nach Weber hat die Geschichte des religiösen Denkens und Verhaltens Teil an einem säkularen Rationalisierungsprozeß. Vgl. Weber, Die Protestantische Ethik und der Geist; ders., Die Wirtschaftsethik; ders., Wirtschaft, S. 245-381; ders., Die protestantische Ethik.

griff 'Frömmigkeit'[24] bezeichnet entweder die "Theorie von der frommen - d.h. im Sinne der jeweiligen Religion, Konfession oder Theologie rechten - Lebensgestaltung oder die fromme, rechte Lebensgestaltung selbst"[25]. Wie die Seelsorge soll die Frömmigkeit Menschen bei der Bewältigung ihrer Schwierigkeiten unterstützen und ihr Denken und Verhalten mit den kirchlichen Normen in Einklang bringen. Anton Rotzetter definiert 'Frömmigkeit' als "die in der Begegnung mit Gott gewonnene Lebenstüchtigkeit"[26].

Im folgenden sind frühneuzeitliche lutherische Seelsorge und Frömmigkeit als Beitrag zur Bewältigung der existentiellen Grundsituation der Geburt zu untersuchen. Wie wird in den zu analysierenden Texten zur Geschichte der Seelsorge und Frömmigkeit versucht, zu helfen und Denken und Verhalten mit kirchlichen Normen in Übereinstimmung zu bringen?

2.2 Die Geschichte der werdenden Mütter und Mütter und der Mutter-Kind-Beziehung

Im Zentrum der seelsorgerlichen Bemühungen im Zusammenhang mit der Geburt stehen die werdende Mutter und die Mutter; auch die seelsorgerliche Versorgung des Neugeborenen soll seiner Mutter seelsorgerlichen Trost spenden. Die im Rahmen dieser Arbeit untersuchten Texte zur Frömmigkeitsgeschichte hatten die Funktion, den Schwangeren, Gebärenden und Wöchnerinnen als Hilfen bei der Ausübung ihrer Frömmigkeit ('praxis pietatis') zu dienen.

---

[24] Vgl. Greschat; Seitz. Frömmigkeit ist ein zentrales Phänomen der Religion. Zum Terminus 'religio' vgl. Heiler, Erscheinungsformen, S. 1-3. Vgl. auch van der Leeuw, S. 644; Mensching, S. 18 f; Goldammer, S. 9; Heiler, Erscheinungsformen, S. 564. Vgl. auch von Walter; Zeller, Der Protestantismus; Roensch; Zeller, Theologie; ders., Die "alternde Welt"; Schieder (Hg.); Schreiner (Hg.), Laienfrömmigkeit.
[25] Hamm, S. 466. "Frömmigkeit enthält ... zwei Grundelemente: praxisbezogene Theorie und Praxis selbst". Hamm, S. 467.
[26] Rotzetter, S. 20. "Die Geschichte der Frömmigkeit zeigt, daß diese mit verschiedenen Zyklen verbunden ist: mit dem Alltagszyklus, dem Lebenszyklus und dem Festtagszyklus. Die größten Wandlungen haben sich im Bereich des Alltagszyklus ergeben ... An den typischen Stationen des Lebenszyklus wird das kirchliche Angebot ... nach wie vor angenommen (Geburt, pubertäre Ablösungsphase, Heirat, Tod). Die ... Taufe, ... Konfirmation, ... Trauung und ... Bestattung werden als Übergangsrituale erfahren, bei denen sich Glaubenshilfe und Lebenshilfe verbinden". Wintzer, S. 686, Z. 40-52.

Die Frage, wie die Reformation die soziale Lage der Frau verändert habe, wird in der Forschung kontrovers diskutiert. Nach Josef Mörsdorf hat Luthers Eheauffassung "jedes höhere Streben nach Beherrschung des Sexualtriebs gelähmt oder im Keime erstickt"; die Frau wurde als "Mittel zum Zweck", d.h. zur Befriedigung des männlichen Geschlechtstriebs herabgesetzt und entwürdigt[27]. Robert Stupperich betont, im Gegensatz zum sexual- und frauenfeindlichen Mittelalter sei die Frau im Gefolge der Reformation nicht länger als "Verführerin oder gar Verkörperung des Bösen" angesehen worden; in neuer Weise als "Gottes Geschöpf" geachtet, sei ihr die Ehre zuerkannt worden, die "Quelle aller lebenden Menschen zu sein"[28]. Von Alice Zimmerli-Witschi und Barbara Becker-Cantarino wird kritisch auf die Einengung der Frau auf ihre Rolle als Hausfrau und Mutter im Gefolge der Reformation hingewiesen[29]. Wenn im folgenden bei der Analyse der zu bearbeitenden Quellen nach dem in den Texten zum Ausdruck gebrachten Frauenbild gefragt wird, gilt es - soweit möglich -, der Vielschichtigkeit der in den analysierten Texten erkennbaren Wirklichkeit gerecht zu werden und einseitige Urteile zu vermeiden.

Wie wird in den untersuchten Texten den Ängsten und Hoffnungen der Schwangeren, Gebärenden und Wöchnerinnen begegnet? Welche Auffassung von der Rolle, Funktion und Wertschätzung der Frau liegt den analysierten seelsorge- und frömmigkeitsgeschichtlichen Quellen zugrunde?

Gemäß den untersuchten Texten ist für die werdende Mutter und die Mutter neben ihrer Gottesbeziehung die Verbindung mit ihrer Leibesfrucht bzw. ihrem Neugeborenen von zentraler Bedeutung. Das Verhältnis der Eltern zu ihren Kindern im Mittelalter und in der frühen Neuzeit wird in der Literatur häufig als distanziert und lieblos gekennzeichnet. Nach Philippe Ariès, dessen Thesen eine kritische Diskussion auslösten[30], wurden den Heranwachsenden im Mittelalter keine besondere Aufmerksamkeit und Zuwendung zuteil, und der Tod eines Kindes löste kaum Trauer aus: "Immerhin konnte das Kind in den allerersten Jahren, wenn es noch ein kleines, drolliges Ding war, auf eine oberflächliche

---

[27] Mörsdorf, S. 46. Vgl. auch ebd., S. 54.

[28] Stupperich, S. 206. Als positive Darstellungen der reformatorischen Auffassung von der Frau und der Ehe vgl. u.a. auch Kawerau; Seeberg; Lähteenmäki; Ozment, When Fathers. Vgl. auch Ludolphy, Die Frau.

[29] Vgl. Zimmerli-Witschi, S. 183; Becker-Cantarino, Der lange Weg, S. 41. Vgl. auch Stricker, bes. S. 5; Suppan; Molinski, S. 145 f; Beuys, bes. S. 221; Karant-Nunn, bes. S. 39; Nowicki-Pastuschka.

[30] Vgl. Ariès, Geschichte der Kindheit. Neben den im folgenden genannten Werken zur Geschichte der Kindheit vgl. vor allem Martin, Nitschke (Hg.). Die Einleitung der Herausgeber setzt sich kritisch mit den Thesen von Ariès auseinander und zeigt ihre Defizite vor dem Hintergrund der im Sammelband vorgestellten Aufsätze. Vgl. auch Herrmann, Renftle, Roth.

Gefühlszuwendung rechnen, die ich 'Gehätschel' genannt habe. Man vergnügte sich mit ihm wie mit einem Tier, einem ungesitteten Äffchen"[31]. Nach Ariès stieg erst seit dem 17. Jahrhundert die Wertschätzung des Kindes: als Mittelpunkt der Familie wurde es jetzt als "unersetzbar" angesehen, so daß die Eltern auf seinen Tod nun mit tiefer Trauer reagierten[32]. Lloyd de Mause behauptet: "Die Geschichte der Kindheit ist ein Alptraum, aus dem wir gerade erst erwachen. Je weiter wir in der Geschichte zurückgehen, desto unzureichender wird die Pflege der Kinder, die Fürsorge für sie und desto größer die Wahrscheinlichkeit, daß Kinder getötet, ausgesetzt, geschlagen, gequält und sexuell mißbraucht wurden"[33]. Nach Edward Shorter waren Mütter in der "traditionellen Gesellschaft" dem Wohlbefinden von weniger als zwei Jahre alten Kindern gegenüber "gleichgültig", während sie es in der "modernen Gesellschaft" "über alles" stellen[34]. Shorter sieht wegen der negativen Einstellung der Mütter zu ihren Kindern in der Epoche der "traditionellen Gesellschaft" die "schlimme alte Zeit"[35]. Bei David Hunt findet sich ein Hinweis auf eine intensive emotionale Beziehung zwischen Eltern und Kindern im 17. Jahrhundert, der den Thesen einer freundlichen bis sadistischen Gleichgültigkeit gegenüber Kindern entgegensteht: Ein Vater äußert emphatisch Trauer um seine im Alter von vier Jahren verstorbene Tochter[36].

Bei der Untersuchung frühneuzeitlicher lutherischer Seelsorge und Frömmigkeit im Zusammenhang mit der Geburt soll im folgenden dem Charakter der in

---

[31] Vgl. Ariès, Geschichte der Kindheit, S. 45-47, 209-215, 456 f, 556 f, Zitat: S. 46.

[32] Vgl. Ariès, Geschichte der Kindheit, S. 48.

[33] de Mause, Hört ihr die Kinder, S. 12. Zur Auseinandersetzung mit de Mause vgl. auch Nyssen; Schuster-Keim, Keim.

[34] Shorter, Die Geburt, S. 196.

[35] Shorter, Die Geburt, S. 15. Vgl. auch Mitterauer, bes. S. 79 f; Shorter, Die grosse Umwälzung. Während Ariès die von ihm konstatierte "Gleichgültigkeit" der Eltern gegenüber dem Tod ihrer Kinder als eine Konsequenz der hohen Säuglings- und Kindersterblichkeit betrachtet hatte, kehrt Shorter die These um, indem er behauptet, daß "gerade die unzureichende Zuneigung und Pflege an der hohen Sterblichkeit schuld war". Shorter, Die Geburt, S. 234. Zur Kritik an Shorters Thesen vgl. vor allem Gélis, Laget, Morel, S. 119. "Ob es zwischen Mutterliebe einerseits und Säuglings- und Kindersterblichkeit andererseits überhaupt einen kausalen Zusammenhang gibt, muß beim derzeitigen Stand der historischen und demographischen Forschung eine offene Frage bleiben". Hardach-Pinke, S. 533.

[36] Vgl. Hunt, S. 184 f. Nach Arnold weisen die von ihm untersuchten Texte des 16. Jahrhunderts eine "ambivalente Divergenz" auf zwischen Aversion und Zuneigung, Kinderfeindlichkeit und Kinderliebe, strenger Zucht und Ansätzen psychologischen Verständnisses und pädagogischen Einfühlungsvermögens. Vgl. Arnold, S. 29-58, bes. S. 31, 37 f, 85, hier: S. 78. Mit Hilfe der Hausväter-Literatur widerlegt Ozment die These von der fehlenden Mutterliebe. Vgl. Ozment, The Family. Vgl. auch Lenz, De mortuis, S. 58. Zur Geschichte der Mutter-Kind-Beziehung vgl. auch Badinter.

den analysierten Texten zum Ausdruck gebrachten Mutter-Kind-Beziehung nachgegangen werden. Wird in den analysierten Quellen zur Geschichte der Seelsorge und Frömmigkeit eine enge, durch ein hohes Maß an Emotionalität gekennzeichnete Mutter-Kind-Verbindung erkennbar und/oder vorausgesetzt, oder lassen die Quellen auf eine ablehnende Haltung gegenüber dem noch ungeborenen oder neugeborenen Kind schließen? Welche Bedeutung hat die den Texten zugrunde liegende Auffassung der Mutter-Kind-Verbindung für die Gestalt lutherischer Seelsorge und Frömmigkeit?

B. Quellen und Forschungsstand

Der Untersuchung liegen gedruckte Quellen aus dem deutschsprachigen Raum zugrunde: lutherische Kirchen[37]- und Hebammenordnungen[38], Hebammenlehrbücher[39], Schriften für Schwangere, Gebärende und Wöchnerinnen[40], 63 Leichenpredigten auf im Zusammenhang mit der Geburt gestorbene Frauen und 57 Predigten auf bei oder kurz nach der Geburt gestorbene Kinder[41], Gebet[42]- und

---

[37] Vgl. Richter (Hg.); Sehling (Hg.). Vgl. auch Niesel (Hg.); einige Kirchenordnungen in Burckhard (Hg.). Vgl. auch Zeeden, Katholische Überlieferungen; Tietz; Kreiker. Aufgrund der vorliegenden Quelleneditionen wurden vorwiegend Kirchenordnungen des 16. Jahrhunderts untersucht. Die analysierten Texte geben Aufschluß über frühneuzeitliche lutherische Seelsorge und Frömmigkeit im Zusammenhang mit der Geburt gemäß kirchlicher Regulative. Neben Kirchenordnungen wurden auch Seelsorgeanweisungen für Pfarrer berücksichtigt. Vgl. die untersuchten Seelsorgeanweisungen für Pfarrer im Quellenverzeichnis, Kap. 6.

[38] Vgl. Burckhard (Hg.). Vgl. auch Richter (Hg.); Sehling (Hg.). Vgl. auch Baas; Hub; Pfeilsticker; Flügge.

[39] Vgl. die verwendeten Hebammenlehrbücher im Quellenverzeichnis, Kap. 1.

[40] Für die vorliegende Arbeit wurden sechs lutherische Schriften für Schwangere, Gebärende und Wöchnerinnen aus dem 16. bis 18. Jahrhundert untersucht. Vgl. die lutherischen Schriften für Schwangere, Gebärende und Wöchnerinnen im Quellenverzeichnis, Kap. 2.

[41] Es wurden neben einigen bei Vonlanthen edierten Passagen aus Leichenpredigten auf Frauen und Kleinkinder (vgl. ders., S. 117 f, 169 f, 203-206, 208 f, 229-231, 253 f) insgesamt 120 Predigten des 16. bis 18. Jahrhunderts untersucht: 63 Predigten auf während der Schwangerschaft, bei der Geburt oder im Wochenbett gestorbene Frauen, 57 Predigten auf 62 Kinder: 32 Jungen, 23 Mädchen, 7 Kinder ohne Geschlechtsangabe, (3 Predigten wurden auf jeweils 2, eine auf 3 Kinder gehalten). Vgl. die Leichenpredigten auf Frauen und Kinder im Quellenverzeichnis, Kap. 3. Der größte Teil der Leichenpredigten auf Kinder besteht aus Predigten auf Neugeborene und Kleinkinder; 3 Predigten wurden für Früh- und Totgeburten verfaßt, 10 für Kinder im Alter von 0 bis 6 Monaten, 10 für Kinder im Alter von 6 bis 12 Monaten, 8 für Kinder im Alter von 1 bis 6 Jahren und 4 für Kinder im Alter von 6 bis 12 Jahren. Für die meisten der restlichen 25 Kinder ohne Altersangabe ist anzunehmen, daß sie bald nach der Geburt oder als Kleinkinder starben, so daß es sich auch in diesen Fällen überwiegend um

Erbauungsbücher[43] sowie seelsorgerlich-theologische Traktate und Dissertationen des 16. bis 18. Jahrhunderts, die vor allem über das Heil ungetauft sterbender Kinder handeln[44].
Im Gegensatz zu den unter den verschiedensten Aspekten analysierten protestantischen Leichenpredigten[45] sind Schriften für Schwangere, Gebärende und Wöchnerinnen wie die in dieser Arbeit berücksichtigten seelsorgerlich-theologischen Traktate und Dissertationen des 16. bis 18. Jahrhunderts, die über das Heil ungetauft sterbender Kinder handeln, in der Forschung bisher völlig unbeachtet geblieben[46]. Die Gebets[47]- und Erbauungsliteratur[48] ist erst ansatzweise aufgearbeitet worden.

Predigten auf Neugeborene und Kleinkinder handeln dürfte. 97 der 120 Predigten stammen aus dem 17. Jahrhundert. Nur 3 Texte sind dem 16. Jahrhundert zuzurechnen. 18 Predigten wurden im 18. Jahrhundert gedruckt. Für die restlichen 2 Texte ist eine zeitliche Zuordnung nicht möglich. Für die Auffindung der Leichenpredigten waren neben der Durchsicht von Predigten-Katalogen Computer-Ausdrucke der "Forschungsstelle für Personalschriften, Arbeitsstelle der Akademie der Wissenschaften und der Literatur zu Mainz" eine große Hilfe: die Forschungsstelle ermöglicht durch mit Hilfe der EDV gespeicherte Leichenpredigten-Daten eine thematisch gezielte Suche nach den in verschiedenen Bibliotheken der Bundesrepublik verstreuten Texten.
[42] Vgl. die untersuchten Gebetbücher im Quellenverzeichnis, Kap. 4.
[43] Erbaulichen Charakter tragen auch die in die Untersuchung einbezogenen Schriften für Eheleute. Außerdem wurden Seelsorgeanweisungen für Pfarrer berücksichtigt, die sich ausführlich mit der Seelsorge im Zusammenhang mit der Geburt befassen. Vgl die untersuchten Erbauungsschriften und Schriften für Eheleute im Quellenverzeichnis, Kap. 5.
[44] Vgl. die seelsorgerlich-theologischen Traktate und Dissertationen im Quellenverzeichnis, Kap. 6.
[45] Vgl. u.a. die folgenden Literaturberichte und Untersuchungen: Mohr, Protestantische Theologie; Grossmann; Jürgensmeier; Mohr, Der Tote; Lenz (Hg.), Leichenpredigten als Quelle; Zeller, Leichenpredigt; Lenz, Die Forschungsstelle; Lenz (Hg.), Leichenpredigten. Eine Bestandsaufnahme; Blum; Kloke, Lebenslauf und Lebensende; Assion; van Hoof; Imhof, Normen; Kloke, Das Kind; Kümmel; Wunder; Kloke, Die gesellschaftliche Situation; Lenz, Emotion; Leichenpredigten.
[46] Schriften für Schwangere, Gebärende und Wöchnerinnen werden ohne längere Kommentare erwähnt in: Cosack, S. 255; Beck, Die Erbauungsliteratur, S. 157 f; ders., Die religiöse Volkslitteratur, S. 40, 174, 205 f; Große, S. 71, 341; Althaus, Forschungen, S. 132: Jeremias Schweiglin, Lere vnd Trostspiegel ... für Christliche schwangere, geberende Frawen, Frankfurt a.M. 1580 (das genannte Werk war für diese Untersuchung nicht greifbar). Den lutherischen Schriften für Schwangere, Gebärende und Wöchnerinnen vergleichbare katholische oder reformierte Werke aus Deutschland sind m.W. nicht überliefert.
[47] "La pauvreté de la littérature scientifique sur une question d'une importance aussi primordiale, est vraiment remarquable". Mauss, S. 367. Zum Gebet und zu Gebetbüchern vgl. u.a. Wiener; Beißel; Althaus, Zur Charakteristik; Klapper; Domel; Funk; Hermann; Hupfeld, Zur Psychologie; Hupfeld, Das kultische Gebet; Eller; Bolley; Wagner; Roeser; Haimerl; Beintker, Art. Gebet; Heiler; Kulp, Art. Gebet; ders., Art. Gebetbücher; Szöverffy; Rahner;

Obwohl Georg Burckhard bereits 1912 auf die Bedeutung einer Auseinandersetzung mit der religiösen Dimension der Geschichte der Geburtshilfe hingewiesen hat, wurden in Untersuchungen zur Geschichte des Hebammenwesens und der Geburtshilfe Seelsorge und Frömmigkeit bisher nur am Rande behandelt[49]. Die frühneuzeitlichen protestantischen Kirchenordnungen, Leichenpredigten und Gebet- und Erbauungsbücher sind noch nicht hinsichtlich Seelsorge und Frömmigkeit im Zusammenhang mit der Geburt untersucht worden, obwohl sie - wie Hebammenordnungen und Hebammenlehrbücher - z.T. umfangreiche Texte enthalten, die zur Bearbeitung dieser Fragestellung anregen.

Im Rahmen der vorliegenden Arbeit konnte nur ein geringer Teil der großen Zahl frühneuzeitlicher lutherischer Gebet- und Erbauungsbücher untersucht werden. Dennoch werden anhand der analysierten Texte die Grundzüge lutherischen Gebets und lutherischer Erbauung im Zusammenhang mit der Geburt deutlich. In dieser Untersuchung konnte die umfangreiche Gattung der Gesangbuchliteratur nicht berücksichtigt werden[50]; neben erbaulichen Texten und Ge-

---

Wulf; Ebeling, Vom Gebet; Beintker, Zu Luthers Verständnis; Müller; Schulz, Außerliturgische Luthergebete; Schulz, Die evangelischen Begräbnisgebete; Jungmann; Ebeling, Das Gebet; Krause; Schaller; Erdei; Hünermann.

[48] Zu Erbauung und Erbauungsliteratur vgl. u.a. Hasak; Windel; Bornkamm, Art. Evangelische Erbauungsliteratur; Kämpfer; Schoenen; Doerne; Wodke; Kranz; Merkel; van der Lee, Reichmann; Niekus Moore; Springer-Strand; Wimmel; Schmidtke; Friedrich; Mecking; Mohr, Art. Erbauungsliteratur; Procopé; Krummacher.

[49] Vgl. Burckhard (Hg.), S. 13. Zur Geschichte des Hebammenwesens und der Geburtshilfe vgl. u.a. Schelenz; von Siebold; Fasbender; Forbes; Brandt-Wyt; Isidor Fischer; Feis; Wille; Haberling; Hughes; Baruch; Diepgen, Frau; Cutter; Gubalke; Benedek; Donnison; Fischer-Homberger, Krankheit Frau und andere Arbeiten; Böhme; Birkelbach; Ehrenreich, English; Merchant; Labouvie, Selbstverwaltete Geburt. Vgl. auch Diepgen, Über den Einfluß; Jütte, Die Frau. Vgl. auch die rechts-, medizin-, sozial- und mentalitätsgeschichtliche Monographie von Fischer-Homberger: Dies., Medizin. Eine Studie von Knapp mit dem vielversprechenden Titel "Theologie und Geburtshilfe" bezieht sich fast ausschließlich auf F.E. Cangiamilas (1701-1763) "Sacra Embryologica". Vgl. Knapp.

[50] Als Überblicksdarstellung zur Geschichte des Kirchenlieds vgl. Nelle. Vgl. u.a. auch Röbbelen; Piper, Die Rubrik; Piper, Ars; Rößler; Scheitler; Elisabeth Blum; Mager; Kemper; Veit; Ameln. Die vielen, speziell für Schwangere, Gebärende und Wöchnerinnen verfaßten Lieder, die sich in den untersuchten Quellen zwischen Gebeten und erbaulichen Texten finden, decken sich inhaltlich mit den untersuchten Gebeten. Die Quellen für das evangelische Kirchenlied finden sich vor allem in der zeitgenössischen Gebetsliteratur. Vgl. Althaus, Forschungen, S. 4. Auch die umfangreiche 'Hausväterliteratur', in der neben dem 'Hausvater' auch die 'Hausmutter' belehrt wird, konnte im Rahmen dieser Arbeit nicht berücksichtigt werden. Zur Hausväterliteratur vgl. u.a. Julius Hoffmann; Gruenter, Die Hausmutter; ders., Nachtrag; Frühsorge; Becker-Cantarino, Vom "Ganzen Haus".

beten werden im Anhang zwei Lieder abgedruckt, um lutherische Lieder für Schwangere, Gebärende und Wöchnerinnen exemplarisch vorzustellen.

C. Zum Bezug der Quellen zur historischen Wirklichkeit

Hinsichtlich der Deutung der analysierten Texte ist zu beachten, daß sie mit Ausnahme der Personalteile der Leichenpredigten über praktizierte Seelsorge und tatsächlich gelebte Frömmigkeit in direkter Weise nichts aussagen. Anhand der seelsorgerlichen Bestimmungen der Kirchen- und Hebammenordnungen ist nicht nachweisbar, ob ihnen Folge geleistet wurde. Es ist jedoch anzunehmen, daß sie großen Einfluß auf die Wirklichkeit hatten, zumal die Geburtshelferinnen durch die kirchliche und weltliche Obrigkeit kontrolliert und bei Abweichungen von der Norm bestraft wurden[51]. Obwohl in den Personalteilen der Leichenpredigten, in denen über die Biographien der Verstorbenen berichtet wird[52], Ideal und Wirklichkeit zusammenfließen[53], kann von ihnen - allerdings nur begrenzt - auf tatsächlich praktizierte Seelsorge und gelebte Frömmigkeit geschlossen werden: Im Gegensatz zu den anderen bearbeiteten Quellen enthalten die Personalteile der Leichenpredigten gleichzeitig Aussagen zur Frömmigkeitstheorie und Frömmigkeitspraxis. Neben dem Leitbild vom christlichen Leben und Sterben finden sich in den Texten Hinweise auf die Realität[54]. In Personalteilen von Leichenpredigten werden im Einzelfall mehr oder weniger ausführlich auch Züge des tatsächlichen Geschehens wiedergegeben, selbst wenn sie dem Ideal widersprechen. Da beim Lebensende in den meisten Fällen Verwandte, Freunde und Nachbarn der Sterbenden zugegen waren, gab es auch 'Zeugen' der Sterbeszenen. Pfarrer, die sich nicht den Vorwurf einer überzogenen Lobrednerei zuziehen wollten, mußten darauf achten, in ihren Aus-

---

[51] Vgl. dazu die in Anm. 49 angegebene Literatur.

[52] Der Terminus 'Leichenpredigt' bezeichnet die Gesamtheit des gedruckten Text-Faszikels. Neben häufig beigefügten Trauergedichten und sinnbildlichen Darstellungen bestehen die Leichenpredigten vor allem aus zwei Teilen: der eigentlichen Predigt, d.h. der Exegese ausgewählter Bibelworte, und einer Darstellung des Lebenslaufes der Verstorbenen, den 'Personalia'. Im Personalteil wird im 'Ingreß', 'Progreß' und 'Egreß' der Lebensanfang, der Fortgang des Lebens und das Lebensende der Verstorbenen beschrieben.

[53] Sie sind im Einzelfall schwer voneinander zu scheiden. Vgl. Kloke, Die gesellschaftliche Situation, S. 163.

[54] Vgl. Kümmel, S. 201.

führungen nicht zu sehr von der Realität abzuweichen[55]. Trotz allem, was über ihre Wirklichkeitsnähe gesagt werden kann, bleibt jedoch zu betonen, daß auch die Aussagen der Personalteile der Leichenpredigten aufgrund ihrer Orientierung an kirchlichen Idealen nicht nur als Zeugnisse für die historische Wirklichkeit verstanden werden sollten.

Die bearbeiteten Texte der Gebets- und Erbauungsliteratur hatten die Funktion, den Lesern "eine ... auf rechte Lebenspraxis bezogene Theorie" zu vermitteln[56]. Ob sie von ihnen angenommen wurde, ist den untersuchten Quellen nicht zu entnehmen. Heute ist kaum vorstellbar, in welchem Ausmaß 'Erbauung', Andacht und Gebet in der frühen Neuzeit als praktische Lebenshilfen eingesetzt wurden. Während die Gebets- und Erbauungsliteratur in der frühen Neuzeit von allgemeiner Bedeutung war, wird sie heute nur noch von Minderheiten gelesen[57]. Rolf Engelsing hat darauf hingewiesen, daß die frühneuzeitlichen Gebet- und Erbauungsbücher, "in großen Auflagen gedruckt ..., durch Buchbinder, Wanderhändler und kirchliche Einrichtungen zur Lektüre empfohlen und allerorten billig verteilt"[58] - intensiv gelesen wurde[59]. "Von der Schule an wurde die kirchliche Literatur (zudem) ... auswendig gelernt und in Prüfung, Andacht, Gesang, Predigt und Wiederholungslektüre fortwährend repetiert"[60]. Die frühneu-

---

[55] Vgl. Kloke, Die gesellschaftliche Situation, S. 154. Es ist anzunehmen, daß die mitgeteilten Fakten über Seelsorge und Frömmigkeit im Zusammenhang mit der Geburt in der Regel zutreffend sind, "unterlagen sie doch der sozialen Kontrolle der Gemeinde und hätten im negativen Fall die hinterbliebene Familie und den Prediger der öffentlichen Peinlichkeit preisgegeben". Lenz, Emotion, S. 137.

[56] Hamm, S. 473. Den Erbauungsschriften einschließlich der Predigtteile der Leichenpredigten kommt wie den kirchlich-normativen Texten der Kirchen- und Hebammenordnungen eine Vermittlerrolle zwischen der "hochtheologischen Frömmigkeitstheorie und den kollektiven Frömmigkeitsäußerungen des Volkes" zu. Hamm, S. 491.

[57] Gedruckte Predigten, Erbauungs- und Gebetbücher sind in der Literatur der Gegenwart nur "relativ schwach" vertreten. Wulf, S. 80. Als Überblick über Drucke von Gebets- und Erbauungsliteratur und Predigtsammlungen im 19. Jahrhundert vgl. Große, S. 648-673. Zu Neuauflagen protestantischer Erbauungsbücher der frühen Neuzeit und zur Erforschung der frühneuzeitlichen Erbauungsliteratur im 19. Jahrhundert vgl. Zeller, Drucktätigkeit.

[58] Engelsing, Die Perioden, S. 123.

[59] Vgl. Engelsing, Die Perioden, S. 121-133. "Bis zum Ende des 18. Jahrhunderts war der typische Gewohnheitsleser ein intensiver Leser, der eine kleine Auswahl von Büchern oder ein einziges Buch immer wieder las, seit dem Ende des 18. Jahrhunderts ein extensiver Leser, der zahlreiche Bücher las und ein einzelnes selten oder überhaupt nicht wieder vornahm". Engelsing, Die Perioden, S. 122. Zur Geschichte des Lesens vgl. auch ders., Analphabetentum. Vgl. auch Hirsch; Iser; Koppitz.

[60] Engelsing, Die Perioden, S. 124. "Eher als im gebildeten Bürgertum erhielt sich die Wiederholungslektüre traditionellen Stils in den unteren Schichten des Volkes. Dort setzte und pflanzte sie sich fort, soweit die unteren Schichten keinen Zugang zu den Chancen und

zeitlichen Protestanten lernten Lesen und Schreiben an den Erbauungsbüchern: Die geistlichen Schriften formten ihren Wortschatz und ihren sprachlichen Ausdruck[61].

Die Gebets- und Erbauungsliteratur steht in enger Beziehung zu den Wertvorstellungen, Hoffnungen und Ängsten ihrer Adressaten. Sie spiegelt die Wirklichkeit wider und soll verändernd auf sie einwirken. Nach Bernd Hamm erlauben historische Zeugnisse wie Gebete, die beim Vollzug der Frömmigkeit helfen sollten, Rückschlüsse auf innere Frömmigkeit, Wertvorstellungen, Hoffnungen, Zweifel und Ängste[62]. Die untersuchten Texte der Gebets- und Erbauungsliteratur sollten wie die den Adressaten in mündlicher und schriftlicher Form dargebotenen Predigten zu den "konstitutionellen Bedingungen ... (von) Einstellungen und Verhaltensweisen" gehören[63].

In der vorliegenden Arbeit wird versucht, anhand normativer und typologisierender Quellen Grundanliegen und Grundzüge frühneuzeitlicher lutherischer Seelsorge und Frömmigkeit im Zusammenhang mit der Geburt aufzuarbeiten. Die stärkere Auseinandersetzung mit der Wirklichkeit, vor allem mit der Abweichung von dem in den hier untersuchten Texten von Menschen aller Gesell-

---

keinen Anteil an den Errungenschaften hatten, die sich dem Bürgertum am Ende des 18. Jahrhunderts erschlossen". Engelsing, Die Perioden, S. 132.

[61] Vgl. Merkel, S. 35. Der philosphische Schriftsteller Thomas Abbt drückte 1765 den sprachprägenden Einfluß der Erbauungsliteratur auf den "einfachen Protestanten" mit den folgenden Worten aus: "Seine Bibel, sein Catechismus, seine alte Bücher, sein täglicher Gebrauch enthalten den ganzen Umfang der Begriffe und Ausdrücke, die ihm bekannt und geläufig sind". Thomas Abbt, Vom Verdienste, Berlin und Stettin bey Friedrich Nicolai 1765, zitiert nach van der Lee, Reichmann, S. 117. Die Wiederholungslektüre prägte Maßstäbe und Klischees ein. Vgl. Engelsing, Die Perioden, S. 127. Im 19. Jahrhundert wurde evangelischen Pfarrern das Lesen von Erbauungsliteratur als Hilfe zur Formulierung 'volkstümlicher' Predigten empfohlen. Vgl. Große, S. 3. Die Sprache ist eng verbunden mit der kollektiven Vorstellungswelt. Vgl. Ricks, S. 72. Die Verfasser von Privatbriefen, die in der ersten Hälfte des 17. Jahrhunderts anläßlich des Todes von Frauen und Kindern im Zusammenhang mit der Geburt verfaßt wurden, verwenden in Übereinstimmung mit zeitgenössischen Briefstellern Topoi, die auch in den untersuchten Erbauungsschriften und Gebetstexten von zentraler Bedeutung sind. Vgl. Struckmeier, Trost. Beispiele der Rezeption des Gedankenguts und der Topoi der Erbauungs- und Gebetsliteratur finden sich auch bei Steinhausen. Vgl. u.a. Steinhausen 1, S. 139 f, 150, 164, 170.

[62] Vgl. Hamm, S. 470, 476. In Gebetstexten tritt die theologische Reflexion zurück oder fehlt fast ganz. Dennoch gehören auch sie nicht direkt zur Frömmigkeitspraxis, sondern zur Theoriegestalt von Frömmigkeit. In bezug auf ihre Anwendung sind sie der äußeren Frömmigkeitspraxis zuzurechnen. Vgl. Hamm, S. 475.

[63] Süssmuth, S. 5. Vgl. Anm. 3. Gebet steht im "Mittelpunkt der Wechselbeziehung von Glaube und Werk (Ethik). Daher sind Gebet und Tat keine Gegensätze, sondern jedes Gebet hat direkten Einfluß auf das Leben des Beters und sein ganzes Tun". Beintker, Art. "Gebet", Sp. 1233.

schaftsschichten geforderten Denken und Tun muß späteren Untersuchungen auf der Grundlage anderer Quellen vorbehalten bleiben.

D. Zum hermeneutischen Anliegen der Arbeit und zur Gliederung

Der lutherische Theologe Johann Georg Walch (1693-1775)[64] veröffentlichte im Jahr 1733 eine Monographie unter dem Titel "Vom Glauben der Kinder im Mutter-Leibe"[65]. Wer sich anhand der im Rahmen dieser Arbeit analysierten Texte mit frühneuzeitlicher lutherischer Seelsorge und Frömmigkeit im Zusammenhang mit der Geburt befaßt, stößt in den Quellen auf - theologisch geprägte - Vorstellungen, die für den modernen Leser teilweise zunächst fremd und schwer zu verstehen sind[66]. Im folgenden soll versucht werden, sich dem "Eigen-Sinn" der historischen Denk- und Verhaltensformen anzunähern[67]. Dazu müssen theologiegeschichtliche Hintergründe aufgezeigt und insoweit aufgearbeitet werden, wie es zum Verständnis der seelsorge- und frömmigkeits-

---

[64] Seit 1728 lehrte Walch als ordentlicher Professor für Theologie an der Universität Jena. "Als mild lutherischer Dogmatiker und gelehrter Herausgeber der Halleschen Ausgabe der Werke Luther's steht ... Walch noch jetzt in ... hohem Ansehen unter den Theologen". Allgemeine Deutsche Biographie 40, S. 650 f.

[65] Vgl. Walch, Gedancken (1733). Walchs Publikation wurde aufgrund ihrer allgemeinen Relevanz in deutscher Sprache verfaßt. Der Ausgabe in deutscher Sprache liegt eine lateinische Dissertation zugrunde. Vgl. Walch, Dissertatio (1717).

[66] Der evangelische Theologe Ernst Oelze schrieb im Jahr 1862 über Leichenpredigten des 17. Jahrhunderts zum Thema "Die Seligkeit ungetaufter Kinder": "Es gibt nichts Ermüdenderes, als diese meistens überaus langweiligen Abhandlungen". Oelze, S. 190. Eine gründliche theologiegeschichtliche Auseinandersetzung mit der Lehre vom Seelenheil der vor der Taufe gestorbenen Kinder ist wohl vor allem wegen des Unverständnisses gegenüber dieser Lehre in der frühen Neuzeit beigemessenen Bedeutung bisher nicht erfolgt. Für die Gegenwart ist festzustellen, daß die Wichtigkeit, die im frühneuzeitlichen Luthertum dem geistlichen Trost angesichts des Todes von Kindern vor dem Empfang des Taufsakraments beigemessen wurde, in einer Zeit schwer nachvollziehbar ist, in der "Gott ... an den äußersten Rand der Wirklichkeit hinausgedrängt zu sein" scheint. Jungmann, S. 166.

[67] Vgl. Fuchs, Wingens, bes. S. 478, 482. Verstehen bedeutet "innere Anteilnahme, selbst dann, wenn der Verstehende dem Verstandenen nicht (immer) beipflichtet". Goldammer, S. XXV. Vgl. auch Geerts, S. 9, 19; Koselleck. Goetz hat auf die anthropologische Dimension einer "Vorstellungsgeschichte" hingewiesen. Vgl. Goetz, S. 269. Durch historische Forschung kann nicht über die 'Wirklichkeit' von Gotteserfahrung entschieden werden: Ludewig stellt die Frage, ob Tersteegens Gebetserfahrungen "wirklich" Gotteserfahrungen waren, und ob sie sich im Nachvollzug bewähren. Vgl. Ludewig, S. 12. Die 'Wirklichkeit' religiöser Erfahrung entzieht sich dem Zugriff des Historikers. Vgl. auch Pöll.

geschichtlichen Quellen erforderlich ist. Hier behandelte dogmatische Zusammenhänge - vor allem die Lehre vom Heil der ungetauft sterbenden Kinder - sollten eingehend theologiegeschichtlich untersucht werden, ausführlicher als es im Rahmen dieser Arbeit möglich ist[68].

Die Gliederung der im folgenden vorzunehmenden Auseinandersetzung mit frühneuzeitlicher lutherischer Seelsorge und Frömmigkeit im Zusammenhang mit der Geburt orientiert sich an den Personen, die in den untersuchten Texten im Vordergrund stehen. In Teil I geht es um die seelsorgerliche Betreuung und Frömmigkeit der Schwangeren, Gebärenden und Wöchnerinnen. Teil II handelt von Seelsorge und Frömmigkeit mit Bezug auf das Kind. Anhand der untersuchten Gebete des 16. bis 18. Jahrhunderts für Schwangere, Gebärende und Wöchnerinnen soll in Teil III der Entwicklung der Verbindung der werdenden Mutter und der Mutter mit ihrer Leibesfrucht bzw. ihrem Neugeborenen und ihrer Gottesbeziehung nachgegangen werden. Im Schluß werden die Ergebnisse der Teile I bis III zusammengefaßt.

---

[68] Ein komplexer praktisch-theologischer Aspekt im Zusammenhang mit der Lehre vom Heil der ungetauft sterbenden Kinder, anhand dessen grundsätzliche systematisch-theologische Differenzen vor allem zwischen Lutheranern und Reformierten aufgearbeitet werden könnten, ist die Auseinandersetzung um die Abschaffung bzw. Beibehaltung des Taufexorzismus im frühneuzeitlichen Luthertum. Sie kann hier nur kurz angedeutet werden (vgl. Kap. II B.2.1.2).

Teil I: Die Schwangere, Gebärende und Wöchnerin

A. Fruchtbarkeit: Ein Geschenk Gottes

1. Das Gebet um Fruchtbarkeit und die Aufforderung zur Dankbarkeit für die Gnade der Fruchtbarkeit

In fast allen untersuchten Gebet- und Erbauungsbüchern sind Gebete um Fruchtbarkeit abgedruckt[69]. Die Braunschweiger Kirchenordnung (1528), die Schleswig-Holsteinische Kirchenordnung (1542), die Kirchenordnung für Braunschweig-Wolfenbüttel (1543) und die Regensburger Hebammenordnung (1555) gebieten den Geburtshelferinnen, Schwangere vor allem zum Danken für ihre Fruchtbarkeit aufzufordern[70]. Günther (Ein Trostbüchlein für die Schwangeren und Geberenden Weiber ..., 1566) mahnt die Schwangere zur Dankbarkeit, weil in ihrer Fruchtbarkeit der Segen Gottes für ihren Ehestand

---

[69] Im folgenden wird jeweils bei der ersten Nennung der untersuchten Werke der evangelischen Gebets- und Erbauungsliteratur nach dem Verfassernamen das Erscheinungsjahr des verwendeten Druckes angegeben. Wenn nachweisbar, wird als zweite Jahreszahl das Erscheinungsjahr der frühesten belegbaren Ausgabe genannt. Die in Klammern gesetzte Literaturangabe verweist auf die Arbeit der Sekundärliteratur, in der die verwendete oder gegebenenfalls eine frühere Ausgabe angeführt werden. Dort finden sich z.T. auch weitere Hinweise auf das Werk und/oder den Verfasser. Die Verfassernamen sind gemäß den Angaben der Sekundärliteratur standardisiert. Bei nicht paginierten Texten (s.p.) werden z.T. Seitenzahlen nach eigener Zählung angegeben. Vgl. u.a. Bienemann (1608, Vorwort: 1587)(vgl. Beck, Die Erbauungsliteratur, S. 314), 1. Teil , f. 121-123; Cundisius (1724, 1667)(vgl. Beck, Die religiöse Volkslitteratur, S. 83 f), S. 274 f. Bei Zeämann heißt es im "Gebet angehender Eheleut": "Wir dancken dir / dasz du vns auch zum heiligen Eheorden beruffen ... Deszgleichen wollest vns zu seiner zeit / nach deinem vaeterlichen Willen / junge frische Oelzweiglein von vnserm Gebluet vnd Stammen erzeugt vnd geboren / vmb vnsern Tisch her bescheren". Zeämann (1632)(vgl. Beck, Die religiöse Volkslitteratur, S. 83 f), S. 686 f. In einem Gebet christlicher Eheleute "Umb den Goettlichen Segen" formuliert Zeämann: "Gib vns glueck ... an der Frucht vnsers Leibs". Ebd., S. 693 f. In der Leichenpredigt (im folgenden: Lp.) auf Rebecca Hamperger (1617) werden Eheleute aufgefordert, um Kinder zu bitten. Vgl. die Lp. auf Rebecca Hamperger (1617), s.p., S. 10.

[70] Vgl. die Braunschweiger Kirchenordnung (im folgenden: KO) (1528), in: Sehling (Hg.) 6 I 1, S. 359; die Schleswig-Holsteiner KO (1542), in: Burckhard (Hg.), S. 83; die KO für Braunschweig-Wolfenbüttel (1543), in: Sehling (Hg.) 6 I 1, S. 68; die Regensburger Hebammenordnung (im folgenden: HO) (1555), in: Burckhard (Hg.), S. 158. Nach der Frankfurter HO (1573) sollen die Männer zusammen mit ihren schwangeren Frauen für die Fruchtbarkeit danken. Vgl. die Frankfurter HO (1573), in: Burckhard (Hg.), S. 210.

liege[71]. Stölzlin (Geistlicher Adler-Stein: Das ist / Christlicher Unterricht / Trost / vnd ... Gebett / fuer Schwangere vnd gebaehrende Frawen / vor / in / vnd nach der Geburt ..., 1652) hebt hervor, Gott gebrauche die Schwangeren als "Gärtnerinnen", die "neue Zweige" in den "Garten seiner Kirche" pflanzten[72]; dies sei eine größere Ehre, als "unfruchtbar" mit Gold und Edelsteinen zu glänzen[73].

In lutherischen Schriften des 16. bis 18. Jahrhunderts für Schwangere, Gebärende und Wöchnerinnen werden zum Nachweis, daß die Schwangerschaft ein von Gott gewollter und herbeigeführter Zustand sei, Bibelstellen angeführt, u.a.: Gen. 1,28: "Seid fruchtbar und mehret euch und füllet die Erde"; Ps. 127,3: "Siehe, Kinder sind eine Gabe des HERRN, und Leibesfrucht ist ein Geschenk"[74].

---

[71] Vgl. Günther (1566)(vgl. Beck, Die Erbauungsliteratur, S. 157), f. 32. "Foecunditas ... mulieris ornamentum et gloria est". Ebd., f. 58. Vgl. auch Stölzlin (1652)(vgl. Beck, Die religiöse Volkslitteratur, S. 174), S. 14. Hug betont, eine "Jungfrau" freue sich über ihren mit Rosen und Blumen durchflochtenen Kranz: Wieviel mehr sollte eine Frau dankbar sein, wenn Gott sie mit Leibesfrucht gesegnet habe. Vgl. Hug (1562)(vgl. Beck, Die Erbauungsliteratur, S. 157), f. XII. Stölzlin ermahnt seine Adressatinnen, für ihre Fruchtbarkeit zu danken wie Lea (vgl. Gen. 29,32) und Hanna (vgl. 1. Sam. 2,1). Vgl. Stölzlin (1652), S. 17. Vgl. auch Günther (1566), f. 34. "Es ist kein lieblicherer vnd holdseligerer Nam / als der Nam Mutter". Stölzlin (1652), S. 17. "Bei allen völckern (ist) ... die fruchtbarkeit für ein ehre / vnnd die vnfruchtbarkeit für ein verachtung ... gehalten worden". Frankfurter HO (1573), in: Burckhard (Hg.), S. 201. Vgl. auch Bartels, S. 5, 7; Beitl, S. 67; Gélis, Laget, Morel, S. 11; Ernst Wilhelm Müller (Hg.).

[72] Vgl. Stölzlin (1652), S. 14. In der Regensburger HO (1555) heißt es, Gott wolle die Schwangeren zu der "hohen Aufgabe" gebrauchen, durch die Frucht ihres Leibes sein Reich zu vermehren. Vgl. die Regensburger HO (1555), in: Burckhard (Hg.), S. 158. Rosenmüller hebt hervor, es sei die Funktion des Ehestandes, durch die Zeugung von Kindern zum Fortbestand der Menschheit beizutragen. Vgl. Rosenmüller (1783)(vgl. Beck, die religiöse Volkslitteratur, S. 270), S. 269. Haas betont, Kinder seien "die besten Schätze, die man mit in den Himmel nehmen und daran sich ergötzen" könne. Haas, Der getreue Seelen-Hirte (1870, Ausgabe: 1706, Vorwort: 1696)(vgl. Beck, Die religiöse Volkslitteratur, S. 215), S. 124.

[73] Stölzlin (1652), S. 14. "Darumb haben die Alten gesagt: Man solle nicht fuer schwangere Weiber gehen / man ziehe dann den Hut ab vnd dancke Gott fuer den Segen / den sie in ihrem Leibe haben". Ebd.

[74] Alle in dieser Arbeit angeführten Bibelzitate sind der Bibel nach der Übersetzung Martin Luthers entnommen. Vgl. Die Bibel. Vgl. u.a. Körber (1580, 1561)(am 2. Christtag 1534 in Hersbruck gehaltene Predigt; vgl. Beck, Die Erbauungsliteratur, S. 157), f. IIII f. Girlich und Stark führen auch Hiob 10,10-12 an. Vgl. Girlich (1551)(In der Sekundärliteratur nicht nachgewiesen), s.p., S. 3; Stark (o.J., 1731)(vgl. Beck, Die religiöse Volkslitteratur, S. 206), S. 3. Nach Günther waren Frauen vor dem Sündenfall fruchtbarer und hatten wie die Tiere immer Mehrlingsgeburten. Vgl. Günther (1566), f. 18 f. Vgl. auch Haas, Der getreue Seelen-Hirte (1870, Ausgabe 1706, Vorwort: 1696), S. 123; die Regensburger HO (1555), in: Burckhard (Hg.), S. 158. Dietrich bezeichnet Kinder als ein "Relikt der Paradiesehe". Vgl.

Häufig wird darauf hingewiesen, daß Gott selbst im Körper der Schwangeren wirksam sei[75]. Die Braunschweiger Kirchenordnung (1528) betont, es sei eine "unbegreifliche Herrlichkeit", daß Gott selbst die Leibesfrucht mit "seinen Händen" forme[76]. Im Dankgebet der Mutter anläßlich der Entwöhnung ihres Kindes wird die Bildung der Muttermilch als ein Wunder Gottes gepriesen: "O Herr! du thust alle Tage noch das groeszte Wunder, da du in der Mutter-Brust Speise und Trank in Milch verwandelst" (Stark, Taegliches Gebetbuechlein fuer Schwangere, Gebaehrende, und fuer Unfruchtbare, o.J., 1731)[77].

Dietrich (1972, 1548)(vgl. Beck, Die religiöse Volkslitteratur, S. 39), S. 138 f. Vgl. auch das folgende katholische Gebet einer Schwangeren: "GOtt! ... Um zu erzeigen, dasz dir das Kinder-Empfangen und Gebaehren lieb sey, hast du unsern ersten Aeltern, und zugleich allen Eheleuten deinen goettlichen Segen gegeben, und gesprochen: Wachset, und mehret euch und erfuellet die Erde". von Cochem, Goldener Himmels-Schlüssel (1780), S. 581.

[75] Stark betont, Gott selbst "arbeite" im Verborgenen des Mutterleibes: "(Die Schwangere) empfindet wohl, dasz der Baumeister in ihr ein grosses Werk angefangen hat, wie er aber damit verfaehret, das kann sie nicht begreifen". Stark (o.J., 1731), S. 5. Vgl. auch Haas (1870, Ausgabe 1706, Vorwort: 1696), S. 123; Caelius, Auslegung (1557)(in der Sekundärliteratur nicht nachgewiesen), s.p.; Bienemann (1608, Vorwort: 1587), 1. Teil, f. 9 f. "Ist ein Werk, daran man GOttes Allmacht und Weisheit augenscheinlich erkennen kann, so ist es die Empfaengnisz, ... Wachsthum und Erhaltung eines Kindes im Mutterleibe". Stark (o.J., 1731), S. 3. Stark betont, Gott selbst habe sich den "Schlüssel" zur Fruchtbarkeit des Mutterleibes vorbehalten. Vgl. ebd., S. 116. Nach Stark soll eine Schwangere ihre Leibesfrucht als Gottes Gabe erkennen, die er einigen schenke und anderen versage, damit die Menschen Fruchtbarkeit nicht ihrer eigenen Kraft zuschreiben. Vgl. ebd., S. 26. Vgl. auch Beitl, S. 6 ff. Durch Unfruchtbarkeit will Gott verdeutlichen, daß "Kinderzeugen" ein "Werk seiner Allmacht" sei. Vgl. Haas (1870, Ausgabe 1706, Vorwort: 1696), S. 384. Stark klagt, die meisten Menschen hielten Kinder für eine "Naturgabe". Vgl. Stark (o.J., 1731), S. 31. Vgl. auch Ploß 1, S. 37 f. "Der Leib der Frau gehört Gott. Ob er verschlossen ist oder fruchtbar - das ist das Geheimnis Gottes ... Das Urhandeln, in dem ER/SIE GOTT ... immer wieder vorgestellt wird, in dem seine/ihre Nähe und ihre/seine Ferne erlebt wird, ist das Wunder der Menschwerdung, und sie geschieht im Körper der Frauen". Moltmann-Wendel, Wenn Gott, S. 120.

[76] "(Die Schwangere) schal weten, dat it eyner ... swangern frauen eyne grote unbegriplike hehrlicheyt is, dat Got sick sulvest voröthmödiget unde is sulvest in moderlive mit syneme gotliken werke vorhanden, wente he scheppet jo dar dat kyndeken mit synen egenen henden". Braunschweiger KO (1528), in: Sehling (Hg.) 6 I 1, S. 359. Vgl. auch die Kurländische KO (1570), in: Sehling (Hg.) 5, S. 96; Forbes, S. VIII, 1-63. Vgl. auch das folgende katholische Gebet: "Seigneur, ce n'est pas moi qui me suis rendue féconde, ni qui ai formé dans mon ventre le corps de l'enfant que j'y porte. C'est vous qui m'avez donne la benediction de mère, et qui, par une admirable puissance, avez d'une masse informe fait une créature vivante". Prière de la femme enceinte, in: Bremond, S. 303.

[77] Stark (o.J., 1731), S. 113-115.

Die Schwangere dankt, daß Gott sie gewürdigt habe, sein "Gefäß" zu sein (Bienemann, Christliches Ehebuechlein, 1608, Vorwort: 1587)[78]. Die Schwangere betet: "Ich sage dir von herzen danck / ... das ich ein werckstadt zu diesem so fuertrefflichen werck worden bin" (Girlich, ohne Titelangabe, Schrift für Schwangere, Gebärende und Wöchnerinnen, 1551)[79].
> In protestantischen Leichenpredigten gelten ausbleibende Geburten als "Prüfsteine für eine Ehe"[80]. Eine "Ehe ohne Kinder" wird als eine "defizitäre Familie" verstanden und nicht als ein "eigenständiger Lebensentwurf"[81].

---

[78] Bienemann (1608, Vorwort: 1587), 1. Teil, f. 125 f. Vgl. auch Girlich (1551), f. 19 f. Durch ihre Funktion für die Fortpflanzung erhielt die Frau etwas "Heiliges". Vgl. Gélis, Laget, Morel, S. 63. Vgl. auch Beard, S. 276; Krauss, S. 47.

[79] Girlich (1551), s.p., S. 19. Vgl. auch Cundisius (1696, 1667), S. 277. Der Dank für Gottes Erschaffung und die Bewahrung des Fötus im Mutterleib findet sich in Gebeten anläßlich von Geburtstagen: "Wunderbar ist deine Guete ... / der du mich / als ich noch in Mutter leib verschlossen war / erhalten vnnd ernehret hast / Auch von dannen heraus gezogen / mich nicht ... gebrechlich hast lassen geboren werden". Habermann (1572, 1567)(vgl. Beck, Die religiöse Volkslitteratur, S. 49), S. 13. "Du warest ueber mir in Mutter Leibe / es war dir mein Gebein nicht verholen / da ich im Verborgen gemacht ward". Neumark (1675, 1671)(Beck, Die religiöse Volkslitteratur, S. 163), S. 31 f. Vgl. auch das Abendgebet am Freitag, in: von Zesen (1657)(vgl. Beck, Die religiöse Volkslitteratur, S. 150 f), S. 38. Bei Haas findet sich unter den Sonntagsgebeten eine "Dancksagung fuer die Erschaffung". Vgl. Haas, Das in GOtt andaechtige Frauenzimmer (1718, 1695)(vgl. Beck, Die religiöse Volkslitteratur, S. 215), S. 14. Vgl. auch die "Danksagung für die Bildung im Mutterleibe und die Geburt in dieses Leben", in: Gerhard, Tägliche Übung (1842, lateinisch 1612)(vgl. Beck, Die religiöse Volkslitteratur, S. 94), S. 35-38. Bei von Zesen heißt es im Gebet einer Schwangeren: "Deine augen sahen ja auf mich / da ich noch unbereitet war / ... warum solte ich dan izt zweiflen an deiner aufsicht? warum solte ich dan den muht laszen sinken"? von Zesen (1657), S. 121. In der Lp. auf Magdalena Mueller wird berichtet, sie habe sich zusammen mit ihrem Mann über ihre Schwangerschaft gefreut. Vgl. die Lp. auf Magdalena Mueller (1615), s.p. Vgl. auch die Lp. auf Dorothea Rayer (1609), s.p.; die Lp. auf Maria Reimann (1638), S. 26.

[80] Vonlanthen, S. 320. "Das Bild, das die Prediger von der christlichen Ehe zeichnen, ist äußerst positiv ... Das einzige, was dieses Glück auf Erden bedrohen kann, ist das Ausbleiben von Nachkommen ... oder der Tod des Gatten bzw. der Gattin". Vonlanthen, S. 318. Im Gebet "einer Eh-frauen / so mit keinen leibeserben geseegnet" heißt es: "Du wollest deine tochter ... endlich ... / nachdem du sie lange genug verschlossen gehalten ... / ... mit gewuendschten leibesfruechten seegnen". von Zesen (1657), S. 117. "Habe ich ... mit meinen Suenden ... deinen Segen verschertzet, so vergib mir ... um ... Christi ... willen". Haas, Das in GOtt andaechtige Frauenzimmer (1718, 1695)(vgl. Beck, Die religiöse Volkslitteratur, S. 215), S. 383. In einem Gebet "Bey unfruchtbarer und Kinderloser Ehe" heißt es: "Regiere mich ... durch deinen Geist, dasz ich gegen arme verlassene Kinder ... mich als eine Mutter erweise". Ebd., S. 384. "Herr Zebaoth / würstu ... deiner magt ein sun geben / so will ich yn dem Herren geben sein leben lang" (vgl. 1. Sam. 1,11). Brunfels (1532, 1528)(vgl. Beck, Die Erbauungsliteratur, S. 191), f. XLV. Vgl. auch Bodenberg (1564)(vgl. Beck, Die Erbauungsliteratur, S. 164), f. 97. Hug betont, Hanna habe über ihre Unfruchtbarkeit geweint, weil Gott ein besonderes Wohlge-

Luther galt die Ehe als das Mittel, Kirche und Staat mit Gliedern zu versehen[82]. Aus Gen. 1,28 folgerte er, daß die Ehe von Gott grundsätzlich für alle Menschen gewollt sei[83]. Eine schwangere Ehefrau konnte nach lutherischer Auffassung sicher sein, daß ihre Fruchtbarkeit dem Willen Gottes entspreche und er selbst sie bewirkt habe[84]. Sie sollte deshalb für ihre Schwangerschaft dankbar sein.

---

fallen an schwangeren Ehefrauen habe. Vgl. Hug (1562), f. XIIII. Nach Girlich schenkt Gott die Fruchtbarkeit nur Frauen, die ihm gefallen. Vgl. Girlich (1551), s.p., S. 16. "Sonderlich ... sollen (unfruchtbare Eheleute) sich ... hueten, dasz sie keine Kinder ... mit ungedultigem Flehen erzwingen wollen, denn sonsten gibt ihnen GOtt im Zorn Kinder, aber vielleicht musz die murrende Mutter ihr Leben ... darueber verlieren, oder ... (es) geraeth ein solches ... Kind so uebel, dasz es den Eltern ... Verdrusz und Herzeleid anrichtet". Stark (o.J., 1731), S. 117 f. "Wie mancher mit Unverstand von GOtt erbetene Sohn ist seines Vaters Grab und seiner Mutter Geisel (Geißel) geworden"! Ebd., S. 118. Stark fordert "unfruchtbare" Eheleute auf, sich gegenseitig keine Vorwürfe wegen des Ausbleibens von Kindern zu machen. Vgl. ebd., S. 119. Gerhard bezieht sich auf Rahels Aufforderung an Jakob: "Schaffe mir Kinder, wenn nicht, so sterbe ich" (Gen. 30,1). Gerhard betont: Wer wie Rahel die Fruchtbarkeit einem anderen zuschreibe als Gott, begehe "Abgötterei". Vgl. Gerhard, Schola (1653, 1622)(vgl. Beck, Die religiöse Volkslitteratur, S. 95), S. 470. "Hat dir der Hoechste keine Kinder gegeben / er hats also zu seinen Ehren und deinem Besten gut befunden ... Wilt du dich unterstehen dieses gut befinden zu verbessern"? Scriver, Seelen-Schatz (1675)(vgl. Beck, Die religiöse Volkslitteratur, S. 143), 4. Teil, S. 622 f. Vgl. auch Otter (o.J., 1537)(vgl. Beck, Die Erbauungsliteratur, S. 189), f. 38-40.

[81] Vonlanthen, S. 333. Nach Vonlanthen gibt es in den von ihm untersuchten Leichenpredigten kein "beabsichtigtes Lebensmuster Ehe ohne Kinder ... Kinder sind immer auch ein Zeichen der Güte Gottes ... Kinder werden als 'Ehe-Segen' bezeichnet. Wenn keine Nachkommenschaft erzielt wird, werden Legitimationsmuster entworfen, die besagen, daß die Ehe auch ohne Kinder dennoch erwünscht war". Ebd.

[82] Vgl. Troeltsch, S. 559.

[83] Vgl. WA 10 II, S. 276, Z. 17 ff. Vgl. auch WA 18, S. 275, Z. 27 f. Mit Bezug auf Gen. 1,28 absolvierte Luther Mönche, Nonnen und Priester von ihren Keuschheitsgelübden. Vgl. WA 24, S. 55, Z. 15 f; WA 24, S. 53, Z. 18 f. "Ah, quanta est benedictio Dei in coniugio! Quantum gaudium offertur homini in posteritate! Ist doch das der eltern schonste freude ... Papa nuptias prohibuit, non libidinem, scortationem, adulteria, quae alias omnibus legibus sunt prohibita, sed nuptiae sunt prohibitae. Hanc consequentiam olim non vidi". WAT 4, Nr. 4569, S. 382. "Of sixteenth-century continental theologians, Luther alone seems to make positive statements about woman's malediction, calling it a 'joyful punishment' because of the joys of maternity which remain after its unpleasantness, and the hope of eternal life associated with procreation". Maclean, S. 18. Luther verwies immer wieder auf Gottes Wirken im Zusammenhang mit der Fruchtbarkeit. Vgl. Erich Seeberg, S. 112. "Die Rätsel, die die Natur ihm aufgibt ..., fassen sich für Luther zusammen in dem Geheimnis der Entstehung und des Wachstums des Lebens". Clemen, S. 37. Vgl. auch Diepgen, Frau, S. 110; Schneider, S. 101.

[84] Zur mittelalterlichen Hochschätzung der Fortpflanzungsfunktion als Aufgabe der Ehefrau vgl. Mitterer; Hufnagel. Vgl. auch Barbaro (15. Jahrhundert), S. 68; Aus der Flugschrift "Von dem ehlichen Stand" (15. Jahrhundert), S. 100; "Ein püechel" (15. Jahrhundert), S. 268 f;

2. Die Verurteilung einer ablehnenden Haltung gegenüber Schwangerschaft und Kindern

Bei Marezoll (Andachtsbuch fuer das weibliche Geschlecht ..., 1788) ermahnt sich die Schwangere selbst: "Wie sehr musz ich mich freuen, dasz ich einem zur Glueckseligkeit bestimmten Wesen, einem Menschen, einem Christen das Leben geben kann"[85]! Nach Schimmer (Biblisches Seelen-Kleinod ..., 1730, 1706) betet die Schwangere: "Ach vergib mirs, wenn ich oeffters aus geitz oder heydnischer sorge, oder auch aus ungedult wegen des schmertzens, den du mir zu solcher zeit um meiner suende willen aufflegest, in die gedancken gerathen, ob waere es besser ohne kinder leben. Vergib mir, dasz ich aus weiblicher zaghafftigkeit darueber erschrocken, und dafuer nicht gedancket"[86].

Im Gegensatz zu christlichen Ehefrauen sind nach Stark (o.J., 1731) die "Huren" und "Ungläubigen" Gott nicht dankbar, wenn sie schwanger werden[87]. Sie haben nicht viel Gutes mit ihrer Leibesfrucht im Sinn, während gläubige Ehefrauen ihre Kinder lieben, noch bevor sie sie gesehen haben[88]. In der

---

Marcus von Weida (1972/1487), S. 59 f; Aus Niclas von Wyle (15. Jahrhundert), S. 62 f. Nach Berthold von Freiburg ist der Geschlechtsverkehr der Eheleute, der mit der Absicht geschieht, Kinder zu zeugen, vor Gott ein "verdienstliches Werk". Aus Bertholds von Freiburg Rechtssumme, S. 43. "Es kann kein Zweifel daran bestehen, dass Erasmus die Frau grundsätzlich lieber in die Ehe als ins Kloster treten sah". Schneider, S. 54; vgl. auch ebd., S. 80, 125; Braun, S. 4.

[85] Marezoll (1788)(vgl. Beck, Die religiöse Volkslitteratur, S. 281), 2. Teil, S. 217. Vgl. auch Bienemann (1608, Vorwort: 1587), 1. Teil, f. 125 f; Körber (1580, 1561); s.p., S. 15-22. "Ewiger ... GOtt ... / Du wollest mir Deinen Heil. Geist verleihen / dasz ich diese Leibes-Frucht fuer deinen goettlichen ... Segen / (wie es auch gewiszlich ist) ... erkenne ... und dir darum ... von Hertzen danckbar sey". Cundisius (1696, 1667), S. 277. Vgl. auch Glaser (o.J.)(in der Sekundärliteratur nicht nachgewiesen), s.p.; Körber (1580, 1561), f. 9.

[86] Schimmer (1730, 1706)(Beck, Die religiöse Volkslitteratur, S. 164), S. 1041. Von Anna Christine Wex heißt es, sie habe sich, obwohl sie bei jeder ihrer drei Schwangerschaften viel "leiden und ausstehen" mußte, über ihre Fruchtbarkeit gefreut. Vgl. die Lp. auf Anna Christine Wex (1663), s.p. Vgl. auch die Lp. auf Dorothea Rayer (1609), s.p.

[87] Vgl. Stark (o.J., 1731), S. 35. Hug klagt über die Undankbarkeit der fruchtbaren Frauen. Vgl. Hug (1562), f. XII. Günther droht denjenigen als Strafe Unfruchtbarkeit an, die spöttisch vom Kinderzeugen reden und sich dadurch an Gott dem Schöpfer "versündigen". Vgl. Günther (1566), f. 35. Stark klagt, man sage: "die Frau ... hat wieder ein Kind, und was dergleichen ... veraechtliche Redensarten mehr sind". Stark (o.J., 1731), S. 6. In der Frankfurter HO (1573) wird betont, Ehemänner, die es bedauerten, wenn ihre Frauen schwanger seien, blieben von Gott nicht ungestraft. Vgl. die Frankfurter HO (1573), in: Burckhard (Hg.), S. 212. Vgl. auch Bartels, S. 16; Kawerau.

[88] Nach der Frankfurter HO (1573) soll die Schwangere ermahnt werden, darauf zu achten, ihrer Leibesfrucht keinen Schaden zuzufügen, wie es bei "liderlichen Leuten" geschehe, die ihre Frucht nicht achteten. Vgl. die Frankfurter HO (1573), in: Burckhard (Hg.), S. 194. In der

Leichenpredigt auf Justina Kirchbach (1623) wird die Verstorbene als "gottesfürchtig" bezeichnet, weil sie nicht zu den Frauen gehört habe, die "lieber das Vieh fruchtbar sehen" als sich selbst, um in ihrer Ehe "faule Tage" zu haben[89]. In der Predigt auf Rebecca Hamperger (1617) wird geklagt, manche Eltern zögen es vor, keine Kinder zu haben, weil sie nicht daran glaubten, daß Gott ihre Familien ernähren werde[90].

Lp. auf Maria und Barbara von Falkenhayn und Gloschkaw wird darüber geklagt, daß Eltern ihren Kindern den Tod wünschen. Vgl. die Lp. auf Maria und Barbara von Falkenhayn und Gloschkaw (1632), S. 33. In einer Andacht warnt Stark die Schwangeren, nicht durch "unwilliges Verhalten" bei der Geburt zu "Mörderinnen" ihrer Kinder zu werden. Vgl. Stark (o.J., 1731), S. 52. Vgl. Günther (1566), f. 51. Frauen, die ihre Kinder aussetzen, sind nach Günther "erger / denn das vnuernenfftige Viech / das solches gegen seinen Jungen lange nit thut". Ebd., f. 130. Ehemänner werden ermahnt, nicht durch grobes Verhalten gegenüber ihren schwangeren Frauen, den Tod der Leibesfrucht zu verursachen. Vgl. Heermann, Christianae Eutanasiae Statuae (1680), 25. Lp., S. 670. Vgl. auch die Regensburger HO (1555), in: Burckhard (Hg.), S. 158 f; Bourgeois (1619), 2. Teil, S. 55 f. Vgl. die Lp. auf Catharina Schrey (1677), s.p.; die Lp. auf Anna Susanna von Stein zum Altenstein (1682), S. 12. Celichius fordert die Ehemänner auf, besonders während der Schwangerschaft keine "Löwen" in ihren Häusern zu sein, damit sie nicht zu "Mördern" der Leibesfrucht werden. Vgl. Celichius (1594), 12. Lp., S. 106. Der Mann soll sich um die Not seiner Frau nicht weniger kümmern als um seine eigene. Vgl. Günther 1566), f. 43.

[89] Vgl. die Lp. auf Justina Kirchbach (1623), s.p., S. 17. Han ermahnt Frauen, die im Ehestand nur die "Lust" genießen, aber die "ihnen auferlegte Bürde der Kindergeburten" nicht tragen wollen. Vgl. Weller (1602, 1564)(vgl. Beck, Die Erbauungsliteratur, S. 112), f. 169. "Seyt nicht / wie etliche leichtgesinnte und gewissen-lose Onans-Schwestern (vgl Gen. 38,1-11) / ... welche nicht aus Liebe der Keuschheit; sondern aus furcht mehr Kinder zu haben / der Ehlichen Beywohnung sich enthalten". Neumark (1675, 1671), S. 357 f. Dietrich betont, "die Welt" scheue sich vor den in der Ehe anfallenden Mühen. Vgl. Dietrich (1972, 1548), Vom ehestand, S. 142 f.

[90] Vgl. die Lp. auf Rebecca Hamperger (1617), s.p., S. 10. Völter klagt über Frauen, die bei der Geburt nicht genügend mitarbeiten, weil sie wollen, daß ihr Kind sterbe, um Mühen und Unkosten zu entgehen. Vgl. Völter (1722), Anhang, S. 29. Günther hebt hervor, Gott habe die Kinder im Mutterleib versorgt; er werde sie auch in der Welt erhalten. Wenn ein Kind geboren werde, seien zu seiner Ernährung die Brüste der Mutter mit Milch gefüllt. Vgl. Günther (1566), f. 149. Dietrich betont, die Eheleute würden mit der Sorge "angefochten", "es woellen der meuler jmmer zu vil werden die da essen / vnn der hende ... die narung gewinnen sollen / zu wenig". Dietrich (1972, 1548), S. 142 f. "Du sprichst: Ach! daß mir Gott so viel Kinder giebt. Ich unglückseliger Mensch, wie will ich sie nähren? ... Christliche Eheleute sollen Gott sorgen lassen, wie sie mit ihren Kindern ernährt werden ... Giebt Gott Kinder, so giebt er auch Rinder. Deine Kinder essen mit dir nicht, sondern du issest mit deinen Kindern". Dr. Heinrich Müllers geistliche Erquickstunden (1859, 1664)(vgl. Beck, Die religiöse Volkslitteratur, S. 138), S. 300 f. In der Erbauungsliteratur wird hervorgehoben, Reichtum sei für die Frommen nicht erstrebenswert, weil die Reichen stärkeren Anfechtungen ausgesetzt seien. Vgl. Bolton (1676)(vgl. Beck, Die religiöse Volkslitteratur, S. 185), Vorrede, f. 3; Braun, S. 26 f; Marezoll (1788), 2. Teil, S. 195 f.

Auch Luther nennt neben dem Zurückscheuen vor den mit Geburten verbundenen Beschwerden die Angst, die anwachsende Familie nicht hinreichend versorgen zu können, als häufig angeführte Begründung für eine ablehnende Haltung gegenüber Schwangerschaft und Kindern. Er klagt darüber, daß Eheleute keinen Nachwuchs bekommen wollen, weil die Frauen nicht dazu bereit seien, die Mühen der Schwangerschaften und der Kindererziehung auf sich zu nehmen[91] und viele Männer vor einer Heirat zurückscheuen, weil sie befürchten, Frau und Kinder nicht materiell versorgen zu können. Wirtschaftlichen Vorbehalten gegenüber Ehe und Kindern hält Luther die Auffassung entgegen, daß Gott für das Auskommen der kinderreichen Familien einstehe, wenn die Eltern arbeiteten und auf Gott vertrauten[92].

Neben mangelnder Leidensbereitschaft und unzureichendem Gottvertrauen der Eheleute streiten 'dämonische Mächte' gegen die eheliche Fruchtbarkeit. Sie versuchen, die Leibesfrucht und das Neugeborene umzubringen. In der Leichenpredigt auf Agnes Avenarius (1614) wird betont, der "Teufel" trachte der Schwangeren und ihrem Kind nach dem Leben[93]. Angesichts der Bedrohung durch die 'Mächte des Bösen' soll die Schwangere, Gebärende und Wöchnerin ihre Leibesfrucht bzw. ihr Kind der Obhut Gottes und seiner Engel anbefehlen[94]. Günther (1566) empfiehlt Frauen, die mit Gedanken an eine Kindestötung angefochten werden, vor sich das Kreuz zu schlagen und zu bedenken, daß ihnen der Teufel solche Mordgedanken eingebe[95]. Günther hebt

---

[91] "Nostrae mulieres quasi detestantur partum; ratio est: Man will molestiam producendi et educandi liberos nicht haben, sondern sie wollen allein otium haben". WAT 5, Nr. 5458, S. 165, Z. 14-16. Vgl. auch WA 10 II, S. 303, Z. 8 - S. 304, Z. 5; 42, S. 89, Z. 6-30; 43, S. 652, Z. 41 - S. 653, Z. 11. Vgl. Erich Seeberg, S. 98. Frauen und Männer, die Kinder scheuten, galten im Protestantismus als "faul und unchristlich". Vgl. Becker-Cantarino, Der lange Weg, S. 41.

[92] Vgl. Erich Seeberg, S. 98, 113.

[93] Vgl. die Lp. auf Agnes Avenarius (1614), s.p. Es heißt, der Teufel erschrecke Schwangere, um ihnen und ihrer Frucht Schaden zuzufügen; die Türken folterten die Schwangeren und die Kleinkinder. Vgl. ebd. Nach Stölzlin bittet die Schwangere um Bewahrung vor bösen Geistern, die Gottes Werk in ihr zerstören wollen. Vgl. Stölzlin (1652), S. 59-62, 130-132.

[94] "Werden sie sich also der Guete und Gnade GOttes ueberlassen, so haben sie den Trost, dasz GOtt seinem Engel ueber sie befehlen werde, der sie behueten wird auf allen ihren Wegen". Stark (o.J., 1731), S. 10; vgl. auch ebd., S. 14. "O du Menschen-hueter / sey du ... meines Kindleins Waechter ... / und lasz die ... Engel Tag und Nacht ... Auffwarter seyn / dasz ... der Satan / keinen Schaden zufuege". Cubach (1662, 1657)(vgl. Beck, Die religiöse Volkslitteratur, S. 78), S. 366. Engel bewahren die gottesfürchtigen Schwangeren vor allem Übel. Vgl. Hug (1562), f XX.

[95] Vgl. Günther (1566), f. 41. Nach Günther überredet der Satan "lose Frauen", ihre "in Unehren" geborenen Kinder zu töten, um der ihnen drohenden öffentlichen Schande zu entgehen. Vgl. ebd., f. 132. Männer, die Schwangere verprügeln, werden von Günther als

hervor, Kindestötungen seien besonders in katholischen Frauenklöstern verbreitet, und erklärt, es wäre kein Wunder, wenn Gott das "Papsttum" wegen dieser "gräulichen Sünden" bereits vernichtet hätte[96].

In den untersuchten Texten aus dem frühneuzeitlichen Luthertum kommen Vorbehalte gegenüber den mit Geburten verbundenen Gefahren nur als - häufig mit antikatholischer Polemik durchsetzte - Negativfolie gegenüber der von Schwangeren geforderten Dankbarkeit für die Fruchtbarkeit zur Sprache. Der Wunsch, durch Kinderlosigkeit oder eine Begrenzung der Kinderzahl Beschwernissen und Gefahren zu entgehen, wird als schwere Sünde gegenüber Gott dem Schöpfer verurteilt und in einseitiger Deutung der katholischen Haltung mit den Altgläubigen identifiziert. Schon im Mittelalter war der Schutz der Schwangeren und ihrer Leibesfrucht ein wichtiges Anliegen der Kirche[97]; obwohl der Jungfrau gegenüber der verheirateten Frau und Mutter weithin der Vorrang eingeräumt wurde[98], konnten sich schwangere Ehefrauen und Mütter auch in der katholischen Kirche einer hohen Wertschätzung erfreuen[99]. Nach

---

"Teufel" bezeichnet. Vgl. Günther (1566), f. 48. Zum Schlagen Schwangerer mit dem Ziel der Verursachung von Abtreibungen oder Totgeburten vgl. Shahar, S. 116. Celichius berichtet von Grausamkeiten gegen Schwangere. Celichius (1594), 12. Lp., S. 106 f. Vgl. auch Günther (1566), f. 47-49; Krauss, S. 48. Nach der Frankfurter HO (1573) sollen die Gebärenden mit den Bestimmungen des mosaischen Gesetzes zum Schutz der Schwangeren getröstet werden (vgl. 2. Mose 21,22). Vgl. die Frankfurter HO (1573), in: Burckhard (Hg.), S. 203. Vgl. auch Beitl, S. 40.

[96] Vgl. Günther (1566), f. 133.

[97] Vgl. u.a. "Ein püechel" (15. Jahrhundert), S. 280-282; Franz, S. 187. "Die Schwangere ... ist tabu, sie ist unverletzlich und heilig". Krauss, S. 47. Vgl. auch van Engelenburg.

[98] Um die Auffassung vom Vorrang der Jungfrau gegenüber der verheirateten Frau und Mutter zu verteidigen, hatte Chrysostomus betont, Gott könne auch ohne die eheliche Fruchtbarkeit für den Fortbestand der Menschheit sorgen, wie er die ersten Menschen und die Engel ohne die eheliche Fortpflanzung erschaffen habe. Die Einsetzung der Ehe führt Chrysostomus auf den Sündenfall zurück. Vgl. Chrysostomus, S. 174 f. Ambrosius hatte Schwangerschaft und Geburt als Mühen der verheirateten Frau beschrieben, um die Vorzüge der Jungfräulichkeit hervorzuheben. Vgl. Ambrosius, S. 316 f. Vgl. auch Ketsch 2, S. 59. In einigen kirchlichen Schriften wurde Frauen im Mittelalter vorgeworfen, ihre Kinder "allein um des Fleisches willen" zu lieben. Vgl. Shahar, S. 103 f; von Moos 1, S. 204 f. Im mittelalterlichen und frühneuzeitlichen Katholizismus wurde der Vorrang des jungfräulichen vor dem ehelichen Leben betont. Vgl. Schneider, S. 59. In lutherischen Ehebüchern erfolgt der Lobpreis der Ehefrau als 'Werkstatt' zur Bildung von Kindern in kritischer Auseinandersetzung mit der katholischen Höherschätzung der Jungfräulichkeit gegenüber der ehelichen Fruchtbarkeit. Vgl. Caelius (1557), s.p.

[99] Vgl. u.a. die positive Bewertung der Fortpflanzungsfunktion der Ehe in: Augustinus, Das Gut, S. 3-6, 8 f, 41 f. "Ein tugendhaftes Leben im Stande der Jungfräulichkeit ist der sittlichen Vervollkommnung und dem Dienste Gottes entsprechender, als ein tugendhaftes Leben im

den untersuchten lutherischen Texten haben die 'Mächte des Bösen' in Verbindung mit der katholischen Kirche das Bestreben, die von Gott gewollte eheliche Fruchtbarkeit zu verhindern oder das von Gott geschenkte Leben zu vernichten. Die Schwangere ist dazu aufgerufen, ihre Leibesfrucht in aller Sorgfalt vor jeder Gefährdung zu bewahren.

B. Schwangerschaftsbeschwerden, Geburtsschmerzen und mit Schwangerschaft und Entbindung verbundene Ängste: Die bewußte Wahrnehmung der körperlichen und seelischen Bedrängnisse zum geistlichen Nutzen

1. Schwangerschaftsbeschwerden und Geburtsschmerzen als von Gott auferlegte Sündenstrafen

In lutherischen Predigten und erbaulichen Texten der frühen Neuzeit werden Frauen belehrt, daß die mit Schwangerschaften und Geburten verbundenen Beschwerden auf den Sündenfall Evas und ihre eigenen Sünden zurückzuführen seien. In ihrem Gebet bekennt die Schwangere, daß ihr die Geburtsschmerzen aufgrund der Erbsünde und ihrer eigenen Sünden auferlegt seien. In Personalteilen von Leichenpredigten wird bezeugt, daß Schwangere als Ursache ihrer Beschwerden die Sünde erkannt haben.

Die Schwangere betet: "Deine guete Allerliebster vater / hat (die Entbindung) ... anfenglich fein leichtlich eingesetzt ... / vnsere suende aber hat (sie) ... hernach mueselig vnd sehr gefehrlich gemacht" (Girlich, 1551)[100]. Während ihrer Schwangerschaft äußerte Maria Richter (†1654), "sie wisse wohl / dasz der gerechte GOtt uemb der Suenden willen ihr und allen Evae Toechtern vor / in / und nach der Geburth" Schmerzen auferlegt habe[101].

Ehestande. Damit ist aber nicht gesagt, daß die Tugendhaftigkeit eines jungfräulich Lebenden im Ganzen genommen stets größer sei als die eines Verheirateten". Braun, S. 8 f.

[100] Girlich (1551), f. 19 f. "Ach! Adams vnd Evae Missethat / (haben) diesz alles auff vns erbet". Stölzlin (1652), S. 48. Mercurio betont, Gebärende benötigten nur wegen des "Sündenfalls" Hebammen, weil ohne den "Sündenfall" die Vermehrung des Menschengeschlechts ohne Schmerzen erfolgt wäre. Vgl. Mercurio (1652), Widmung. Vgl. auch Völter (1722), Anhang, S. 4.

[101] Lp. auf Maria Richter (1654), s.p. Vgl. auch die Lp. auf Elisabeth Anastasia Breithaupt (1656), S. 45; die Lp. auf Martha Catharina Hoffmann von Muennighoffen (1660), s.p.; die Lp. auf Anna Sibylla Plessken, (1714)(ref.), S. 2; Feinler (1702), S. 260-267; Rößlin (1512),

In den untersuchten Texten wird die Härte der Schwangerschaftsbeschwerden und Geburtsschmerzen hervorgehoben. Allen Menschen, besonders den Schwangeren, Gebärenden und Wöchnerinnen, soll durch die Betonung der Schwere der Strafe die Schwere der Sünde vor Augen gestellt werden. Die Härte der mit der Geburt verbundenen Drangsale soll als Mahnung zur Abkehr von einem sündhaften Lebenswandel aufmerksam zur Kenntnis genommen werden. Die negativen Seiten von Schwangerschaft und Geburt werden eher überzeichnet als kaschiert: Die untersuchten Texte zielen nicht darauf ab, Frauen durch Beschwichtigung die Angst zu nehmen; im vollen Bewußtsein der sie erwartenden Nöte sollen sie gehorsam die Zeit vor, während und nach der Geburt durchleiden[102]. Die Passagen der Predigten, erbaulichen Texte und Gebete, in denen auf Schwangerschaftsbeschwerden und Geburtsschmerzen Bezug genommen wird, sind gekennzeichnet durch einen belehrenden und mahnenden Ton.

Gemäß der Leichenpredigt auf Anna Susanna von Stein zum Altenstein (1682) sollen die Geburtsschmerzen den "Gottlosen" als Hinweis auf ihre zukünftige "Höllenstrafe" dienen[103]. In einer Andacht für Schwangere rät Stark seinen Adressatinnen, sich auf viele Beschwerlichkeiten und Schmerzen einzu-

---

s.p. Mit Bezug auf ihre Schwangerschaftsbeschwerden ließ Cordula Funck oft verlauten, "sie woelle gern desz HErrn Zorn tragen / dann sie habe ... wider ihne gesuendiget". Lp. auf Cordula Funck (1651), S. 25. "Sicut enim elegans puella sine molestia, imo cum magna voluptate et superbia quadam pulchram Coronam ex floribus contextam in capite gestat, Ita sine omni molestia et cum magna voluptate Heua, si non paccasset, in utero gestasset foetum". WA 42, S. 151, Z. 17-20. Zu den Folgen des Sündenfalls "für die soziale, seelische und körperliche Verfaßtheit des Menschen" vgl. Schreiner, "Si homo".

[102] Dietrich hebt hervor, die "heiligen Frauen" des Alten und Neuen Testaments hätten trotz der ihnen auferlegten Geburtsschmerzen im Vertrauen auf Gottes Hilfe in die Ehe eingewilligt. Vgl. Dietrich (1972, 1548), S. 132. Hug betont, die Frauen der alttestamentlichen Patriarchen hätten gern schwanger werden wollen, obwohl sie ebenso mit den Geburtsschmerzen rechnen mußten, wie die Frauen der Gegenwart. Vgl. Hug (1562), f. XIII. In Schriften für Eheleute werden die Geburtsschmerzen zu den von Gott auferlegten Beschwerlichkeiten des Ehestandes gezählt. Vgl. u.a. Dietrich (1972, 1548), S. 145 f. Vgl. auch Günther (1566), f. 14. Von denjenigen, die unverheiratet bleiben wollen, schreibt Dietrich: "Leibliche beschwerden haben sie zum theyl geflohen / aber ... sich inn ... geystlichen ... beschwerden gesteckt / dz / wo sie sich nit bessern / leyb vnd seel ewig muß verdampt sein". Dietrich (1972, 1548), S. 143 f. Vgl. auch Bienemann (1608, Vorwort: 1587), 1. Teil, S. 75. Wie in der evangelischen Erbauungsliteratur wurde auch in katholischen Erbauungsschriften des Mittelalters und der frühen Neuzeit 'Bequemlichkeit' nicht als ausreichender Grund für die Ehelosigkeit anerkannt. Vgl. Braun, S. 6.

[103] Vgl. die Lp. auf Anna Susanna von Stein zum Altenstein (1682), S. 11. In einer bei Müller, Heinisius abgedruckten Lp. heißt es, die Geburtsschmerzen seien keine "gewöhnlichen" Beschwerden, sondern "Höllenschmerzen". Vgl. Müller, Heinisius (1624), 48. Lp., S. 721.

stellen[104]. In der Predigt auf Catharina Maria Behrens (1701) wird die Entbindung als schwere Tortur beschrieben; es heißt, die Gebärende "schreie" und "schäume", sie "wälze" und "krümme" sich wie ein "armer Wurm"; es wird darauf hingewiesen, daß die stärksten Schmerzen in der Bibel mit den Geburtsschmerzen verglichen werden (vgl. Jes. 17,18, Jer. 6,31)[105]. Stölzlin (1652) droht "unzüchtigen" Frauen, die sich ihrer leichten Geburten rühmen, göttliche Strafe an: "Kommen sie hie leicht durch / so sparet GOTT den Fluch und die Straffe gewiß anders wohin / vnd / wo sie nicht Busse thun / gar in das hoellische Feuer"[106].

In Personalteilen von Leichenpredigten werden z.T. ausführlich die konkreten Beschwerden einzelner Frauen geschildert. Dabei geht es nicht in erster Linie darum, bei den Lesern Mitleid mit den betroffenen Individuen zu erwecken. Das historisch beschreibbare Geschehen soll die reale Bedeutung der von Gott verhängten Strafe belegen: Wie im Alten Testament angekündigt, haben Frauen wirklich im Zusammenhang mit Geburten schwere Drangsale durchzustehen.

In der Leichenpredigt auf Barbara Dorothea Engelhard (1649) heißt es, sie habe vor ihrer letzten Entbindung ähnlich wie vor den Geburten ihrer anderen vier Kinder unter Atemnot zu leiden gehabt und Blut erbrochen; durch starke Schmerzen sei sie völlig erschöpft gewesen und vier Wochen vor ihrer Entbin-

---

[104]Vgl. Stark (o.J., 1731), S. 18. In der Lp. auf Emerentia Lund werden mit Bezug auf Offb. 12,1 f die Qualen der Geburtsnöte hervorgehoben. Vgl. die Lp. auf Emerentia Lund (1646), s.p., S. 2 ff. Völter betont, kein Tier werde unter so starken Schmerzen geboren wie der Mensch. Vgl. Völter (1722), Anhang, S. 4. Vgl. auch Luhers ausführliche Beschreibung der Schwangerschaftsbeschwerden in: WA 17 I, S. 24, Z. 32-42.

[105]Vgl. die Lp. auf Catharina Maria Behrens (1701), S. 12 f. Vgl. auch Stölzlin (1652), f. 6-11. "WIr erfahrens teglich / vnnd sehens ... mit vnsern augen ... was die lieben Weiber ... fuer ein grosz Creutz auff jhnen haben / ... dasz sie die Kinderlein mit mechtigen wehen vnd schmertzen zur Welt geberen muessen". Günther (1566), Vorrede, s.p. "(Durch die Geburtsschmerzen) wird ... der gantze Leib zerbrochen und auffgeloeset. Alle des Leibes Adern werden dadurch hefftig angegriffen und verletzet ... Die Kindergeburt ist ... fast dem Tode gleich". Lp. auf Emerentia Lund (1646), s.p., S. 37. Der in der frühen Neuzeit verbreitete harte Gebärstuhl wird als "Henkerkasten" und "Folterbank" bezeichnet, das Bett, auf dem Frauen ihr Kind zur Welt bringen, als "Marterbett". Vgl. von Muralt (1697), S. 12. Der Pfarrer Johann Christoph Hoesel dankt Gott, daß er an den Männern "gnädiger" gehandelt habe als an den Frauen, weil er ihnen die Geburtsschmerzen ersparte. Vgl. die Lp. auf Magdalena Herold (1711), S. 5.

[106]Stölzlin (1652), S. 15. Stölzlin beteuert, es sei schwer zu glauben, daß Frauen ohne Schmerzen Kinder zur Welt bingen könnten. Vgl. ebd. Vgl. auch Friedrich Benjamin Osiander, Lehrbuch (1796), S. 25 f. Nach der Lp. auf Maria Reimann soll man, wenn bisweilen eine Entbindung ohne große Schmerzen geschieht, diese Ausnahme nicht der Anwendung geburtshilflicher Mittel, sondern Gott zuschreiben. Vgl. die Lp. auf Maria Reimann (1638), s.p., S. 12.

dung bettlägerig geworden[107]. Anna Dorothea Hake (†1648) wurde während ihrer Schwangerschaft von starkem Fieber und Husten heimgesucht[108]. Maria Helena von Strzela und Oberwitz (†1711) starb, nachdem sie acht Tage in "Geburtsschmerzen" gelegen und dabei "eine fast mehr als Menschliche Marter auszgestanden" hatte[109]. Der Verfasser der Leichenpredigt auf Johanna Elisabeth von Gregersdorf (1711) berichtet, als er zu Johannas Entbindung gerufen worden sei, habe sie oft die Worte wiederholt: "Ach Schmertz! Ach unbeschreiblicher Schmerz! Darum schauet doch / und sehet / ob irgend ein Schmerz sey / wie mein Schmerz / der mich ietzo getroffen hat"[110]. Von Magdalena Herold (†1711) heißt es: "In Ihrem Ehestand muste (sie) ... den schweren Fluch / den GOTT auf das weibliche Geschlecht geleget / nehmlich daß sie schwanger wuerden / vnd sie mit Schmertzen Kinder gebaehren solten / nachdruecklich empfinden; massen nicht allein mit der Geburth Ihrer ersten drey Kinder es allemahl recht schwer gehalten / sondern die letzte kostete Ihr ... das Leben"[111].

2. Die Funktion der Entbindung als Mittel zur Demütigung des weiblichen Geschlechts

Um die großen körperlichen und seelischen Belastungen der Schwangeren, Gebärenden und Wöchnerinnen im Zusammenhang mit der Entbindung hervorzuheben, wird auf die im Vergleich mit dem Mann schwächere körperliche und seelische Konstitution der Frau verwiesen: Da die Frau schwächer ist, fällt es ihr umso schwerer, die mit der Geburt verbundenen Nöte durchzustehen. Mittels

---

[107] Vgl. die Lp. auf Barbara Dorothea Engelhard (1649), s.p.

[108] Vgl. die Lp. auf Anna Dorothea Hake (1649), s.p. Christina Barbara Teller fiel in Ohnmacht und ihre Kräfte verließen sie. Vgl. die Lp. auf Christina Barbara Teller (1674), s.p. Magdalena Herold wurde von "Kraftlosigkeit" und Fieber geplagt. Vgl. die Lp. auf Magdalena Herold (1711), S. 22.

[109] Lp. auf Maria Helena von Strzela und Oberwitz (1711), s.p. Von Maria Reimann, die am Kindbettfieber starb, heißt es, sie habe "mit größten Beschwerden" im Wochenbett gelegen. Vgl. die Lp. auf Maria Reimann (1638), s.p., S. 27. Von Agatha Ehrmann, die nicht von ihrem Kind entbunden werden konnte, heißt es, ihre Angst, Not und Schmerzen seien über alle Maßen groß gewesen. Vgl. die Lp. auf Agatha Ehrmann (o.J., 1650), S. 28. Emerentia Lund fiel immer wieder in Ohnmacht, so daß ihr Kind nicht geboren werden konnte. Vgl. die Lp. auf Emerentia Lund (1646), s.p., S. 56.

[110] Vgl. die Lp. auf Johanna Elisabeth von Gregersdorf (1711!), S. 2. Von Christina Sophia Neander heißt es, sie habe durch viel "Kreuz und Trübsal" gehen müssen, weil sie bei jeder Entbindung stark gelitten habe. Vgl. die Lp. auf Christina Sophia Neander (1676), S. 64.

[111] Lp. auf Magdalena Herold (1711), S. 20.

der Betonung der Schwäche der Frau werden die Männer indirekt zur Anerkennung der Härte ihrer Belastungen durch Schwangerschaft und Geburt und zur Rücksichtnahme auf das 'schwache Geschlecht' in der Zeit vor, bei und nach der Entbindung aufgefordert. Aufgrund ihrer Drangsale sind alle Mitchristen gehalten - soweit möglich -, werdenden Müttern und Wöchnerinnen durch Bekundung ihres Mitleids, Fürbitte, geistlichen Zuspruch und praktische Hilfen beizustehen[112]. In Gebeten dient Frauen der Hinweis auf ihre Schwäche als 'Argument', um Gott zur Milderung ihrer Schmerzen zu bewegen: Aufgrund ihrer Schwäche ist die Frau auf Hilfe angewiesen. Das Ausgeliefertsein an die mit der Geburt verbundenen Belastungen soll Frauen ihre Schwäche fühlen lassen. Dadurch, daß sie im Gebet ihre Schwäche bekennen, sollen sie die Akzeptanz der ihnen zugewiesenen Rolle zum Ausdruck bringen.

In einer Predigt von Johannes Heermann (1642) wird hervorgehoben, daß die Frau an "Leib und Gemüt" "schwächer" sei als der Mann (vgl. 1. Petr. 3,7). Heermann stellt heraus: "Eine solche schwache / kleinmuetige Person musz diesen Schmerz ueber sich ergehen lassen"[113]. Günther betont, das "Kreuz" der Männer - die Arbeit im "Schweiß ihres Angesichts" (vgl. Gen. 3,17-19) - sei "leicht" im Vergleich mit dem Ertragen der Geburtsschmerzen[114]. Weil die Frauen eine schwerere Sündenstrafe zu tragen haben als die Männer, ist es gemäß Girlich (1551) nötig, daß sie besonders ausgiebig mit Gottes Wort getröstet werden[115]. Da die Schwangeren und Gebärenden so große Not leiden müssen, sind nach Günther (1566) die Menschen keine rechten Christen, die kein Mitleid mit ihnen haben[116].

Die Gebärende bittet Gott, ihr gnädig zu sein, weil sie ein "schwaches Werkzeug" und "zerbrechliches Gefäß" sei (Stölzlin, 1652)[117]. Nach von Zesen

---

[112] Vgl. u.a. die Ermahnungen an die Ehemänner und alle anderen Mitchristen zur geistlichen und praktischen Unterstützung der Schwangeren, Gebärenden und Wöchnerinnen in Günther (1566), f. 43-49, 123-129.

[113] Heermann, Schola (1642), 27. Lp., S. 574. Zur Hervorhebung der Schwäche der Frau werden Jes. 19,16 und Jer. 50,41 angeführt. Vgl. ebd. In der Lp. auf Elisabeth Maria Schneidewind heißt es, angesichts des "schwachen Glaubens" der Frauen sei es ein wichtiger Trost, daß Gott Rahel bei ihrer schweren Entbindung "getragen" habe (vgl. Gen. 35,16-19). Vgl. die Lp. auf Elisabeth Maria Schneidewind (1659), s.p.

[114] Vgl. Günther (1566), f. 8.

[115] Vgl. Girlich (1551), s.p.

[116] Vgl. Günther (1566), Vorrede, f. 2.

[117] Stölzlin (1652), S. 251. Wenn es mit der Entbindung schlecht steht, bittet die Gebärende: "Gedencke ... / dasz ich ... ein schwaches Gemaecht ... bin ... vnd zerstosse mich nicht gar". Ebd., S. 257. "Ich ... sage dir ... Danck / dasz du mich mattes vnd schwaches Weib / ... in diesen grossen Schmertzen / vnnd vnauszsprechlicher Angst ... behuetet ... hast". Ebd., S. 300. "Gedencke an meine Schwach- vnnd Bloedigkeit". Ebd., S. 251.

(Frauenzimmers Gebeht-Buch, 1657) betet die Frau: "Du weist / dasz ich vor andern menschen / ein schwaches werkzeug bin"[118].

Gemäß den untersuchten Texten soll das Fühlen und Erkennen der eigenen Schwäche durch die Drangsale bei der Entbindung zur Bekämpfung der spezifischen Untugenden und Laster der Frau dienen, die in der Selbstüberhebung des 'schwachen Geschlechts' gründen: In den Quellen werden vor allem Stolz, Eitelkeit und die Neigung zu aufwendiger äußerer Erscheinung als sündhafte Merkmale der Frau genannt. In für Schwangere, Gebärende und Wöchnerinnen verfaßten Gebeten sind Vorstellungen von einer Züchtigung und Demütigung der Frau im Zusammenhang mit der Entbindung von Bedeutung: Die als Sündenstrafe auferlegten Geburtsnöte wurden von Gott eingesetzt, um das weibliche Geschlecht in seine Schranken zu verweisen. Luther war der Auffassung, daß die den Frauen im Zusammenhang mit der Geburt auferlegten Leiden zur Demütigung ihrer 'Natur' verhelfen sollten, die ohne 'Kreuz' nicht im Zaum gehalten werden könne[119]. Durch die Erkenntnis ihrer Schwäche mittels der Geburtsnöte sollen die Frauen zum Sicheinfinden in ihre durch demütige Unterordnung und Bescheidenheit gekennzeichnete Rolle bewegt werden[120].

Stölzlin (1652) hebt hervor, Gott lege den Frauen während der Schwangerschaft und bei der Geburt viele Beschwerden auf, damit sie sich demütig zu ihm kehrten; viele Frauen seien dem Hochmut ergeben, den sie von ihrer "Mutter Eva" "geerbt" hätten[121]. Nach Günther (1566) müssen Frauen die Geburtsschmerzen ertragen, weil sie von Natur aus "zu hoffart / pracht / schoenen ge-

---

[118] von Zesen (1657), S. 15.

[119] "Sentimus ..., quam necessariae hae poenae sint ad domandam carnem. Quomodo enim possemus humiliari, nisi eiusmodi poenarum oneribus deprimeretur natura haec"? WA 42, S. 149, Z. 23-25. "Illae ipsae calamitates non sunt sine fructu. Pertinent enim ad humiliandam et deiiciendam naturam, quae sine cruce non posset domari". WA 42, S. 150, Z. 25 f. Die zuletzt angeführte Stelle wird von Günther zitiert. Vgl. Günther (1566), f. 24. Gregor der Große hielt die Termini "Frau" und "Schwäche" für austauschbar. Vgl. Gregor, S. 982 f. Den Kirchenvätern erschien die Frau "als Synonym für Begierde, Lust, Geschlechtlichkeit und Zügellosigkeit". Ketsch 2, S. 43. "Die Angst vor Trieben und Begierden, deren Sitz im Leib geglaubt wurde, und das Ideal der körperfernen Leidenschaftslosigkeit durchzieht und reguliert unsere theologische Tradition". Moltmann-Wendel, S. 25.

[120] Die Flugschrift "Von dem ehlichen Stand" empfiehlt den Männern, ihren Frauen nicht zu gestatten, sich "zu reichlich ... aufzuputzen". Vgl. Aus der Flugschrift (15. Jahrhundert), S. 101. Vgl. auch Barbaro (15. Jahrhundert), S. 58; "Ein püechel" (15. Jahrhundert), S. 276. Vogel ermahnt die Männer, ihren Frauen nicht zu gestatten, sich den "Unarten des weiblichen Geschlechts" hinzugeben. Vogel (1571, 1561)(vgl. Beck, Die religiöse Volkslitteratur, S. 57), § 307, s.p.

[121] Vgl. Stölzlin (1652), S. 233 f. Stölzlin ermahnt die Frauen, sich angesichts ihrer Schwachheit vor Gott zu demütigen. Vgl. ebd., S. 234.

schmuck / vnd andern suenden / sehr geneigt" seien[122]. Gemäß der Predigt auf Margarita Geier (1654) müssen die "frommen" und "tugendhaften" Frauen bei ihren Entbindungen die Sünden der "hoffärtigen" mit entgelten[123]. In der Leichenpredigt auf Margarita Geier werden die Geburtsschmerzen als Strafe für den "Stolz" der Frauen gedeutet: "Wenn ... GOtt koempt / vnd straffet solche Hoffart / raeuffet ihnen die krausen Haare aus den Koepffen heraus ... wer kan leugnen / dasz GOTTes Zorn dahinter liege"[124].

Wenn es mit der Entbindung schlecht steht, bittet die Gebärende: "Zuechtige mich nicht in deinem Grimm / zuechtige mich aber mit massen" (Stölzlin, 1652)[125]. "Zuechtige mich hie / straffe mich hie / verschone nur dorten meiner in Ewigkeit" (Stölzlin)[126]. Nach gelungener Entbindung betet die Kindbetterin:

---

[122] Günther (1566), f. 24. Neumark richtet sich gegen den "Hochmut" der Frauen und ihre Neigung zur "Kleiderpracht". Vgl. Neumark (1675, 1671), S. 478 ff. Marezoll warnt vor dem "Hang zu Mode und Zerstreuungen" als geschlechtsspezifischen "Lastern" der Frauen. Vgl. Marezoll (1588), 1. Teil, Vorwort, f. 2 f. "Verleihe mir deine Gnad / ... dasz mein geschmuck nicht auszwendig sey mit Haarflechten vnd Gold vmbhengen / oder Kleider anlegen / sonder der verborgene mensch desz hertzens vnverruckt / mit sanfftem vnd stillem Geist". Zeämann (1632), S. 702. Vgl. auch Scriver, Seelen-Schatz (1675), 5. Teil, S. 1697. Steidele klagt über Frauen, die in der Schwangerschaft Mieder und "Schnürbrüste" verwenden, um einen "wohlgebildeten Leib" zu behalten. Vgl. Steidele (1775), S. 44. Nach Osiander sind einfache Lebensart und Sitten die "Hauptursachen" leichter und glücklicher Geburten. Vgl. Friedrich Benjamin Osiander, Lehrbuch (1796), S. 25. Busch sieht schwere Geburten als Folgen der Weichlichkeit und Verwöhnung der Frauen. Vgl. Busch (1801), S. 2. "The trio of vices - ambition, avarice and lechery - which are associated with this world in a verse of the first epistle general of John (2:16), are all linked with woman, who as the worldly creature par excellence is thought to be more deeply imbued with them than is man. The counter-virtues of humility, chastity and charity are stressed in the depiction of female saints of the late Renaissance period, as well as in the figure of the Virgin Mary". Maclean, S. 22. Zu den Untugenden der Frauen vgl. auch Delumeau 2, S. 474 ff.

[123] Vgl. die Lp. auf Margarita Geier (1654), s.p. In der Lp. auf Anna Susanna von Stein zum Altenstein heißt es, die Geburten der "frommen" Kindbetterinnen seien besonders schmerzhaft, damit sie sich ihrer Frömmigkeit nicht überhöben und sich vor Gott demütigten. Vgl. die Lp. auf Anna Susanna von Stein zum Altenstein (1682), S. 11. Nach der Lp. auf Magdalena Zinn müssen die "frommen" Frauen bei ihren Geburten am meisten leiden, weil das "Gericht am Hause Gottes anfange" (vgl. 1. Petr. 4,17). Vgl. die Lp. auf Magdalena Zinn (1602), S. 6.

[124] Lp. auf Margarita Geier (1654), s.p. In frühneuzeitlichen Kondolenzbriefen, die anläßlich des Todes von Frauen bei Entbindungen verfaßt wurden, wird der Strafcharakter des Todes bei der Geburt betont. Vgl. Struckmeier, Trost, S. 312.

[125] Stölzlin (1652), S. 185.

[126] Stölzlin (1652), S. 197. Vgl. ebd., S. 89.

"Es ist mir lieb / dasz du mich gedemuetiget hast / dasz ich dich lerne foerchten" (Stölzlin)[127].

3. Die Ängste der Schwangeren: 'Zur-Sprache-Bringen' der psychischen Belastungen in Anlehnung an biblische Topoi

Angesichts der vor ihnen liegenden, in Predigten, erbaulichen Texten und Gebeten ausgiebig geschilderten Nöte, sind nach den untersuchten Texten bei den Frauen das Warten auf die Entbindung und die Geburt selbst stark angstbesetzt. Die Schilderung von Ängsten nimmt in den Quellen breiten Raum ein. Die Ängste der Schwangeren, Gebärenden und Wöchnerinnen werden als eine Folge der von Gott verhängten Sündenstrafe der Geburtsschmerzen verstanden. Sie müssen von den Frauen zusammen mit ihren körperlichen Beschwerden auf sich genommen werden. Durch eine die Schwere der zu bewältigenden seelischen Belastungen hervorhebende Schilderung der Ängste und ihre Erklärung als eine indirekte Strafe für die Erbsünde wird versucht, Verständnis dafür zu wecken, daß Frauen im Zusammenhang mit der Geburt extremen psychischen Anforderungen ausgesetzt seien. Weil die seelischen Belastungen von Gott verhängt wurden, sind sie nicht zu leugnende Wirklichkeit und müssen auch von den Mitmenschen der davon Betroffenen akzeptiert werden.

Gemäß ihrer Leichenpredigt fürchtete Lucretia von Reichenbach (†1613), daß sie ihre Entbindung nicht überleben werde[128]. Nur selten wird in Leichenpredigten von Schwangerschaften und Geburten ohne größere Belastungen und Ängste berichtet[129]. Haas (1706, Vorwort: 1696) betont, man könne einer Schwangeren nicht verargen, daß "ihr oftmals angst und bange werde vor Furcht und Warten der Dinge, die noch über sie kommen ... werden"[130]. Nach der Predigt auf Emerentia Lund (1646) überkommt eine

---

[127] Stölzlin (1652), S. 530. Die Demütigung der Frau durch die als Sündenstrafe auferlegten Schmerzen und Drangsale bei der Entbindung ist auch in frühneuzeitlichen katholischen Gebeten von großer Bedeutung. Vgl. vor allem die Gebete in: Bremond, S. 302-309. "Je me condamne moi-même à la punition que je souffre ... Faites que je m'humilie incessament ... et que j'aie une affliction toute chrétienne de n'avoir pu lui communiquer que ce qui lui fait mériter votre colère et votre condemnation". Ebd., S. 305.
[128] Vgl. die Lp. auf Lucretia von Reichenbach (1613), S. 31 f.
[129] Als Ausnahmen vgl. die Lp. auf Catharina Maria Behrens (1701), S. 59; die Lp. auf Anna Dorothea Hake (1649), s.p.; die Lp. auf Anna Elisabeth von Prittwitz und Gaffron (1710), S. 34; die Lp. auf Margaretha Meyer (1721)(ref.), S. 27.
[130] Haas (1870, Ausgabe 1706, Vorwort: 1696), S. 123.

Gebärende Furcht und Entsetzen, "wie wenn man einem überlegenen Feind gegenübersteht" (vgl. Jer. 48; 49)[131].

In Gebeten werden - meist in enger Anlehnung an biblische Topoi - Schmerzen und Ängste der Schwangeren, Gebärenden und Wöchnerinnen zur Sprache gebracht[132]. Die Klage der Beterin soll nicht nur dem Herausschreien der Ängste und Schmerzen zur psychischen Entlastung dienen; im Aussprechen ihrer Ängste und Schmerzen bekennt sie als Individuum, daß die Sündenstrafe sie tatsächlich in konkret beschreibbaren Phänomenen ereilt habe, daß sie nach Gottes Willen wirklich körperlich und seelisch leide. Die Klage über Schmerzen und Angst soll den anthropomorph vorgestellten Gott auf den Zustand der Beterin aufmerksam machen und ihn zur Hilfe bewegen. Indem die Beterin mit Bildern und Worten der Gläubigen des Alten und Neuen Testamentes spricht, bringt sie ihre Identifikation mit den Leidenserfahrungen biblischer Frommer zum Ausdruck. Durch die enge Anlehnung des Ausdrucks der Ängste an biblische Topoi wird die Klage kanalisiert. Ängste werden nicht in völliger Freiheit ausgesprochen, sondern gebunden an die Norm des göttlichen Wortes. Erst die Anbindung an die Bibel gibt der Aussprache der Angst ihre Berechtigung und kirchlich akzeptable Formulierung. In Anlehnung an biblische Topoi können Schmerzen und Ängste im Zusammenhang mit der Geburt schließlich ohne Verletzung des Gefühls von Anstand und Scham ausgesprochen werden.

Beim Einsetzen der Entbindung betet die Gebärende: "Siehe! meine stunde ist kommen, die traurigkeit bricht herein (vgl. Joh. 13,1; 16,21), ach! wie so bange ist mir, dasz mir das hertz im leibe davon wehe thut. Ich fuehle billich den schmertzen, der dem weiblichen geschlecht verkuendiget ist" (vgl. Gen. 3,16)(Schimmer, 1730, 1706)[133]. Die Gebärende klagt: "ACh! ... wie ist mir so weh! wie ist mir so bange! weh und angst verkuertzen meinen athem / dasz ich kaum reden kan" (vgl. Kl. 1,20)(von Zesen, 1657)[134]. Wenn es mit der Entbindung schlecht steht, klagt die Gebärende: "Alle meine Glieder zittern vnd beben ... Meine Gestalt ist verfallen / meine Kraeffte sind vergangen" (vgl. Jer. 23,9;

---

[131] Vgl. die Lp. auf Emerentia Lund (1646), s.p., S. 37.

[132] Nach der Lp. auf Martha Catharina Hoffmann von Muennighoffen erfährt eine Gebärende durch das Gebet "Hilfe in der Angst". Lp. auf Martha Catharina Hoffmann von Muennighoffen (1660), s.p.

[133] Schimmer (1730, 1706), S. 1045 f. In Gebeten wird auf depressive Stimmungen Schwangerer Bezug genommen. Vgl. u.a. Stark (o.J., 1731), S. 14-17. Die Schwangere bittet um Linderung ihrer Angst. Vgl. Hoch-Fürstliches ... Hausbuch (1757)(In der Sekundärliteratur nicht nachgewiesen), S. 106 f.

[134] von Zesen (1657), S. 122.

Ps. 48,7)(Schimmer, 1730, 1706)[135]. "Ich ... werffe die Haende ausz / vnd ist mir bange" (vgl. 2. Sam. 24,14)(Stölzlin, 1652)[136]. "Ausz der Angst bete ich / ... ausz der Tieffe ruffe ich" (vgl. Ps. 130,1)(Stölzlin)[137]. Die sterbende Gebärende betet: "Das Gedaechtnus nimmet ab / mein Verstand wird geringe / meine Augen werden dunckel / mein Angesicht ist jaemmerlich / meine Stimme ist klaeglich / mein Odem ist schwach / mein Hertz ist matt / alle meine Gliedmassen beben vnd zittern / vnd haben keine Krafft mehr" (Stölzlin)[138]. "Ich bin wie eine hängende Wand und zerrissene Mauer" (vgl. Ps. 62,4) (von Zesen, 1657)[139]. Im Rückblick auf die Drangsale der Geburt heißt es im Gebet nach gelungener Entbindung: "Ich winselte wie ein Kranich vnnd Schwalbe / vnn girret wie eine Taube / meine Augen wolten mir brechen / siehe / vmb Trost war mir sehr bange" (vgl. Jes. 38,14) (Stölzlin, 1652)[140].

---

[135]Schimmer (1730, 1706), S. 1048 f. "Ich bin ein hochbetruebtes Weib / vnd sehr geaengstiget / wie ist mir so bange / vnd hertzlich wehe? ich habe keine Ruhe / mein Hertz pochet mir in meinem Leibe / vnd will mir brechen / ... mir ist so bange / dasz mirs in Lenden davon wehe thut / vnd kaum Odem holen kan / ich bin so ohnmaechtig dasz ich nicht reden kan / mein Hertz aengstiget sich in meinem Leibe / vnd desz Todesforcht ist auff mich gefallen / Furcht vnnd Zittern ist mich ankommen / vnd Grawen hat mich vberfallen / die Zeit vnd Stunde ist kommen / dasz ich gebaehren soll / es wird mir saur / vnnd kommet mich hart an". Stölzlin (1652), S. 125-127.
[136]Stölzlin (1652), S. 248.
[137]Stölzlin (1652), S. 282.
[138]Stölzlin (1652), S. 340.
[139]von Zesen (1657), S. 122.
[140]Stölzlin (1652), S. 528. Die Wöchnerin dankt, daß Gott ihre Angst erträglich gemacht habe. Vgl. Cubach (1662, 1657), S. 363-367.

4. Die Todesfurcht der Schwangeren: Todesvorahnungen als Mahnung zur Vorbereitung auf das Sterben

Zu den in den untersuchten Texten häufig zum Ausdruck gebrachten Ängsten gehört die Todesfurcht. In Personalteilen von Leichenpredigten auf im Zusammenhang mit der Geburt gestorbene Frauen wird von Todesvorahnungen und Todesvoraussagen Schwangerer berichtet. Die Befürchtung Schwangerer, ihre Entbindung nicht zu überleben, wird in den Leichenpredigten unterschiedlich begründet. Vorangegangene schwere Geburten, starke Schwangerschaftsbeschwerden, depressive Verstimmungen und als prophetische Offenbarungen gedeutete Träume werden als Auslöser genannt. Die Todesvorahnungen Schwangerer werden nicht als krankhafte Einbildung abgetan oder als psychische Verstimmung zu überwinden versucht. Gemäß den analysierten Leichenpredigten ist es Gottes Gnade, die den Schwangeren ihre Bedrohung durch den Tod vor Augen stellt. Den Todesvorahnungen kommt eine wichtige geistliche Aufgabe zu. Sie sollen den Schwangeren als Mahnung dienen, sich durch Buße, Beichte und den Empfang des Heiligen Abendmahls geistlich auf ihren Tod vorzubereiten. Im Mittelalter und in der frühen Neuzeit wurde ein unerwarteter Tod als eine gefährliche Ausnahme angesehen, weil in diesem Fall die Phase der geistlichen Vorbereitung auf das Lebensende entfiel[141]. Wie Sterbende sind Schwangere dazu aufgerufen, sich völlig in Gottes Hand zu übergeben[142]. Gemäß der Leichenpredigt auf Martha Catharina Hoffmann von Muennighoffen (†1660) können bei Entbindungen nur diejenigen Frauen Gottes Beistand erwarten, die sich zuvor durch eine innere Umkehr auf die Geburt

---

[141] Vgl. Mohr, Der unverhoffte Tod. Wegen der Ungewißheit des Zeitpunktes des Todes waren die Menschen gehalten, so zu leben, daß sie jederzeit zum Sterben bereit seien. Vgl. Rudolf, S. 25 f, 49. "Einmal übel sterben bringet ewiges Verderben". Moller, Handbüchlein, S. 3; vgl. auch ebd., S. 182. Nach Moller sollte jedes körperliche Leiden vor allem zu einem Sündenbekenntnis und der "Versöhnung" des Kranken mit Gott führen. Vgl. ebd., S. 73 f. Zur Buße vgl. auch Gerhard, Schola (1653, 1622), S. 4 f. Das "ewige Heil" kann nur durch ständige Bußfertigkeit gesichert werden. Zu Todesvorahnungen vgl. auch Feinler (1702), S. 2-33. Vgl. auch die Schilderung einer Todesvorahnung in der Lp. auf Wilke Steding (1641), S. 46 f.

[142] Buße, Beichte und der Empfang des Abendmahls gehörten neben der letzten Ölung und der "commendacio animae", der Empfehlung der Seele in Gottes Hände, zu den mittelalterlichen Sterbebräuchen. Vgl. Ariès, Studien, S. 19-24. Vgl. auch Berger, S. 93 f, 114 f. In seinem "Sermon von der Bereitung zum Sterben" (1519) fordert Luther die Sterbenden auf, ihren Mitmenschen zu vergeben und sie um Vergebung zu bitten, die Beichte abzulegen, die Kommunion zu empfangen und sich innerlich auf Gott auszurichten. Vgl. WA 2, S. 685-697. Vgl. auch Appel, S. 111, 121. Zur Vorbereitung auf das Sterben im frühneuzeitlichen Protestantismus vgl. auch Mohr, Protestantische Theologie, S. 278 f, 295 f, 299.

vorbereitet haben[143]. Buße, die Ablegung der Beichte und der Empfang der Kommunion gehörten auch nach der katholischen Tradition zu den Riten der Geburtsvorbereitung[144].

In den untersuchten Leichenpredigten werden Äußerungen, in denen Schwangere ihren Angehörigen ihre Todesvorahnungen mitgeteilt haben, berichtet, um nachzuweisen, daß sich die betreffenden Frauen rechtzeitig auf das Sterben bei der Entbindung eingestellt haben. Es wird positiv hervorgehoben, wenn im Zusammenhang mit der Geburt gestorbene Frauen während ihrer Schwangerschaft über das Leben nach dem Tod gesprochen und sich als Vorbereitung auf das Sterben den Text für ihre Leichenpredigt ausgesucht haben. Die Todesfurcht der Schwangeren soll nicht verdrängt, sondern zu ihrem geistlichen Nutzen bewußt gemacht werden.

Von Helene Tanzmann (†1620) wird berichtet, sie sei aufgrund einer vorangegangenen Totgeburt seit dem Beginn ihrer Schwangerschaft mit "traurigen Gedanken" belastet gewesen; sie habe bei vielen Bekannten verlauten lassen, sie werde diesmal bei der Geburt ihr Leben lassen[145]. Emerentia Lund (†1646), die schon siebenmal "starke Geburtsschmerzen" ausgestanden hatte, wurde während ihrer achten und letzten Schwangerschaft aufgrund ihrer Beschwerden von "traurigen Gedanken" niedergedrückt und ließ sich gegenüber vielen Bekannten verlauten, sie werde bei dieser Geburt "ihr Leben drangeben müssen"[146]. Feinler (1702) berichtet, Dorothea Bergner (†1688) sei zwei Wochen vor ihrer Geburt im Traum befohlen worden, "ihr Haus zu bestellen"; sie starb im Wochenbett[147]. Während ihrer Schwangerschaft

---

[143] Vgl. die Lp. auf Martha Catharina Hoffmann von Muennighoffen (1660), s.p. Der amerikanische Prediger Cotton Mather führte den treuen Kirchenbesuch der Frauen auf die Gefahren zurück, denen sie bei ihren häufigen Entbindungen ausgesetzt waren. Vgl. Irwin, S. XXVII.

[144] Vgl. Braun, S. 15. "(Schwangere) muessen ... sich hueten auf das fleiszigste fuer schwere Suende, zum wenigsten nie darinn auch eine Stunde lang verharren, oder uebernachten: denn eine fruehzeitige und schwere Geburt moegte unversehens ueberkommen, ... darum sie sich der vorangesetzten vollkommenen Reu und Leid oft bedienen muessen ... (Schwangere) sollen ... Gott eifriger dienen, mehr Andachten verrichten, ... zum wenigsten etliche mal beichten und kommuniciren. Es ist ein Wagstuecklein, wenn eine Frau in diesem Stande so hinlebe, und zum wenigsten nicht einmal kurz vor der Zeit sich mit Gott versoehnet: was ein- dreyoder fuenfmal gegluecket, kann am sechsten- oder siebentenmal miszlingen". Wille (1780)(kath.), S. 228 f.

[145] Vgl. Heermann, Christianae Eutanasiae Statuae, 25. Lp., S. 687 f.

[146] Vgl. die Lp. auf Emerentia Lund (1646), s.p., S. 55. Vgl. auch die Lp. auf Cordula Funck (1651), S. 2; die Lp. auf Anna Catharina von dem Bussche (1696), S. 53; die Lp. auf Barbara Sophia Aszig (1731), S. 35.

[147] Feinler (1702), S. 28. Johanna Christina Walther sah wenige Tage vor ihrer Niederkunft im Traum einen Breslauer Theologen auf sich zukommen, der vor fünf Jahren gestorben war.

sprach Magdalena Zinn (†1602) mit ihrem Ehemann "sehnlich" von der "Freude des ewigen Lebens" und erklärte täglich, sie wünsche nichts lieber, als daß Gott sie "von der Welt abrufe"[148]. Nach dem Tod der bei der Geburt gestorbenen Dorothea Elisabeth Boehmer (†1677) fand man einen Zettel, auf dem sie eigenhändig den Bibeltext für ihre Leichenpredigt angegeben hatte[149].

Johannes Heermann (Christianae Eutanasiae Statuae, 1680) fordert die Schwangeren auf: "Beweint ewre Suende ... findet euch mit gleubiger Andacht zur Beichte vnd Abendmahl"[150]. Günther (1566) ermahnt die Schwangeren,

---

Vgl. die Lp. auf Johanna Christina Walther (1730), S. 25. Vgl. auch die Lp. auf Wilke Steding (1641), S. 51. Emerentia Lund, die ihre Niederkunft nicht überlebte, äußerte vor ihrer Entbindung, daß ihre Lebenszeit vielleicht nicht mehr lang sein werde. Vgl. die Lp. auf Emerentia Lund (1646), s.p., S. 57. Von Agatha Ehrmann heißt es, sie habe in ihren Wehen "desz Todtes nie vergessen / sondern etlich maln zuvor gesagt / sie halte wol dafuer / sie werde das Leben ueber dieser Geburt lassen muessen". Lp. auf Agatha Ehrmann (o.J., 1650), S. 22. Als bei Dorothea Elisabeth Boehmer die Wehen einsetzten, wußte sie, daß bei dieser Entbindung nur wenig Hoffnung auf die Erhaltung ihres Lebens bestand, da sie seit ihrer letzten Geburt unter starken Beschwerden gelitten hatte. Vgl. die Lp. auf Dorothea Elisabeth Boehmer (1677), S. 51. Anna Magdalena von Czettritz sagte voraus, sie werde bei ihrer Entbindung sterben. Vgl. die Lp. auf Anna Magdalena von Czettritz (1687), s.p. Vgl. auch die Lp. auf Anna Lorentz (1611), s.p., S. 18. Rosina Böhme erklärte, sie werde entweder bei der Geburt oder bald danach sterben. Vgl. Feinler (1702), S. 266. Magdalena Schlegel kündigte an, man werde sie zusammen mit ihrer Leibesfrucht begraben. Vgl. Feinler (1702), S. 260-267. Johanna Elisabeth von Gregersdorf war schon bald, nachdem sie erkannt hatte, daß sie schwanger war, zu der Überzeugung gelangt, daß ihre Entbindung ihr "Abschied von der Zeit in die Ewigkeit" sein werde und hatte sich geistlich darauf vorbereitet. Vgl. die Lp. auf Johanna Elisabeth von Gregersdorf (1711), S. 38. Von Magdalena Herold wird berichtet, sie habe vor ihrer Entbindung gespürt, daß sie bald sterben werde; sie habe daraufhin ihre Verwandten besucht, das Abendmahl empfangen und viel gebetet, "wie die mit Fleisz bemerckten Gebete in Ihren Gebet-Buechern ... sattsam bezeuget haben". Lp. auf Magdalena Herold (1711), S. 22.

[148] Vgl. die Lp. auf Magdalena Zinn (1602), S. 13.

[149] Vgl. die Lp. auf Dorothea Elisabeth Boehmer (1677), S. 51. Auch Catharina Maria Behrens suchte den Bibeltext für ihre Lp. selbst aus. Vgl. die Lp. auf Catharina Maria Behrens (1701), S. 2. Vgl. auch die Lp. auf Barbara Dorothea Aszig (1731), S. 8.

[150] Heermann, Christianae Eutanasiae Statuae (1680), 25. Lp., S. 668. Heermann betont, wenn sich die Schwangeren so auf die Geburt vorbereiteten, brauchten sie sich nicht vor der Entbindung zu fürchten. Vgl. ebd. Vgl. auch die Regensburger HO (1552), in: Burckhard (Hg.), S. 139; die Regensburger HO (1555), in: Burckhard (Hg.), S. 153 f; die Frankfurter HO (1573), in: Burckhard (Hg.), S. 205; die Kurländische KO (1570), in: Sehling (Hg.) 5, S. 96. Stark ermahnt die Schwangeren, sich vor der Geburt mit ihren Nächsten zu versöhnen und anschließend das Abendmahl zu empfangen. Vgl. Stark (o.J., 1731), S. 52. Vgl. auch die Lp. auf Regina Waise (1660, 1613), s.p.

nicht aufgrund ihrer Beschwerden eine "Schalksreue" zu heucheln und nach der Entbindung so "gottlos" weiterzuleben wie zuvor[151]. Lucretia von Reichenbach (†1613) empfing fünf Wochen vor ihrer Niederkunft nach abgelegter Beichte die Absolution und das Abendmahl[152]. Eva Rotenburg (†1642) beichtete noch kurz vor ihrer Geburt[153]. In der Leichenpredigt auf Elisabeth-Maria Schneidewind (†1659) wird betont, es sei dem Heil einer Frau nicht abträglich, wenn sie von dem Einsetzen der Geburt überrascht werde, bevor sie das Abendmahl empfangen habe, da nur die "Verachtung" des Sakraments verdammlich sei[154].

Nach Stölzlin (1652) sollen sich die Schwangeren mit Buße und dem Empfang des Heiligen Abendmahls auf das Sterben gefaßt machen[155]. Wie Sterbende befiehlt die Gebärende ihre Seele in Gottes Hand: "Als ein ...

---

[151]Vgl. Günther (1566), f. 38. Urlsperger beteuert, echter Trost werde nur den "Bußfertigen" zuteil. Vgl. Urlsperger (1723)(vgl. Beck, Die religiöse Volkslitteratur, S. 234 f), Vorrede, s.p., S. 12 f. Nach Celichius wird den Schwangeren die Möglichkeit eines plötzlichen Todes vor Augen gestellt, damit sie "ihre Bekehrung nicht aufschieben". Vgl. Celichius (1594), 12. Lp., S. 106. Günther fordert "in Unehren" schwangere Frauen auf, Buße zu tun, damit Gott nicht "seine Hand von ihnen abziehe" und sie bei der Entbindung mit ihrem Kind umkommen. Vgl. Günther (1566), f. 38. "In Madagaskar, wo die Gebärende zur Erleichterung ihrer Niederkunft ihrem Gatten alle außerehelichen Vergehen beichten muß, sieht man den Tod der Kreißenden als Beweis dafür an, daß sie nicht alles gestanden hat". Bartels, S. 38.
[152]Vgl. die Lp. auf Lucretia von Reichenbach (1613), S. 24. Als Cordula Funck während ihrer Schwangerschaft erkannte, daß sie sterben müsse, forderte sie den Pfarrer zu sich, bekannte ihre Sünden und empfing das Abendmahl. Vgl. die Lp. auf Cordula Funck (1651), S. 27.
[153]Vgl. die Lp. auf Eva Rotenburg (1642), s.p., S. 45. Elisabeth Anastasia Breithaupt empfand große Freude, als ihr während ihrer Entbindung das Abendmahl gereicht wurde. Vgl. die Lp. auf Elisabeth Anastasia Breithaupt (1656), s.p., S. 47. Vgl. auch die Lp. auf Catharina Maria Behrens (1701), S. 2; Moller, Handbüchlein (1910, 1593)(vgl. Beck, Die religiöse Volkslitteratur, S. 48), S. 142; Feinler (1702), S. 98 f. Im Kapitel mit der Überschrift: "Wann die gebaehrende Fraw vnter den gefaehrlichen Geburthsschmertzen das heilige Abendmahl zu empfahen begehret", handelt Stölzlin über die Austeilung des Abendmahls an Gebärende. Vgl. Stölzlin (1652), S. 202-227.
[154]Vgl. die Lp. auf Elisabeth-Maria Schneidewind (1659), s.p.
[155]Vgl. Stölzlin (1652), S. 20, 203. In der Lp. auf Emerentia Lund wird betont, die Stunde der Niederkunft sei ungewiß wie die Stunde des Todes; niemand könne wissen, ob Mutter und Kind überlebten. Vgl. die Lp. auf Emerentia Lund (1646), s.p., S. 37. In der Lp. auf Martha Catharina Hoffmann von Muennighoffen heißt es, wenn Gott bei der Entbindung eine zeitlang "seine Gnade verberge", müßten die Kindbetterinnen lernen, "je eher je lieber" Buße zu tun. Vgl. die Lp. auf Martha Catharina Hoffmann von Muennighoffen (1660), s.p. Nach der Lp. auf Elisabeth Maria Schneidewind erinnerte sich Rahel während ihrer schweren Geburt an ihre Sünden. Vgl. die Lp. auf Elisabeth Maria Schneidewind (1659), s.p. In Geburtsnöten bezeugte Dorothea Elisabeth Boehmer, daß "sie nichts auff jhrem Hertzen haette / so sie quaelen koente". Lp. auf Dorothea Elisabeth Boehmer (1677), S. 52.

Schlachtlaemlein opffere ich mich dir mit Leib vnd Seel" (Stölzlin, 1652)[156]. "Ist es dein Goettlicher Will / so gehe dieser Kelch vnd Schmertz von mir / doch nicht was ich will / sondern dein Will geschehe" (vgl. Lk. 22,42)(Stölzlin)[157]. "Ich (befehle) dir / mein Leib vnnd Seel / ... inn deine Vaeterliche Haende" (vgl. Lk. 23,46)(Bienemann, 1608, Vorwort: 1587)[158]. Bei ihrer Niederkunft "unterwarf" sich Anna Freyberger (†1611) dem "Willen Gottes", "er moechte es mit jhr nach seinem Wolgefallen machen / es gerahte zur froelichen Endbindung ... oder aber zum seligen abschied"[159].

5. Der Trost der Verhängung der Beschwerden und Ängste durch Gott selbst

Das Bewußtsein, daß die von ihnen durchzustehenden Geburtsschmerzen und die mit der Geburt verbundenen Ängste als Sündenstrafe von Gott über sie verhängt worden seien, soll für die davon betroffenen Frauen nicht nur bedrohlich sein. Es soll ihnen die Gewißheit vermitteln, in ihrer Drangsal unmittelbar in der Beziehung zu Gott zu stehen. Die zu ertragenden Schmerzen und Ängste werden dadurch erträglicher, daß sie dem hohen Ziel der Ausbreitung des Reiches Gottes dienen.

Gemäß der Leichenpredigt auf Emerentia Lund (1646) tröstet Gott die Gebärenden "mitten in ihrer Arbeit" damit, daß ihnen ihre Schmerzen von Gott auferlegt seien[160]. Nach Luther soll sich eine Schwangere mit den folgenden

---

[156] Stölzlin (1652), S. 225.

[157] Stölzlin (1652), S. 113.

[158] Bienemann (1608, Vorwort: 1587), 1. Teil, f. 133. Die Schwangere betet: "Wan ich ... selbst in der gebuhrt bleiben solte / so nim meine seele in deine hand / und fuehre sie mit dir zur ewigen freude". von Zesen (1657), S. 121. "Soll ich nach deinem Rath ... mein Leben lassen, so mache mich bereit zu einem seligen Tode". Haas, Das in GOtt andaechtige Frauenzimmer (1718, 1695), S. 334. Wenn der Pfarrer Lucretia von Reichenbach während ihrer Schwangerschaft besuchte, erklärte sie, sie habe sich "zu Tod und Leben" Gott übergeben. Vgl. die Lp. auf Lucretia von Reichenbach (1613), S. 24.

[159] Lp. auf Anna Freyberger (1611), s.p. Fünf Wochen vor ihrer Entbindung bat Lucretia von Reichenbach ihren Pfarrer, in der Kirche bekanntzugeben, sie bitte alle um Vergebung, an denen sie schuldig geworden sei. Vgl. die Lp. auf Lucretia von Reichenbach (1613), S. 24. Vgl. auch die Lp. auf Otto von Oyen (1621), S. 14. Zur Versöhnung der Sterbenden mit den Zurückbleibenden vgl. auch Mohr, Protestantische Theologie, S. 262.

[160] Vgl. die Lp. auf Emerentia Lund (1646), s.p., S. 44. "So musz ia ein grosser Trost seyn / dasz GOTT der Schwangern vnd Creystrenden ... Leyden ... zuvor siehet / vnd darumb auch auszdruecklich zuvor gesagt hat / dasz man sie desto besser solle warnehmen / vnd mit feinem buszfertigen Hertzen sich dazu schicken". Ebd., s.p., S. 45. "Du hast mir solch Creutz auffge-

Gedanken aufrichten: "Das weiß ich, das solche schmertze, elende und kuemmernus von niemands herkompt denn von meinem frommen Gott, der mirs aufferleget hat, darumb will ichs auch umb seinet willen gerne dulden und leiden, und wenn ich gleich darueber hingehen solt"[161]. In der "Heilsame(n) Seelen-Apothek" (1770) beteuert Marie Katharina Sophie von Hohenlohe: "Meine Geburtsschmerzen wurden mir versüßet in Betrachtung, dasz durch das Kindergebären ... der Himmel vermehrt wird, diese gewisse Hoffnung erhielte mich auch unter den größten Schmerzen getrost, ja, ich darf wohl sagen, freudig"[162].

C. Gottes 'Hebammendienst': Das Vertrauen auf Gott als 'Geburtshelferin'

1. Die Anrufung Gottes als 'Hebamme' angesichts der Unmöglichkeit, das Gelingen der Entbindung aus menschlicher Kraft zu erreichen

Während der Schwangerschaft und bei der Geburt sollen die Frauen erkennen, daß sie aus ihrer eigenen Kraft nicht dazu in der Lage seien, ihr Kind zur Welt zu bringen; trotz aller eigenen Bemühungen und der fleißigen Arbeit der Hebammen könne nur Gott allein, der ihnen die Fruchtbarkeit geschenkt habe, auch das Gelingen ihrer Geburt bewirken. Da nur Gott in der Lage sei, die Entbindung zu meistern, wird die Auffassung verurteilt, es sei leicht, Kinder zur Welt zu bringen.

---

legt / das ich mit grossen schmertzen Kinder geberen soll". Girlich (1551), f. 12. "So erkenne ich doch / dasz dieser dein Goettlicher Will ... gut ist". Stölzlin (1652), S. 39.

[161] WA 17 I, S. 25, Z. 12-15.

[162] von Hohenlohe (1770)(vgl. Beck, Die religiöse Volkslitteratur, S. 238), S. 10. Heermann betont, die Zeit der Geburtsschmerzen sei unvergleichlich viel kürzer als die "ewige Qual", die die Frau eigentlich "verdient" hätte. Vgl. Heermann, Schola (1642), 27. Lp., S. 580. Weller hebt hervor, Gott habe die "ewige Sündenstrafe" in eine "Vaeterliche zuechtigung des Fleisches" verwandelt. Vgl. Weller (1602, 1564), f. 170. Die Schleswig-Holsteinische KO (1542) empfiehlt den Kindbetterinnen zu bedenken, daß Gott selbst ihnen das "Kreuz" der Geburtsschmerzen auferlegt habe. Vgl. die Schleswig-Holsteinische KO (1542), in: Burckhard (Hg.), S. 84. "Wenn nun Gott ... etwas aufferlegt / demselbigen mitteilet er auch sein gnad vnd segen". Girlich (1551), s.p., S. 21. Haas ermahnt die Gebärenden, ihre Schmerzen nicht "für eine Strafe eines zornigen Rächers und Richters, sondern ... für eine Züchtigung eines ... liebreichen Vaters zu halten". Haas, Der getreue Seelen-Hirte (1870, Ausgabe 1706, Vorwort: 1696), S. 124.

Stölzlin (1652) empfiehlt Schwangeren, sich vor allem daran zu erinnern, daß es nicht in ihrer Macht stehe, Kinder zur Welt zu bringen[163]. Die Gebärende betet: "Ich erkenne ..., dasz die Geburt eines Menschen ein Wunderwerk ist, welches du allein befoerdern muszt, und stehet in keines Menschen Macht, ein Kind zur Welt zu bringen" (Stark, o.J., 1731)[164].

Stölzlin bezeichnet es als eine "Vermessenheit" "gottloser" Frauen, die eigene Hilflosigkeit bei der Geburt "nicht einzugestehen"[165]. Günther (1566) klagt über Frauen, die sich "erdreisten", die Geburt für ein einfaches Unterfangen zu halten; er betont, ihnen drohe eine schwere Entbindung, bei der sie "wol die Erden darueber keuwen" (sterben) müßten[166].

Die Unmöglichkeit, das Gelingen der Entbindung aus menschlicher Kraft zu erreichen, wird hervorgehoben, um die Gebärende in die Bereitschaft zu versetzen, auf die Hilfe Gottes durch ein Wunder zu hoffen. Sie soll darauf vertrauen, daß Gott selbst die Funktion ihrer 'Geburtshelferin' übernehme, Gott als ihre 'Hebamme' anrufen und erwarten, daß seine 'Hände' ihr Kind aus dem Mutterleib pressen und ziehen.

In den Gebeten, in denen die Gebärende Gott als 'Hebamme' um Beistand bittet, kommt eine enge Gottesbeziehung zum Ausdruck. Im Gebet ist ihr Gott näher als ihre 'irdische' Geburtshelferin. In der Anrufung Gottes als 'Hebamme' spricht die Gebärende zu Gott gleichsam als einer Frau, der das Geschehen bei der Geburt bestens bekannt ist[167]: Als ihre 'Hebamme' soll Gott das vertrauteste und hilfreichste Gegenüber der Gebärenden sein[168].

---

[163] Stölzlin (1652), S. 20. Vgl. auch Günther (1566), f. 64.

[164] Stark (o.J., 1731), S. 62 f. "Meine Entbindung ... steht in deinen Haenden". Ebd., S. 77. "Dann solchs werck / kinder zugeberen / ist nicht ... ein menschenwerck / sondern es ist Gottes werck". Frankfurter HO (1573), in: Burckhard (Hg.), S. 215. Hug betont, Gott verhänge schwere Geburten, weil er dadurch anzeigen wolle, daß er selbst die "rechte Hebamme" sei und die irdischen Geburtshelferinnen ohne seinen Beistand nicht helfen können. Vgl. Hug (1562), f. XIX.

[165] Vgl. Stölzlin (1652), S. 15.

[166] Günther (1566), f. 65. Nach Günther führen einige Frauen die spöttische Redensart: "sie woellen ein par Semmlen nemen / vnd ein Kind haben". Ebd., f. 65. Hug stellt fest, Gott verhänge schwere Geburten, um anzuzeigen, daß er allein die "rechte Hebamme" sei. Das Kindergebären sei eine "schwere Kunst" und je länger eine Frau sich darin "übe", desto schwerer werde sie. Vgl. Hug (1562), f. XIX. Nach Günther verhängt Gott schwere Geburten, damit die Frauen ihm nach gelungenen Entbindungen dankbarer sind: Wenn Gott eher geholfen hätte, hätten sie seine Hilfe schneller vergessen. Vgl. Günther (1566), f. 67.

[167] Schwangere und Gebärende werden mit Gottes 'Mütterlichkeit' getröstet. Zur Anrede Gottes als 'Mutter' vgl. u.a. auch Moltmann.

[168] In ihrer körperlichen und seelischen Bedrängnis sollen die Gebärenden auf Gottes 'leibliche' Hilfe vertrauen. Vgl. Pissarek-Hudelist, Schottroff (Hg.), S. 11; Schüngel-Straumann.

In einer bei Johannes Heermann (1680) abgedruckten Predigt wird die Not der Gebärenden mit der Bedrohung der Israeliten durch den Assyrerkönig Sanherib verglichen: Es heißt, wie die durch Sanherib bedrohten Israeliten hätten die Gebärenden nur ihren Untergang vor Augen (vgl. Jes. 37,3)[169]. Wenn keine Hoffnung auf das Gelingen einer Entbindung mehr vorhanden ist, sollen die Kindbetterinnen nach Günther (1566) damit getröstet werden, daß Gott ihre Lage wenden könne, auch wenn keine menschliche Hilfe mehr möglich sei[170]; er habe Schadrach, Meschach und Abed-Nego aus dem Feuerofen gerettet (vgl. Dan. 3,1-30)[171]. Körber (1580, 1561) fordert die Schwangere auf, fest daran zu glauben, daß Gott ihr bei der Geburt als 'Hebamme' beistehen werde[172]. Girlich

---

[169]Vgl. Heermann, Christianae Eutanasiae Statuae (1680), 25. Lp., S. 660-690. In einer bei Heermann abgedruckten Lp. heißt es, eine Kindbetterin müsse "entweder gebaeren / oder ... sampt der Frucht vntergehen". Heermann, Schola (1642), 27. Lp., S. 577. Dietrich nennt die Geburt "ein rechte todes not". Dietrich (1972, 1548), S. 142. Vgl. auch Celichius (1594), 12. Lp., f. 105. Schwangere sollen sich daran erinnern, daß Rahel bei ihrer Entbindung nicht verloren war, obwohl sie "durchs Todestal wandern" mußte. Vgl. ebd., f. 109.

[170]Vgl. Günther (1566), f. 73.

[171]Vgl. Günther (1566), f. 28 f. Nach Stark sollen sich die Schwangeren bei "Verzagtheit" Lk. 1,37 ins Gedächtnis rufen. Vgl. Stark (o.J., 1731), S. 44. Vgl. auch Heermann, Christianae Eutanasiae Statuae (1680), 25. Lp., S. 678. Da Gott in der äußersten Not helfe, fordert Heermann die Gebärenden auf, mit David zu sprechen: "Meine Hilfe kommt vom HERRN, der Himmel und Erde gemacht hat" (Ps. 121,2). Heermann, Schola (1642), 27. Lp., S. 584. Stölzlin ermutigt die Kindbetterin mit 2. Kor. 12,9: "So versichern euch diese Wort / dasz / je schwaecher / je Krafftloser jhr seyd / je mehr der Herr ... fuer euch sorge". Stölzlin (1652), S. 159. "Nehmet Zuflucht in ewrer Ohnmacht zu Gottes Allmacht". Ebd., S. 158. "Wenn sich die ... Mutter gar hat abgearbeitet ... vnd man meinet / es werde Mutter vnd Leibesfrucht vergehen / Eben daselbst gibt Gott wuenderliche huelffe / dz in einem augenblick die Mutter vnd das Kindlein erloeset werden". Girlich (1551), s.p., S. 6. "Ploetzlich verschwind der Todt / vnd findet sich ein doppelts / zwiefaches Leben". Ebd., s.p., S. 24. Nach der KO für das Herzogtum Preußen (1568) sollen die Gebärenden von den Hebammen ermahnt werden, ihr Vertrauen auf den zu setzen, "der in den Schwachen mächtig" sei. Vgl. die KO für das Herzogtum Preußen, in: Sehling (Hg.) 4, S. 92. Hug fordert die Schwangeren auf, sich zu freuen, daß sie dazu bestimmt seien, allen Christen ein Exempel für Gottes Hilfe aus der Not zu werden. Vgl. Hug (1562), f. VII f. "Erstlich niedergeschlagen, verwundet, getödtet, darnach aufgerichtet, geheilet, lebendig gemacht". Dr. Heinrich Müllers geistliche Erquickstunden (1859, 1664), S. 291. Vgl. auch Luthers Predigt über Joh. 16,16-23 (1544), in: WA 52, S. 283-289. Luther schreibt im Genesiskommentar über Gen. 35,16 f (die schwere Geburt Rahels): "Imo maledictio pessima est, aber unser Herrgott hat ein Hebraische sprache, das hinderst zu foderst (Wohl Anspielung auf die hebräische Schreibweise von rechts nach links, von hinten nach vorn.), priores passiones, posteriores glorias". WA 44, S. 199, Z. 15-17.

[172]Körber (1580, 1561), f. 5 f. In der Frankfurter HO (1573) werden die Geburtshelferinnen ermahnt, die Gebärenden daran zu erinnern, daß Gott an ihnen wirke und ihnen Beistand leiste; er werde dafür sorgen, daß sein Geschöpf auf die Welt komme. Vgl. die Frankfurter HO (1573), in: Burckhard (Hg.), S. 196. In der KO für Schleswig-Holstein (1542) wird den

(1551) betont, wenn Gott in Geburtsnöten nicht seine "allmächtige Hand" anlege, seien die Gebärende und ihr Kind trotz aller menschlichen Hilfe verloren[173]; Gott wirke als die "allerbeste vnd sorgfältigste Hebamme"[174].
Die Gebärende bittet Gott: "Leiste du mir selbsten die beste Huelfe, und entbinde mich gnaediglich" (Stark, o.J., 1731)[175]; "Entbinde mich" (Stark)[176]; "Lasz mich deine heylsame Mutterhand fuehlen" (Stölzlin, 1652)[177]. Die Gebärende bekennt: "Ich bin auch selbsten meiner Mutter sauer worden / aber doch kommen durch deine Gnade die Menschen-Kinder froelich zur Welt denn du allein zeuchst sie aus MutterLeibe" (Cubach, 1662, 1657)[178]. "Ist der HErr bey mir ..., so bin ich genesen" (Stark, o.J., 1731)[179]. In einem Lied für Gebärende

---

Hebammen geboten, die Schwangeren damit zu trösten, daß Gott bei der Geburt gegenwärtig sei und selbst die Funktion der 'Geburtshelferin' wahrnehme. KO Schleswig-Holstein (1542), in: Burckhard (Hg.), S. 83 f. Nach der Regensburger HO (1552) sollen Gebärende besonders in Lebensgefahr damit getröstet werden, daß Gott selbst bei der Geburt zugegen sei. Vgl. die Regensburger HO (1552), in: Burckhard (Hg.), S. 138.
[173] Girlich (1551), s.p., S. 26.
[174] Girlich (1551), s.p., S. 7.
[175] Stark (o.J., 1731), S. 60.
[176] Stark (o.J., 1731), S. 58.
[177] Stölzlin (1652), S. 244-246. Stölzlin spricht der Gebärenden zu: "Seyd ... versichert / dasz (Gott) ... als ein mitleidende Mutter gegen (euch) ... gesinnet seye". Ebd., S. 266. Stölzlin fordert die Schwangere auf, sich mit dem Gedanken zu trösten, daß die Liebe Gottes zu ihr der Liebe einer Mutter zu ihrem Kind entspreche. Vgl. ebd., S. 187-190. Mit Bezug auf Jes. 46,3 f und 49,15 heißt es bei Stölzlin in einer Andacht für Frauen in schwerer Entbindung: "Hie thut ... (der) Erloeser ... ein Fensterlein auf in sein ... Hertz hinein zusehen / wie es in so ... inbruenstiger Liebe gegen eine glaubige Seele ... brenne / nemblich / wie das Hertz einer liebreichen Mutter / gegen jhrem Kind / das sie vnter jhrem Hertzen getragen. Nun hat aber niemand eine hertzlichere / vnd inbruenstigere Liebe gegen dem Kind / als eine Mutter". Ebd., S. 262. "(Jesus) weisz ... vmb ewer Elend / ... (es) wird jhm auch endlich sein Mutterhertz gegen euch brechen". Ebd., S. 268. "Ja (Gott) ... ist mehr als ... Muetterlich gegen (Euch) ... gesinnet". Ebd., S. 97.
[178] Cubach (1662, 1657), S. 328. "Gedencke daran, HErr! dasz du vormals mich aus meiner Mutter Leibe gezogen, ... So thue nun dergleichen Barmhertzigkeit auch an meinem Kinde". Haas, Das in GOtt andaechtige Frauenzimmer (1718, 1695), S. 332. "HErr / hilf mir / der du mich aus meiner mutterleibe gezogen / und meine zuversicht warest / da ich noch an meiner mutter bruesten lag". von Zesen (1657), S. 122. In Gebeten anäßlich von Geburtstagen wird für die Erschaffung der Leibesfrucht sowie die Bewahrung im Mutterleib und bei der Geburt gedankt: "Ich ... dancke dir ..., dasz du aus lauter liebe mich in meiner mutter leibe gebildet, lebendig daraus gebracht, ... das leben gegeben, mich nicht zu einem wurm oder unvernuenfftigen bestien, sondern zu einem vernuenfftigen menschen nach deinem bilde erschaffen, ... von mutter-leib an mein Gott gewesen". Schimmer (1730, 1706), S. 279. Vgl. auch ebd., S. 282.
[179] Stark (o.J., 1731), S. 56. Darum wird auch meine Huelfesstunde bald herein brechen, weil ich den bey mir habe, von dem alle Huelfe kommt". Ebd., S. 81. Die Gebärende erinnert sich

heißt es bei Cundisius (1696, 1667): "Ich bin sehr schwach, doch drueckstu nach"[180].

2. Die Abhängigkeit der Hebammen von Gottes 'Geburtshilfe' und das von ihnen geforderte Gottvertrauen

Nicht nur die Gebärende, auch die sie betreuende 'irdische' Hebamme soll sich bewußt sein, daß nur Gott das Gelingen der Entbindung bewirken könne. In Hebammenlehrbüchern wird betont, daß sich die Geburtsvorgänge wie das Sterben letztendlich menschlichen Einflußmöglichkeiten entziehen. Gott selbst wache über alle Einzelheiten des Geburtsverlaufes. Der Tod von ihnen betreuter Frauen wird als göttliche Mahnung an die Hebammen gedeutet, ihre eigenen Fähigkeiten mit größerer Bescheidenheit zu beurteilen: Wie die Gebärenden sind auch die Hebammen bei der Entbindung göttlichen Erziehungsmaßnahmen ausgesetzt, die sie ihres Unvermögens überführen sollen.

In der Hebammenliteratur wird betont, "faule" und "unfähige" Hebammen entschuldigten sich zu Unrecht, das in Wahrheit von ihnen selbst verursachte Mißlingen von Entbindungen sei auf Gott zurückzuführen, weil er in diesen Fällen keine erfolgreichen Geburten bewirkt habe: Der Glaube an Gottes Wirken bei der Geburt soll von untüchtigen Hebammen nicht zur Entschuldigung der eigenen Unfähigkeit mißbraucht werden.

In Darstellungen, in denen Hebammen und Ärzte über ihre Erfahrungen bei der Geburtshilfe berichten, bezeugen sie ihre Abhängigkeit von Gottes Wirken bei ihrer Arbeit. Wie die Gebärende soll die Hebamme während der Entbindung

---

daran, daß Gott sie sieht. Vgl. Stölzlin (1652), S. 125-127. Wenn es mit der Entbindung schlecht steht, tröstet sich die Gebärende, daß Gottes "leuchtendes Angesicht" ihr zum Gelingen der Entbindung verhelfe. Vgl. ebd., S. 176-179. Die Gebärende bittet Gott, sein Angesicht nicht vor ihr zu verbergen. Vgl. ebd., S. 116 f. Die Gebärende betet: "Ach, mein GOtt! ... ich weisz, du ... stehest neben mir, ob du gleich dich mit deiner Huelfe noch nicht offenbarest. Stark (o.J., 1731), S. 82. "Wann ich dich bey mir habe, so habe ich den ... maechtigsten Helfer bey mir". Ebd., S. 56. "Wenn es sich sollte lassen gefaehrlich ansehen, so sprich meiner Seelen den Trost zu: Ich bin bey dir in der Noth, ich wil dich herausreissen, ich will dich nicht verlassen noch versaeumen". Ebd., S. 62 f. Cundisius fordert die Gebärende auf, sich nicht zu fürchten, da sie die heilige Drei-Einigkeit bei, um, neben und in sich habe. Vgl. Cundisius (1696, 1667), S. 298. Auf Gottes Zusage, daß er nicht von ihr weichen wolle, fängt die Gebärende "ihr Werk mit Freuden" an. Stark (o.J., 1731), S. 60.
[180] Cundisius (1696, 1667), S. 290. Das Lied trägt die Überschrift: "Bewegliches Klage-Lied einer gottseligen Frauen, welche in Kindes-Noethen hefftig arbeitet, und ueber die Masse grosse Schmertzen empfindet".

in unmittelbarer Beziehung zu Gott stehen und konkret mit seinem Wirken rechnen. Beide, die Gebärende und die Hebamme, haben für das nach menschlichem Ermessen unmögliche Gelingen der Geburt nur von Gott selbst die entscheidende Hilfe zu erwarten.

In der Leichenpredigt auf Dorothea Elisabeth Boehmer (1677) heißt es: "Wenn alle Menschen da gegenwaertig stuenden / und es verschaffen wolten / dasz die Leibesfrucht von der Mutter lebendig an die Welt kaeme / sie koennten es durch jhre Krafft ... nicht leisten"[181]. Nach dem "Hebammen-Buechlein" von Muralts (1697) liegt der Ausgang jeder Geburt in der Hand Gottes, der alles nach seinem "heiligen und gerechten Willen" bestimme[182].

In ihrem Hebammen-Lehrbuch (1741) betont Justine Siegemund, nur Gott kenne den Zeitpunkt der Geburt und des Todes. Auch wenn die Hebamme alle Anzeichen für eine bevorstehende Geburt ausmachen könne, bleibe das Wissen um den genauen Zeitpunkt des Einsetzens der Wehen und des Austritts der Leibesfrucht durch den Geburtskanal allein Gott vorbehalten: "GOTT hat der Natur eine gewisse Zeit zum Gebaehren bestimmet"[183]. Wittich (1598) hebt hervor, die Entbindung könne nur erfolgen, wenn Gott selbst den fest verschlossenen Muttermund (das "os sacrum") öffne[184]; das Öffnen vor und das Schließen des Muttermundes nach der Geburt gehöre zu den größten Wundern Gottes.

Siegemund berichtet, sie habe oft leichte Geburten erlebt, nach denen die Mütter oder Kinder im Wochenbett gestorben seien; sie schließt daraus: "Derowegen stehet der Menschen Leben in der Hand des HErrn vor der Geburt, unter der Geburt, und nach der Geburt"[185]. Siegemund betont, Geburtshelferinnen, die sich auf ihre Fähigkeiten etwas einbildeten, drohe der Verlust des göttlichen Segens[186]. Auch die beste Hebamme könne sich nicht für den positiven Verlauf einer Entbindung verbürgen; sie selbst rühme sich nicht

---

[181] Lp. auf Dorothea Elisabeth Boehmer (1677), S. 14 f.

[182] von Muralt (1697), S. 26. Vgl. auch Stölzlin (1652), S. 24.

[183] Siegemund (1741), S. 192. "GOTT ... wircket ... / dasz / wenn die Zeit da ist / die Baende im Mutterleibe losz gehen". Lp. auf Dorothea Elisabeth Boehmer (1677), S. 14 f.

[184] Vgl. Wittich (1598), Vorrede, s.p. Schütte schreibt es der "Vorsorge Gottes" zu, daß von "tausend lebendigen Kindern, neun hundert neunzig ... durch die Natur ... wohlgekehrt, auf die Welt kommen, und nur die uebrige Zehn uebel gekehrt vor die Geburt treten". Er betont, die Menschen müßten bekennen, daß darin "GOttes Hand verborgen sey". Schütte (1773), Vorbericht, s.p.

[185] Siegemund (1741), S. 18. Gegen den Vorwurf, daß sie den Tod eines Kindes verschuldet habe, wendet die Hebamme ein: "Die eintzige Ursache ist, dasz ich nicht allmaechtig wie GOtt bin; die Neben-Ursache aber das unrechte Liegen der Kinder". Ebd., S. 223.

[186] Vgl. Siegemund (1741), S. 17.

damit, für das Leben ihrer Klientinnen und deren Kinder garantieren zu können: "es waere eine Vermessenheit wider GOtt"[187].

Siegemund betont, unfähige Hebammen entschuldigten sich zu Unrecht damit, daß nur Gott selbst über den Verlauf und den Erfolg einer Geburt entscheide[188]; obwohl die Entbindung Gottes Werk sei, dürfe deshalb die Wissenschaft nicht verworfen werden[189] und die Hebamme müsse alle wichtigen Handgriffe für die Geburtshilfe kennen, wenn sie ihr Amt recht ausüben wolle[190].

---

[187]"Denn ob ich gleich mit gutem Gewissen sagen kan, dasz kein Kind mir vorgekommen, so nicht moeglich, von der Mutter zu bringen gewesen waere; so sage ich doch nicht, dasz es mir noch begegnen koente, es waere eine Vermessenheit wider GOtt". Siegemund (1741), S. 18. Die Frankfurter HO (1573) warnt die Hebammen davor, aus "Vermessenheit" sich selbst zuviel zuzutrauen und dadurch Gott zu verachten, damit Gott sie nicht zuschanden werden lasse. Vgl. die Frankfurter HO (1573), in: Burckhard (Hg.), S. 215. In "Eckarths Unvorsichtige Heb-Amme" wird über "ruhmredige" Geburtshelferinnen geklagt, die, wenn Gott bei Entbindungen gutes Gelingen geschenkt habe, den Erfolg für sich selbst verbuchten und mit gefährlichen Umständen prahlten, die sie angeblich durch ihre eigene Leistung bewältigt hätten. Vgl. Des getreuen Eckarths Unvorsichtige Heb-Amme (1715), S. 686. Siegemund berichtet, sie sei "stolz" geworden, nachdem sie schon bei über 100 schweren Geburten erfolgreich geholfen habe - dann sei ihr jedoch eine Kindbetterin "unter den Händen" gestorben: "Bin also bisz diese Stunde dabey in Furcht gerathen ... und habe ... ich, und iede Wehe-Mutter ... Ursache, den lieben GOTT um Seegen und goettlichen Beystand zu bitten". Siegemund (1741), S. 104. Nach der Memminger HO (12.5.1578) tragen sich gefährliche Geburten "auß sonnderer verhennckhnus Gottes" zu. Memminger HO (1578), in: Burckhard (Hg.), S. 228.

[188]Vgl. Siegemund (1741), S. 228. Den Nachlässigen sei in der Heiligen Schrift kein Segen verheißen; ihnen drohe ein schreckliches Urteil am Jüngsten Tag. Vgl. ebd. In einem fiktiven Dialog zwischen Siegemund und der Hebammenschülerin Christine beruft sich Christine oft auf Gott, um ihre Unkenntnis zu entschuldigen: "Wer kan wissen, wenn GOtt nicht helffen will, wer kann es denn nehmen, man musz die rechte Stunde doch erwarten, bisz GOtt hilfft". Siegemund antwortet: "Ich glaube wohl, dasz es dann gehet, wenn GOTT hilfft ...; Ich will aber wissen, wie du hilffest, und als noethig, helffen kanst". Ebd., S. 16.

[189]"GOttes Gnade und Seegen musz bey guter Wissenschaft ... beysammen bleiben". Siegemund 1741, S. 16 f. "Weil Er der Schoepffer und Erhalter des menschlichen Geschlechts ist, so regieret Er die Geburt alle ohne Huelffe derer Menschen. Dieweil aber der liebe GOtt auch dem Menschen die Vernunfft gegeben, und einem ieden sein Amt und Beruff auffgeleget ... so soll der Mensch auch seinen Beruff wohl in acht nehmen, will er christlich leben, und seelig sterben". Ebd., S. 110.

[190]Vgl. Siegemund (1741), S. 90. Geburtshilfliche Instrumente wie der Haken zum Ausziehen der toten Leibesfrucht sollten nicht verachtet werden. Vgl. ebd., S. 100. Für schwere Geburten soll die Hebamme dankbar sein, weil sie daraus lernen kann. Vgl. ebd., S. 109. Völter betont, der Teufel rede Hebammen ein, schwierige Kindslagen gingen sie als "schwache Frauen" nichts an. Vgl. Völter (1722), S. 5. Völter berichtet, wenn er Geburtshelferinnen zu erklären versuche, wie sie mit ihren Händen unglücklich liegenden Kindern zurecht helfen könnten,

In seinem "Hebammen-Buechlein" (1697) fügt von Muralt immer in Parenthesen "Gott lob" ein, wenn er gelungene Eingriffe in den Mutterleib schildert[191]. Von dem Empfang des Kindes bei der Geburt berichtet er: "Und so mir das Kindlein werden mag / so empfahe ich es also / vnd lasz es mit der Huelffe GOttes kommen"[192]. Zwischen ihren geburtshilflichen Ausführungen bringt Siegemund an vielen Stellen ihre Abhängigkeit von Gott zum Ausdruck: "GOTT sey Danck, dasz ich zu solchem Grunde gelanget, wie man schwehre Geburten in Zeiten verhueten ... koenne ... durch Goettlichen Willen und Wohlgefallen"[193].

---

wendeten sie ein, sie ließen "den lieben GOtt walten / der koenne am besten helffen". Ebd., Anhang, S. 41. Nach Siegemund soll die Hebamme den Kopf des Kindes in den Geburtskanal einlenken, damit "GOTT fuer seine Gnade gedancket werde". Siegemund (1741), S. 242. Da eine Hebamme wie ein Geistlicher die Aufgabe habe, Seelen zu erhalten, lädt nach "Eckarths Unvorsichtige Heb-Amme" eine nachlässige Geburtshelferin durch ihre Unachtsamkeit große Schuld auf sich; es wird von einer Hebamme berichtet, die auf ihrem Sterbebett ihre Nachlässigkeit bereut habe. Vgl. Des getreuen Eckarths Unvorsichtige Heb-Amme (1715), S. 546.

[191] Vgl. von Muralt (1697), S. 83 ff.

[192] von Muralt (1697), S. 83.

[193] Siegemund (1741), S. 203. "Es sind zwar alle (Gebärenden) nicht lebend blieben, ... doch sind viele, ja die meisten, durch meine Huelffe, welche GOtt geseegnet, errettet worden". Deventer (1717), Vorrede, S. 7. Vgl. auch Siegemund (1741), S. 222.

Abb. 1: Geburtsdarstellung auf dem Titelblatt von Thomas Günthers "Trostbuechlein fuer die Schwangeren vnd Gebererenden Weiber" (Frankfurt am Main 1566). Während fünf Frauen mit praktischen Hilfeleistungen für die Gebärende und das Neugeborene befaßt sind, steht eine sechste kniend im Gebet für sie ein.

3. Das Vertrauen der Gebärenden auf den allmächtigen Gott und seine Verheißungen

Um die Zuversicht auf das Gelingen ihrer Entbindung zu stärken, werden der Gebärenden in Erbauungsschriften als göttliche 'Verheißungen' gedeutete Bibelverse vor Augen gestellt, in denen Gott zusage, daß er Schwangeren zur Vollendung der Geburt verhelfen werde: Gen. 3,16[194]; Jes. 46,3[195]; Jes. 66,7; Jes. 66,9[196]; Pred. 3,2[197]; Joh. 2,4; Joh. 16,21[198]. Es wird betont, das verheißene Ge-

---

[194] Stölzlin, Körber und Girlich folgern aus Gen. 3,16, daß Gott das Gelingen der Geburt zugesagt habe, wenn sie auch mit Schmerzen erfolgen müsse. Vgl. Stölzlin (1652), S. 10; Körber (1580, 1561), f. 7; Girlich (1551), s.p., S. 6. Die Frankfurter HO (1573) betont, es heiße in Gen. 3,16 nicht, die Frau solle in Kindsnöten zugrunde gehen, sondern Gott wolle ihr zum Gelingen der Geburt verhelfen. Vgl. die Frankfurter HO (1573), in: Burckhard (Hg.), S. 202. Gemäß der Braunschweiger KO (1528) soll die Gebärende die ihr auferlegten Schmerzen als eine "gnädige Strafe" ansehen, weil Gott ihr in Gen. 3,16 zusammen mit der Androhung der Geburtsschmerzen Kinder verheißen habe. Vgl. die Braunschweiger KO (1528), in: Sehling (Hg.) 6 I 1, S. 359.

[195] In der Lp. auf Regina Waise werden zum Trost der Gebärenden Jes. 46,3 und Jes. 66,7 angeführt. Vgl. die Lp. auf Regina Waise (1660, 1613), s.p. In der Lp. auf Martha Catharina Hoffmann von Muennighoffen wird 2. Tim. 4,7 als "das beste Mittel zur Schmerzlinderung bei Entbindungen" bezeichnet. Vgl. die Lp. auf Martha Catharina Hoffmann von Muennighoffen (1660), s.p.

[196] Girlich führt Jes. 66,9 als Verheißung für das Gelingen der Entbindungen an. Vgl. Girlich (1551), s.p., S. 27.

[197] Nach Stölzlin wird in Pred. 3,2 und Joh. 2,4 verheißen, daß Gott die Kindbetterin "zu seiner Zeit" entbinden werde. Vgl. Stölzlin (1652), S. 159. In einer Andacht tröstet Stark die Kindbetterinnen damit, daß ihre Schmerzen zu der von Gott bestimmten Zeit ein Ende nehmen werden. Vgl. Stark (o.J., 1731), S. 58.

[198] Girlich und Körber empfehlen den Schwangeren, sich an Joh. 16,21 zu erinnern: "An solchen herlichen trost / solt du dich ... in ... deiner gegenwertigen trawrigkeit mit festem glauben halten / vnd ganz vnd gar nicht zweifflen / sie werde auch in einem augenblick zur frewd verwandelt werden / ... dann was bey den Menschen vnmueglich ist / das ist bey Gott mueglich / wie er denn solche seine allmechtigkeit zuuor offtermal anderen Weibergen in gleicher noth erzeiget vnd bewiesen hat". Girlich (1551), s.p., S. 24. Vgl. auch Körber (1585, 1561), f. 8. Nach Girlich und Körber verheißt Gott den Schwangeren in Joh. 16,21 das Gelingen ihrer Geburten. Vgl. ebd. In der Braunschweiger KO (1528) heißt es mit Bezug auf Joh. 16,21: "(Die Kindbetterin) schal weten, dat ... (die Entbindung) balde wert eynen ende nemen unde grote fröde nakamen, wen se wert sehn de gave Gades, dat is de frucht ores lives". Braunschweiger KO (1528), in: Sehling (Hg.) 6 I 1, S. 359. "(Eine Gebärende) schal ock weten / dat de wedage der gebort ein krütze edder lyden sy / welck Got den frouwen sülvest upgelecht hefft / Genesis. 3. ca. (Gen. 3,16) und doch ein sülck krütze / welck doch also balde in grote freude schal vorwandelt werden / Johannis 16 (Joh. 16,21)". KO Braunschweig-Wolfenbüttel (1543), in: Sehling (Hg.) 6 I 1, S. 68. Vgl. auch die Regensburger HO (1552), in: Burckhard (Hg.), S. 138. Die Frankfurter HO (1573) betont, in Joh. 16,21 werde der Kindbet-

lingen der Entbindung könne auch dann als gesichert gelten, wenn die Gebärende und/oder ihr Kind bei der Entbindung stürben: In diesem Fall werde ihnen die Geburt ins ewige Leben zuteil. Da die Freude im ewigen Leben nach kirchlicher Lehre alle irdische Freude weit übertrifft, ist das Gelingen der Entbindung durch die Geburt ins ewige Leben dem Gelingen der Entbindung durch die Geburt ins irdische Leben vorzuziehen[199]. Günther (1566) betont, einer Kindbetterin, die im Glauben an Christus sterbe, werde eine "fröhliche Geburt" ins "ewige Leben" geschenkt[200].

Um die göttlichen Verheißungen mit Bezug auf die Entbindung in ihren Geburtsnöten 'praktisch anwenden' zu können, wird den Schwangeren empfohlen, sie sich frühzeitig durch Auswendigzulernen anzueignen. In der Leichenpredigt auf Dorothea Rayer (†1609) wird lobend berichtet, sie habe viele Trostsprüche

---

terin zugesagt, sie werde ein lebendes Kind zur Welt bringen; da er verheiße, sie nach ihren Schmerzen wieder zu erfreuen, bringe Christus in Joh. 16,21 zum Ausdruck, daß er an Schwangeren sein "Wohlgefallen" habe. Vgl. die Frankfurter HO (1573), in: Burckhard (Hg.), S. 202. Günther gebietet den Hebammen, die Gebärenden anzuweisen, darauf zu vertrauen, daß Gott all ihre Schmerzen durch Freude erstatten werde. Vgl. Günther (1566), f. 73.

[199]Nach einer bei Heermann abgedruckten Lp. gibt Gott einer Frau, die bei der Entbindung stirbt, nicht nur die "zeitliche Freude" über die Geburt des Kindes, sondern läßt ihr die "ewige Freude" über ihre "Geburt in den Himmel" zuteil werden. Vgl. Heermann, Schola (1642), 27. Lp., S. 585. In der Lp. auf Margarita Geier heißt es, der Geburtstag der Tochter sei für die Mutter zum Geburtstag ins "Himmels-Leben" geworden. Vgl. die Lp. auf Margarita Geier (1654), s.p. In der Lp. auf Catharina Maria Behrens wird betont, die Verstorbene denke jetzt nicht mehr an die mit ihrer schweren Entbindung verbundenen Ängste, da sie durch ihren Tod zur "ewigen Freude" wiedergeboren worden sei. Vgl. die Lp. auf Catharina Maria Behrens (1701), s.p.

[200]Vgl. Günther (1566), f. 62. In einer Lp. entgegnet Heermann der Frage, wo die göttliche Hilfe geblieben sei, wenn die Mutter und/oder das Kind bei der Geburt gestorben seien: "Hilfft er jhnen nicht zu diesem elenden ... TrawerLeben / ... So hilfft er jhnen doch gewißlich zu einem bessern / das ist / zu dem ewigwaehrenden Himlischen FrewdenLeben". Vgl. Heermann, Christianae Eutanasiae Statuae (1680), 25. Lp., S. 679. Hug ermahnt sterbende Kindbetterinnen, Gott zu danken, daß die Zeit für ihre "Erlösung" gekommen sei. Vgl. Hug (1562), f. XX. "Wann ich nur in den Himmel komme, soll eine glaubige Seele sagen, so mag es der HErr machen vnd schicken, auf was fuer einen Weg, oder in was fuer einem Stand er immer wolle". Stark (o.J., 1731), S. 20. Girlich fordert die Gebärenden auf, sich durch Gedanken an den Himmel und die "ewige Freude" die Geburt zu erleichtern. Vgl. Girlich (1551), s.p., S. 5. "Laeta et hilaris haec poena (die den Frauen auferlegte Sündenstrafe) est, si rem recte aestimemus. Etsi enim carni onera illa molesta sunt, tamen cum istis oneribus seu poenis ipso facto corroboratur spes melioris vitae. Siquidem audit Heua se non reiici a Deo". WA 42, S. 148, Z. 23-26. Über Gen. 35,18 (Rahels Tod bei der Geburt) schreibt Luther: "Ut maxime enim et nostra et coniunctorum mors tristis sit, certa tamen res est, nos in aeternum victuros. Melius sane fuit Rahelem sic mori in invocatione et fide Dei, quam si frui licuisset omnibus gaudiis huius vitae, etiam iis quae promiserat Deus. Post mortem enim infinitis modis beatiores erimus, et plurium bonorum Domini, quam in hac vita reliquimus". WA 44, S. 203, Z. 14-19.

"im Herzen bewahrt", "deren sie sich ... in ihrer Geburts-Arbeit nutzlich zu gebrauchen" wußte[201].

Im Gebet dient die Berufung auf Gottes Verheißungen der Schwangeren als Rücksicherung und 'Argumentationsgrundlage'[202]. In seinen Zusagen läßt sich Gottes Hilfsbereitschaft für die konkrete Situation 'dingfest' machen. Die Beterin versucht, Gott auf seine Zusagen festzulegen, um ihn zum Eingreifen zu bewegen. Mit Bezug auf Ps. 50,15 klagt die Beterin: "Du hast ja gesagt: ruffe mich an in der noht / so wil ich dich erretten" (von Zesen, 1657)[203].

Durch die ihnen vor Augen gestellten biblischen Verheißungen soll in den Schwangeren Glaube geweckt werden. Ihre ganze Zuversicht soll sich allein auf Gott und das ihnen zugesprochene Gotteswort gründen. Sie werden dazu aufgefordert, sich rückhaltlos auf das ihnen verheißene Gelingen der Entbindung zu verlassen: "Jhr Christlichen Ehefrawen / fasset das edle Trostwort des HERRN in ewer Herz / setzet ewre Hoffnung darauff / vnd gleubet festiglich / was er euch versprochen hat ... das werde er euch gewißlich halten" (Celichius, Christlicher Leichbegengnissen vnd Ehrenpredigten ... der ander Theil, 1594)[204]. Die Schwangere, die von ganzem Herzen auf Gottes Verheißungen

---

[201] Lp. auf Dorothea Rayer (1609), s.p. Von Barbara Dorothea Engelhard, die im Kindbett starb, heißt es, sie habe sich "geduldig mit Gottes Wort getröstet". Vgl. die Lp. auf Barbara Dorothea Engelhard (1649), s.p. Als Catharina Schrey bei ihrer Entbindung feststellte, daß die angewandten Medikamente nicht halfen, verlangte sie nach keiner weiteren Arznei, sondern wollte 'Gottes Wort' hören. Vgl. die Lp. auf Catharina Schrey (1677), s.p. "Ein Trostspruch, ein Trostwort, das durch den Mund Gottes gegangen ist, das erfreut, labet, speiset, erquicket Herz, Leib und Seele". Moller, Handbüchlein, S. 151 f.

[202] Zur Berufung auf Verheißungen in der 'prophetischen Frömmigkeit' vgl. Heiler, Das Gebet, S. 374 f.

[203] von Zesen (1657), S. 122. Mit Bezug auf Ps. 50,15: "HErr! ... nimm weg die Bekuemmernisz ... meiner Seelen". Stark (o.J., 1731), S. 73.

[204] Celichius (1594), 12. Lp., S. 109. Girlich betont, wenn Gott verheißen hätte, daß unter 100.000 Frauen nur eine genesen sollte, würde doch jede Schwangere hoffen, daß die Verheißung sie beträfe; Gott verheiße aber nicht nur einer Kindbetterin, sondern allen seine Hilfe. Vgl. Girlich (1551), s.p., S. 6. Günther fordert die Gebärende auf, "getrost und fröhlich" zu sein, weil sie Gottes Zusage habe, daß er ihr helfen wolle. Günther (1566), f. 52. "So betruebt zuweilen und schmerzhaft der Schwangern Zustand ist, so troestlich und herrlich sind die Verheissungen Gottes fuer dieselben". Stark (o.J., 1731), S. 40. Stark fordert die Schwangere auf, sich mit 'Verheißungen' vertraut zu machen, die für ihre Situation von Bedeutung seien. Vgl. ebd., S. 40. "MEin liebe Schwester ... / sintemal nun dein Stund ... herbey komen / das du ... geberen solt / so wil ich dir ... etliche stuecklein aus Gottes Wort fuerlesen ... / welcher ernstliche betrachtung dir dein schmerzen ringeren / zur gedult reizen / vnd dich ... muetig machen wird". Girlich (1551), s.p., S. 20 f. "Eilt zu Christo mit wahrem Glauben". Stölzlin (1652), S. 292 f. Stölzlin beteuert, Gott werde seine Verheißungen an den Gebärenden erfüllen, weil er "die Wahrheit" sei. Vgl. ebd., S. 294. "Er sagt nicht / ich will sehen / ob ich euch erquicken koendte / will mein bestes thun ... ; sondern / ich will es thun / ich will euch

vertraut, kann mit uneingeschränktem Optimismus der Entbindung entgegengehen.

4. Der Kampf gegen 'Aberglauben' und die Anrufung der Heiligen im Zusammenhang mit der Geburt

Das in den untersuchten Texten geforderte und zum Ausdruck gebrachte Vertrauen auf Gottes Geburtshilfe schließt sowohl die Anwendung abergläubischer Praktiken als auch die Anrufung von Heiligen aus. Gott allein steuert die Geburtsvorgänge. Ihm allein soll für das Gelingen der Entbindung gedankt werden. Wer auf die Hilfe magischer Praktiken oder die Anrufung Heiliger vertraut, raubt nach protestantischer Auffassung Gott die ihm gebührende Ehre. In ihrem Hebammen-Lehrbuch (1741) schreibt Siegemund über das als abergläubisch verurteilte Lösen aller Knoten an der Bekleidung der Gebärenden, das als Analogiehandlung ihre Entbindung bewirken sollte: "Wir glaueben, dasz GOTT die Geburt regiere, und alles in seinen Haenden habe, was sollen dann die elenden Bande oder Knoten auffhalten? ... das waere eine unchristliche Meynung"[205].

Von katholischen Schwangeren wurde die heilige Margaretha als Helferin in Kindsnöten angesehen, da ihr nach der Legende kurz vor ihrem Märtyrertod zugesagt worden war, daß jede Frau, die bei der Entbindung ihre Zuflucht zu ihr nehme, ein gesundes Kind gebären werde[206]. Außer der heiligen Margaretha

---

erquicken / rathen helffen troesten vnn gnaedig seyn". Ebd., S. 289. "Ewre Angst / Sorg vnd Schmertzen ... werffet ... auff diesen starcken Herrn ... vnd verlasset euch steiff auff jhn". Ebd., S. 136. Wenn es den Gebärenden an Vertrauen zu Gott mangelt, helfen nach Stölzlin auch die besten und teuersten Arzneimittel nicht. Vgl. ebd., S. 22 f. In der Lp. auf Elisabeth Maria Schneidewind wird die Benennung des Sohnes Rahels als "Benoni" (Sohn meines Unglücks) (vgl. Gen. 35,18) als Zeichen schwachen Glaubens gedeutet. Vgl. die Lp. auf Elisabeth Maria Schneidewind (1659), s.p. Die biblischen Verheißungen sind verbunden mit dem Glauben an Gottes Bundestreue. Vgl. Scharbert, S. 753, 758. Vgl. auch Schmid, Sp. 333 f.

[205] Siegemund (1741), S. 184. Zum Lösen der Knoten vgl. auch Horenburg (1700), S. 86 f. Zum Brauch des Lösens aller Knoten, Öffnen aller Fenster, Türen und Schränke sowie der Ablegung aller Ringe und Schnüre vgl. von Hovorka, Kronfeld (Hg.), S. 569. Zu 'abergläubischen' Praktiken der Hebammen vgl. auch Des getreuen Eckarths Unvorsichtige Heb-Amme (1715), S. 663. Zu 'abergläubischen' Bräuchen bei der Geburt vgl. auch Lammert, S. 160; Müllerheim, S. 148-167; Pachinger, S. 1438 f; von Hovorka, Kronfeld (Hg.), S. 561-580, 589-593, 635-637; Höhn, Sitte und Brauch, S. 261; Forbes, S. 118.

[206] Vgl. Jacobus, Nr. 93, S. 425, Z. 24-26. Vgl. Franz 2, S. 193 f. "Die ... Gebein oder Heiligthumb der heiligen Margarethe lagen da auff einem Tisch in der Kammer / solten auch

wurden von katholischen Gebärenden vor allem die Jungfrau Maria[207], die heilige Agatha[208], die heilige Barbara[209] sowie der heilige Leonhard[210], der heilige Godehard[211] und der heilige Vigilius[212] angerufen. Seit dem 14. Jahrhundert galt Anna, die legendarische Mutter Marias, als Patronin der Gebärenden[213]. Schwangere tranken Wasser, das mit Gebeten zu Ehren der heiligen Anna geweiht war[214]. Die Reliquien der heiligen Elisabeth von

---

zur Sache helffen. Und zwo geistliche oder Klosterfrawen / von Sanct German de Prés solten mit vnablaessigem Gebet das beste thun". Bourgeois (1619), Teil II, S. 112. Vgl. u.a. auch "Von sant margrethen ein gebet ... einer frauwen i kinds nöten", in: Seelengärtlein (o.J., Neuausgabe 1921), S. 585-587; Zu St. Margretha. Fuer die Eheweiber / umb gluecklich Geburt, in: von Cochem, Guldener Himmels-Schlüssel (1690), S. 413 f.

[207]"Glorwuerdigste Jungfrau Maria! ich erfreue mich mit dir, wegen deiner allersueszesten Tracht, und gnadenreichesten Geburt unsers HErrn JEsu Christi: und durch diese bitte ich, erwirb mir eine glueckselige Tracht, und Geburt meines Kindleins". von Cochem, Goldener Himmels-Schlüssel (1780), S. 584. Vgl. auch Verehrung der drey froelichen Anblicken Mariae, um eine froeliche Anblickung der Geburt, in: ebd., S. 586; Das Salve Regina, Fuer ein gebaehrendes Weib zu sprechen, in: ebd., S. 592. Auch die "Seufzer eines gebaehrenden Weibs, unter waehrender Geburt zu sprechen" richten sich an die "Mutter Gottes". Vgl. ebd., S. 593. Vgl. auch von Cochem, Guldener Himmels-Schlüssel (1690), S. 588-590, 594. "Wir bitten Dich um Deiner gnadenreichen Geburt und der großen Süßigkeit willen, welche Deine keusche Mutter damals empfunden, Du wollest dieser ... Frau eine glückliche Geburt verleihen". Gebet für eine Frau während der Geburt, in: von Cochem, Der grosse Myrrhengarten (o.J., Neuausgabe 1904), S. 481. Vgl. auch das Gebett zu der allerseeligsten Jungfrawen glueckliche Geburt zu erhalten, in: Nakatenus (1754), S. 517. "Je vous en supplie par l'intercession de la Sainte Vierge, mère de votre Fils, le refuge et l'avocate des mères". Prière que les femmes enceintes peuvent dire le matin, in: Bremond, S. 308. Vgl. auch ebd., S. 309. Vgl. auch Braun, S. 14 f; Schreiner, Maria, S. 57-63.

[208]Die heilige Agatha besaß das Privileg der Zusicherung der Erhörung. Nach der Legende wurden ihr im Martyrium die Brüste abgeschnitten und anschließend wunderbar geheilt. Vgl. Jacobus, Nr. 39, S. 199, Z. 13 - S. 200, Z. 10.

[209]Die heilige Barbara galt als Retterin aus unmittelbarer Lebensgefahr. Vgl. von Schmidt-Pauli.

[210]Der heilige Leonhard wurde angerufen wegen der Hilfe, die er der schwer gebärenden Frankenkönigin gewährt hatte. Vgl. Jacobus, Nr. 158, S. 682, Z. 15-22. In Oberbayern lebte der Fruchtbarkeitsgott Fro (Freyr) als St. Leonhard fort. Vgl. Höfler, S. 15. Zu Geburtsgottheiten und Geburtsheiligen vgl. auch von Hovorka, Kronfeld (Hg.), S. 612-615.

[211]Vgl. Franz 2, S. 195.

[212]Vgl. Franz 2, S. 195. Vgl. auch das Gebeth zum H. Ignatius, durch seine Fuerbitte eine glueckliche Geburt von Gott zu erhalten. In solchem Stand taeglich mit Andacht zu sprechen, in: Wille (1780), S. 225-227.

[213]Vgl. Franz 2, S. 195. Vgl. Die sieben Freuden St. Annae, in: von Cochem, Guldener Himmels-Schlüssel (1690), S. 412 f.

[214]Vgl. Franz 2, S. 213. Vgl. auch Kleinschmidt, S. 165. Auch das mit besonderen Segensformeln geweihte "Wasser des heiligen Albert" ("aqua sancti Alberti") galt als hilfreich

Thüringen wurden als wirksame Hilfe in Geburtsnöten gerühmt[215]; der Becher, Gürtel und Löffel der Heiligen wurden zu Fürstenhöfen gebracht, auf denen man Nachkommenschaft erwartete. Wallfahrtsorte, die jährlich viele Schwangere anzogen, verdankten ihre Popularität den als Reliquien verehrten Gürteln der heiligen Margaretha oder der Jungfrau Maria[216]. Auf Wallfahrten berührten die Schwangeren ein Heiligenbild und verschafften sich auf diese Weise die Gewißheit, ihre Entbindung ohne Schwierigkeiten überstehen zu können[217].

---

für Gebärende. Vgl. Franz 2, S. 197. Heilige, die sich bei Leibschmerzen bewährt hatten, wurden häufig auch von Schwangeren angerufen, so z.B. der heilige Mamertus, zu dem man in der frühen Neuzeit im Westen Frankreichs bei Koliken und Magenblutungen betete. Vgl. Gélis, Die Geburt, S. 120.

[215] Vgl. Franz 2, S. 196. Zu den im Spätmittelalter zur Geburtshilfe angerufenen Heiligen vgl. auch Ludwig Andreas Veit, S. 154. "Dieses bitte ich ... durch die neun heilige Monat, in welchen die heilige Elisabeth St. Johannem, und die heil. Anna die Jungfrau Mariam, und diese das liebe Christkindlein in ihren heiligen Leibern getragen haben". Gebeth, eines schwangern Weibs, Welches sie, so bald das Kind das Leben hat, sprechen, und alle Monat wiederholen solle, in: von Cochem, Goldener Himmels-Schlüssel (1780), S. 581.

[216] Vgl. Gélis, Die Geburt, S. 125. Den Gürteln weiblicher und männlicher Heiliger kam eine wichtige Rolle bei den Ritualen im Kontext der Geburt zu. In Oberösterreich maß man ein Bild des heiligen Sixtus und umgürtete die Gebärende mit dem Maßband. Vgl. Franz 2, S. 207. Vgl. auch Szöverffy, S. 8; Kriss-Rettenbeck, S. 41. "In Schwaben wird von Kreissenden die hl. Margaretha mit dem Drachen angerufen ... St. Margaretha hat den lösenden Gürtel. Man nimmt eine Schnur, ein Schnupftuch, bindet es der Kreissenden in den drei höchsten Namen um die Hüften, und lässt sie unter Anrufung der hl. Margaretha pressen". Lammert, S. 165. "In hohem Ansehen steht auch die 'gewisse und wahrhafte Länge unseres lieben Herrn Jesu Christi': So eine schwangere Frau solche bei sich trägt, oder zwischen der Brust umbindet, die wird ohne Schmerzen gebären und mag ihr nicht misslingen in ihrer Geburt". Lammert, S. 166. Höhn berichtet, die Gebärende hänge sich "ein Amulett, ... in welchem sich ein Zettel mit den drei höchsten Namen und Steinchen befinden sollen, um den Hals". Höhn, Sitte und Brauch bei Geburt, S. 260. Aufgrund des Glaubens an die magisch abwehrende Kraft der Kirchenglocke war es in Frankreich und Spanien Brauch, der Gebärenden eine Glocke umzubinden und sie dreimal anzuschlagen. Vgl. Franz 2, S. 206. Vgl. auch Ludwig Andreas Veit, S. 67. Zur 'abergläubischen' Verwendung von Gegenständen des kirchlichen Kultes vgl. Beitl, S. 82. Gelegentlich wurden Amulette zur Förderung der Geburt von Päpsten gesegnet. Vgl. Müllerheim, S. 159. Zum Reliquienwesen vgl. auch Schreiner, "Discrimen"; ders., Zum Wahrheitsverständnis.

[217] Vgl. Gélis, Die Geburt, S. 125. Zum Gedächtnis des Wochenbetts der 'Gottesmutter' unterblieb im Spätmittelalter in Mainz die übliche Sonntagsprozession über den Kirchhof an den Sonntagen von Weihnachten bis Mariä Reinigung. In Biberach machten in dieser Zeit die Gläubigen ihren Besuch beim Bild der "Gottesmutter in den Wochen", das hinter dem Sakramentsaltar aufgestellt war, um die Menschwerdung Christi anzubeten. Vgl. Ludwig Andreas Veit, S. 157. Vgl. auch Müllerheim, S. 156. Nach der Überzeugung der Gläubigen partizipierte die Körperlichkeit der Bilder und Reliquien an der Macht des Numen. Vgl. Kriss-

Die lutherische Kirchenordnung für das Herzogtum Preußen (1568) verbietet den Hebammen die Verwendung "abergläubischer und abgöttischer Gebete" sowie das "Segensprechen"[218] mit der Begründung, daß der Segen für ihre Arbeit bei Gott stehe, nicht bei der "Jungfrau Maria" oder "Heiligen im Himmel"[219]. Die Kirchenordnung bezeichnet zusammen mit Zauberei und Aberglauben die Anrufung der Heiligen als "teuflische Praktiken", die Gott im zweiten Gebot untersagt habe: "Du sollst den Namen des HERRN, deines Gottes, nicht mißbrauchen; denn der HERR wird den nicht ungestraft lassen, der seinen Namen mißbraucht" (2. Mose 20,7)[220]. Es wird betont, da nur Gott bei der Geburt helfen könne, wolle er allein um das Gelingen der Entbindung gebeten sein[221]. Die Geburt sei nach dem ersten Artikel des apostolischen Glaubensbekenntnisses (Symbolum Apostolicum) zum Werk der Schöpfung zu rechnen: "Credo in Deum, patrem omnipotentem, creatorem coeli et terrae"[222]. "Abergläubische" Handlungen, "Zauberei" und die Anrufung von Heiligen seien als sündhafte Mißachtungen des Schöpfers anzusehen.

Luther lehnte sowohl abergläubische Praktiken als auch die katholische Heiligenverehrung ab, weil sie nicht mit der Majestät, Allmacht und

---

Rettenbeck, S. 46. Vgl. auch ebd., S. 35 f; Deubner, S. 6. Die Volksfrömmigkeit neigt zur "sinnfälligen, faßlichen Gestaltung der Ausdrucksformen". Ludwig Andreas Veit, S. 4.

[218] Vgl. den folgenden 'Gebärsegen' einer hessischen Geburtshelferin: "Unser liebe Frauwe und unser Herr Jesu Christ gingen mit einander durch die Stadt. 'Ist niemand hier, der mein bedarf? 'Liegt ein krankes Weib in Kindesbanden'. 'Gott helf mir und ihrem lieben Kind von einander, das thu der Herr Jesu Krist der schließ auf Schloß, Eiß und bein, des helf Gott und unser lieben Frauen und die heilige Dreifaltigkeit usw.'" Fehrle (Hg.), S. 58. Zum Segensprechen vgl. auch Des getreuen Eckarths Unvorsichtige Heb-Amme (1715), S. 663. In aus der frühen Neuzeit erhaltenen 'Gebetssäckchen', die Gebärenden auf den Leib gelegt wurden, finden sich neben christlichen Texten und Kultgegenständen auch 'heidnische' Symbole. Vgl. Gélis, Die Geburt, S. 224-230.

[219] Vgl. die KO für das Herzogtum Preußen (1568), in: Sehling (Hg.) 4, S. 92. Nach Siegemund ist Aberglaube "ein Stueck der Zauberey". Siegemund (1741), S. 250. Vgl. auch Friedrich Benjamin Osiander, Lehrbuch (1796), S. 42.

[220] Als Begründung dafür, daß nur Gott um Hilfe angerufen werden soll, wird außerdem Ps. 50,3 angeführt. Vgl. die KO für das Herzogtum Preußen (1568), in: Sehling (Hg.) 4, S. 92. Die Frankfurter HO (1573) klagt über die Hebammen: "Für das beten segnen sie / vnnd sprechen die seltzamste wörtlin / die etwa stracks wider Gottes wort seindt / Gott sei es geklagt". Frankfurter HO (1573), in: Burckhard (Hg.), S. 216.

[221] Gott allein gebühre dann auch die Ehre nach einem glücklichen Verlauf der Geburt. Gott gebrauche die Hände der Hebammen als seine Werkzeuge, um der von ihm geschaffenen Leibesfrucht vom Mutterleib auf die Welt zu helfen. Vgl. die KO für das Herzogtum Preußen (1568), in: Sehling (Hg.) 4, S. 90.

[222] Symbolum apostolicum, in: Die Bekenntnisschriften, S. 21.

Allwirksamkeit Gottes vereinbar seien[223]. Er verwarf den katholischen Brauch, der Gebärenden die Legende der heiligen Margaretha vorzulesen, weil man dadurch die Geschichte einer Heiligen höher stelle als die Passion Christi[224]. In der Confessio Augustana (1530), der grundlegenden Bekenntnisschrift der lutherischen Kirche, wird die Anbetung der Heiligen verworfen (Art. XXI)[225]. Die Verteidigungsschrift der Augsburger Konfession (Apologie, 1531) (Art. XXI[226]) und die Schmalkaldischen Artikel (1537) (Art. II 2[227]) untersagen die Anrufung der Heiligen, weil dadurch Gott die Ehre geraubt werde.

---

[223] Luther wendet sich gegen 'Aberglauben', "weil er der Majestät und Allwirksamkeit seines Gottes Abbruch tut" (Clemen, S. 25) und gegen Heiligenverehrung, weil dadurch Gottes Majestät und dem Heilswerk Christi Abbruch geschehe. Vgl. Clemen, S. 19, 29. Luther richtet sich gegen 'abergläubische' Praktiken ängstlicher Mütter zum Schutz ihrer Kinder. Vgl. Clemen, S. 25. Melanchthon praktizierte das Nativitätenstellen. Vgl. Klingner, S. 107.

[224] Vgl. Klingner, S. 113. Zu Luthers Vertrautheit mit dem 'abergläubischen' Brauchtum bei der Geburt vgl. ebd. Nach der Auffassung Caspar Güttels, des lutherischen Predigers der Stadt Zwickau, widerstreben Frauen, die bei der Geburt ihre Zuflucht zur Legende der heiligen Margaretha nehmen oder sich auf Heilige verlassen, dem Willen Gottes. Vgl. Karant-Nunn, S. 33. Bei schweren Geburten war es nach katholischer Auffassung zulässig, neben dem Johannesprolog die Passionen der heiligen Margaretha und Katharina zu lesen. Vgl. Franz, S. 194. Zu den von der katholischen Kirche erlaubten religiösen Praktiken im Zusammenhang mit der Geburt gehörten das Räuchern mit Weihrauch, das Sprengen mit Weihwasser, das Anzünden geweihter Kerzen und die Aufstellung des Kreuzes. Vgl. ebd., S. 208. In der Heilbronner HO (15. Jahrhundert) wird den Hebammen u.a. verboten, bei der Geburt Meßkleider zu "mißbrauchen". Vgl. die Heilbronner HO (15. Jahrhundert), in: Burckhard (Hg.), S. 123. Es war im Mittelalter eine verbreitete Überzeugung, daß Meßkleidern und Meßgeräten eine heilkräftige Wirkung auf Frauenleiden beizumessen sei. Vgl. Franz 2, S. 205 f. Die kirchlichen Zeremonielle unterschieden sich häufig kaum von den traditionellen Riten. Vgl. Ludwig Andreas Veit, S. 59.

[225] Vgl. Die Augsburgische Konfession (1530), Art. XXI, in: Die Bekenntnisschriften, S. 83 b, Z. 1 - S. 83 c, Z. 6. Vgl. auch Wiener, S. 58.

[226] Vgl. Apologia Confessionis Augustanae (1531), Art. XXI, in: Die Bekenntnisschriften, S. 316, Z. 45 - S. 328, Z. 36, bes. S. 319, Z. 14 - S. 325, Z. 35.

[227] Vgl. die Schmalkaldischen Artikel (1537) II, Art. 2, in: Die Bekenntnisschriften, S. 424, Z. 10 - S. 425, Z. 30. Die Lehre vom Gebet der Seligen und der Engel für die Kirche wurde nicht bestritten. Auf dem Tridentinischen Konzil wurden diejenigen, die die Anrufung der Heiligen als Abgötterei oder Beeinträchtigung der Würde Jesu verurteilten, von der katholischen Kirche als "gottlos" verdammt. Vgl. Denzinger, Schönmetzer (Hg.), Cc. Trid.: Sessio XXV, b) Decretum de invocatione, veneratione et reliquiis Sanctorum, et sacris imaginibus, 3. Dec. 1563, § 984, S. 419. Erasmus lehnte die im Volksglauben verbreiteten Vorstellungen von der Macht der Heiligen ab und kritisierte die Anrufung "fons gratiae" bei der Marienverehrung, weil die Gnade von Gott allein komme. Vgl. Schneider, S. 62. Zur Heiligenverehrung vgl. Metz, Rahner, S. 41-110, bes. S. 45. Der katholische Passauer Hebammeneid (1595) schließt mit den Worten: "das helff mir Gott vnd alle seine Heyligen". Passauer HO (1595), in: Burckhard (Hg.), S. 242.

Bereits im frühen Mittelalter waren Schwangere von der Kirche vor der Anwendung von Besprechungen und 'teuflischen Mitteln' gewarnt worden[228]. Auch nach katholischer Auffassung war das Gelingen der Geburt von Gott abhängig und die Hebamme wurde nur als ein Werkzeug in seiner Hand angesehen[229]. Doch schließt nach katholischer Überzeugung der Glaube an Gottes Hilfe bei der Entbindung die Anrufung der Heiligen nicht aus.

Durch die Abschaffung des Gebetes zu Heiligen und der Verwendung von Reliquien zu geburtshilflichen Zwecken wurden im Protestantismus wichtige Elemente traditioneller katholischer Frömmigkeit im Zusammenhang mit der Geburt zur sündhaften Verunehrung Gottes erklärt. Die in den untersuchten lutherischen Texten geforderte Ausschließlichkeit des Vertrauens auf Gott als 'Geburtshelferin' hat auch dort, wo nicht ausdrücklich gegen die Anrufung der Heiligen polemisiert wird, immer auch antikatholische Konnotationen: Wer noch auf die Hilfe der Heiligen vertraut, kann nach protestantischer Auffassung nicht das fundamentale Gebot des ausschließlichen Vertrauens auf Gott erfüllen; die Altgläubigen versündigen sich durch ihren Ungehorsam. Die Intimität des Umgangs mit Gott als 'Geburtshelferin' tritt in lutherischen

---

[228]Vgl. Lammert, S. 28, 164; Franz 2, S. 208; Ludwig Andreas Veit, S. 68-76. In der Nürnberger HO (Ende des 15. Jahrhunderts) wurde den Hebammen die Anwendung 'abergläubischer' Mittel verboten. Vgl. die Nürnberger HO (Ende des 15. Jahrhunderts), in: Burckhard (Hg.), S. 109. Der Kampf gegen den 'Aberglauben' der Hebammen wurde auch in der katholischen Kirche der frühen Neuzeit fortgesetzt: Die Regensburger HO (1555) klagt darüber, daß an vielen Orten bei der Geburt "mit sonderen segen / zeichen / kreutern / vnd dergleichen / wider oder one Gottes beuelch vnd ordnung der natur" Zauberei getrieben werde. Regensburger HO (1555), in: Burckhard (Hg.), S. 157. Im Augsburger Rituale (1612) ist von "verrufenen und des Aberglaubens verdächtigen Frauen" die Rede, die "allgemein Hexen genannt werden": "Feminis vulgo diffamatis et suspectis de superstitionibus, cujusmodi sunt illae quas communiter sagas appellamus". Augsburger Rituale (1612), zitiert nach Hoeynck, S. 128. Vgl. auch Beitl, S. 68.

[229]Bourgeois bezeichnet die Geburt als ein "Werk des Allerhöchsten". Bourgeois (1619), 1. Teil, S. 10. "Dann es werden alle recht verstaendige dieses gern gestehen / da Kunst / Geschicklichkeit / Fleisz / Aufsicht / Gebet / Segen vnd Hilff von noethen / so sey es gewiszlich das / da der Mensch von seiner Mutterleib / zu diesem sterblichen Leben / in die Welt geboren wirt". Ebd., S. 7. Im katholischen Passauer Hebammen-Examen (1595) werden die Geburtshelferinnen gefragt, "ob sie mit hilff des Allmächtigen solchem von Gott geordneten Ampt vnd Standt ... vorzustehen" bereit seien. Passauer HO (1595), in: Burckhard (Hg.), S. 237. Mit Bezug auf eine gelungene Geburt heißt es in der Passauer HO (1595), die Mutter sei "mit genaden Gottes" entbunden worden. Passauer HO (1595), in: Burckhard (Hg.), S. 245. Bei der Entbindung Anwesende beten für die Gebärende: "Veuille lui donc donner bonne et heureuse délivrance ..., afin que nous soyons tant plus confirmés que tu présides sur toutes les langueurs et détresses, et que tu as puissance de les chasser et amortir ... Délivre donc, Seigneur, cette pauvre femme ainsi oppressée". Oraison pour dire quand une femme enceinte est en travail d'enfant, in: Bremond, S. 303.

Gebeten (vgl. Kap. I C.1) an die Stelle des vertrauten Umgangs katholischer Schwangerer mit ihren überwiegend weiblichen Heiligen[230].

D. Die Entbindung als Glaubenskampf und Glaubensschule

1. Die Gebärende als Überwinderin im 'Kampf des Glaubens'

In den untersuchten lutherischen Texten wird die Schwangere ermahnt, auch in ihren größten Nöten am Vertrauen auf Gott festzuhalten. Sie soll als Siegerin aus einem bei ihrer Entbindung zu bestehenden Glaubenskampf hervorgehen. Bei der Niederkunft versuchen die 'Mächte des Bösen', ihr Vertrauen auf Gott zu untergraben und dadurch ihr Heil zu rauben. Scheinbar bringt auch Gott selbst ihren Glauben ins Wanken: Ihr wird die Frage zur Anfechtung, warum Gott, der ihr die Fruchtbarkeit geschenkt habe, sie so leiden lasse; es scheint, als habe Gott sie in ihrer Not im Stich gelassen und sei ihr Feind geworden. Angesichts der Anfechtung ihres Glaubens bleibt der Gebärenden kein anderer Ausweg, als sich zu Gott zu wenden und ihn um seinen Beistand zu bitten. Sie betet darum, nicht an seiner Gnade zu verzweifeln[231]. Sie klagt über das Gefühl

---

[230] In protestantischen Gebeten Schwangerer, Gebärender und Wöchnerinnen fehlt die Verehrung Marias und anderer weiblicher und männlicher Heiliger, die in katholischen Gebeten von großer Bedeutung ist. "Derhalben so sollet jr Gott nu die ehre erzeigen / das jhr jhn fuer den rechten nothelfer haltet / welcher allein euch itzundt gnediglich entbinden kan vnnd wil". Girlich (1551), s.p. Heermann ermahnt die Kindbetterinnen: "Wenn die Stunde des Kampffs vnd Leidens herbey ruecket / so ruffet mit Hiskia an / den wahren lebendigen Gott / der so starck vnd mechtig ist / dasz er auch vom Tode erretten kan". Heermann, Christianae Eutanasiae Statuae (1680), 25. Lp., S. 672. "Kommet nicht zu Mariae / nicht zu Margarethae / oder einem andern Heiligen / die nichts von euch wissen / ... sondern kommet her zu Mir" (vgl. Mt. 11,28). Stölzlin (1652), S. 288. Stölzlin klagt, daß die katholischen Gebärenden "vielmehr Mariae / als Gott dem Herrn zu schreyen / O du Himmels Koenigin schließ auf meine Band! etc.". Ebd., S. 26. "Die Jungfraw Margarethen werffen (die Altgläubigen) zu einer allgemeinen Hebammen auff ... Ist aber wunderbar / dasz eine Jungfraw ein allgemeine Hebamme seyn solle". Ebd., S. 22.

[231] Nach Luther bedarf auch angesichts unbegreiflichen Leidens "nicht Gott ... der Rechtfertigung sondern der Mensch". Elert 1, S. 418. "Deus in suis operibus sol nit geurteilt und gemessen werden, sed econtra, non facit iniquum". WA 16, S. 148, Z. 1 f. "'Si Deus est, unde malum'? heißt dagegen die Grundfrage der Leibnizschen Theodizee. So zu fragen, als ob der Fragende nur Zuschauer und nicht selbst der Angeklagte wäre, ist für Luther ein 'Frevel an der Majestät Gottes'". Elert 1, S. 417.

der Gottverlassenheit. Sie bittet Gott, sich nicht gegen sie zu wenden. In Gebeten Gebärender kommt jedoch die Vorstellung zum Ausdruck, daß Gott selbst sie körperlich verletze und quäle. Der von der Gebärenden zu bestehende 'Geburtskampf' ist ein 'Ringen mit Gott', bei dem der Glaube an Gottes Barmherzigkeit gegen seine scheinbare Feindseligkeit aufgeboten werden muß[232]: Obwohl sie unter dem Eindruck leidet, daß Gott sich von ihr abgewandt habe, bekennt die Gebärende im Gebet ihr Gottvertrauen.

Die Gebärende, die Gott anklagt, steht zu ihm in einer intensiven Beziehung. Nach den untersuchten Texten ist es Frauen bei schwierigen Entbindungen möglich, Gott wegen ihrer unbegreiflichen Not anzuklagen, ohne deshalb ihr Gottvertrauen und damit ihre letzte Zuflucht vollends preiszugeben: Auch in der äußersten Verzweiflung soll ihnen in ihrer Gottesbeziehung eine Quelle neuer Hoffnung bleiben.

Gegen die angstbesetzte Vorstellung, durch ein ungewolltes Fehlverhalten bei der Entbindung von Gott als ungläubig verdammt zu werden, sichert sich die Schwangere durch eine Entschuldigung im voraus. Sie bittet Gott, wenn sie ihn während der Geburtsnöte lästern sollte, ihr diese Sünde nicht zuzurechnen, sondern ihren im voraus bekundeten guten Willen, am Glauben festzuhalten, für ihre Tat zu nehmen. Durch die Entschuldigung im voraus ist der Sieg im 'Glaubenskampf' bei der Geburt auf jeden Fall gesichert und die Gebärende kann mit Zuversicht den 'Kampf' aufnehmen[233].

Die Schilderung ihres Glaubenskampfes in Leichenpredigten soll die Gebärenden ehren, die in den Anfechtungen während ihrer Niederkunft am Vertrauen auf Gott und seine Hilfe festgehalten haben. Nach mittelalterlicher Auffassung vollzog sich die höchste Form der 'christlichen Ritterschaft' in der klösterlichen Abgeschiedenheit[234]. Als 'Glaubensrittern' und 'Heldinnen' wird Frauen, die

---

[232]Vgl. Ebeling, Vom Gebet, S. 104-114. Nach Ebeling wird der Mensch in der Versuchung durch etwas gefährdet, dem er selbst in keiner Weise gewachsen ist. Der Angefochtene erfährt es schließlich als ein großes Wunder, daß Gott ihn gegen sich selbst "in Schutz nimmt". Vgl. ebd., S. 103 f. Zur Auffassung der Geburt als 'Kampf' vgl. auch Beitl, S. 75. Gemäß den untersuchten Texten geht es beim 'Geburtskampf' nicht in erster Linie um das Durchstehen körperlicher Nöte, sondern das sieghafte 'Ringen' im 'Kampf des Glaubens' (vgl. 1. Tim. 6,12).
[233]Der geistliche Kampf verlangt den Einsatz des ganzen Lebens. Vgl. Wang, S. 97. Er ist "ein Widerstand gegen das Böse in den unterschiedlichen Ausprägungen". Ebd., S. 105. Charakteristisch für die 'militia christiana' ist die Personalisierung der Gegnerschaft. Vgl. ebd., S. 111. "Die Situation des Kampfes markiert eine Grundsituation des Christen". Ebd., S. 9. Zur 'militia'-Bildlichkeit vgl. Eph. 6,10-17; 1. Tim. 2,3-5. Vgl. auch Hofmann, S. 77; Goldammer, S. 31.
[234]Vgl. Wang, S. 28. Im weltlichen Bereich wurde besonders der Kreuzritter als 'miles christianus' aufgefaßt. Vgl. ebd. Der schon im frühen Christentum verwendete Begriff 'militia christiana' war seit dem 15. Jahrhundert "ein ... allgemein verwendetes Schlagwort" (ebd., S.

gläubig ihre Geburtsnöte bestehen, im Luthertum eine hohe Wertschätzung zuteil[235]. In seiner Auslegung von Gen. 35,16 f rühmt Luther die bei ihrer Niederkunft sterbende Rahel, die im Glauben an Gottes Wahrhaftigkeit fest geblieben sei, obwohl sie schier unerträgliche Leiden habe aushalten müssen[236]. Die Gebärende betet: "HErr JEsu hilf siegen, HErr JEsu hilf ringen" (Stark, o.J., 1731)[237]! "O Heiliger Geist / ... hilff mir im Glauben recht kaempffen / ... dasz ich moege eine gute Ritterschafft ueben / den Glauben / vnd ein gut Gewissen bewahren" (Stölzlin, 1652)[238].

---

11), ein "religiöses Programm für das Erdenleben jedes Einzelnen". Paul Weber, S. 22. Vgl. auch Schmidt.

[235] Durch ihren 'Heldentod' in den Anfechtungen des 'Geburtskampfes' erhält die sterbende Kindbetterin einen Platz im "Kollektiv der (kämpfenden) Gemeinde" (Wang, S. 145). Günther betont, Gott habe durch Frauen "große Dinge" getan, um zu zeigen, daß sie "jhm lieb" seien. Günther (1566), f. 14. Bei den Azteken wurde den bei der Niederkunft gestorbenen Frauen ein ebenso hohes Ansehen zuteil wie den im Kampf gefallenen Kriegern. Vgl. Bartels, S. 37. Zur Verschmelzung der Motive Kampf und geistliche Ritterschaft in Leichenpredigten vgl. Mohr, Protestantische Theologie, S. 352 ff.

[236] "Ad hunc modum sanctorum patrum aerumnae nobis in exemplum proponuntur, ut videamus eorum exercitia et insignem fidem in calamitatibus, et discamus nos non amittere conspectum Dei ridentis, benedicentis, promittentis, si quando aufert ea, quae nobis sunt dulcissima, et promissione sua stabilita. Quin sic statuat fides: etsi haec calamitas mihi est longe acerbissima, tamen credo Deum esse veracem. Sed in eiusmodi inopinatis casibus admodum duriter concutitur, et vix emicat, instar lini fumantis: Ideo talibus exemplis exuscitanda est". WA 44, S. 201, Z. 31-38. "Magna igitur consolatio est in omnibus tentationibus, posse statuere, Deum adesse et favere nobis. Sed difficulter animus humanus eam potest ammplecti, wenn unser Herrgott einen also hertzt, das ihm wil die seel außgehen (Eigentlich also zu Tode drückt; hertzen = ans Herz drücken). Sed talis sane est dilectio Dei, qualem exhibuit in proprio filio, quemadmodum inquit Christus: 'Sicut pater diliget me, ita dilexi vos', scilicet secundum phrasin Hebraeam, de qua supra, hoc est, adfligendo ante glorificationem: Quam phrasin non intelligit mundus (vgl. Joh. 15,9)". WA 44, S. 201, Z. 21-28. Das Lutherzitat wird in der Lp. auf Anna Susanna von Stein zum Altenstein angeführt. Vgl. die Lp. auf Anna Susanna von Stein zum Altenstein (1682), S. 16. Nach Luther wirkt Gottes Wort oft erst wie ein 'Teufelswort'. Von der Quelle tiefster Anfechtung wird es jedoch schließlich zum Trost in der Anfechtung. Vgl. Bornkamm, Das Wort, S. 29. Die Mystik wertete das Erleiden des Gefühls der Gottesferne als ein Erziehungsmittel zur Tugend. Dabei war der Verdienstgedanke von Bedeutung. Das Dulden und Streiten sollte zur Vorwegnahme des Strafleidens in Fegefeuer und Hölle dienen. Vgl. Appel, S. 20, 54.

[237] Stark (o.J., 1731), S. 77.

[238] Stölzlin (1652), S. 277. Vgl. auch ebd., S. 252-254. Die Schwangere bittet um Kraft, "ritterlich" zu überwinden. Vgl. ebd., S. 88. Während ihrer Entbindung wird Anna Vagetius von ihrem Pfarrer ermutigt, "den guten Kampf zu kämpfen"; sie werde spüren, daß sie "ritterlich ringen" und "durch Tod und Leben zu GOtt dringen" könne. Anna antwortet, sie wolle "getreu bleiben bis in den Tod und nicht von ihrer Froemmigkeit weichen". Lp. auf Anna Vagetius (1671)(ref.), s.p. In einer bei Müller, Heinisius (1624) abgedruckten Lp. wird

Vor der Entbindung betet die Schwangere: "Sey du mir nur nicht erschrecklich" (Stark, o.J., 1731)[239]. Die Gebärende betet: "Du ... stellest dich ... als haettestu mein gantz vergessen / vnd dein gnaedigs Angesicht vor Zorn verborgen" (Stölzlin, 1652)[240]. "Hast du den Ebreischen Weibern Kinder zugebaehren / selber Huelffe gethan / ... ach wie schmertzlich musz ich mich jetzo kruemmen! ach wie starcke Wehen musz ich leyden" (Stölzlin)[241]? "Dein' Allmacht lasz erscheinen mir, und mich nicht laenger quaele" (Stark, o.J., 1731)[242]. "Greif' mich ... nicht zu heftig an, damit ich nicht vergehe" (Stark)[243]. Die Gebärende bekennt: "Wollte mich der Herr auch toedten, laesset ihn mein Herz doch nicht" (Stark)[244].

---

die Verstorbene als "Streiterin" gepriesen, die auf dem "Kampfplatz" geblieben sei. Es wird berichtet, sie habe sich nicht geschont, damit ihr Kind gesund geboren würde. Vgl. Müller, Heinisius (1624), 48. Lp., S. 726. "Wer wolte einer ... ritterlich kaempffenden und in der Geburt ... sterbenden Gebaehrerin ... die Seligkeit absprechen". Lp. auf Anna Elisabeth von Prittwitz (1710), S. 10.

[239] Stark (o.J., 1731), S. 60.

[240] Stölzlin (1652), S. 272 f. "Hastu ... deine Barmhertzigkeit vor Zorn fuer mir verschlossen"? Ebd., S. 273. "Ich ... liege hier, von aller welt verlassen, ich schreye, aber meine huelffe ist ferne". Schimmer (1730, 1706), S. 1046. "Ach Herr, wie lange! Wende dich doch zu mir und sey mir gnaedig, denn ich bin arm und elend"! Ebd. Die Schwangere bittet, nicht an Gottes Gnade zu verzweifeln, wenn sich die Geburt lange hinziehe. Vgl. ebd., S. 174-176. "Wenn jhr klagt ... Der Herr hat mich verlassen / der Herr hat mein vergessen so faellet er euch gleich in die Red ... vnnd sagt: Kan auch ein Weib jhres Kindleins vergessen / dasz sie sich nicht erbarme vber den Sohn jhres Leibes" (vgl. Jes. 4,14)? Stölzlin (1652), S. 186; vgl. auch ebd., S. 265. Als Beispiele für die davon betroffenen Menschen unverständliche göttliche Führungen bezieht sich Stölzlin auf "Gottes Wege" mit Abraham, Isaak, Jakob, Joseph, Mose, David, den Propheten, dem Volk Israel und den Aposteln. Vgl. ebd., S. 155. In der Lp. auf Maria Juliana Gloxin wird darauf hingewiesen, daß Gott Jakob in seinen Anfechtungen aufgrund des unbegreiflichen Todes Rahels wunderbar erhalten" habe. Vgl. die Lp. auf Maria Juliana Gloxin (1680), s.p.

[241] Stölzlin (1652), S. 166 f. Die Gebärende wird ermahnt: "Eilet ... zu (Gott) ... mit ... tieffen Hertzensseufftzern / vnd klagt jhme ewre Noth". Ebd., S. 293.

[242] Stark (o.J., 1731), S. 69. Stölzlin betont, wenn sich Gott auch so stelle, als wolle er das "Werk seiner Hände" zerstören, habe er doch gewiß in seinem Herzen etwas anderes beschlossen. Vgl. ebd., S. 268.

[243] Stark (o.J., 1731), S. 80. "Ach lieber Vatter / greiff mich nicht zu hart an". Stölzlin, S. 272. Die Gebärende fleht, Gott möge sie - das Werk seiner Hände - nicht zerschlagen. Vgl. ebd., S. 280. Die Gebärende bittet Gott, sie nicht über ihr Vermögen versuchen zu lassen. Vgl. ebd., S. 272 f. "HErr! strecke deine Hand zu mir aus, wie zu dem sinkenden Petro". Ebd., S. 67.

[244] Stark (o.J., 1731), S. 79. "Ich vertraue dir dennoch, ob es gleich scheinet, als ob du mich toedten wolltest". Ebd., S. 83. Stölzlin ermahnt die Kindbetterin: "Mit Zuversicht trettet ... mit ewrer Leibesfrucht / weil jhr beede Gottes Geschoepff seyd / fuer Gott ewren Schoepffer / vnn sprecht: ... dich vnsern Schoepffer ergreiffen wir / vnnd halten vns an dich". Stölzlin (1652), S. 241.

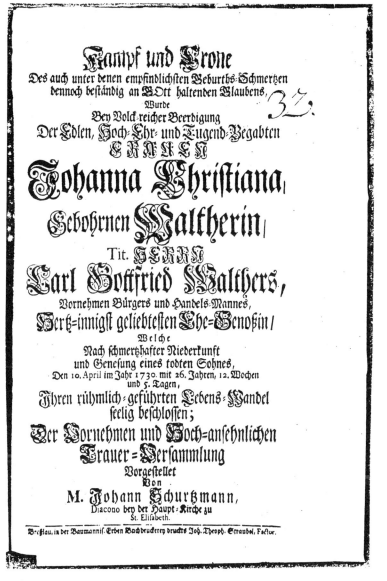

Abb. 2: Titelblatt der Leichenpredigt von Johann Schurtzmann auf Johanna Christina Walther, geb. Walther, Breslau 1730.
Im Personalteil der Predigt wird die Härte der von der 26-jährigen zu ertragenden Geburtsnöte besonders hervorgehoben. Es heißt, sie habe "nach allem ueberstandenem Kaempfen und mancherley schweren Übungen des Glaubens" die "Krone des ewigen Lebens" empfangen (Lp. auf Johanna Christina Walther (1730), S. 25).

In der Leichenpredigt auf Anna Sibylla Plessken (1714) wird gefragt, ob Gott mit den Menschen grausamer umgehe als mit den Vögeln: Obwohl in Gen. 22,6 f verboten werde, Vogelmütter mit ihren Jungen zu töten, nehme er oft der Gebärenden und ihrem Kind das Leben[245]. In der Predigt auf Gesche Ursula Riecke (1718) heißt es, Jesus habe sich "gestellt", als wolle er ihr bei der Entbindung nicht helfen[246]; es wird berichtet, bei ihrer Niederkunft habe sie "wie Jakob mit Gott gerungen" (vgl. Gen. 38,23-33)[247]. Die Predigt auf Elisa-

---

[245] Vgl. die Lp. auf Anna Sibylla Plessken (1714)(ref.), S. 5. Vgl. auch ebd., S. 13. Vgl. auch die Lp. auf Maria Schroeder (1719), S. 13. In einer bei Müller, Heinisius abgedruckten Lp. wird die Frage gestellt, ob es ein Zeichen besonderen göttlichen Zornes sei, wenn bei einer Geburt Mutter und Kind stürben, da im Gesetz verboten werde, die Vogelmutter mit den Jungen zu töten (vgl. 5. Mose 22,6 f). Vgl. Müller, Heinisius (1624), 48. Lp., S. 722. Da der Tod bei der Geburt nicht ein Zeichen des göttlichen Zornes, sondern der Liebe sei, sind nach der Lp. auf Elisabeth-Maria Schneidewind die bei der Geburt sterbenden Frauen "Predigerinnen" der Gnade Gottes. Vgl. die Lp. auf Elisabeth-Maria Schneidewind (1659), s.p.

[246] Vgl. die Lp. auf Gesche Ursula Riecke (1718)(ref.), s.p. Es wird betont, Gesches "Herz" sei deshalb so voller Angst gewesen, daß sie gebetet habe: "Ach mein GOtt / ... zu wem soll ich Zuflucht nehmen! Ich finde keine Freudigkeit inn meinem Hertzen ... / wo bistu? ... / verlasz mich nicht / sey nicht ferne von mir / eyle mir beyzustehen ... Ach JEsu / du Sohn Davids / erbarme dich mein! Ach HErr JEsu / hilf mir. Christe / du Lamm GOttes / der Du traegest die Suende der Welt / erbarme dich mein etc." Ebd. In der Lp. auf Elisabeta Kunigunda Steding wird darauf verwiesen, daß Pinehas Frau im "Geburts-Kampf" gestorben sei (vgl. 2. Sam. 4,10). Vgl. die Lp. auf Elisabeta Kunigunda Steding (1659), S. 15. Die am Kindbettfieber sterbende Anna Vagetius richtete sich "als eine mit Gott ringende Jakobina" immer mit dem "Glaubenskampf und Sieg Jakobs" auf; mit Jakob betete sie: "Ich lasse dich nicht, du segnest mich denn" (Gen. 32,27). Vgl. die Lp. auf Anna Vagetius (1671)(ref.), s.p.

[247] Während ihrer Entbindung äußerte Gesche, sie könne die ihr zugesprochenen Verheißungen nicht in Anspruch nehmen, weil sie zu sündig sei: "Dieses sind zwar herrliche Troestungen / aber die gehen mich nicht an". Die Lp. wertet es als einen Beweis ihres "Glaubenssieges", daß Gesche "sich einbildete / Sie koente nicht baeten / und doch ... einen andaechtigen Seufzer nach dem andern ... zu GOtt auffsteigen ließ". "War es nicht ein Beweisz des Sieges? wann sie sich beduencken liesz / ... Ihr Glaube waere nur ein historischer Glaube / und liesz doch die allerkraeftigste Glaubens-Worte von sich hoeren / sintemahl sie JEsum ganz sich zueignete / und nicht auf eigenes / sondern allein Sein Verdienst sich steifete ... Ist es nicht ein Beweisz des Sieges mitten im Kampf? wan Sie klagte / Sie haette keine gnugsame Reue / und eben hiemit bewiesz Sie die Aufrichtigkeit ihrer Reue". Der Verfasser der Lp. betont: "Ich zeuge ... / was ich selbst gesehen und gehoeret / und darf niemand dencken / dasz ich zuviel rede. Vielmehr versichere / dasz meine Zunge zu schwach ist / alle heftige Bewegungen Ihrer kaempfenden Seele mit GOtt auszudruecken". Lp. auf Gesche Ursula Riecke (1718)(ref.), s.p. Susanna Staudte wurde in ihren "Anfechtungen" "vom Satan angetastet". Sie bekannte: "Der Schandgeist hat mich verfuehren wollen / ... aber ich hab jhm nicht gefolget / bist du doch mein / HErr Jesu / vnd die Seel ist auch dein / du vergibst mir meine Suende". Vgl. die Lp. auf Susanna Staudte (1638), s.p., S. 12. Vgl. auch die Lp. auf Johanna Christina Walther (1730), S. 18. Nach Luther ist das "fremde Werk Gottes" das

beth-Maria Schneidewind(1659) bezeichnet Frauen, die bei der Geburt sterben, als "Heldinnen"[248].
Die Schwangere betet: "Vnd ob ich ... durch grossen schmertzen ... in vndankbarkeit fiele / vnd dich deinen Goettlichen Segen vnd Creatur vorlesterte / du wollest mir solches vmb Christus willen Veterlich vergeben / vnd an mir nimmerdar rechen" (Körber, 1580, 1561)[249].

"Werk des Teufels", durch welches der Satan glaubt, sein eigenes Werk gegen Gottes Werk zu wirken, aber in Wirklichkeit Gottes eigenem Werk weiterhilft und sein eigenes Werk umstürzt. "Sic enim deus opus suum promovet et implet per opus alienum et mirabili sapiencia cogit diabolum per mortem nihil aliud operari quam vitam, ut sic, dum contra opus dei maxime operatur, pro opere Dei et contra opus suum suo proprio opere operetur". WA 57, S. 128, Z. 13-17. Vgl. auch Wingren, S. 63.

[248]Vgl. die Lp. auf Elisabeth-Maria Schneidewind (1659), s.p. Elisabeta Kunigunda Steding, die bei der Geburt von Drillingen starb, wünschte sich kurz vor ihrem Tod 2. Tim. 4,7 als Bibeltext für ihre Leichenpredigt: "Ich habe den guten Kampf gekämpft, ich habe den Lauf vollendet, ich habe Glauben gehalten". Vgl. die Lp. auf Elisabeta Kunigunda Steding (1659), S. 11. Nach Günther sind die Gefahren des Kriegsdienstes nicht mit den Gefahren vergleichbar, denen die Frauen in Kindesnöten ausgesetzt sind: Im Krieg kommt es nicht immer zur Schlacht und nicht jeder steht in gleicher Gefahr, während alle Gebärenden direkt vom Tod bedroht werden. Vgl. Günther (1566), f. 8.

[249]Körber (1580, 1561), f. 9. "Ich ... bitte dich ... / du woellest mich ... in ... meiner angst ... stercken / das ich ... nit wider dich murre / vnd da ich ausz natürlicher schwachheyt zuuil thette / so woltest du mir Solches vmb Christi willen Vaetterlich vergeben". Hug (1562), f. XXVII. Die Schwangere bittet im voraus um Vergebung etwaiger Ungeduld "vmb Christi hoechster Gedult willen". Stölzlin (1652), S. 70. Lucretia von Reichenbach legte vor ihrer Entbindung ein schriftliches Glaubensbekenntnis ab; sie fügte hinzu: "Darauff wil ich ... / wenn es meinem ... Gott gefallen wird / abscheiden". Lp. auf Lucretia von Reichenbach (1613), S. 30. Der Pfarrer Petrus Kirchbach berichtet, seine Frau Justina habe vor ihrer Niederkunft zu ihm gesagt, "es schickete GOtt mit Jhr / wie Er wolte / dasz sie neher jhrem Ende reden / oder nicht reden koente / so solte ich doch wissen / dasz sie in wahrem Glauben vnd anruffung jhres HERRN Jesu Christi / sterben ... wolte". Lp. auf Justina Kirchbach (1623), s.p., S. 44. Vgl. auch die Lp. auf Giesel Ilse von Saldern (1641), S. 35. In der Lp. auf Regina Weise wird der Schwangeren, die Angst hat, in den "Anfechtungen" im Zusammenhang mit der Geburt ihren Glauben zu verlieren, nach Phil. 1,6 zugesprochen, Gott, der das "gute Werk" in ihr angefangen habe, werde es auch zu Ende führen. Vgl. die Lp. auf Regina Waise (1660), s.p. Marie Borries, die nach einer Fehlgeburt starb, wurde "wegen ihrer großen Not und Herzensangst" "etwas ungeduldig"; kurz vor ihrem Tod bedauerte sie ihr "Fehlverhalten". Lp. auf Marie Borries (1640), S. 33. "Wo man in ... not der sinnen beraubt ist / so zweiffel nit / der ... barmhertzig Got / wirdt solche leut nit richten / wie ers dazumal inn solcher not findet / da sie nicht mehr rechte menschen sindt / Sonder wie ers vorgefunden hat / das sie frisch vnn gesund / vnnd bey vernunfft gewest / Gottes wort gehoeret / desselbigen sich gefrewet / damit sich getroestet / vnnd dasselbig bekennet haben". Dietrich (1972, 1548), S. 159.

2. Der gekreuzigte Christus als Erlöser und Vorbild der Gebärenden: Die Konzentration auf die durch Christus vollbrachte Errettung

In lutherischen Erbauungstexten und Gebeten wird der Gebärenden der leidende Christus vor Augen gestellt. Sie soll wie er gläubig ihr Kreuz tragen. Das Bewußtsein, daß Christus vor ihr in ähnlicher Weise, aber unvergleichlich viel stärker gelitten habe, soll sie zum geduldigen Durchhalten anspornen und ihr den Trost verleihen, daß sie nicht allein Schmerzen und Anfechtung zu erdulden habe. Ihr wird zugesagt, wenn sie ihren Blick von sich selbst abkehre und sich auf den gekreuzigten Christus konzentriere, werde ihre Last erträglicher. Sie soll darum beten, daß ihr Herz gläubig auf den gekreuzigten Christus ausgerichtet sei.

Günther (1566) beteuert: "(Die) betrachtung des leidens des HERREN dienet den geberenden Weibern darzu / das sie in jhrem Creutz ... desto gedultiger sein sollen / weil jhr HERR vnd Heyland auch so viel hat leiden muessen / vnd so gar gedultig gewesen"[250]. Günther betont, wenn eine Gebärende ihren Blick auf den gekreuzigten Christus richte, achte sie ihre eigene Not für gering und sei getrost[251]. Die Gebärende betet: "Ach! gib mir ein solch Hertz vnd Sinn / dasz ich in ... meinem Leyden stets dein Bild anschawe / wie du mit grosser vnerhoerter Gedult dein Creutz getragen" (Stölzlin, 1652)[252].

---

[250] Günther (1566), f. 53. Vgl. auch Hug (1562), f. XXI. In den untersuchten Texten wird immer wieder vor 'Ungeduld' gewarnt. Günther mahnt, durch 'ungeduldiges' Verhalten könne Gott erzürnt werden, so daß er als Strafe die Wehen verstärke. Vgl. ebd., f. 51 f. Nach der Kurländischen KO (1570) soll bei Entbindungen alles, was Gott nach seinem "wunderbarlichem und unerforschlichen rathe, es sei glück oder ungelück, das lebend oder der Tod" verhängt, mit "gottseliger gedult für gut" angenommen werden. Kurländische KO (1570), in: Sehling (Hg.) 5, S. 96. Die Schwangeren werden aufgefordert, nicht "ungeduldig" gegen ihre Beschwerden zu murren. Vgl. Stark (o.J., 1731), S. 31. "Gedult bringt Ruh, Ruh stillt den Schmerz, gestillter Schmerz heilt die Wunde ... Erkennst du nun, daß Geduld Alles heile? Ich will geduldig sein". Dr. Heinrich Müllers geistliche Erquickstunden (1859, 1664), S. 35. "Wenn wir an ... Vergebung der Suenden wolten zweiffeln / wuerden wir nimmermehr mit ... Gedult das Creutz tragen koennen / sintemal wir wuerden immerdar muessen dencken / es wuerde Gottes Zorn allezeit ueber uns schweben / und die zeytliche Straffe wuerde ein Anfang seyn der ewigen Straffe und Pein". Gerhard, Schola (1653), S. 600. Girlich fordert die Kindbetterin auf: "Wo jhr ... mit vngedult vbereilet werdet ... so ergebet euch wiederumb in Gottes willen / vnd gleubet / das euch ewer vnuolkommen gedult ... verziehen werde". Girlich (1551), s.p., S. 9. Vgl. auch Haas (1870, Ausgabe 1706, Vorwort: 1696), S. 71.

[251] Vgl. Günther (1566), f. 54. Mit Bezug auf Jes. 53,7 spricht Stölzlin den Gebärenden zu: "Diese hohe Gedult vnsers Heylands Jesu Christi solle euch billich dahin bewegen / dasz jhr euch ewren Geburths-Schmertzen gedultig vntergebet". Stölzlin (1652), S. 100. Stölzlin handelt ausführlich von der Passion Christi. Vgl. ebd.

[252] Stölzlin (1652), S. 271.

Die Gebärende wird zur Leidensnachfolge Christi aufgefordert. Mit den Worten Christi am Kreuz soll sie ihre Seele Gott anbefehlen. Die in Schmerzen und Anfechtung gläubig ausharrende Kindbetterin wird dem leidenden Christus gleichgestellt; ihr wird die Würde der Christusähnlichkeit zugesprochen. Die Gebärende betet: "O Herr! hastu am Stamm desz H. Creutzes gesprochen: Vatter / ich befehle meinen Geist in deine Haende; So befehle ich jetzt auch meine Seele in deine Haende" (vgl. Lk. 23,43)(Stölzlin, 1652)[253]. In der Braunschweiger Kirchenordnung (1528) wird betont, wenn eine Gebärende gläubig das "Kreuz der Kindergeburt" auf sich nehme, habe Gott sein Wohlgefallen an ihr wie an seinem Sohn, als er in seinem Leiden gehorsam war[254].

Während im mittelalterlichen und frühneuzeitlichen Katholizismus das Ideal der Leidensnachfolge Christi von zentraler Bedeutung war[255], sollte nach Luther das Bedenken des Leidens Christi in erster Linie zur Erkenntnis des Zornes Gottes über die Sünde führen und erst an zweiter Stelle als Vorbild zur Nachfolge dienen[256]. In den untersuchten lutherischen Texten steht das Ideal der

---

[253] Stölzlin (1652), S. 174. Die sterbende Gebärende fleht: "O Herr Jesu Christe! ... sende deinen heiligen Engel dasz er mich / wie dich / da du meiner ... Suende halben mit dem Tod rangest / staercke". Ebd., S. 340.

[254] "Wen dat wyff nach Gades wörde lövet, dat ehr sulck hefft Got gnedichlik upgelecht, angest unde nöt, edder ore krütze so to dregen, so hefft Got an deme wive in oren groten nöden eyn gröt wolgeval, alse he ock eyn unmetich wolgeval hedde in syneme eyngebaren Söne, unseme Heren Jesu Christo, dön he syn krutze druch unde moste liden, wente Got, de Vader, hedde em dat sulven upgelecht, deme was he gehorsam". Braunschweiger KO (1528), in: Sehling (Hg.) 6 I 1, S. 359. In der Lp. auf Magdalena Zinn heißt es, die Gebärenden müßten dem "Bild Christi" gleich werden und wie er den "Kelch der Trübsal" trinken. Vgl. die Lp. auf Magdalena Zinn (1602), S. 6. Vgl. auch die Lp. auf Regina Waise (1660, 1613), s.p. In vielen Gebeten für Frauen werden den Adressatinnen Frauengestalten der Bibel als Vorbilder vor Augen gestellt. Vgl. u.a. Neumark (1675, 1671), f. 5. Gegenüber der Nachfolge Jesu ist jedoch die Vorbildfunktion biblischer Frauengestalten unbedeutend.

[255] Das 'Mitleiden mit Christus' war das zentrale Anliegen der mittelalterlichen Passionsfrömmigkeit. Die Passionsgeschichte wurde in allen Einzelheiten erzählt, um Mitleid mit Christus zu erwecken. Vgl. Mohr, Art. Erbauungsliteratur, S. 53. Krankheiten und Schmerzen sollten zur Leidensnachfolge Christi führen. Vgl. Appel, S. 24. In einer Predigt des 15. Jahrhunderts heißt es, den Kindbetterinnen ergehe es wie Christus am Kreuz: "Sie beraubten ihn der Kleider, sie spannten ihm die Arme über den Kopf, er litt Qualen des Durstes, er schrie vor Elend und Schmerzen, er neigte das Haupt und weinte". Zitiert nach Braun, S. 14 f. Die Frauen sollen sich an das Leiden Christi erinnern und dadurch ihre Wehen und Schmerzen "heiligen". Vgl. ebd.

[256] Vgl. Appel, S. 109, 118. Luther geht es nicht um 'imitatio', sondern 'conformitas'. Vgl. ebd. Er setzt 'imitatio' negativ ab von 'vocatio'. Vgl. Wingren, S. 113 f; 118. "Christus hat seyn ampt und stand gefueret, ... eyn iglicher muss seyns beruffens und wercks wartten". WA 11, S. 258, Z. 17, Z. 30. Zu Luthers Haltung zur 'imitatio' vgl. auch WA 56, S. 276, Z. 20 - S. 277, Z.

Leidensnachfolge Christi gegenüber der heilsgeschichtlichen Bedeutung der Passion eindeutig im Hintergrund. In den Gebeten Gebärender ist vor allem das stellvertretende Leiden Christi von Bedeutung. Aufgrund des Leidens Christi betet die Gebärende um die Vergebung ihrer Sünden. Unter Berufung auf die von Christus erlittenen Schmerzen bittet sie Gott, ihr in ihren Schmerzen beizustehen. Aufgrund des Todeskampfes Christi bittet sie um Kraft für ihren Glaubenskampf. Unter Berufung auf sein stellvertretendes Leiden ruft sie Jesus selbst als 'Geburtshelfer' an. Die Vergegenwärtigung des Leidens Christi soll der Gebärenden vor allem die Gewißheit vermitteln, daß ihr Gott aufgrund der durch Christus bewirkten Erlösung zur Seite stehe[257]: Nicht die Konzentration auf das eigene Tun, sondern das Vertrauen auf das durch Christus vollbrachte Erlösungswerk soll ihr Denken und Verhalten bestimmen.

Stölzlin (1652) betont: "Die Betrachtung desz ... Leidens Christi (soll) euch eure ... Geburth ... leichter machen / vnd Christliche Gedult in ewrem Hertzen erwecken / weil jhr nicht nur diese / sondern auch die ewige Pein mit der Suend verschuldet"[258]. Die Gebärende betet: "Nimme an fuer meine Suenden die Gnugthuung vnnd Bezahlung deines lieben Sohns" (Stölzlin)[259]. "Hilff mir in meinen Schmertzen / vmb der Schmertzen willen / die dein Sohn ... auszgestan-

---

3; S. 417, Z. 13-26; WA 2, S. 735, Z. 15-22. Zur Auffassung des Kindergebärens als "vocatio" der Frau vgl. Kap. I F. Im Gegensatz zu zeitgenössischen katholischen Gebeten für Schwangere, Gebärende und Wöchnerinnen, in denen die Identifikations- und die Vorbildfunktion von zentraler Bedeutung sind, steht in allen lutherischen Gebeten der Erlösungscharakter des Leidens Jesu im Vordergrund. Als katholisches Gebet vgl. u.a. Zu Christo am Creutz vor der Geburt, in: von Cochem, Guldener Himmels-Schlüssel (1690), S. 591 f. Im "Gebet einer Frau vor der Geburt ihres Kindes" identifiziert die Schwangere ihr Leiden mit dem Leiden der Märtyrer. Vgl. von Cochem, Der grosse Myrrhengarten (Nachdruck 1904), S. 479 f. Die Identifikation der Beterin mit der schwangeren und gebärenden Heiligen steht im Vordergrund im Gebet Die sieben Freuden St. Annae, in: ebd., S. 412 f. Vgl. auch Braun, S. 14.

[257] "Das Kreuz, das wichtigste Symbol im Christentum, ist für viele Frauen heute fragwürdig geworden. Der gefolterte Körper Christi am Kreuz und sein Tod - als Sühnetod gedeutet - geben ihnen keine Lebenskraft mehr". Moltmann-Wendel, Gibt es eine feministische Kreuzestheologie?, S. 100.

[258] Stölzlin (1652), S. 100. Stölzlin spricht der Gebärenden zu: "Und ob jhr gleich diese Schmertzen vmb der Suende willen tragen muesset / so solt jhr euch doch in Anfechtung dessen damit getroesten / dasz vnser Herr Jesus Christus fuer die Suend mit seinem Tod ... vollkommen gebuesset ... / auch mit seinem Creutz aller Glaubigen Creutz gesegnet vnd geheiliget / ... Ihr solt euch erinnern ... / was Christus ... auch euch mit seinem bittern Leiden vnd Sterben habe erlanget". Stölzlin (1652), S. 204, 205.

[259] Stölzlin (1652), S. 180.

den" (Stölzlin)²⁶⁰. "Ich bitte dich durch den Todeskampff ... Jesu Christi / du wollest mir ... Staercke ... in dieser sehr grossen Not verleyhen" (Stölzlin)²⁶¹. Die Gebärende betet zu Jesus: "Weil du vmb meinet willen ... vor Angst Blut geschwitzet hast / ... so hilff mir in ... meiner grossen Noth ...: ... Wie du ... vberwunden hast / so hilff mir ... / dasz ich durch deine Krafft vberwinden moege / vnnd zu rechter Zeit meiner Leibs-Buerde entbunden werde" (Stölzlin)²⁶². "Hilff mir mein schweres Creutz ... tragen / weil du selber in allem versucht bist / vnd mitleyden mit vnserer Schwachheit haben kanst" (vgl. Hebr. 4,15)(Stölzlin)²⁶³. "Vmb deiner heiligen Seelen-Angst / vnd angstblutigen Schweisz willen ... lasz mich nicht ... vngedultig werden" (vgl. Lk. 22,39-46)(Stölzlin)²⁶⁴.

"Ich bitte dich durch deinen kampff / vnd blutigen schweis / durch dein Creutz vnd todt ... um eine gnadige Entbindung" (Glaser, 1552)²⁶⁵. "Ach mein Jesu! ... entbinde mich" (Stark, o.J., 1731)²⁶⁶. Die Gebärende betet: "Jesu Christi desz Gecreutzigten Schwachheit sey mein Staercke! Jesu Christi Wunden seyen meine Artzney; Jesu Christi Creutz / sey mir der Sieg: Jesu Christi Todt sey mir das Leben" (Stölzlin, 1652)²⁶⁷!

---

²⁶⁰Stölzlin (1652), S. 50. Die Schwangere betet um Linderung ihrer Schmerzen "um Jesu willen". Vgl. Haas, Das in GOtt andaechtige Frauenzimmer (1718, 1695), S. 334. "(Christi) Schmerz ist viel groesser gewesen / den er am Oelberge / in Pilati Richthause / vnd am Creutz-Holze außgestanden hat / als ewer Schmertz ist. Darumb habet Gedult / er wird zu rechter Zeit sagen: Mein Herz bricht mir / daß ich mich deiner erbarmen muß". Heermann, Schola (1642), 27. Lp., S. 580. Stölzlin fordert die Kindbetterin auf, aus Dankbarkeit für das Sühnopfer Christi die Geburtsschmerzen ohne Widerwillen auf sich zu nehmen. Vgl. Stölzlin (1652), S. 206.
²⁶¹Stölzlin (1652), S. 162.
²⁶²Stölzlin (1652), S. 195.
²⁶³Stölzlin (1652), S. 196.
²⁶⁴Stölzlin (1652), S. 340.
²⁶⁵Glaser (1552), s.p. Vgl. auch ebd., S. 58. "O du Himmlischer Artzt Jesu Christe! ... lasz ... deine vergossene Blutstroepfflein meine ... Erquickung seyn". Ebd., S. 257. Die Gebärende bittet Jesus, sie wegen seiner "heiligen Geburt" zu entbinden. Cubach (1662, 1657), S. 333. "Durch deine heilige Geburt und Menschwerdung hilf mir, lieber HErre GOtt". Stark (o.J., 1731), S. 63.
²⁶⁶Stark (o.J., 1731), S. 66. "Komm, und entbinde mich". Ebd., S. 71 f. "Lasz mich deine heilsame vnd Huelffreiche Allmachts-Hand fuehlen". Stölzlin (1652), S. 80.
²⁶⁷Stölzlin (1652), S. 104.

E. Gegen Vorstellungen von der 'Unreinheit' der Kindbetterinnen: Der 'Segensstand' der Schwangeren, Gebärenden und Wöchnerinnen

Da nach lutherischer Überzeugung der Trost für die Schwangere, Gebärende und Wöchnerin von zentraler Bedeutung ist, daß ihr durch das stellvertretende Leiden Christi das Heil zuteil geworden sei, wenden sich lutherische Kirchenordnungen und Erbauungstexte gegen die im frühneuzeitlichen Volksglauben verankerte und in vielen Kulturen verbreitete Vorstellung[268], daß Schwangeren, Gebärenden und Wöchnerinnen etwas 'Unreines' anhafte. Es wird betont, ihre besonderen körperlichen Umstände seien vor Gott nicht verwerflich; die Wöchnerin sei nicht als 'Unreine' der 'Macht des Bösen' unterworfen[269]; nach 1. Tim. 2,15 könne sicher davon ausgegangen werden, daß das ewige Heil einer Frau nicht gefährdet sei, wenn sie bei der Entbindung sterbe: "Sie wird ... selig werden dadurch, daß sie Kinder zur Welt bringt" (1. Tim. 2,15); es gebe für die Frau keinen 'seligeren Tod' als den Tod bei der Geburt. Die gläubige Frau kann nach lutherischer Auffassung in keiner anderen Lebensphase ihrer Unbeflecktheit vor Gott sicherer sein als während Schwangerschaft, Geburt und Wochenbett. Aufgrund der durch Christus vollbrachten Erlösung ist die Geburt von allem Makel der Sündhaftigkeit und Unreinheit befreit.

In den untersuchten Texten wird die Vorstellung von der Unreinheit der Schwangeren, Gebärenden und Wöchnerin mit dem Katholizismus identifiziert. Die Hervorhebung ihres Heils richtet sich gegen eine vermeintlich katholische Überzeugung: Den Altgläubigen wird vorgeworfen, sie behafteten die Kindbetterin mit dem Makel der Unreinheit, belasteten dadurch ihr Gewissen und schlössen sie als Unreine aus der Gemeinschaft der Gläubigen aus. Die Auffassung von der Unreinheit der Frau im Zusammenhang mit der Geburt wird als Inbegriff der katholischen Frauen-, Kinder- und Familienfeindlichkeit verur-

---

[268] Vgl. Hepding, S. 151; von Hovorka, Kronfeld (Hg.), S. 510.

[269] In vielen Kulturen fand sich die Vorstellung, daß eine bei der Entbindung gestorbene Frau verzaubert oder verflucht sein müsse und deshalb im Grab keine Ruhe finde. Im frühen Mittelalter wurden verstorbene Wöchnerinnen mit einem Pfeil durchbohrt, um sicherzustellen, daß sie vollständig tot und für die Lebenden unschädlich seien. Vgl. Boudriot, S. 49; Berger, S. 19, 21. Vgl. auch Schönfelder (Hg.), S. XIV. "Die Eweneger glauben ..., daß eine in der Niederkunft Verstorbene von den Göttern verlassen sei und ein 'Blutmensch' würde; sie verweigern ihr daher ein ehrliches Begräbnis und verscharren sie an einem besonderen ... Orte. Auch in Indien oder im malayischen Archipel ist der Glaube, daß solche Frau zu einer Art Vampyr wird, und besonders der Leibesfrucht anderer Frauen ... gefährlich werden kann, weit verbreitet". Bartels, S. 38. Vgl. auch Schaub; Schweizer, S. 174; Goldammer, S. 470; Widengren, S. 397, 399. Zur Problematik 'Teufel, Dämonen, Besessenheit' und zur Bedrohung durch 'das Böse' vgl. auch Kasper, Lehmann (Hg.).

teilt[270]. Die lutherische Hervorhebung des Heils der Kindbetterinnen soll zur Befreiung der Zeugungsfunktion der Frau vom Makel des Sündhaften und zur höheren Wertschätzung des Kindergebärens beitragen. Die Schwangere, Gebärende und Wöchnerin soll durch das Bewußtsein seelsorgerlich gestärkt werden, in besonderer Weise im Heil zu stehen.

Die im Zusammenhang mit der Zurückweisung der Auffassung von der Unreinheit der Kindbetterinnen zum Ausdruck gebrachte antikatholische Polemik ist gekennzeichnet durch einseitige und falsche Darstellungen katholischer Überzeugungen und Praktiken. Auch katholische Schriften des Spätmittelalters und der frühen Neuzeit wandten sich gegen die Auffassung, der körperliche Zustand der Schwangeren, Gebärenden und Wöchnerin sei vor Gott verwerflich und betonten mit Bezug auf 1. Tim. 2,15 den mit dem Aufsichnehmen der Geburtsnöte verbundenen göttlichen Segen[271]. Obwohl bereits spätmittelalterliche Synoden angeordnet hatten, die Wöchnerin durch den Ausschluß vom christlichen Begräbnis auf dem Kirchhof nicht symbolisch aus der Gemeinschaft der Gläubigen auszuschließen[272], und der Ausschluß der Wöchnerinnen

---

[270] Zu einer negativen Einstellung zu Kind und Mutterrolle in der mittelalterlichen Literatur vgl. Shahar, S. 104. Nach Shahar äußerten sich mittelalterliche Exegeten kaum über 1. Tim. 2,15, wo die Aufgabe der Frau als Mutter mit ihrem Heil in Verbindung gebracht wird. Vgl. ebd., S. 99. "Damit, dass die Geschlechtsfunktionen der Frau mit dem Makel der Sünde und Unreinheit behaftet wurden, erniedrigten gewisse Elemente der mittelalterlichen Kirche die Frau zutiefst". Zimmerli-Witschi, S. 162.

[271] In einem Ehebuch des 15. Jahrhunderts heißt es, wenn die heilige Elisabeth vor der Geburt Johannes' des Täufers gestorben wäre, hätte Gott sie dennoch nicht verworfen; das gleiche treffe auch auf die Jungfrau Maria und ihre Mutter Anna zu. Vgl. "Ein püechel" (15. Jahrhundert), S. 268. Mit Bezug auf 1. Tim. 2,15 bewertete Erasmus ein "tugendhaftes" Leben während der Schwangerschaft als ebenso verdienstvoll wie die Verrichtung des Stundengebets im Kloster. Vgl. Schneider, S. 58, 101.

[272] "Mulieri in partu mortuae nullatenus negentur iura christianitatis nec ecclesiastica sepultura". Kölner Synode (1279), in: Hartzheim 3, S. 661. Vgl. auch Statuta synodalia episcopi Ioannis Leodiensis (1287), in: ebd. S. 685. Vgl. auch Franz 2, S. 241; Hepding, S. 152. In der Grafschaft Schaumburg war es üblich, die Gräber der Wöchnerinnen zu umfrieden, um sie von den anderen Grabstätten zu trennen: Man glaubte, daß ihnen ein Dunst entströme, der für Mädchen und Frauen im Alter von 15 bis 49 Jahren gefährlich sei. Vgl. Franz 2, S. 241 f. "Item debet relicta ossa post sepulturam fideliter tollere ubicumque etiam illa in cimiterio inveniat, ne desuper calcetur ac fedantur, licet vix potui obtinere, ut tollantur, et ibi est periculum magnum, quod natura docet, quia sic ibi repuritur ac recens vel humidum mulieris puerpere vel que fuerat menstruata, quecumque virgo adulta aut iuvencula mulier desuper steterit ymo per modicam horam raro vel nunquam concipit et, si menstruo mulieris arboris planta tangitur marcessit et perit". "Ordinatio tumuliste" von Crailsheim (c. 1480), zitiert nach Grün, Der deutsche Friedhof, S. 82. Auch in der protestantischen Breslauer KO (1528) findet sich eine Bestimmung, die - wohl ebenfalls aus 'hygienischen' Gründen - die Absonderung der Gräber der Wöchnerinnen anordnet. Vgl. die Breslauer KO (1528), in: Sehling (Hg.) 3, S.

vom Begräbnis auf dem Kirchhof nicht zu Recht als frühneuzeitliche katholische Bestattungspraxis bezeichnet werden kann, wird den Altgläubigen von lutherischer Seite vorgeworfen, sie begrüben Wöchnerinnen wegen ihrer angeblichen Unreinheit nicht zusammen mit den anderen christlich Verstorbenen auf dem kirchlichen Friedhof[273].

Wenngleich sich in dem gemäß alter kirchlicher Tradition im Anschluß an 3. Mose 12,1-8 sechs Wochen nach der Geburt vollzogenen Ritus der 'Aussegnung'[274] der Wöchnerin im Spätmittelalter noch "Spuren der älteren Anschauung (zeigen), daß den Wöchnerinnen ein sittlicher Makel anhafte"[275], sollte bei der Aussegnung der Wöchnerin nach katholischer Auffassung vor allem der Dank für das Gelingen der Entbindung und die Bitte um Gottes weiteren Schutz

---

399. Vgl. Hippe, S. 102. Franz geht davon aus, daß dieser Brauch, obwohl davon in katholischen Quellen keine Rede ist, in Breslau bereits vor der Reformation bestanden habe. Vgl. Franz 2, S. 241.

[273] Gemäß den protestantischen Kirchenordnungen sollte denjenigen das ehrenhafte ('ehrliche') kirchliche Begräbnis verweigert werden, die in 'offenen Sünden' lebten. Durch die Verweigerung des kirchlichen Begräbnisses wurde zum Ausdruck gebracht, daß die Betroffenen - u.a. Selbstmörder und Exkommunizierte - nicht als Glieder am 'Leib Christi' anzusehen seien. Vgl. Jordahn, S. 8. Zur Bedeutung des 'ehrlichen Begräbnisses' vgl. ebd., S. 6-13. "Im Protestantismus des 16. Jahrhunderts überlebt ... die mittelalterliche Konzeption des Friedhofs als 'locus sacer'. Deshalb geben sogar die calvinistischen Behörden nach und beginnen, die neuen Friedhöfe mit einer besonderen Predigt einzuweihen, die eine sakralisierende Wirkung haben soll ... Noch im Jahre 1590 glauben viele, daß die vor der Reformation geweihten Friedhöfe heiliger sind als die neuen und ziehen es vor, dort begraben zu werden". Vogler, S. 172. Vgl. auch Grün, S. 79.

[274] "Fast in allen Formeln wird der kirchliche Akt mit dem Ausdruck 'introducere mulierem post partum in ecclesiam' bezeichnet, selten mit den Worten 'ad purificandam mulierem'", in deutscher Sprache mit "Aussegnung", "Hervorsegnung" und "Fürsegnung". Franz 2, S. 229. Nach dem mosaischen Gesetz sollte bei Knaben 40, bei Mädchen 80 Tage nach der Entbindung ein Reinigungsopfer vollzogen werden (3. Mose 12,1-8). Obwohl schon Papst Gregor der Große betont hatte, daß Wöchnerinnen nicht an das jüdische Reinigungsgesetz gebunden seien und daher bereits am Tag der Geburt zur Danksagung in die Kirche gehen könnten, ohne sich zu versündigen, war bis ins 11. Jahrhundert in Bußbüchern der Gottesdienstbesuch der Wöchnerinnen vor dem Verstreichen von 40 Tagen nach der Geburt unter Strafe gestellt worden. Vgl. ebd., S. 216. Die Trierer Synode (1227) untersagt den Priestern die Zurückweisung von Wöchnerinnen, die gleich nach der Geburt die Aussegnung zu erhalten wünschen. Vgl. Hartzheim 3, S. 531. Dagegen verbietet die Synode von Cambrai (1310) den Geistlichen, Wöchnerinnen vor einem Monat nach der Geburt auszusegnen, es sei denn Todesgefahr vorhanden. Vgl. Hartzheim 4, S. 114. Vgl. Franz 2, S. 218. Im 15. Jahrhundert hatte es sich in Deutschland "eingebürgert", daß die Mütter sechs Wochen nach der Entbindung ihren ersten Kirchgang hielten, der mit einer besonderen Segenshandlung verbunden wurde. "Man redete ... nur von einer 'consuetudo'". Franz 2, S. 220.

[275] Franz 2, S. 230. Zur alttestamentlichen Lehre der Unreinheit der Wöchnerinnen vgl. auch Biermann (1706), S. 160-167, bes. S. 166 f.

und Segen für Mutter und Kind zum Ausdruck gebracht werden[276]. Obwohl die Vorstellung von der Unreinheit der Wöchnerin nicht zu Recht als Grund für die Durchführung des Aussegnungsritus in der katholischen Kirche des Spätmittelalters und der frühen Neuzeit angegeben werden kann, wird in einigen protestantischen Kirchenordnungen der frühen Neuzeit die Aussegnung der Wöchnerin mit der Begründung abgeschafft, sie sei Ausdruck der katholischen Auffassung ihrer Unreinheit[277]. Lutherische Kirchenordnungen, die in Überein-

---

[276]Vgl. Franz 2, S. 230. Vgl. auch RR, De benedictione mulieris post partum, S. 140 f.

[277]Nach Rietschel wurde der kirchliche Akt der Einsegnung der Wöchnerinnen durch die Reformation meist abgeschafft, "weil mit ihm falsche Vorstellungen und Mißbräuche verbunden waren". "Einige lutherische Kirchenordnungen behalten die Einsegnung in evangelischer Gestaltung bei. Später, besonders zur Zeit des Rationalismus, verschwand meist die Sitte der besonderen Einsegnung der Wöchnerinnen völlig, doch blieb die Fürbitte für Mutter und Kind beim ersten Kirchgang unter den 'Abkündigungen' des Vormittagsgottesdienstes und hat sich bis heute, mit Ausnahme der großen Städte, meist erhalten. Die neuen Agenden haben öfters Formulare für derartige Einsegnungen der Wöchnerinnen, auch unmittelbar nach vollzogener Taufe, falls die Mutter zugegen ist, aufgenommen". Rietschel, S. 133. Zur Handhabung der lutherischen Kirchenordnungen im einzelnen vgl. ebd., S. 133 f. Vgl. auch Kalb, S. 219. Die Lippische KO (1538) bezeichnet die "Aussegnung" als "Gift": "als wehren (die Kindbetterinnen) ... enthilligt". Es heißt, eine "Aussegnung" sei "nicht nötig", die Kindbetterin könne jedoch "aus freien Stücken" zur Kirche gehen, Gott danken und um seine Gnade bitten. Lippische KO (1538), in: Richter (Hg.) 2, S. 492. Vgl. auch die Kurländische KO (1570), in: Sehling (Hg.) 5, S. 96 f. "Wenn ein kindelbetterin nach gehaltenen sechs wochen zur kirchen gehet, sol sie mit andern erbarn frauen, so sie mit sich nimpt, auf ein Sontag oder werkeltag zeitlich zur predigt komen und in warer gottesfurcht und anruffung dem allmechtigen gütigen Gott danken, das er umb seines lieben Sons willen sie genediglich entbunden und erhalten und ihre leibsfrucht zur seligen tauf kommen lassen". KO für die Grafschaft Oldenburg (1573), in: Sehling (Hg.) 7 II 2, 1, S. 1101. Carpzov untersagt, Frauen zu drängen, sich nach der Beendigung des Wochenbetts mit ihrem Kind zum Empfang des Segens in die Kirche zu begeben, da die Einsegnung der Wöchnerinnen zu den 'Adiaphora' gehöre, die im "Wort Gottes" weder befohlen noch verboten seien. Vgl. Carpzov (1673), Lib. II, Tit. XVII, § 273, Definit. CCLXXIII, S. 412 f. "Papisticam introductionem puerperarum lusoriam, inutilem, superstitiosam damnamus, Ritus purificationis Mosaicae, (qui ab introductione papistica ut veritas ab iniquitate distat) in specie non observamus tanquam legem caeremonialem. Verum in genere, quatenus est lex naturae et Moralis, spectans ad tria. Primo ad purificationem et separationem menstruorum. Deinde ad naturae laesae restaurationem. Tertio ad gratiarum actionem, pro beneficijs, quod prole donarit, in partu servaverit, sanaverit, retinemus ex lege Dei et naturae. Gratiarum actionem puerperae, loco, tempori non alligamus. Si se sanam, purgatam senserit, accedat ad audiendum verbum, ut ante partum libere, non quod tandiu abstinere ab opere, labore et debito coniugali debeat ubi fuerit purgata, sanata, donec non audierit concionem". Erlauthaler Bekenntnis (1562)(ref.), De introductione puerperarum novarum sponsarum, in: Müller (Hg.), S. 352, Z. 14-28. In der "Vermanung an die Geistlichen" (1530) beklagt Luther, daß die Altgläubigen "Frawen, die Im kindtbette sterben, ... mit aigener Ceremonien begraben, vnnd erst Inn die kirchen furen". WA 30 II, S. 252. Damit ist nach Hepding der schon bei mittelalterlichen Theologen umstrittene Brauch gemeint, die Leiche

stimmung mit der katholischen Praxis die Einhaltung einer sechswöchigen Ruhezeit für Frauen nach der Entbindung bestimmen, begründen diese Anordnung in der Regel nicht wie die Tradition mit dem alttestamentlichen Gesetz (vgl. 3. Mose 12,1-8), sondern der für die Gesundheit der Frau notwendigen Erholung nach den Strapazen der Niederkunft[278]: Die Einhaltung der Ruhezeit

---

einer Wöchnerin vor der Beisetzung auf dem Friedhof in die Kirche zu tragen, um dadurch an der toten Wöchnerin die Aussegnung nachzuholen und ihr ein Begräbnis in geweihter Erde zu ermöglichen. Vgl. Hepding, S. 154. Vgl. auch Ruland, S. 171 f; Franz 2, S. 242; Klingner, S. 132. Mit der Ablehnung des Brauches der Aussegnung der toten Wöchnerin wandte sich Luther gegen die diesem Ritual zugrunde liegende Vorstellung von der Unreinheit der Kindbetterinnen. Nach Hepding blieben die 'Mißbräuche', die sich aus dem Glauben an die Notwendigkeit der Aussegnung für die 'ehrliche' Bestattung entwickelten, "hie und da ... auch ... in protestantischen Gegenden ... bis in die Gegenwart bestehen". Hepding, S. 154.

[278]"Item das man zur gelegenheit in den predigen die weiber unterricht, wie sie die zeit des kindpets nit unrein vor Got noch in des Teufels gewalt noch von der kirchen abgesondert seien, sonder in gehorsam und Gottes segen etc. Doch aber, das sie umb naturlicher schwacheit willen sich ir geburliche zeit enthalten von ausgehn etc. Und ob etlich man als grob wören, das sie ire kindpetterin zu nachteil irer leiblichen schwacheit aus der kindpett treiben wöllen, daß soll inen die obrigkeit jedes orts nit gestatten, auch durch die prediger solchs zu unterlasen getreulich vermant werden". Brandenburgisch-Nürnbergische KO (1528), in: Sehling (Hg.) 11 I, S. 135 f. "Und ob (die Kindbetterinnen) ... etwo wol vor andern krancken seltzame gesicht vnnd treum haben, soll sie doch das keins wegs erschrecken, dann sollichs wol auß uberiger schwacheyt des leybs begegnen kan, Und ob sich villeycht der Sathan vnterstehet, die Kindtbetterinn mer dann ander leut anzufechten, thut ers onn zweyffel darumb, das er den Eelichen standt den Gott gesegnet hat, vnd Gottes werck dardurch veracht mache, als ob es vnrayn were". Brandenburg-Nürnberger KO (1533), in: Richter (Hg.) 1, S. 199. Zu den 'Träumen' der Kindbetterinnen vgl. auch die Pfalz-Neuburger KO (1543), in: Sehling (Hg.) 13 III, S. 56; Johann Friedrich Osiander, Die Ursachen (1833), S. 55. In der Northeimschen KO (1539) wird den Wöchnerinnen angeraten, eine rechte Ordnung zu brauchen "nicht aus Goettlichem recht, sondern ex politica ordinatione". Northeimsche KO (1539), in: Richter (Hg.) 1, S. 288. "Die Kindtbetterin sollen jre Sechs wochen außhalten, vnd ehe nicht in publicum gehen, Sie thette es dann mit verleubnus jres Pastors, Der auch mit den armen nottuerfftigen, nach gelegenheyt der person vnd sachen, dispensiren sol". Im letzteren Fall oder nach Beendigung der "Wochen", soll die Mutter das Kind zur Kirche tragen. Dort soll über beide eine 'Vermahnung' gehalten werden. Waldecksche KO (1556), in: Richter (Hg.) 2, S. 170. In der Pommerschen KO (1563) wird geklagt, daß beim "gemeinen Mann" in Städten und Dörfern die Wöchnerinnen "rockloser wise offte mit gefahr erer gesundhet vnde mit ergernisse vntidigen vthghan, vnde van vnbeschedenen Mennern sollikes tho dhonde effte tho arbeiden gedwungen werden". Den Pfarrern wird geboten, der Gemeinde 3. Mose 12,1-8 als "Gottes Befehl" auslegen. In der Thorner KO (1575) heißt es, obwohl das mosaische Gesetz Christen nicht binde, sei es doch dem "natürlichen rechte" gemäß, "darzu billig, ia nutz und noth, dass ... (die Wöchnerinnen) mit bescheidenheit ihrer gebührlichen zeit auswarten". Thorner KO (1575), in: Sehling (Hg.) 4, S. 236. "Dat ock ein ider vruwe ere sös weken na gewanheit utholden und sulches um der vnvorstendigen willen, de ere vruwen aver ere macht und eer dan se Godt wederumme stark gemaket, tom arbeyt dringen". KO für die Grafschaft

soll nicht mit der in ihrer alttestamentlichen Begründung angedeuteten Vorstellung von der kultischen Unreinheit der Frau nach der Geburt in Zusammenhang gebracht werden[279].
Gemäß den untersuchten lutherischen Texten werden die Altgläubigen an den Schwangeren, Gebärenden und Wöchnerinnen schuldig. Nur die Frau kann sich nach lutherischer Überzeugung in den Nöten im Zusammenhang mit der Geburt recht trösten, die vor Gott ihrer Unbefleckheit gewiß ist. Wer daran Zweifel aufkommen läßt, raubt der Frau den für ihr Wohlergehen unabdingbaren Trost. Haas (Der getreue Seelenhirte, 1706, Vorwort: 1696) spricht der Schwangeren zu: "Euer ... Zustand macht euch vor den Augen des Höchsten nicht verwerflich ... Es (ist) ... kein seligerer Tod, als wenn ein Weib ... auf ihrem Marterbette das Leben endet ... Euch lehnt auf eurem Kreißbette Paulus ... die Himmelsleiter an: 'Das Weib', spricht er, 'wird selig durch Kinderzeugen, wenn sie bleibet im Glauben, in der Liebe, in der Heiligung sammt der Zucht'" (1. Tim. 2,15)[280]. Nach Girlich (1551) sollten alle Schwangeren und Gebärenden 1. Tim. 2,15 auswendig zitieren können[281].

Ostfriesland (1529), in: Sehling (Hg.) 7 II 1, S. 366. Die KO für das Harlingerland (1573/74) untersagt den Pfarrern, den Wöchnerinnen zu gestatten, "ohne hochwichtige anliggende not" zu erlauben, das Haus zu verlassen, "nit umb deß gesetzes Mosis ... willen, welches wir deßfallß keineßweges annehmen, sondern allerley unrat, der armen weiber lebend und gesundheit betre(ffend), furzukommen". Diejenigen, die Wöchnerinnen vorzeitig zur Arbeit nötigen, sollen bestraft werden. KO für das Harlingerland (1573/74), in: Sehling (Hg.) 7 II 1, S. 731. Vgl. auch Rietschel, S. 133 f. Günther stellt heraus, Gott habe den Israelitinnen das Reinigungsgesetz gegeben, damit sie sich und ihre Kinder besser pflegen konnten; im Christentum dürfe kein Gebot aus dem Halten der "Sechswochen" gemacht werden. Vgl. Günther (1566), f. 117 f. Vgl. auch Hug (1562), f. XVII. Günther empfiehlt die Einhaltung der sechswöchigen Ruhezeit, damit den schwächeren Wöchnerinnen von ihren Männern nicht vorgeworfen werden könne, sie setzten nach der Entbindung zu lange mit der Arbeit aus. Günther betont, Maria habe das "Gesetz" gehalten, obwohl es nur für Mütter ehelich geborener Kinder verbindlich gewesen sei. Vgl. Günther (1566), f. 120. Stölzlin fordert die Wöchnerin auf, "um der Schwachen willen schwach" zu werden (vgl. 1. Kor. 9,22). Vgl. Stölzlin (1652), S. 564.
[279] Vgl. u.a. die folgenden Agenden für die 'Aussegnung': Wolfenbütteler KO (1569), in: Sehling (Hg.) 6 I 1, S. 163; KO für die Mark Brandenburg (1572), in: Sehling (Hg.) 3, S. 103 f; Kirchen-agenda für die prediger der grafschaft Mansfeld (1580), in: Sehling (Hg.) 2, 2, S. 222; KO für Grubenhagen (1581), in: Sehling (Hg.) 6 I 2, S. 1070 f; KO für Teschen (1584), in: Sehling (Hg.) 3, S. 461; Osnabrücker Agende ((1588)1618), in: Sehling (Hg.) 7 II 1, S. 283 f; KO für das Stift Verden (1606), in: Sehling (Hg.) 7 II 1, S. 175-177.
[280] Haas, Der getreue Seelenhirte (1870, Ausgabe 1706, Vorwort: 1696), S. 661. Vgl. auch ebd., S. 131. In einer bei Müller, Heinisius abgedruckten Lp. heißt es, in 1. Tim. 2,15 wolle Paulus ausdrücken, daß das Gebären für das Seelenheil der Frauen nicht hinderlich sei. Vgl. Müller, Heinisius (1624), 48. Lp., S. 724. In der Lp. auf Regina Waise wird hervorgehoben, daß eine Gläubige "trotz" der ihr wegen des Sündenfalls auferlegten Geburtschmerzen bei Gott "nicht in Ungnade" sei. Vgl. die Lp. auf Regina Waise (1660, 1613), s.p. Hug betont,

In der Predigt auf Justina Kirchbach (1623) wird hervorgehoben, 1. Tim. 2,15 richte sich gegen die Auffassung der Altgläubigen, daß die Kindbetterinnen "des Teufels ... gewalt vntergeben" seien[282]. Stölzlin betont, es sei eine "trostlose Satzung" der katholischen Kirche, daß die Kindbetterinnen wegen ihrer angeblichen "Unreinheit" nicht auf dem christlichen Friedhof begraben werden dürften[283].

In der Wolfenbütteler Kirchenordnung (1569) wird untersagt, eine Kindbetterin nach ihrer sechswöchigen Ruhezeit wie "im Papsttum" auszusegnen,

---

gemäß 1. Tim. 2,15 habe Gott Freude an den Gebärenden. Vgl. Hug (1562), f. IX. Nach Körber wird in 1. Tim. 2,15 Gottes besonderes Wohlgefallen am Stand der Kindbetterinnen zum Ausdruck gebracht. Vgl. Körber (1580, 1561), f. 3. Bei Günther heißt es, Kindbetterinnen seien im Gegensatz zur "katholischen Auffassung" nicht "unrein", sondern stünden in besonderer Weise unter Gottes Segen. Vgl. Günther (1566), f. 118. Weil Gott die Ehe eingesetzt habe, ist nach der Lp. auf Anna Freyberger alles, was darin gelitten wird, von Gott geheiligt. Vgl. die Lp. auf Anna Freyberger (1611), s.p. "(Woman) was created for a particular purpose with special attributes that make her as perfect to do her work as man to do his. In the performance of her part in the propagation and continuance of the human species, she has no excuse for not going as worthily as man to the ultimate end of happiness". Kelso, S. 17.

[281] Vgl. Girlich (1551), s.p., S. 22. In der Lp. auf Regina Waise heißt es, die beste 'Geburtshilfe' sei die Gewißheit, daß eine Frau nicht vom 'ewigen Leben' ausgeschlossen sei, auch wenn sie bei der Entbindung sterbe. Vgl. die Lp. auf Regina Waise (1660, 1613), s.p. Gemäß der Lp. auf Margaretha Meyer tröstete sie sich bei ihrer Entbindung sterbend damit, daß sie "durch Kinderzeugen selig" werde. Vgl. die Lp. auf Margaretha Meyer (1721)(ref.), S. 27. In frühneuzeitlichen protestantischen Trostbriefen anläßlich des Todes von Frauen bei der Entbindung wird mit 1. Tim. 2,15 getröstet. Vgl. Struckmeier, Trost, S. 310. Girlich betont, "Nonnen und Beginen" könnten keine Bibelstelle anführen, in der ihr Stand "so hoch gepriesen" werde wie der schwangerer Ehefrauen in 1. Tim. 2,15. Vgl. Girlich (1551), s.p., S. 23. Vgl. auch Hug (1562), f. IX.

[282] Vgl. die Lp. auf Justina Kirchbach (1623), s.p., S. 42. In der Pfalz-Neuburger KO (1543) werden die Pfarrer aufgefordert, in ihren Predigten darauf hinzuweisen, daß die Wöchnerinnen "nicht in des Teufels gewalt" seien, "wie das bisher bei ... vil leuten, nicht on nachteil der gewissen, gehalten" worden sei. KO Herzogtum Pfalz-Neuburg, in: Sehling (Hg.) 13 III, S. 56.

[283] Vgl. Stölzlin (1562), S. 560. Stölzlin hebt hervor, Kinder würden nicht vom "Teufel", sondern von Gott geschenkt; deshalb könnten die jungen Mütter nicht "unrein" oder "unter der Gewalt des Teufels" sein. Vgl. ebd. Bei Celichius heißt es, obwohl die "frauenfeindlichen Mönche" sich geschämt hätten, davon zu predigen, sei es als eine "Frucht des Heiligen Geistes" anzusehen, wenn eine Frau bei der Geburt ihr Leben lasse. Vgl. Celichius (1594), 12. Lp., S. 103. Hug hebt hervor, im "Papsttum" würden die Gebärenden zu Unrecht als "unrein" angesehen. Vgl. Hug (1562), f. XVII. Stölzlin beklagt, daß die Altgläubigen die Wöchnerinnen wegen der angeblichen "Unreinheit" der Geburt von der christlichen Gemeinde ausschließen. Vgl. Stölzlin (1652), S. 558.

"als were der ehestand ein unreiner stand und kinder geberen ein greuel für Gott"[284].

In Gebeten wird betont, durch seine Geburt und Todesschmerzen habe Jesus den Geburtsvorgang von aller Unreinigkeit befreit[285]. Die Schwangere betet: "O werther heiliger Geist! ... Gib Zeugnisz meinem Geist, dasz ich mitten in den Wehen dennoch ein Kind GOttes sey" (Stark, o.J., 1731)[286].

---

[284] Wolfenbütteler KO (1569), in: Sehling (Hg.) 6 I 1, S. 163. "Es sol allein ein erinnerung sein der grossen wolthaten, so der liebe Gott beide, mutter und kinde erzeiget hat, und ein vermanung zur danksagung". Ebd. "Dieweil ... das wort einsegnen ... aus eigenschaft seines gegenworts aussegnen oder vielmehr ausschließen ... dohin ... verstanden wird, als ob ... der christen ... weiber von des kindergeberens wegen an ihnen selbst unrein und derhalben von der christlichen gemeine ... geschlossen, wiederumb derselben durch den priester musten eingeleibt oder eingesegnet werden, welches ein falsche ... meinung, solcher halben soll gedacht einsegnen nicht mehr geschehen; den es zu merklicher verkleinerung gereicht dem heiligen ehestand, desselben ehelichem werk, dem kindergeberen, als ob solches an ihm selbst sund und unrein sei. Zum andern ist es wider die kraft und wirkung der heiligen sacrament der tauf, der absolution und des Herren abendmals. Zum dritten wird durch obermelte falsche meinung den kindbetterinnen ihr furnembster trost genommen, welchen ihnen der heilige apostel Paulus gibt, 1. Tim. 2(,15), das sie selig werden durch kinderzeugen ... Zum vierten gibt mehr gedachte falsche meinung vom einsegnen der weiber dem ... Teufel ursach, die arme, forchtsame weiber je mehr mit seinen larven und gespenst zu erschrecken ... Zum funften, so dadurch mancherlei aberglauben und zauberei ... wider das erste gebot Gottes getrieben worden. Zum sechsten ist durch solch einsegnen die notwendige lehre von christlicher freiheit verdunkelt ... geweset, dadurch die weiber vom gesetz der reinigung (darvon Ex. 13. cap. (vgl. 3. Mose 12,4)) ... gefreiet ... sind". KO der Herrschaft Thüngen (1564), in: Sehling (Hg.), 11 I, S. 739 f. Vgl. auch die KO für das Stift Verden (1606), in: Sehling (Hg.) 7 II 1, S. 175. In der Pfalz-Neuburger KO (1543) wird betont, wenn der Teufel sich unterstehe, die Kindbetterinnen mehr als andere Menschen anzufechten, tue er dies, um den von Gott gesegneten Ehestand und das "göttliche Wunderwerk" der menschlichen Geburt verächtlich zu machen, als ob sie "unrein" wären, obwohl der Ehestand "heilig" sei; die Aussegnung der Wöchnerin nach dem Kindbett sei nicht erforderlich, weil sie dem "Aberglauben" entspringe, die Frau sei durch die Geburt "entheiligt" worden. Vgl. die Pfalz-Neuburger KO (1543), in: Sehling (Hg.) 13 III, S. 56. Zum 'Aberglauben' im Zusammenhang mit der 'Aussegnung' vgl. Lüers, Art. Aussegnung. "Den kräftigsten Schutz vor Beschreien und Behexen, vor Drude und Wechselbalg ... erblickt man ... für die Wöchnerin in der Aussegnung. Durch die bereitstehende kirchliche Zeremonie wurden die abergläubischen Meinungen gewiß vielfach entgegen der kirchlichen Absicht bestärkt, aber ganz fehlen würden sie auch ohne sie wohl nicht. Das lehrt uns ein Blick auf andere, vom Christentum nicht berührte Kulturen". Beitl, S. 162. Nach Caelius beweist der Zölibat, daß im Katholizismus Ehefrauen als 'unrein' angesehen werden. Vgl. Caelius, Auslegung (1557), f. 3. Vgl. auch Bienemann (1608, Vorwort: 1587), 1. Teil, Vorrede, s.p.; Dietrich (1972, 1548), S. 139 f. Vgl. auch Braun, S. 16.
[285] Vgl. u.a. Mathesius (1836, 1568)(vgl. Beck, Die religiöse Volkslitteratur, S. 33), S. 3 f.
[286] Stark (o.J., 1731), S. 58 f. Die Schwangere betet "um Jesu willen", der mit seinen Todes-Schmerzen alle Geburts-Schmerzen geheiligt habe. Vgl. ebd., S. 70.

F. Die Berufung zur 'Geburtsarbeit' als Lebensaufgabe der Frau

Die auf ihre konkrete Situation bezogene Heilsgewißheit als wichtigster Trost der Gebärenden soll nach lutherischer Überzeugung vor allem in der Gewißheit gründen, unmittelbar von Gott selbst zu der von ihr zu verrichtenden Aufgabe berufen zu sein. Im Gebet betont die Gebärende, Gott selbst habe sie in ihren Stand eingesetzt; sie sei in ihrem 'höchsten Beruf'.

Gemäß den untersuchten Texten ruft Gott selbst die Gebärende in seinen Berufsgehorsam. Als Berufsarbeit soll ihre Mitwirkung bei der Entbindung ein 'Gottesdienst' sein: die Gebärende steht nicht im Dienst irdischer Zwecke, sondern dient der Vermehrung des Reiches Gottes. Um ihrem 'Beruf', dem Kindergebären, recht nachzukommen, muß sie unter dem Einsatz aller Kräfte ihre Berufsarbeit verrichten, d.h. so gut sie kann zum Gelingen der Geburt beitragen.

Die Gebärende wartet betend auf das Einsetzen der Wehen als göttlichen Ruf, mit der ihr gebotenen Arbeit des Kindergebärens zu beginnen. In erbaulichen Texten wird die Schwangere ermahnt, sich bei ihrer Niederkunft nicht durch 'Faulheit' gegen Gott zu versündigen, sondern 'fleißig' zu 'arbeiten'. Die Gebärende betet darum, daß sie es nicht an der von ihr geforderten Arbeitsleistung mangeln lasse; das Bittgebet vor und das Dankgebet nach der Entbindung entspricht dem Ideal des Gebetes vor und nach der Arbeit[287]; die Gebete der Gebärenden gehören wie die Gebete der Eheleute zu den für einen bestimmten Berufsstand verfaßten Gebeten[288]. Mit der Begründung, daß die Frau, die bei der Geburt stirbt, ihr Leben bei der Ausübung ihrer Berufsarbeit für die Vermehrung des Reiches Gottes verliere, wird sie in Leichenpredigten als 'Märtyrerin' geehrt.

---

[287] "Es soll ein jedes nach seinem Stande ... des Morgens / uem Gnad unn Segen zu vorhabenden Verrichtungen; ... des Abends / mit dankbarer Andacht ... GOtt ... anruffen". Neumark (1675, 1671), f. 5. "Tretet ihr ... eure ... Arbeit an, so ... sehet mit euren Augen auf GOtt, an dessen Segen alles gelegen ist ... Darauf ... greifft an das Wercke mit Freuden, worzu euch GOTT hat bescheiden, in eurem Beruff und Stand". Haas, Das in GOtt andaechtige Frauenzimmer (1718, 1695), S. 295 f. "In deinem Namen fange ich diesen Morgen meine Arbeit an; Ach! so gebiete demnach deinem Seegen, dasz er ueber mich sich reichlich ergiesse". Ebd., S. 300. Vgl. auch die Dancksagung nach hingelegter Arbeit, in: ebd., S. 302. "Allmaechtiger ... Gott / ... verleihe gnaediglich / dasz ich ... in meinem beruf / darzu mich dein heiliger wille verordnet / fleissig und treulich erfunden werde". von Zesen (1657), S. 93 f. Zum Arbeitsethos des frühneuzeitlichen Protestantismus vgl. auch Vontobel.

[288] Vgl. u.a. Gebete für den Stand der Eheleute in: Otter (o.J., 1537), f. 54; Mathesius (1636, 1568), S. 75; Habermann (1572, 1567), S. 107 f; das Gebet einer Hausmutter, in: ebd., S. 313 f; das Gebet eines Hausvaters, in: Caelius, Wie ein Christ (1582, 1572)(vgl. Beck, Die religiöse Volkslitteratur, S. 32), s.p.

Die Geburtsarbeit wird als die schwerste menschliche Arbeit überhaupt bezeichnet. Leichenpredigten rühmen die große Arbeitsleistung bei der Entbindung gestorbener Frauen. Es wird betont, sie hätten 'im Schweiß ihres Angesichts' gearbeitet; vor allem die Länge der von ihnen geleisteten 'Geburtsarbeit' während ihrer Wehen wird häufig hervorgehoben.

Die untersuchten Texte, die einerseits das von der Frau zu verrichtende Tun bei der Geburtsarbeit betonen, weisen andererseits immer wieder darauf hin, daß es vor Gott nicht als verdienstliche Leistung angerechnet werde: Die Gebärende soll sich vor Gott nicht auf ihre eigenen Bemühungen berufen, sondern sich allein auf das ohne ihr Zutun für sie vollbrachte Erlösungswerk Christi stützen. Die Gebärende kann sich nach lutherischer Überzeugung nicht mehr wie im Spätmittelalter damit trösten, daß ihr das geduldige Ertragen der Geburtsschmerzen zum Erwerb eines Ablasses diene[289]. Sie soll arbeiten, ohne von Gott einen Lohn zu erwarten und dabei gewiß sein, daß Gott ihr unabhängig von ihrer eigenen Leistung sein volles Heil zuteil werden lasse, wenn sie gehorsam ihre Berufspflicht erfülle. Nach Luther eröffnet nicht das 'Werk' der Erfüllung der Berufspflicht den Weg zur 'Seligkeit', sondern nur der Glaube an Christus[290].

Luther betont, die Frau sei von Gott zur Geburtsarbeit berufen; sie sei unbedingt verpflichtet, zur Erfüllung dieser Aufgabe alle damit verbundenen Opfer einschließlich der Hingabe ihres Lebens auf sich zu nehmen[291]. Durch die luthe-

---

[289] In einem Ehebuch des 15. Jahrhunderts wird betont, die Geburtsschmerzen seien den Frauen als "Buße" für ihre Sünden auferlegt worden; wenn sie sie ohne Widerwillen ertrügen, könnten sie sich einen Ablaß verdienen. Vgl. "Ein püechel" (15. Jahrhundert), S. 281. In der mittelalterlichen "Sterbekunst" wurde der körperliche Schmerz als vorweggenommenes Fegefeuer gewertet. Vgl. Rudolf, S. 101. Vgl. auch Appel, S. 89.
[290] Vgl. WA 26, S. 504, Z. 30 - S. 505, Z. 28. Vgl. Elert 2, S. 55. "Auf Erden ist ... der Beruf zuhause, nicht im Himmel, und auf den Nächsten hin ist er gerichtet, nicht auf Gott hin ... Im Himmel, coram deo, hat der Beruf nichts zu tun, ebensowenig wie die Werke dort etwas zu tun haben. Die Werke und der Beruf, d.h. die Liebe, sind da für die Erde und für den Nächsten, nicht für die Ewigkeit und für Gott, denn er bedarf unserer Werke nicht, wohl aber der Nächste". Wingren, S. 20. Gleichwohl bezeichnet Luther das Ausharren im Beruf als "die richtige straße, die ... zum hymel tregt". WA 6, S. 264, Z. 28 f. Nach Luther wird der Beruf nur im Glauben recht ausgeübt: "Ein solcher Glauben, auf welchen Frieden und Gewißheit im Beruf sich gründen können, ist nicht bloß Glaube an die Sündenvergebung ..., sondern auch Glaube an Gottes Vorsehung und Fürsorge und Lenkung der Dinge". Wingren, S. 56. "Das ienige, so unser leib euserlich und leiblich thut: wenn Gotts wort dazu kompt und durch den glauben geschieht, so ists und heisst geistlich geschehen, Das nichts so leiblich, fleischlich odder eusserlich sein kan, es wird geistlich, wo es ym wort und glauben gehet". WA 23, S. 189, Z. 8-11.
[291] "Also solt man ... ein Weib troesten ... in kindes noeten ...: liebe fraw, gedencket, das jr ein Weib seit und diß werck Gott an euch gefellet, troestet euch seines willens froelich und last jm sein recht an euch, gebt das kind her und thut darzu mit aller macht, sterbet jr darueber, so

rische Auffassung, daß der Frau die für den Sinn ihres Lebens entscheidende göttliche Berufung das Gebären von Kindern gebiete und sie bei der Geburt die wichtigste Arbeit ihres Lebens zu verrichten habe, kann sich die Gebärende sicher sein, daß sie sich im Zentrum des Willens Gottes befinde²⁹². Luther hebt

---

farth hin in Gottes namen, wol euch, denn jr sterbet eigentlich im edlen werck und gehorsam Gottes". WA 17 I, S. 25, Z. 22-29. Vgl. auch Becker-Cantarino, Der lange Weg, S. 40. "Auf die kulturelle Entwicklung in den folgenden Jahrhunderten hat diese Rollenbeschreibung der Frau innerhalb der Ehe großen Einfluß ausgeübt". Ebd. Gemäß Seeberg drücken Luthers Worte über das "Tottragen" nur den "Heroismus in Luthers Lebensanschauung aus, und daß die Mutterschaft Zweck und Ehre des Weibes sei". Vgl. Erich Seeberg, S. 98. Nach Luther sollen Gebärende ermahnt werden, daß "sie jhren mueglichen vleis ... beweisen, das ist, ir hoechste kraft ... dran strecken, daß das Kind genese, ob sie gleich darueber sterben". WA 17 I, S. 25, Z. 16-18. Luther fordert, die Härten bei der Erfüllung der Berufspflicht als göttliche Erziehungsmaßnahmen dankbar anzunehmen: Das bei der Berufsausübung auferlegte 'Kreuz' soll zur Abtötung des sündhaften Wesens, zum Sterben des 'alten Menschen' dienen. Vgl. WA 51, S. 325 ff; bes. S. 400, Z. 21; S. 404, Z. 19-21; S. 412, Z. 23-27. Das Kreuz wird nicht frei ausgewählt wie die klösterliche Askese, sondern von Gott auferlegt. Vgl. WA 27, S. 466 f; WA 34 I, S. 354 ff; WA 40 II, S. 72, Z. 13 f. Vgl. Wingren, S. 46. Bei Stölzlin heißt es, Gott selbst habe das "Kreuz" der Schwangeren "geschnitzt, zubereitet und abgemessen". Vgl. Stölzlin (1652), S. 6. Nach Günther soll es für die Kindbetterinnen tröstlich sein, daß Gott, der ihnen das "Kreuz der Geburt" auferlegt habe, auch helfe, es zu tragen. Vgl. Günther (1566), f. 15. "Bei der Schilderung, auf welche Weise der alte Mensch (im Beruf) ... unterworfen werden solle, werden (von Luther) alle Einzelheiten bei der Kreuzigung Christi als Bilder gebraucht: Das leicht reizbare und hochmütige Wesen ... soll gefesselt, verspottet, verflucht, gelästert und mit Dornen gekrönt werden usw. und zum Schluß sterben". Wingren, S. 48. Vgl. WA 1, S. 337, Z. 14-31. Luther betont, eine Frau, die bei der Entbindung sterbe, verliere ihr Leben in dem "Beruf und Stand, in den sie von Gott eingesetzt worden sei": "Obdormit in partu, in vocatione et statione sua, in quam divinitus collocata fuerat, et occumbit sub cruce, quae a Deo imposita est mulieribus". WA 44, S. 200, Z. 27-29. Das genannte Zitat wird angeführt in der Lp. auf Anna Elisabeth von Prittwitz und Gaffron (1710), S. 10. Während ihrer Schwangerschaft schrieb Anna Dorothea Schlevogt die folgenden Worte auf ein Blatt und legte sie in ihr Erbauungsbuch: "Darum sterbet ihr gleich ob eurer Geburt / so sterbet ihr doch in den Schrancken eures Beruffs / in dem Wercke / das GOtt selber euch hat aufferlegt / und ist demnach euer Tod ein heiliger Tod". Feinler (1702), S. 264.

²⁹²Im von Gott anbefohlenen 'Werk' stärkt nach Luther die Gewißheit, daß Gott selbst die Berufspflichten auferlegt hat. Vgl. WA 40 II, S. 154, Z. 25 - S. 155, Z. 23. "Verissimum ... est, quando quis in vocatione sua animo persuasum habet, quod Deus velit, et verbo suo iusserit hoc, quod gerit, tantam vim et efficatiam illius divini mandati sentiet, quantam in nullius Oratoris, nec Demosthenis, nec Ciceronis oratione inveniet". WA 43, S. 210, Z. 3-6. Wenn Gott dem Menschen einen Beruf zuweist, gibt er gleichzeitig die Zusage, ihm beizustehen: "Gott wil da auch sein mit seiner hulffe, auff das sich der Gottlichen gnaden vnd hulffe die Jenige trosten vnd erfrewen mogen, so da in ihrem Beruffe allerley gefehrlichkeit und anstos ausstehen mussen". WA 16, S. 47, Z. 7-20. Zweifel und Anfechtung sind für Luther Zeichen dafür, daß ein Mensch "im rechten Stand" ist; er empfiehlt: "Das lass dyr eyn gewiss tzeichen seyn, dass du ynn eynem rechtenn, gottgefelligen standt bist, sso du seyns ubirdruss und unlust fulist, da ist gewisslich gott, der lest dich den bossen geyst anfechten und vorsucht dich, ob du

80

hervor: "Von den Kindbetterinn, so in Kindesnöthen liegen, ist kein Zweifel, da sie im Glauben sterben, daß sie selig werden, weil sie im Amt und Beruf, dazu sie Gott geschaffen hat, sterben. Und ist also der Glaube im Werk kräftig, ja wird im Creuz vollkommen erfunden, der da sicher ist und wartet auf den Tag des Gerichts, ja Trosts"[293]. Der seelsorgerliche Trost der Gebärenden ist gemäß lutherischer Überzeugung unauflöslich verbunden mit der hohen Wertschätzung der Mutterschaft als göttliche Berufung der Frau.

Nach Hug (Troestlicher ... bericht / wes sich alle Gottsfoerchtige schwangere Ehefrauwen / vor vnn in Kindsnoeten zu troesten haben ..., 1562) soll die Kindbetterin zu sich selbst sprechen: "Ob michs wol ... saur ankompt / das ... creütz / das mir Gott inn kindsnoeten aufferlegt / doch so ist das mein trost / das ich ... in Gottes berueff vnd ordnung gehe / darumb würt er gewiszlich mit seiner Goettlichen gnad ... mich in keiner not verlassen"[294]. Die Gebärende betet: "Ich weis / dasz ich jetzt in meinem hoechsten Beruff / vnd an einem solchen stande stehe / darein du mich selbst gesetzet hast" (Bienemann, 1608, Vorwort: 1587)[295].

---

wanckelmuttig oddeer bestendig seyest odder nit, und gibt deynem glawben ursach tzu streytten unnd sich tzu stercken". WA 10 I 1, S. 317, Z. 12-16.

[293] WAT 6, Nr. 6764, S. 173, Z. 1-5.

[294] Hug (1562), f. X f. "Seyd gewisz / dasz / weil jhr in dem Stand vnd Beruff seyd / darein euch Gott gesetzet; auch Christum den Herrn mit starckem Glauben in ewer Hertz gefasset ... So werde er gewiszlich euch in ewrer Noth nicht stecken lassen". Stölzlin (1652), S. 93. In der Frankfurter HO (1573) heißt es, weil die Kindbetterin in ihrem "Beruf" sei, werde Gott ihr gewiß mit seiner Hilfe beistehen. Vgl. die Frankfurter HO (1573), in: Burckhard (Hg.), S. 202. "Wen ock eyne fraue up ungelucke scholde in diser sake (bei der Entbindung) kamen, so schal se getröstet syn, dat se werde gevunden imme werke unde imme gehorsame Gades ores leven Vaders". Braunschweiger KO (1528), in: Sehling (Hg.) 6 I 1, S. 359. In einer bei Heermann abgedruckten Lp. wird sterbenden Gebärenden zugesprochen: "Vor allen dingen ... / troestet euch ... Ewer Beruff / darein euch Gott gesetzet hat". Heermann, Christianae Eutanasiae Statuae (1680), 25. Lp., S. 679. Körber betont, der "Stand" der Schwangeren und Gebärenden sei von Gott selbst gestiftet und gesegnet. Vgl. Körber (1580), f. 5. Die nach einer Frühgeburt sterbende Elisabeth Maria Schneidewind "troestete sich selbst immer mit grosser Zufriedenheit / dasz sie in ihrem Beruff waere / und GOtt ihr dieses auffgelegt haette". Lp. auf Elisabeth-Maria Schneidewind (1659), s.p. Die Regensburger HO (1552) bezeichnet das Kindergebären als "das Amt, zu dem Gott die Frau verordnet" habe. Vgl. die Regensburger HO (1552), in: Burckhard (Hg.), S. 138. In der Lp. auf Anna Freyberger werden die Kindbetterinnen aufgefordert, getrost in ihrem "Beruf und Weinberg" zu arbeiten. Vgl. die Lp. auf Anna Freyberger (1611), s.p. Nach der Lp. auf Martha Catharina Hoffmann von Muennighoffen (1660) wurde der "Beruf des Kindergebärens" noch im "Stand der Unschuld" von Gott eingesetzt. Vgl. die Lp. auf Martha Catharina Hoffmann von Muennighoffen (1660), s.p.

[295] Bienemann (1608, Vorwort: 1587), 1. Teil, f. 133. Im Gebet bekennt die Schwangere, sie "sey ... in einem solchen standt / der (Gott) von hertzen wolgefalle". Körber (1580, 1561), s.p., S. 15.

Die Gebärende bittet Gott, sie in seinem (Berufs-)Gehorsam zu halten (Schimmer, 1730, 1706)[296]. Die Gebärende betet: "Ich bin deine Magd / mir geschehe wie du wilt" (Cubach, 1662, 1657)[297].

In der Predigt auf Anna Elisabeth von Prittwitz und Gaffron (1710) wird beteuert, die bei der Entbindung gestorbenen Frauen seien ebenso wenig zu verdammen, wie ein Lehrer, der auf der "Kanzel", ein Soldat, der in der Schlacht oder ein Regent, der bei einer Beratung sterbe; der Tod ereile jeden von ihnen bei der Ausübung seiner jeweiligen "Berufspflicht"[298].

In der Predigt auf Ursula Holeysen (1671) werden Frauen, die bei der Geburt sterben, als "Märtyrerinnen" bezeichnet; es heißt, der "Älteste", der im "himmlischen Jerusalem" von den Märtyrern sagen werde: "Diese sind gekommen aus großer Trübsal" (vgl. Offb. 7,14), werde auf die bei der Entbindung gestorbenen Frauen zeigen und sprechen: "Diese seyns / die in den grossen Schmerzen der Geburth ihr Leben gelassen und mit ihrem Tod das Reich Gottes haben helffen vermehren"[299].

---

[296] Schimmer (1730, 1706), S. 1043 f. Die Schwangere bittet Gott, sie im Glauben daran zu erhalten, daß sie in dem ihr von ihm anbefohlenen 'Beruf' sei. Vgl. Stölzlin (1652), S. 41-44. Vgl. auch Vonlanthen, S. 204.

[297] Cubach (1662, 1657), S. 320. Die Gebärende betet: "Lasz mir nicht grawen fuer dem Tod / den ich wie ein Lamb auff der Schlachtbanck fuer Augen sehe". Stölzlin (1652), S. 340.

[298] Vgl. die Lp. auf Anna Elisabeth von Prittwitz und Gaffron (1710), S. 10. Von Elisabeta Kunigunda Steding, die die Geburt von Drillingen nicht überlebte, heißt es, sie sei "wie ein Priester auf dem Predigtstuhl oder vor dem Alter (Altar) selig entschlafen". Lp. auf Elisabeta Kunigunda Steding (1659), S. 36. "Wer in seinem Beruff stirbet / der stirbt in den Armen JESU / vnd dem druecket JESUS selbst die Augen zu. Wer in seinem Beruff stirbet / der stirbet in den Armen der heiligen Engel / vnd die tragen seine Seele in Abrahams Schooß". Müller, Heinisius (1624), 48. Lp., S. 740. Nach der Lp. auf Maria Reimann können Frauen, die bei der Geburt sterben, ein "gutes Gewissen" haben, weil sie in ihrem "Beruf" sterben. Vgl. die Lp. auf Maria Reimann (1638), s.p., S. 13. Vgl. auch die Lp. auf Maria Helena von Strzela und Oberwitz (1711), s.p. In der Regensburger HO (1552) wird betont, es gebe kein besseres Sterben als in dem Beruf, in den Gott einen Menschen gestellt habe. Vgl. die Regensburger HO (1552), in: Burckhard (Hg.), S. 138. In ihrem Gebet betont die bei der Geburt sterbende Frau, sie leide in einem "heiligen Stand". Vgl. Stölzlin (1652), S. 335.

[299] Lp. auf Ursula Holeysen (1671), S. 8. "So selig ein Maertyrer stirbet umb sein Glaubens-Bekaentnis ... so selig kan ein Weib sterben im Kinderzeugen. Denn sie ist da in ihrem Beruff, darinn sie von Gott beruffen ist". Müller, Heinisius (1624), 48. Lp., S. 726. Nach Stölzlin sterben Gebärende als "Märtyrerinnen", wenn sie ihre Schmerzen geduldig tragen und im Glauben an Christus ausharren. Vgl. Stölzlin (1652), S. 95. Haas schreibt über die sterbende Gebärende: "Ihr Angst- und Kreißbette ist ihr Ehrenbette; der Triumphwagen, auf dem ihre erlösete Seele mit Freuden in Begleitung der heiligen Cherubim gen Himmel fahren kann". Haas, Der getreue Seelen-Hirte (1870, Ausgabe 1706, Vorwort: 1696), S. 126. Beitl berichtet von dem Volksglauben, daß eine im Kindbett gestorbene Frau wie eine Märtyrerin zu achten sei und "von Mund auf" gen Himmel fahre. Vgl. Beitl, S. 150. "Mitleid mit dem traurigen

Die Schwangere betet: "Stercke ... mein hertz ... / damit ich (die Geburtsarbeit) / durch deine gnade leichtlich koendte ... vberwinden" (Girlich, 1551)[300]. "Nun ... musz (ich) alle Augenblick auffwarten / wenn du mich zu arbeiten in der Kindes-noth erfordern wirst" (Cubach, Einer Gläubigen ... Seelen Tägliches Bet- Buß- und Danckopfer, 1662, 1657)[301]. "In deinem Namen fange ich das Werk an, in deinem Namen will ich es vollenden" (Stark, o.J., 1731)[302].

Nach der Frankfurter Hebammenordnung (1573) sollen die Gebärenden ermahnt werden, es nicht an "Fleiß und Arbeit" mangeln zu lassen[303]. Die Gebärende betet: "Hilff mir / ... dasz ich in dieser Noth an meinem fleisz vnn mueglicher arbeit nichts erwinden lasse" (Bienemann, 1608, Vorwort: 1587)[304].

Von Emerentia Lund (†1646) wird berichtet, sie habe in ihrem "göttlichen Beruf", dem "Creystestand", unter starken Schmerzen drei Tage lang so schwer "gearbeitet", daß ihr der "kalte Schweiß" ausgebrochen sei[305]. Im Kindbettfieber erinnerte sich Anna Lorentz (†1611) an die Perikope von den "Arbeitern im

---

Schicksal der jungen Mutter zeigt sich in der bei verschiedenen Völkern vorkommenden Vorstellung, daß sie im Jenseits es besonders gut haben wird". Ebd., S. 37.

[300] Girlich (1551), f. 19 f.

[301] Cubach (1662, 1657), S. 327 f.

[302] Stark (o.J., 1731), S. 64 f.

[303] Vgl. die Frankfurter HO (1573), in: Burckhard (Hg.), S. 196. Gemäß Luther "soll man die Weiber ermahnen, daß sie (bei der Entbindung) ... aufs stärkste helfen und arbeiten, daß sie der Frucht und Kindlins los werden und genesen ... Denn etliche Weiber pflegen mehr ihnen selbs zu rathen und helfen denn der Frucht, weil sie besorgen und fürchten, daß sie möchten sterben und große Schmerzen und Wehe haben". WAT 6, Nr. 6764, S. 173, Z. 6-12. Mercurio klagt über Frauen, die bei der "Geburtsarbeit" "faul" sind. Vgl. Mercurio (1652), S. 20.

[304] Bienemann (1608, Vorwort: 1587), 1. Teil, f. 134 f. Nach Girlich soll die "Geburtsarbeit" "mit Freuden" verrichtet werden. Vgl. Girlich (1551), s.p., S. 23.

[305] Vgl. die Lp. auf Emerentia Lund (1646), s.p., S. 4. Der Verfasser der Lp. auf Agatha Ehrmann betont, er könne bezeugen, daß sie während ihrer Entbindung unter dem Einsatz aller Kräfte "gearbeitet" habe. Vgl. die Lp. auf Agatha Ehrmann (o.J., 1650), S. 28. Von Ursula Holeysen heißt es, als ihre Wehen einsetzten, sei "an Ihren Beruff getretten" und habe "gearbeitet"; sie habe sich "muede und matt gearbeitet / also / dasz Ihre Kraefften abgenommen / und sie Schwach und krafftlosz geworden". Vgl. die Lp. auf Ursula Holeysen (1671), s.p. Gemäß der Lp. auf Anna Sibylla Plessken starb sie zusammen mit ihrer Leibesfrucht, nachdem sie 28 Stunden "gearbeitet" hatte. Vgl. die Lp. auf Anna Sibylla Plessken (1714)(ref), S. 10 f. Christina Albin "arbeitete" drei Tage und Nächte in Kindesnöten, bevor sie einen toten Sohn zur Welt brachte; sie starb bald darauf. Vgl. Feinler (1702), S. 266 f. Anna Catharina von dem Bussche wurde, nachdem sie wegen schlechter Kindslage einige Tage "gearbeitet" hatte, einer toten Tochter entbunden; sie hatte ihre Kräfte so verausgabt, daß sie vier Stunden nach der Geburt starb. Vgl. die Lp. auf Anna Catharina von dem Bussche (1696), S. 53. Susanna Bartholomäus starb "nach ausgestandener schweren Geburts-Arbeit" mit ihrer im Mutterleib gestorbenen Frucht. Vgl. Feinler (1702), S. 265.

Weinberg" (vgl. Mt. 20,1-15) und sagte, sie habe "sehr heis in des HERREN Weinberg gearbeitet"[306]. In der Predigt auf Barbara Dorothea Engelhard (1649) heißt es: "Unter der Sonnen ist keine schwerere Arbeit als die Geburts-Arbeit"[307].

Dietrich (Etliche Schrifften fuer den gemeinen man, 1548) betont, eine Frau, die mit Schwangerschaften und Geburten die ihr von Gott auferlegten Lasten auf sich nehme, dürfe nicht "nach guten Werken fragen"[308]. In einer Andacht hebt Stölzlin (1652) hervor, daß Gebärenden das Tragen der Geburtsschmerzen nicht als Verdienst angerechnet werden könne[309]. In der Leichenpredigt auf Ursula Holeysen (1671) wird herausgestellt, obwohl es in 1. Tim. 2,15 heiße, die Frau werde "selig" durch das Kinder-Gebären, sei auch die schwerste Entbindung vor Gott nicht verdienstlich; die Kindbetterinnen könnten das Heil

---

[306] Lp. auf Anna Lorentz (1611), s.p., S. 19. Sie betete: "Du hast mich jetzt zu einer harten vnd sauren Arbeit beruffen / mich auch in einen harten Stand in deinem Weinberg gestellt". Ebd. "Ich warte auff mein Ende / wie ein Tagloehner auff den Feyerabend ... gefaellet es dir / lieber Vatter / so spanne mich ausz / dann ich habe mich muede gearbeitet". Stölzlin (1652), S. 335.

[307] Lp. auf Barbara Dorothea Engelhard (1649), s.p.

[308] Dietrich (1972, 1548), S. 132.

[309] Mit Bezug auf 1. Tim. 2,15: "Ob wol layder / durch ein Weib ... alles Unglück in die Welt gefuehret ist / vnd ob sie wol alle miteinander zur Straff mit vielfaltigen Schmertzen Kinder tragen vnd gebaehren muessen / so sollen sie doch nicht verzagen ... / sondern wissen dasz jhnen solches Creutz vnd Gehorsam an der Seeligkeit nicht hinderlich / sondern vielmehr fuerderlich ist / nicht als ein verdienstlichs Werck / als ob sie den Himmel durch Kinderzeugen verdienen koendten / sondern weil sie bleiben im Glauben an den Herren Jesum Christum / auch diesen Glauben mit den Wercken der Liebe gegen Gott / jhre Ehemaenner / vnnd andern Menschen beweisen / vnn ein zuechtiges / keusches nuechtern vnnd maessiges Leben fuehren". Stölzlin (1652), S. 242 f. Stark warnt davor, mit Bezug auf 1. Tim. 2,15 die "unfruchtbaren" Frauen zu verdammen. Er betont, allen Frauen werde die "Rettung" nur durch das Verdienst Christi zuteil (vgl. Röm. 3,28). 1. Tim. 2,15 sei von Paulus zum Trost der Ehefrauen niedergeschrieben worden, die gerettet würden, obwohl sie durch die Schmerzen der Geburt Gottes Zorn fühlen müßten. Wenn Frauen durch das "Werk" des Kindergebärens "selig" würden, könnte keine "Jungfrau" gerettet werden. Vgl. Stark (o.J., 1731), S. 118. Nach Müller, Heinisius kann das Gebären von Kindern nicht verdienstlich sein, da seit dem Sündenfall alle Frauen von Gott gezwungen seien, Kinder zur Welt zu bringen. Vgl. Müller, Heinisius (1624), 48. Lp., S. 724. Gemäß der Lp. auf Anna Freyberger werden die Kindbetterinnen nach 1. Tim 2,15 gerettet, wenn "sie" in Liebe, Heiligung und Zucht ausharren. Gemäß der Lp. auf Anna Freyberger ist "sie" in 1. Tim. 2,15 auf die Frauen, nicht auf die Kinder zu beziehen, weil die Mütter sonst durch den Glauben ihrer Kinder selig werden müßten. In der Lp. wird betont, wenn Frauen durch das "Werk" des Kinderzeugens gerettet würden, müßten auch die Mütter für selig erachtet werden, deren Kinder in Unzucht und Ehebruch gezeugt wurden. Vgl. die Lp. auf Anna Freyberger (1611), s.p.

nur durch den Glauben an Christus erlangen[310]. Luther kommentiert 1. Tim. 2,15: "Das muessen wir ... nicht also verstehen, als solt solche seligkeit alleine geschehen durch kinder zeugen, Nein, sonst weren Juden und Tuercken Weiber auch selig. Sondern diß ist gesaget von den Weibern, die Christen sein und durch den Glauben an Jesum Christum vergebung der suende, leben und seligkeit haben. Dieselbigen haben den trost, das jnen solche schmertze, als fruechte des Glaubens, eitel selige schmertzen und kuemmernus sein, die jren fromen Gott und Vater wolgefallen und behagen"[311].

---

[310] Die Geburts-Schmerzen sollten nicht als ein Mittel zur Zueignung des Verdienstes Christi aufgefaßt werden. Vgl. die Lp. auf Ursula Holeysen (1671), S. 3. Cundisius empfiehlt Gebärenden, sich bei starken Schmerzen mit der Rechtfertigung aus dem Glauben zu trösten: "Greifft euch ... der Allerhoechste ... mit grossen Leibes-Schmertzen an, und ihr fuer schneidender Hertzens-Angst kein Wort vermoeget zu sprechen: Ey! so erinnert euch alsdenn, dasz ihr auch in solchem eurem recht elenden und gefaehrlichen Zustande dennoch mit GOtt sehr wohl daran seyd, demnach ihr ausgesoehnet seyd mit dem himmlischen Vater, durch das Blut seines einig-geliebten Sohnes, und ihr mit uns ruehmen und sagen moeget: Nun wir dann sind gerecht worden / durch den Glauben / so haben wir Friede mit GOtt / durch unsern HErrn Jesum Christ" (Röm. 5,1). Cundisius (1696, 1667), S. 289.
[311] WA 17 I, S. 26.

Teil II: Das Kind

A. Die Nottaufe und damit zusammenhängende Probleme

1. Die Taufe des Neugeborenen und die Bestätigung des ordnungsgemäßen Vollzuges der Nottaufe durch Zeugen: Die Sicherung der Heilswirksamkeit der Taufe durch ihren formal korrekten Vollzug

In seiner Schrift "Ein Trost den Weibern, welchen es ungerade gegangen ist mit Kindergebären" (1542) berichtet Luther, er werde oft von "frommen" Eltern, besonders von Frauen, um Trost gebeten, denen "mit grossem leide jres hertzen" eine Frühgeburt, Fehlgeburt oder die Geburt eines toten Kindes widerfahren sei[312]. Die Eltern, besonders die Mütter, suchen Trost, weil ihre Kinder ohne Taufe starben[313].

Nach den untersuchten lutherischen Texten soll die wichtigste Sorge der Schwangeren und Gebärenden neben dem Bemühen, durch die Erfüllung ihrer Berufspflicht im Vertrauen auf Christus selbst im Heil zu sein, dem Wohlergehen und Heil ihrer Leibesfrucht gelten. In den Gebeten Schwangerer ist die Fürbitte für das Heil des Kindes von großer Bedeutung[314]. Der Schwangeren und Gebärenden soll es besonders wichtig sein, daß ihre Leibesfrucht die Taufe empfange: Durch den Empfang des Taufsakraments soll

---

[312] WA 53, S. 205, Z. 4 f.

[313] Günther berichtet, man höre von Eltern, deren Kinder ohne Taufe gestorben seien, daß sie sie, "wie lieb sie ihnen auch seien", gern vergessen wollten; nur daß sie ohne Taufe starben, "kränke ihnen ihr Herz". Günther (1566), f. 97.

[314] Nach Stark beten christliche Ehefrauen niemals, ohne vor Gott auch für ihr Kind einzustehen. Vgl. Stark (o.J., 1731), S. 35. "Ist etwas, welches frommen Eltern sehr am Herzen liegt, so sind es ihre Kinder ... Wann nun solches fromme Eltern erwaegen, so tragen sie ... dieselben Gott fleissig im Gebet vor, ehe sie geboren werden, und hernach kommen sie niemals vor Gott, sie bringen ihr Kind mit". Ebd., S. 213. Gemäß Günther versündigen sich Eltern, die kein Vaterunser für ihre noch ungeborenen Kinder sprechen. Günther warnt, es sei kein Wunder, wenn sie bald wieder stürben oder so übel gerieten, daß ihre Eltern wünschten, sie hätten sie nie gesehen. Nach Günther schenkt Gott denen, die treu für ihre Kinder beten, fromme und gehorsame Kinder. Vgl. Günther (1566), f. 122. "Ach guetiger JEsu! ... begnade es, wenn es auf diese Welt kommen, mit der heiligen Taufe. Heilige und erneuere es durch dieses Bad der Wiedergeburt zu dem ewigen Leben, mache es zu einer neuen Creatur, wasche und reinige es mit deinem Blut, lasz es ein Glied deines heiligen Leibes und deiner Christlichen Kirche seyn, dasz aus desselben Mund dir auch ein Lob zubereitet werde, und es ein Kind und Erbe des ewigen Lebens seyn und bleiben moege". Haas, Das in GOtt andaechtige Frauenzimmer (1718, 1695), S. 333.

das Kind der ihm aufgrund der Erbsünde drohenden ewigen Verdammnis entrissen werden[315].

Der Tod eines Kindes vor dem Empfang der Taufe stellte für seine Eltern, besonders für die Mutter, eine schwere Belastung dar. Mit dem Tod eines ungetauften Kindes verbanden sich Schuldgefühle: Die Auffassung war verbreitet, daß Eltern, besonders die Mutter, an ihrem Kind schuldig geworden seien, wenn es ungetauft starb. In lutherischen Erbauungsschriften wird das Sterben von Kindern vor dem Empfang des Taufsakraments mahnend auf Sünden seiner Eltern und anderer Erwachsener zurückgeführt. Das Sterben ungetaufter Kinder soll als göttliche Strafe aufgefaßt werden. Die Eltern sind verpflichtet, alles Menschenmögliche zu tun, um das Sterben ihres Kindes ohne den Empfang der Taufe zu verhindern.

Nach Stölzlin (1652) straft Gott Sünden der Eltern, die sie vor oder in der Ehe begangen haben, an ihren noch ungeborenen Kindern durch ihren Tod vor dem Empfang des Taufsakraments[316]. Der Tod ungetaufter Kinder ist nach Günther (1566) als eine Folge der Sünde Erwachsener aufzufassen[317]. Günther bezeichnet es als die wichtigste Fürsorgepflicht der Eltern, ihre Kinder durch die Taufe "dem Reich Gottes einverleiben" zu lassen[318]. Er wendet sich gegen die "böse Gewohnheit" der Fürsten und Adligen, die Taufe aufzuschieben, um eine prächtige Tauffeier vorzubereiten, und ermahnt alle Christen, ihre Kinder

---

[315] Nach Günther will der Teufel die Menschen im Mutterleib umbringen, bevor sie die Taufe empfangen haben. Vgl. Günther (1566), f. 37. Gemäß allgemeiner Überzeugung hatten Hexen und Zauberer nur über ungetaufte Kinder Macht. Bei vielen Völkern war die Vorstellung verbreitet, daß die Geburt das Kind in einen Zustand der "Unreinheit" versetze. Vgl. Ploß 1, S. 49. "Den kräftigsten Schutz vor Beschreien und Behexen, vor Drude und Wechselbalg ... erblickt man für das Kind in der Taufe". Beitl, S. 162. "Solange das Kind ungetauft und die Mutter 'unausgesegnet' ist, hat der Teufel über sie weit größere Gewalt als nachher". Bächthold-Stäubli, Sp. 911. "Heute gelten ... als ärgste Gefahren, denen das Neugeborene vor der Taufe ausgesetzt ist, das Verhexen, der böse Blick und das Verschreien". Herold, S. 17. Vgl. auch Buschan, S. 128 f; "Unter das Kopfkissen des ungetauften Kindes wird in katholischen Gegenden etwas Geweihtes, wie der Rosenkranz, oder sonstige Amulette gelegt, auch werden sie umgehängt. In protestantischen Orten wird die Bibel oder ein Gebetbuch, besonders gern das beliebte 'Starkenbuch' (vgl. Stark, o.J., 1731) untergeschoben ... oder auf die rechte Seite des Kindes gelegt". Höhn, Sitte und Brauch bei Geburt, S. 262. Vgl. auch Ploß 1, S. 143; Beitl, S. 82;

[316] Vgl. Stölzlin (1652), S. 441. "Kinder, welche ohne die heil. Taufe sterben ..., weinen auf dem Orte, wo man sie begraben hatte. Frägt man sie: 'Was brauche ich denn'? so erhält man die Antwort: 'du brauchst nichts, aber ich brauche, meine Mutter hat mir nicht einmal ein Hemd gegeben'. - Trägt man auf den Ort ein Hemd hin, so hört man das Weinen nicht mehr". Grohmann, S. 112 f. Vgl. auch von Hovorka, Kronfeld (Hg.), S. 611 f.

[317] Vgl. Günther (1566), f. 97.

[318] Vgl. Günther (1566), f. 113.

bald nach der Geburt taufen zu lassen, um nicht "Gottes Zorn und Strafe" auf sich zu ziehen[319].

Das Heil des Neugeborenen wurde besonders dann als gefährdet angesehen, wenn es aufgrund seines Gesundheitszustandes nicht in der Lage war, die Zeit bis zu der in der Regel erst einige Tage oder Wochen nach der Entbindung durchgeführten öffentlichen Taufe in der Kirche zu überleben. In solchen Fällen wurde im Luthertum wie im Katholizismus von einer oder einem bei der Entbindung Anwesenden noch im Geburtshaus die Nottaufe vollzogen. Wenn ein Neugeborenes die Nottaufe empfangen hatte, konnte man seines Heils sicher sein, auch wenn es - notgetauft - schon kurz nach der Geburt starb.

Gemäß den Bestimmungen der untersuchten Kirchen- und Hebammenordnungen sollte die Nottaufe jedoch eine Ausnahme bleiben. Geburtshelferinnen und anderen wird untersagt, ohne zwingende Notwendigkeit die Nottaufe zu vollziehen[320]. Als sakramentaler Akt der Aufnahme in die Kirche sollte die Taufe in der Regel von dem für die Spendung der Sakramente eingesetzten Pfarrer öffentlich vor der Gemeinde durchgeführt werden. Die lutherischen Kirchen- und Hebammenordnungen richten sich gegen das Bestreben, das Heil des Neugeborenen in jedem Fall durch den Vollzug der Nottaufe sofort nach der Geburt zu sichern.

---

[319] Vgl. Günther (1566), f. 116.

[320] Die KO des Noppus (1543) bestimmt, daß das "taufen in der pfarrkirchen geschehe als an dem ort, da das wort Gottes gehandelt und das sacrament des altars geraicht wirt in beisein des vaters und etlicher gotsforchtiger person von weibern, nachbarinnen und anderen, darzu gebeten, und nit in ein winkel geschehe one not". KO des Noppus (1543), in: Sehling (Hg.) 13 III, S. 409. "Weil ... (der Taufe) die hohe Mayestet, Gott Vater, Sohn vnd heiliger Geist, mit seinen lieben Engeln beywohnet, vnd bey solcher der Himel geistlich sich auffthut, ... sollen die Pfarrer sich befleissigen, das sie in gegenwart der versamleten Kirchen geschehe". Kursächsische KO (1580), in: Richter (Hg.) 2, S. 436. Die Reformierten beschränken die Durchführung der Taufe auf den öffentlichen Gemeindegottesdienst und schließen dadurch Nottaufen grundsätzlich aus. "Der tauf wird nit in einem winkel der kirchen, sonder allezeit in der gemeinen versamlung unser gemeine gehalten, nach der predig und dem gemeinengebet, ihe man die ganze gemeine läst voneinander gehen, auf daß sie auch damit erbauet werde". KO der reformierten niederländischen Gemeinde in London ("Microns Ordinancien (1554, 1565)), in: Sehling (Hg.) 7 II, S. 609 f. Vgl. auch die Ordonnances ecclésiastiques de Genève (1541), in: Richter (Hg.) 1, S. 346. In der reformierten Lütetsburger KO (1606) wird bestimmt, daß die Taufe öffentlich in der Gemeinde vollzogen werden soll "und nicht hemelick in den huiseren, idt were den, dat wegen des ungestumen wedders datt kind ordentlyck up bestemmeder tydt to der kercken nicht konde gebracht werden, so kan woll to huß in biwesen der umständen luden solckes geschehen, jedoch mit consent der overicheit". Lütetsburger KO (1606), in: Sehling (Hg.) 7 II 1, S. 542. Die reformierte Kurhessische KO (12.7.1657) erlaubt in Notfällen die Durchführung der Taufe in Privathäusern. Sie soll jedoch in Gegenwart möglichst vieler Christen vollzogen werden, die in der Eile hinzugerufen werden können. Vgl. die Kurhessische KO (12.7.1657), in: Burckhard (Hg.), S. 96.

In der Pommerschen Kirchenordnung (1535) werden die Pfarrer angewiesen, in ihren Predigten "das Volk" zu unterrichten, nur "im äußersten Notfall" eine Nottaufe durchzuführen[321]. Nach der Regensburger Hebammenordnung (1552) ist es Geburtshelferinnen nicht gestattet, "leichtlich" eine Nottaufe zu vollziehen[322]. Die Lüneburger Kirchenordnung (1564) gebietet den Hebammen, - wenn möglich - das Kind zur Kirche zu bringen, damit es "vor der gemeine offentlich getauft werde"[323].

Das Taufsakrament sollte vor allem deshalb nach Möglichkeit vom Pfarrer gespendet werden, weil man den Laien, die die Nottaufe vollzogen, hinsichtlich ihrer rechten Durchführung mißtraute und ein fehlerhafter Vollzug die Heilswirksamkeit der Taufe in Frage stellte. Während bei der Nottaufe meist nur wenige oder gar keine Zeugen zugegen waren, fand die öffentliche Taufe in Gegenwart einer größeren Zahl von Zeugen statt, zumal im Beisein der eigens als Taufzeugen eingesetzten Paten[324], die den rechten Vollzug des Taufsakraments gegebenenfalls auch später bestätigen und dadurch Zweifel an seiner Heilswirk-

---

[321] Pommersche KO (1535), in: Sehling (Hg.) 4, S. 380. Vgl. auch die Sächsische KO (1539), in: Sehling (Hg.) 1, 1, S. 267. "Die pfarrer sollen das volk in den predigten unterrichten, das sie nicht leichtlich zu der nottauf eilen sollen". KO der Mark Brandenburg (1540), in: Sehling (Hg.) 3, S. 54; die KO der Herrschaft Wolfstein (1574) gebietet den Pfarrern, "das Volk", besonders die Hebammen, "fleißig" zu ermahnen, "daß sie zue solcher taufe nicht eilen, auch solche tauf nicht fürnehmen, es erfordere dann solches die hohe und eißerste not". KO der Herrschaft Wolfstein (1574), in: Sehling (Hg.) 13 III, S. 580.

[322] Den Hebammen wird geboten, nur in besonderen Notlagen eine Nottaufe durchzuführen. Vgl. die Regensburger HO (1552), in: Burckhard (Hg.), S. 137. Vgl. auch die Regensburger HO (1555), in: Burckhard (Hg.), S. 150; die Kurländische KO (1570), in: Sehling (Hg.) 5, S. 95.

[323] Lüneburger KO (1564), in: Sehling (Hg.) 6 I 1, S. 558. Vgl. auch die Braunschweig-Lüneburgische KO zum Gebrauch im Calenbergischen Teil (1569), in: Burckhard (Hg.), S. 93; die Wolfenbütteler KO (1569), in: Sehling (Hg.) 6 I 1, S. 160; die Lüneburger KO (1575), in: Sehling (Hg.) 6 I 1, S. 665; die KO für Hoya (1581), in: Sehling (Hg.) 6 I 2, S. 1159; die KO für das Stift Verden (1606), in: Sehling (Hg.) 7 II 1, S. 173. Die Hadelner KO (1526) untersagt die "heimliche Taufe in den Häusern", wenn keine "Krankheitsnot" vorhanden sei. Vgl. die Hadelner KO (1526), in: Sehling (Hg.) 5, S. 472. Vgl. auch die KO der Grafschaft Oldenburg (1573), in: Sehling (Hg.) 7 II 1, S. 1100. In der Nassau-Siegenschen KO (15. Juli 1716)(ref.) wird den Pfarrern aufgetragen, darauf zu achten, daß nicht Notfälle vorgetäuscht werden, damit "nicht ... einer oder der ander seines Stands halber sich allzu hoch wolle lassen düncken seine Kinder tauffen zu lassen, wo und wan gemeiner Leuth Kinder getaufft werden". Nassau-Siegensche erneuerte KO (15. Juli 1716), in: Burckhard (Hg.), S. 103.

[324] Nach der KO der Herrschaft Jever (1562) soll der Pfarrer die Eltern ermahnen, "frame, godtfruchtige und erlike lüde" als "Taufzeugen" auszuwählen. KO der Herrschaft Jever (1562), in: Sehling (Hg.) 7 II 1, S. 1237. Zur Geschichte des Patenbrauchtums vgl. Ploss 1, S. 272.

samkeit aufgrund einer fehlerhaften Durchführung aus dem Wege räumen konnten.

Um auch die rechte Durchführung der häufig in aller Eile in Gegenwart nur weniger oder gar keiner Zeugen vollzogenen Nottaufe mit größerer Sicherheit nachweisen und die Nottaufe deshalb wie die reguläre Taufe als vollgültige Sakramentenspendung anerkennen zu können, wird in einigen lutherischen Kirchenordnungen geboten, vor der Durchführung einer Nottaufe zwei oder drei Zeugen zur Bestätigung ihres ordnungsgemäßen Vollzuges zu berufen[325]. Gemäß der Kirchenordnung der Herrschaft Wolfstein (1574) sollen die Hebammen alle bei einer Nottaufe Anwesenden ermahnen, sich zu merken, wie die Taufe vollzogen wurde, damit sie es bezeugen können, wenn es von ihnen verlangt werde[326].

Um sich kirchlich zu vergewissern, daß ein notgetauftes Kind recht getauft sei, wird in vielen lutherischen Kirchenordnungen[327] im Anschluß an die

---

[325] Nach der KO für das Herzogtum Preußen (1568) hat eine Frau, die eine Nottaufe durchführt, wenn möglich zwei oder drei Personen als "Zeugen" zu berufen, "damit, was und wie allda gehandelt, für der kirchen nachmals müge bezeuget werden". KO für das Herzogtum Preussen (1568), in: Sehling (Hg.) 4, S. 92. Es heißt weiter: "Kann derhalben die kirche das kind sonst nicht für getauft aufnehmen". Ebd. Die Württemberger KO (1536) bestimmt, daß die Hebammen "zu jren Jachteuffen zwo oder drey personen, so vorhanden, zur zeugknus beruffen ..., damit auf zweyer oder dreyer kuntschafft die tauf bestendig sey". Württemberger KO (1536), in: Richter (Hg.) 1, S. 270. Vgl. auch die Württemberger KO (1553), in: Richter (Hg.) 2, S. 134; die Nördlinger KO (1579), in: Sehling (Hg.), 12 II, S. 353. Herlitz gebietet den Hebammen, auch vor der Nottaufe aus dem Kreis der Umstehenden Paten zu ernennen. Vgl. Herlitz (1610), S. 109. In der Frankfurter HO (1573) wird der Hebamme oder den Eltern aufgetragen, bei einer Nottaufe "als baldt eines auß denen so darbei sein zu geuattern" (Paten) zu ernennen. Frankfurter HO (1573), in: Burckhard (Hg.), S. 198. Diese Bestimmung findet sich auch in der katholischen HO für Passau (1595). Vgl. die Passauer HO (1595), in: Burckhard (Hg.), S. 250.

[326] Vgl. die KO für die Herrschaft Wolfstein (1574), in: Sehling (Hg.) 13 III, S. 580. Nach der Brandenburg-Nürnberger KO (1533) sollen die Frauen aufgefordert werden, die "bey den Schwangern vnd geberenden weybern, auch bey dem Jachtauffen sein das sie mit fleyß vnd erberkeyt auff die sach acht haben, allerley beschwerung vnd yrrung zuuerhuetten". Brandenburg-Nürnberger KO (1533), in: Richter (Hg.) 1, S. 199. In der Hessischen KO (1566) wird den Pfarrern geboten, Neugeborene bei Lebensgefahr "in beiwesen etlicher frommen christen" "im Hause" zu taufen, "wieviel man deren nach gelegenheit zusammenbringen kann". Hessische KO (1566), in: Sehling (Hg.) 8 I, S. 283. Vgl. auch die Hessische Agende (1574), in: ebd., S. 429.

[327] Vgl. die Brandenburg-Nürnberger KO (1528), in: Sehling (Hg.) 11 I, S. 135; die Brandenburg-Nürnberger KO (1539), in: Richter (Hg.) 1, S. 199; die Pommersche KO (1535), in: Richter (Hg.) 1, S. 249; die Württemberger KO (1536), in: Richter (Hg.) 1, S. 270; die Hamburger KO (1539), in: Richter (Hg.) 1, S. 318; die Hallische KO (1541), in: Richter (Hg.) 1, S. 341. die Schleswig-Holsteinische KO (1542), in: Burckhard (Hg.), S. 85; die KO für Braunschweig-Wolfenbüttel (1543), in: Sehling (Hg.) 6 I 1, S. 69; die Lüneburger KO (1564), in:

katholische Tradition[328] geboten, die Nottaufe im Fall des Überlebens des Kindes später durch einen vom Pfarrer in der Kirche zu vollziehenden öffentlichen liturgischen Akt bestätigen zu lassen[329]; gemäß den Bestimmungen

---

Sehling (Hg.) 6 I 1, S. 558 f; die KO für das Herzogtum Preußen (1568), in: Sehling (Hg.) 4, S. 91; die Wolfenbütteler KO (1569), in: Sehling (Hg.) 6 I 1, S. 161; die Kurländische KO (1570), in: Sehling (Hg.) 5, S. 95; die Hallische KO (1573), in: Sehling (Hg.) 2, 2, S. 440; die Lüneburger KO (1575), in: Sehling (Hg.) 6 I 1, S. 665 f; die Nördlinger KO (1579), in: Sehling (Hg.) 12 II, S. 354; die Hoyaer KO (1581), in: Sehling (Hg.) 6 I 2, S. 1160; die Verdener KO (1606), in: Sehling (Hg.) 7 II 1, S. 174. Vgl. auch die Regensburger HO (1555), in: Burckhard (Hg.), S. 151; die Frankfurter HO (1573), in: Burckhard (Hg.), S. 198.

[328] "Semper interroget Sacerdos laicum, cum in necessitate baptizavit, quid dixerit? aut quae fecerit, aut quae egerit"? Trier (1227), in: Hartzheim 3, S. 527. In den Lütticher Statuten (1287) wird angeordnet, das notgetaufte Kind zum Priester zu bringen: "et postmodum referatur ad Sacerdotem, qui diligenter interroget". Lütticher Statuten (1287), in: Hartzheim 3, S. 685. "Laicus, qui in necessitate puerum baptizavit, diligenter interrogetur a Sacerdote, quid dixerit, et quid fecerit". Würzburg (1298), in: Hartzheim 4, S. 25. "Quomodo puer baptizatus sit a laico requirat Sacerdos ab eo, qui eum baptisavit, si formam servaverit predictam". Joh. Episcopus (1446), in: Hartzheim 5, S. 340. Bereits auf dem Fritzlarer Regionalkonzil (1246) wurde eine Nachfrage des Priesters nach der Nottaufe als selbstverständlich vorausgesetzt: "si Sacerdotes super hoc diligentius requirentes debitam formam servatam in Baptismate ..." Fritzlar (1246), in: Hartzheim 3, S. 572. Die Kölner Synode (1281) geht davon aus, daß ein notgetauftes Kind zum Priester gebracht wird: "Item Sacerdos, ad quem infans sic in necessitate baptizatus, deferendus est, quanto citius interroget de forma, quam baptizans servavit". Köln (1281), in: Hartzheim 3, S. 657. "Cum ... ex necessitate infans a laico fuerit baptizatus si supervixerit: presbytero quam citius poterit presentetur. Quiquidem presbyter diligenter / ac solicite inquirat qualiter fuerit baptizatus". Freisen (Hg.), S. 35. Die Würzburger Synode (1298) berichtet, daß Kinder, an denen die Nottaufe vollzogen worden war, zum Kirchplatz getragen wurden, damit an ihnen die nach einer Nottaufe üblichen Riten durchgeführt werden konnten. Vgl. die Würzburger Synode (1298), in: Hartzheim 4, S. 25. "Decet Christiana modestia, sine pompae vanitate deferant (die notgetauften Kinder) ad ecclesiam, ne illis Sacramentum tantoperè necessarium nimium differatur cum periculo salutis, et vt ijs, qui ex necessitate priuatim baptizati sunt, consuetae caeremoniae, ritusque suppleantur, omissa forma, et ablutione". RR, De Ministro Baptismi, S. 8.

[329] Gemäß der KO der Herrschaft Wolfstein (1574) soll das notgetaufte Kind, wenn es am Leben bleibt, in die Kirche getragen werden. Vgl. die KO für die Herrschaft Wolfstein (1574), in: Sehling (Hg.) 13 III, S. 581. Vgl. auch die Hoyaer KO (1581), in: Sehling (Hg.) 6 I 2, S. 1160. Gemäß der Frankfurter HO (1573) ist die Taufbestätigung in Verbindung mit allgemeinen Taufgottesdiensten zu vollziehen. Vgl. die Frankfurter HO (1573), in: Burckhard (Hg.), S. 198. Nach den Bestimmungen vieler Kirchenordnungen soll der Pfarrer die Paten vor der regulären Taufe in der Kirche fragen, ob das zu taufende Kind bereits die Nottaufe empfangen habe: "De prester, de döpen wil, schal de vadderen in der kercken vragen, efft dat kind ock thovorne im huse gedofft sy". Wolfenbütteler KO (1543), in: Sehling (Hg.) 6 I 1, S. 64. Vgl. auch die KO für die Mark Brandenburg (1540), in: Sehling (Hg.) 3, S. 55; die Pfalz-Neuburger KO (1543), in: Sehling (Hg.) 13 III, S. 51; die Hildesheimer KO (1544), in: Sehling (Hg.), 7 II 1, S. 860; Agendbüchlein Veit Dietrichs (1545), in: Sehling (Hg.) 11 I, S. 505; die Hennebergsche KO (1582), in: Sehling (Hg.) 2, 2, S. 302. Gemäß der Augsburger KO (1555) hat

einiger lutherischer Kirchenordnungen soll die Durchführung des kirchlichen Ritus der Bestätigung der Nottaufe nur ermöglicht werden - in diesen Kirchenordnungen wird sie nicht verbindlich vorgeschrieben[330].

Ein wichtiger Bestandteil der kirchlichen Bestätigung der Nottaufe ist die genaue Erkundigung des Pfarrers nach ihrer Durchführung. Der Pfarrer fragt diejenigen, die die Nottaufe vollzogen haben und/oder bei ihrer Durchführung zugegen waren, nach dem ordnungsgemäßen Vollzug der liturgischen Einzelheiten bei der durchgeführten Nottaufe[331]. Wenn sich bei der Nachfrage

---

der Pfarrer im Anschluß an die reguläre Taufe die Bestätigung der Nottaufe zu vollziehen. Vgl. die Augsburger KO (1555), in: Sehling (Hg.) 12 II, S. 99. "Die neueren Agenden haben ein Formular für eine Jachtaufe, auch ein Formular für die Bestätigung einer Nottaufe. In den meisten Agenden ist diese nachträgliche Feier in der Kirche als eine obligatorische vorausgesetzt". Rietschel, S. 131.

[330] "Dat mach me wol dohn unde is gut, dat me sulke gedoffte kynderken, wen se levendich bliven, bringe to deme prestere in de kerke, to vorhören, wo se gedofft synt". Braunschweiger KO (1528), in: Sehling (Hg.), 6 I 1, S. 360. "Ob man wil, so mag man ... (ein notgetauftes) kind, wenn es am leben bleibt, in die kirchen tragen, das der pfarherr die leute frage, ob sie auch gewis seien, das das kind recht getauft sei, und mit was weise und worten sie es getauft haben". Sächsische KO (1539), in: Sehling (Hg.) 1, 1, S. 267. Vgl. auch die Mecklenburger KO (1552), in: Sehling (Hg.) 5, S. 205; die Hessische KO (1566), in: Sehling (Hg.) 8 I, S. 283; die Hessische Agende (1574), in: ebd., S. 429. "So mag man es (das notgetaufte Kind) gleichwol, wenn es jm leben bleibt, jn die kirchen tragen, das der Pfarrer die leuthe frage mit was weise vnnd worten man es getaufft habe". Regensburger HO (1552), in: Burckhard (Hg.), S. 137. Bei Herlitz heißt es, wenn ein notgetauftes Kind lebendig bleibe, sei es zur Kirche zu tragen, damit dem Pfarrer über die Durchführung der Nottaufe berichtet werde, "wie an etlichen Oertern gebräuchlich". Herlitz (1597), S. 110.

[331] Ehe er ein notgetauftes Kind "als getauft zuläßt", sollen nach der Brandenburgisch-Nürnbergischen KO (1528) diejenigen, die bei der Nottaufe zugegen waren, dem Pfarrer berichten, mit welchen Worten und wie die Taufe vollzogen wurde. Vgl. die Brandenburgisch-Nürnbergische KO (1528), in: Sehling (Hg.) 11 I, S. 135. Vgl. auch die Pommersche KO (1535), in: Richter (Hg.) 1, S. 249; die Sächsische KO (1539), in: Sehling (Hg.) 1, 1, S. 267; die Mecklenburger KO (1552), in: Sehling (Hg.) 5, S. 205; die Hessische KO (1566), in: Sehling (Hg.) 8 I, S. 283; die Hessische Agende (1574), in: ebd., S. 429; die Lüneburger KO (1564), in: Sehling (Hg.) 6 I 1, S. 559; die Lüneburger KO (1575), in: ebd., S. 666. Vgl. auch die Regensburger HO (1552), in: Burckhard (Hg.), S. 137. Gemäß der KO der Herrschaft Jever (1562) soll der Pfarrer nach einer Nottaufe "de badtmoder flitich examiniren". KO der Herrschaft Jever (1562), in: Sehling (Hg.) 7 II 1, S. 1239. Nach der Hallischen KO (1573) sollen bei der kirchlichen Zeremonie nach der Nottaufe "die wehemütter oder die jenigen, so die nottaufe gethan haben, fleissig befragt werden". Hallische KO (1573), in: Sehling (Hg.) 2, 2, S. 440. In der KO für das Herzogtum Preußen (1568) heißt es mit Bezug auf die kirchliche Handlung nach der Nottaufe: "Zum ersten frage er (der Pfarrer) die hebammen oder altfrauen, wie und mit was worten das kind getauft, und wer dabei gewesen sei. Darnach verhöre er auch die anderen, so dabei gewesen". KO für das Herzogtum Preußen (1568), in: Sehling (Hg.) 4, S. 91. Gemäß dem Nürnberger Agendbüchlein Veit Dietrichs (1545) soll der Pfarrer zunächst bei der Person, die das Kind getauft hat, nach dem Vollzug der Nottaufe fragen; er kann auch

herausstellt, daß die Nottaufe in der vorgeschriebenen Form vollzogen wurde, werden über dem Kind zur Nachholung der bei der Nottaufe ausgelassenen liturgischen Elemente, die sonst bei der regulären Taufe gesprochen werden, das 'Kinderevangelium' (Mk. 10,13-15), das Vaterunser und weitere Gebete gelesen[332]. Wenn bei der Nachfrage von den Zeugen nicht eindeutig bestätigt werden kann, daß die Nottaufe recht vollzogen wurde und sie deshalb nicht als gültige Spendung des Taufsakraments anerkannt werden kann, wird das notgetaufte Kind wie alle anderen ungetauften Kinder vom Pfarrer regulär getauft, um einen gültigen Sakramentsempfang sicherzustellen. Bei der kirchlichen Bestätigung der Nottaufe sollen die nach der Nottaufe von den

---

"alles ... bei den weibern sich erfragen, so dabei gewest sind als zeugen der taufe". Agendbüchlein Veit Dietrichs (1545), in: Sehling (Hg.) 11 I, S. 507. Nach der Kurländischen KO (1570) soll der Pfarrer am Taufstein die Zeugen der Nottaufe "verhören und examinieren": "Er sol aber fragen die, so bei taufe gewest, da das kindlein getauft ward, und sie sollen antworten nach dieser weise. Habt ihr das kindlein getauft? Ja. Wer ist dabei gewest? Diese und jene. Wer hats getauft? Ich. ... Wollet ihr für gott und der welt solchs bekant sein? Ja". Kurländische KO (1570), in: Sehling (Hg.) 5, S. 95. Die Württemberger KO (1536) bestimmt, das notgetaufte Kind in die Kirche zu tragen; der Pfarrer soll die Hebammen fragen, "wer dabey gewest sey". Württemberger KO (1536), in: Richter (Hg.) 1, S. 270.

[332] Gemäß der Hamburger KO (1529) soll der Pfarrer bei der Bestätigung der Nottaufe das Glaubensbekenntnis, das Vaterunser und das 'Kinderevangelium' (vgl. Mk. 10,13-15) lesen und zuletzt das Taufgebet "De almechtige god etc." sprechen. Vgl. die Hamburger KO (1529), in: Sehling (Hg.) 5, S. 510. Vgl. auch die Hamburger KO (1539), in: Richter (Hg.) 1, S. 318; die "Kirchen-agenda für die prediger der grafschaft Mansfeld" (1580); in: Sehling (Hg.) 2, 2, S. 219. Für den Fall, daß die Nottaufe ordnungsgemäß durchgeführt wurde, wird der Pfarrer in den Fritzlarer Statuten (1246) angewiesen, an dem getauften Kind Teile der Taufliturgie nachzuholen, die bei der Nottaufe ausgelassen wurden: "Supplentes circa Baptisatum quoad unctionem olei in pectore, et in scapulis, et crismate in vertice, quod a laicis est omissum ...". Fritzlar (1246), in: Hartzheim 3, S. 572. Vgl. auch Mainz (1261), in: Hartzheim 3, S. 597; Würzburg (1407), in: Hartzheim 5, S. 10; Johannes Episcopus (1446), in: Hartzheim 5, S. 340 f. Der Fritzlarer Text beinhaltet den Grundbestand der in der Regel nach einer gültigen Nottaufe vollzogenen Riten. In Trier (1227) ist nur von einer Chrisma-Salbung die Rede. Vgl. Trier (1227), in: Hartzheim 3, S. 526 f. Die Würzburger Diözesansynode (1298) bestimmt, an dem notgetauften Kind auch die "datio salis" und die Salbung der Ohren mit Speichel durchzuführen. "... allato puero ad fores Ecclesiae, suppleatur quod deest, scilicet: pabulum, sal, aurium inunctio cum saliva; Exorcismi tamen non dicantur super fontes, et sine immersione fiant omnia, quae fieri solent". Würzburg (1298), in: Hartzheim 4, S. 25. Vgl. auch Freisen (Hg.), S. 35 f; Dold (Hg.), S. 22-26. "Si puer periculum evaserit, quamprimum deferant (die Hebammen) ad Ecclesiam, ut a Sacerdote omnes omissae ceremoniae, et sacrae Unctiones suppleantur, ipsaeque, quod a se factum, Pastori aperiant". Kölner Agende (1720), in: Burckhard (Hg.), S. 104. Vgl. auch die Passauer HO (1595), in: Burckhard (Hg.), S. 251.

Eltern eingesetzten Paten des notgetauften Kindes zugegen sein, um ihm später die Gültigkeit seiner Taufe bezeugen zu können[333]. Die öffentliche kirchliche Bestätigung der Nottaufe ist neben der dadurch zum Ausdruck gebrachten Zugehörigkeit des notgetauften Kindes zur christlichen Gemeinde vor allem wichtig, damit zur Gewißheit des herangewachsenen notgetauften Kindes selbst und seiner Eltern alle potentiellen Zweifel an dem durch die Taufe vermittelten Heilsempfang aus dem Wege geräumt werden: Das notgetaufte Kind und seine Eltern sollen sich der Heilsvermittlung durch die ordnungsgemäß verrichtete Nottaufe zweifelsfrei sicher sein, um sich mit der Gewißheit des durch das Taufsakrament empfangenen Heils trösten zu können[334].

In der Kurländischen Kirchenordnung (1570) wird die Bestätigung der Nottaufe bestimmt, "damit des kindes taufe im hause nicht heimlich bleibe, sonder habe auch gezeugnusse von (der) ... gemeine"[335]. In der Hamburger Kirchenord-

---

[333]Vgl. die Wolfenbütteler KO (1543), in: Sehling (Hg.) 6 I 1, S. 64; die Hildesheimer KO (1544), in: Sehling (Hg.), 7 II 1, S. 861; die Hoyaer KO (1573), in: Richter (Hg.) 2, S. 354; die Kirchen-agenda für die Prediger der Grafschaft Mansfeld (1580), in: Sehling (Hg.) 2, 2, S. 219. Vgl. auch Luthers Äußerungen zur Nottaufe, in: WAT 6, Nr. 6758, S. 167, Z. 4 - S. 169, Z. 18.

[334]In einem schwer datierbaren Schreiben an Leonhard Beyer äußert Luther die Auffassung, eine Taufe ohne Zeugen sei ungültig; ein Findelkind, bei dem sich ein Zettel mit der Notiz finde, es sei getauft, solle dennoch getauft werden. Vgl. WAB 6, Nr. 2067, S. 553, Z. 33-36. Vgl. auch Seebaß, Das Problem, S. 150. Luther empfiehlt einer Frau, die ihr Neugeborenes ohne Zeugen selbst notgetauft hat, ihr Kind später öffentlich taufen zu lassen. Für den Fall, daß das Kind sofort nach dem Empfang der Nottaufe durch seine Mutter stirbt, betont Luther: "Stirbt es als denn, so ist es wol gestorben, und hat die rechte taufe entpfangen, welches die mutter in keinen zweifel stellen sol". Wenn das Kind überlebt, soll die Mutter keinem Menschen von der von ihr vollzogenen Nottaufe erzählen und ihr Kind später öffentlich taufen lassen. Diese zweite Taufe ist nach Luthers Auffassung keine "Wiedertaufe", weil der Mutter "als einer einigen person" hinsichtlich des Vollzugs der Nottaufe, an dem das "Seelenheil" des Kindes gelegen sei, nicht geglaubt werden könne. Deshalb sei die öffentliche Taufe "hoch von nöten". Kirchen-agenda für die Prediger der Grafschaft Mansfeld (1580), in: Sehling (Hg.) 2, 2, S. 220.

[335]Kurländische KO (1570), in: Sehling (Hg.) 5, S. 95. Gemäß der Brandenburg-Nürnberger KO (1539) soll das notgetaufte Kind durch die kirchliche Bestätigung der Nottaufe "der Christenlichen gemain ... befolhen werden". Brandenburg-Nürnberger KO (1539), in: Richter (Hg.) 1, S. 199. Nach der Braunschweig-Wolfenbütteler KO (1543) soll das notgetaufte Kind "thor kercken gebracht werden, dat syne döpe in bywesende der vadderen ... vam prester confirmert vnd bevestiget werde". Braunschweig-Wolfenbütteler KO (1543), in: Sehling (Hg.) 6 I 1, S. 69. Die Brandenburg-Nürnberger KO (1528) bestimmt, ein notgetauftes Kind in die Kirche zu bringen, "damit Got die entpfangene tauf mit verleihung gnad, glaubens und Geists bekreftige". Brandenburg-Nürnberger KO (1528), in: Sehling (Hg.) 11 I, S. 135. Gemäß der Augsburger KO (1555) spricht der Pfarrer bei der Taufbestätigung den Anwesenden zu: "Dieweil ir dann in dem namen auf den bevelch vnsers lieben Herren Gottes mit rechtem

nung (1539) wird die Bestätigung der Nottaufe geboten, damit sie "nicht unrecht und unduechtig geachtet werde"[336]. Gemäß der Hallischen Kirchenordnung (1541) soll die Nottaufe kirchlich bestätigt werden, "weil beide, Aeltern und Kinder, der Taufe gewiß sein muessen"[337]. Durch den liturgischen Akt der Bestätigung der Nottaufe sollen Notgetaufte gemäß der Lüneburger Kirchenordnung (1564) das "Zeugnis der Gemeinde" über ihren gültigen Taufempfang erhalten, damit sie sich in ihren Anfechtungen "desto gewisser mit ihrer Taufe trösten können"[338].

2. Taufmaterie und Taufformel bei der Nottaufe: Ihre Funktion als Hilfen zur Vermittlung von Gewißheit über den Heilsempfang

Wie die Anordnung der Bestätigung des formal einwandfreien Vollzuges der Nottaufe durch Zeugen sollen auch die lutherischen Bestimmungen über die Verwendung des Taufwassers und der Taufformel bei der Nottaufe dem Ziel dienen, zweifelsfreie Gewißheit über den Heilsempfang durch das Taufsakrament als 'Trost' des Täuflings und seiner Angehörigen zu erlangen. Einige

---

glauben solches alles geton, so sag und bekenn ich mit euch, das ir recht und wol daran geton habt". Augsburger KO (1555), in: Sehling (Hg.) 12 II, S. 99.

[336]Hamburger KO (1539), in: Richter (Hg.) 1, S. 318.

[337]Hallische KO (1541), in: Richter (Hg.) 1, S. 341. In der Regensburger HO (1555) wird bestimmt, das notgetaufte Kind in die Kirche zu tragen, "auff das man der sachen gewiß sein möge / das es recht getaufft sey". Regensburger HO (1555), in: Burckhard (Hg.), S. 151. Die Bestätigung des Taufvollzugs durch Zeugen gewinnt an Bedeutung durch die Auseinandersetzung mit den Wiedertäufern, die bereits als Kinder getaufte Christen zu überzeugen versuchten, sich als Erwachsene 'wiedertaufen' zu lassen. Die KO der Herrschaft Wolfstein (1574) bestimmt, die Taufdaten aller Kinder schriftlich festzuhalten als "Zeugnis" gegen die "widertaufer, so die leut irr machen, als sollen sie zweifeln, ob sie getauft seien oder nicht, weil solchs in der jugent geschehen ist". KO der Herrschaft Wolfstein (1574), in: Sehling (Hg.) 13 III, S. 579. Vgl. auch die Hessische KO (1566), in: Sehling (Hg.) 8 I, S. 282. Bei einem Verhör in Landshut versuchten Täufer, sich mit dem Argument zu verteidigen, der tatsächliche Vollzug ihrer Kindertaufe sei ungewiß. Vgl. Schornbaum (Hg.), S. 22.

[338]Lüneburger KO (1564), in: Sehling (Hg.) 6 I 1, S. 558 f. "Sollen wir vns sollichen gnadenreychen gabe vnserer Tauffe, alle zeyt mit danckbarkeyt gegen Gott troesten, vnd ye mer angst vnd grossen elend wir empfinden, ye gewisser sollen wir glauben, das Gott bey vns verborgner gestalt inn krafft der Tauff durch sein wort vnnd gayst wuercke". Brandenburg-Nürnberger KO (1539), in: Richter (Hg.) 1, S. 199. Gemäß der KO der Herrschaft Wolfstein (1574) sollen die Pfarrer "in ihren predigten das volk zum oftermaln fleißig erinnern, was die taufe für ein teurer gnadenbund sei und wie wir uns derselben in allen nöten und anfechtungen trösten sollen". KO der Herrschaft Wolfstein (1574), in: Sehling (Hg.) 13 III, S. 577.

Anordnungen der untersuchten Kirchenordnungen lassen die große Bedeutung erkennbar werden, die nach lutherischer Auffassung dem Taufwasser für den ordnungsgemäßen Vollzug der Nottaufe zukommt, da ohne Wasser keine gültige Nottaufe durchgeführt werden kann[339]. So werden die Geburtshelferinnen angewiesen, dafür zu sorgen, daß bei Entbindungen Wasser vorhanden ist, damit sie, wenn es erforderlich sein sollte, unverzüglich die Nottaufe vollziehen können und nicht durch das Fehlen des Taufwassers die Unterlassung der Heilsvermittlung durch die Nottaufe verschulden. Die Kirchenordnung des Noppus (Reichsstadt Regensburg, 1543) gebietet den Hebammen, ständig sauberes Wasser für die Durchführung einer Nottaufe bei sich zu haben[340]. Um den Vollzug der Nottaufe auch bei kalter Witterung ohne Gefährdung der Gesundheit des Neugeborenen zu ermöglichen, ist im Luthertum auch die Durchführung der Nottaufe mit angewärmtem Wasser erlaubt[341]; im Winter wurde vielfach auch bei regulären Taufen das Taufwasser angewärmt, um die Gesundheit der zu taufenden Neugeborenen nicht durch kaltes Wasser zu gefährden[342]. Luther wandte sich gegen die von Zeitgenossen vertre-

---

[339] In der Regensburger HO (1552) wird bestimmt, bei der Nottaufe das Kind in Wasser einzutauchen oder es "vom haubt an bis über den ganzen rucken" "reichlich" mit Wasser zu übergießen. Regensburger HO (1552), in: Burckhard (Hg.), S. 137. Vgl. auch die Regensburger HO (1555), in: Burckhard (Hg.), S. 150. In den anderen untersuchten Kirchen- und Hebammenordnungen fehlen nähere Angaben über den Vollzug der Nottaufe als Immersion (Eintauchen), Infusion (Aufgießen) oder Aspersion (Besprengung). Erst seit dem 13. Jahrhundert war das Besprengen bei der regulären Taufe in der abendländischen Kirche verbreitet, nachdem man es bis dahin nur an Kranken vorgenommen hatte, bei denen die sonst praktizierte Immersionstaufe nicht durchgeführt werden konnte. Vgl. Ploß 1, S. 272. In den Lütticher Statuten (1287) wird die Durchführung der Nottaufe als Immersion bestimmt: "Ille, qui baptizat, quando immergit in aqua baptizandum, dicat haec verba". Lüttich (1287), in: Hartzheim 3, S. 685. Gemäß der katholischen Würzburg-Mainz-Wormser KO (1670) soll die Hebamme bei der Nottaufe Wasser über den Kopf des Kindes oder wenn es liegend getauft werden muß, "über das Herz" gießen. Vgl. die Würzburg-Mainz-Wormser KO (1670), in: Burckhard (Hg.), S. 98. Bugenhagen geht von der Durchführung der Nottaufe als Aspersion aus. Vgl. Bugenhagen, Von den vngeborn kindern (1551), S. 155 f.

[340] Vgl. die KO des Noppus (Reichsstadt Regensburg, 1543), in: Sehling (Hg.) 13 III, S. 410. Zur Taufmaterie vgl. GLTh 2, Tom. IV, § II 70-79, S. 294-297.

[341] Gemäß der Thorner KO (1575) soll die Nottaufe nach dem Rat "ehrbarer Matronen" "mit warmem oder kaltem Wasser" vollzogen werden. Thorner KO (1575), in: Sehling (Hg.) 4, S. 236.

[342] Gemäß der Pommerschen KO (1563) soll der Küster jederzeit sauberes und im Winter warmes Wasser für das Taufbecken bereithalten. Vgl. die Pommersche KO (1563), in: Richter (Hg.) 2, S. 236. "Hie zu Wittenberg haben wir von Gottes Gnaden so viel vernunfft / das wir das wasser warm machen ... Da sehe man aber zu / das das wasser nicht heis sey / sondern law / oder melich warm / welchs das kind wol mehr vnn oeffter mus leiden / wenn mans badet in der mulden". Bugenhagen, Von den vngeborn kindern (1551), s.p., S. 154 f. Osiander warnt

tene Auffassung, die Taufe mit angewärmtem Wasser sei keine rechte Taufe[343]. Der heilssichernde Vollzug der Nottaufe muß auch bei kalter Witterung ohne eine zusätzliche gesundheitliche Gefährdung des ohnehin kranken oder besonders schwachen Neugeborenen durch kaltes Wasser möglich sein. Die angeführten Bestimmungen der lutherischen Kirchenordnungen mit Bezug auf das Taufwaser sollen dafür sorgen, daß die Heilsvermittlung durch die Nottaufe immer erfolgen kann, wenn das Leben des ungetauften Neugeborenen in Gefahr ist - falls erforderlich in aller Eile und auch bei kalter Witterung.

Um Kindern, die in besonderen Notlagen mit einer anderen Flüssigkeit als mit Wasser notgetauft worden waren, nicht den Heilsempfang durch die Taufe abzusprechen, erkannte Luther im Gegensatz zur katholischen Tradition auch solche Nottaufen als gültig an[344]; so akzeptierte er in einem konkreten Fall die Nottaufe eines Neugeborenen mit Wein[345]. Während Luther aus seelsorgerlichen Gründen in Ausnahmefällen mit einer anderen Flüssigkeit als mit Wasser vollzogene Nottaufen als gültig anerkannte, wurden diese später - ebenfalls aus seelsorgerlichen Gründen - von der lutherischen Tauftheologie nicht akzeptiert und in den lutherischen Kirchenordnungen durchgängig untersagt[346]. Nach lutherischer Auffasung verstößt der Vollzug einer Nottaufe mit einer anderen Flüssigkeit als mit Wasser gegen die für die Gewißheit des

---

vor dem Ein- oder Untertauchen eines Neugeborenen in Wasser zumal in der kalten Kirche im Winter. Vgl. Friedrich Benjamin Osiander, Lehrbuch (1796), S. 653-658. Zur Taufe mit warmem Wasser bei Gabriel Biel vgl. Jetter, S. 102.

[343] Der Ronneberger Pfarrer Melchior Frenzel lehrte, die Taufe mit warmem Wasser sei keine rechte Taufe, weil ein anderes "Element", "das Feuer", hinzugekommen sei. Vgl. WAT 10, Nr. 3752, S. 64, Z. 10 - S. 65, Z. 15. "Aqua calida in baptismo. Cum ... interrogetur ab alio absente per literas, an enim interesset baptizare aqua calida, respondit Doctor: Antwortet dem tropffen, wasser sei wasser, es sei kalt odr warm"! WAT 5, Nr. 5447, S. 158, Z. 28 - S. 159, Z. 2. Zur Lehre von der Taufe in der Theologie Luthers vgl. auch Grönvik; Trigg.

[344] Vgl. WAT 1, Nr. 394, S. 171, Z. 4-11; Nr. 1030, S. 520, Z. 28-32; 2, Nr. 2742 b., S. 629, Z. 17-20; Nr. 2743, S. 629, Z. 35 - S. 630, Z. 2. Nach Seebaß handelt es sich bei den genannten Quellen um parallele Überlieferungen derselben Äußerung. Vgl. Seebaß, Das Problem, S. 150.

[345] Luther akzeptierte die Nottaufe des Sohnes von Melchior Kling mit Wein. Vgl. WAT 5, Nr. 5446, S. 158, Z. 23-27; Nr. 5983, S. 416, Z. 1-6. Zur Taufe mit Wein vgl. auch Ploss 1, S. 274. Vgl. auch Jetter, S. 35, Anm. 2; 53; 69, Anm. 3; 71, Anm. 2; 91 f.

[346] Vgl. Seebaß, Das Problem, S. 155. "Quia Baptismus est lavacrum aquae in verbo, Ephes. 5 (Eph. 5,26): Ideo et Johannes et Apostoli non alios liquores, sed aquam elementarem ad Baptismum acceperunt: eamque non prius peculiaribus exorcismis consecratam, sed sine discrimine simplicem, vulgarem, et ubique obviam". Chemnitz (1861, 1578), Loc. II, Sect. I, zu Can. IV, S. 270. An loco aquae alium liquorem in Baptismi administratione adhibere liceat? Judicium D. Pauli Tarnovii Disp. altera de off. Minist. Eccles., in: Dedeken 3 (1671), S. 442. Die Frage wird verneint: "Ubi enim non sunt substantialia Baptismi, ibi non est salva ejus substantia nec ulla divina effectus spiritualis promissio". Ebd.

Heilsempfangs durch die Taufe unabdingbare genaue Befolgung des biblischen Taufgebots. Ein Mensch, der mit einer anderen Flüssigkeit als mit Wasser getauft wurde, kann sich demnach nicht sicher sein, ob er eine gültige Taufe empfangen habe. Ihm und seinen Angehörigen fehlt deshalb der Trost des durch den rechten Vollzug der Nottaufe objektiv gesicherten Heilsempfangs durch die Vermittlung des Taufsakraments.

In der Sächsischen Kirchenordnung (1580) wird den Hebammen befohlen, nur mit Wasser zu taufen und nicht andere Flüssigkeiten wie Wein, Essig oder Milch dafür zu verwenden[347]. Nach der Auffassung des lutherischen Theologen Johannes Affelmann (1588-1624) ist die Durchführung der Taufe mit Wein oder anderen Flüssigkeiten als Wasser nicht zuzulassen, weil sie den Getauften in ihren Anfechtungen "zum Fallstrick" werden könne[348]. Bei der kirchlichen Bestätigung der Nottaufe wird auch danach gefragt, ob die Nottaufe mit Wasser vollzogen worden sei. Gemäß dem Agendbüchlein Veit Dietrichs (1545) soll der Pfarrer die Person, die die Nottaufe durchgeführt hat, befragen, "ob das kind mit rechtem naturlichem wasser getaufet sei"[349].

---

[347]Vgl. die Sächsische KO (1580), in: Sehling (Hg.) 1, 1, S. 427. Vgl. auch die Kursächsische KO (1580), in: Richter (Hg.) 2, S. 437; die Ulmer HO (1700), in: Hub, S. 27. In der "Cynosura Oeconomiae Ecclesiasticae Wirtembergicae" (1687) wird den Pfarrern aufgetragen, die Hebammen zu ermahnen, bei Nottaufen besonders darauf zu achten, "daß sie nicht Wein für Wasser erwischen". Cynosura Oeconomiae Ecclesiasticae Wirtembergicae (1687), in: Burckhard (Hg.), S. 100. Die Augsburger erneuerte HO (1750) befiehlt den Hebammen, bei Nottaufen besonders darauf zu achten, daß anstatt "natürlichen reinen" Wassers nicht Wein, Bier oder "vermischtes Wasser" zum Taufen verwendet werde. Vgl. Jung, S. 144. Haas gebietet den Pfarrern, sich vor "Nottaufen" in Privathäusern nach dem Wasser zu erkundigen, das für die Taufen verwendet werden solle, da nur mit "natürlichem, urstofflichem und reinem Wasser" getauft werden dürfe und nicht mit einer anderen Materie, wie Wein, Milch oder Bier, noch mit Heilkräften versetztem Wasser. Vgl. Haas (1870, Ausgabe 1706, Vorwort: 1696), S. 142. Gemäß Thomas von Aquin hat Gott als Taufmaterie Wasser eingesetzt, ein Element, das für jeden verfügbar ist, damit niemand den Verlust der Taufe erleiden muß: "ad misericordiam eius qui vult omnes homines salvos fieri ... Et ideo, ut homo circa remedium tam necessarium defectum pati non possit, institutum est ut et materia baptismi sit communis, scilicet aqua, quae a quolibet haberi potest; et minister baptismi etiam sit quicumque, etiam non ordinatus; ne propter defectum baptismi homo salutis suae dispendium patiatur". STh III, Quaest. 67, Art. 3, S. 389.

[348]Vgl. Affelmann, Appendix (1677), Disp. IV, Quaest. IV, S. 51.

[349]Agendbüchlein Veit Dietrichs (1545), in: Sehling (Hg.) 11 I, S. 507. Vgl. auch die KO der Herrschaft Wolfstein (1574), in: Sehling (Hg.) 13 III, S. 581. Gemäß der KO der Herrschaft Wolfstein (1574) soll zur Durchführung der Nottaufe "rechts und natürlichs wasser genummen und gebraucht werden". Ebd., S. 580. In einem 1531 verfaßten Entwurf für die Brandenburgisch-Nürnbergische KO forderte Andreas Osiander, wenn bei einer Nottaufe statt Wasser eine andere Flüssigkeit verwandt wurde, die Taufe "sub conditione" zu wiederholen. Vgl. Seebaß, Das Problem, S. 142. Nach der katholischen Kölner Agende (1720) sollen die

Von noch größerem Gewicht als die Frage nach der für die Nottaufe verwandten Flüssigkeit ist bei der kirchlichen Bestätigung der Nottaufe die Frage nach der bei der Nottaufe gesprochenen Taufformel. Da die Heilswirksamkeit der Taufe nach lutherischer Überzeugung nur dann sichergestellt ist, wenn bei ihrem Vollzug der Wortlaut der trinitarischen Taufformel genau zitiert wird[350], ist die Gewißheit, daß bei der Nottaufe die Taufformel korrekt gesprochen wurde, für die Sicherheit über den Heilsempfang des notgetauften Kindes durch das Taufsakrament unerläßlich. Bei der Zitation der Taufformel konnten sich bei Nottaufen leicht Fehler oder Irrtümer einschleichen: Im Mittelalter und in der frühen Neuzeit kam es vor, daß Teile der Taufformel ausgelassen oder Zusätze hinzugefügt wurden - vor allem Heiligennamen[351]. Gemäß den Bestimmungen vieler lutherischer Kirchenordnungen soll bei der Bestätigung der Nottaufe nur die Frage nach dem genauen Wortlaut der

---

Hebammen belehrt werden, "ut in nullo alio liquore infantes baptizent, praeterquam sola aqua naturali, pura puteali, fontana, pluviali etc." Kölner Agende (1720), in: Burckhard (Hg.), S. 104. Vgl. auch Friedrich Benjamin Osiander, Lehrbuch (1796), S. 649.

[350] Vgl. An solennem Baptismi formulam: Ego baptizo te in nomine Patris, et Filii, et Spiritus sancti, mutare liceat? D. Paulus Tarnovius in: Dedeken 3 (1671), S. 442. Die Frage wird verneint: "Institutio enim Baptismi praecise hanc formulam describit, et mutatio quaelibet non tantum veritatem sacramenti violat; sed etiam, praeter scandalum, quod parit, omnem consolationem de fructu tollit". Ebd. Vgl. auch Jetter, S. 70. "Quaeritur hoc loco: 1. Num baptismus ratus sit habendus, si alia litera aut syllaba in verbis mutetur. Respondemus: si sensus maneat integer et incorruptus neque ex industria aliquid corrumpatur, baptismus ejusmodi pro legitimo habendus, nequaquam enim tam de sono, quam sensu verborum institutio Christi accipienda". GLTh 2, Tom. IV, § I 93, S. 304. "Baptismi forma his verbis expressa; Ego te baptizo in nomine Patris, et Filij, et spiritus sancti, omnino necessaria est; ideo eam nullo modo licet mutare, sed eadem forma vno et eodem tempore, quo fit ablutio, pronuncianda sunt". RR, De forma Baptismi, S. 6.

[351] Gemäß dem Würzburger Regionalkonzil (1407) kann es geschehen, daß bei der Nottaufe von Laien in die trinitarische Taufformel ein dreifaches "Sanctus" eingeschoben wird. Auch die Hinzufügung von Heiligennamen wird berücksichtigt: "Sciant etiam Sacerdotes, quod, si laicus cum baptizat, ex simplicitate, non causa introducendi errorem, dicat: Ego te baptizo in nomine Sancti Patris, Sancti Filii, Sancti Spiritus; quod non est rebaptizandus puer, cum quis illud apponit, quod necesse est intelligi: Pater enim est Sanctus: unde in Johanne: Pater Sancte serva eos etc. Filius Sanctus est: unde in Luca: Quod enim ex te nascetur Sanctum, vocabitur Filius Dei. Et Spiritus Sanctus est: unde ibidem Spiritus Sanctus superveniet in te ... Si quod autem aliud interpositum fuerit, non est baptizatus: Si autem in fine apposuerit aliquid causa devotionis, et ex simplicitate, non intendens per hoc baptizare, videlicet: Sanctae Mariae, et Sancti Johannis, et Sancti Petri etc. baptizatus est. Si autem intendit per hoc baptizare, non est baptizatus". Würzburger Regionalkonzil (1407), in: Hartzheim 5, S. 618. In einem 1531 verfaßten Entwurf für die Brandenburg-Nürnbergische KO fordert Osiander, wenn bei einer Nottaufe in der Taufformel ein Heiliger an Stelle des Heiligen Geistes genannt wurde, die Taufe "sub conditione" zu wiederholen (vgl. dazu auch Kap. II A.5). Vgl. Seebaß, Das Problem, S. 142.

gesprochenen Taufformel zweimal gestellt werden: "Wisset ihr, das ihr der wort nach dem befelch Christi gebraucht habt?" (Brandenburger Kirchenordnung, 1540)[352]. Schon auf dem Fritzlarer Regionalkonzil (1246) wird als Ziel der Nachfrage des Pfarrers bei der Bestätigung der Nottaufe nur die Taufformel und nicht das Taufwasser erwähnt[353]. In der lutherischen Regensburger Hebammenordnung (1552) werden die Hebammen und anderen bei einer Nottaufe Anwesenden ermahnt, genau darauf zu achten, daß das Neugeborene "in keinem anderen Namen als in dem des Vaters, des Sohnes und des Heiligen Geistes" getauft werde[354]. Damit von den Anwesenden der genaue Wortlaut der verwendeten Taufformel gehört werden kann, gebietet die Brandenburg-Nürnberger Kirchenordnung (1533) den Pfarrern, die Hebammen zu ermahnen, die Taufformel "recht verstendigklich vnd ordenlich" zu sprechen[355].

---

[352] Brandenburger KO (1540), in: Sehling (Hg.) 3, S. 55. Vgl. auch die Mecklenburger KO (1552), in: Sehling (Hg.) 5, S. 205; die Wertheimer KO (um 1555), in: Sehling (Hg.) 11 I, S. 719; die Hessische KO (1566), in: Sehling (Hg.) 8 I, S. 284; die Hessische Agende (1574), in: ebd., S. 429. In der Kurländischen KO (1570) fehlt die zweite Nachfrage nach der Taufformel. Vgl. die Kurländische KO (1570), in: Sehling (Hg.) 5, S. 95.

[353] "Sacerdotes ... inquirentes, debitam formam servatam in Baptismate". Fritzlarer Regionalkonzil (1246), in: Hartzheim 3, S. 572. Nach der mittelalterlichen Schleswiger Agende soll eine Neutaufe erfolgen, wenn bei der Nachfrage des Pfarrers nach einer Nottaufe die dabei verwendete Formel nicht vollständig wiedergegeben werden kann oder die Umstehenden hinsichtlich der verwandten Taufformel nicht übereinstimmen: "Si baptizans non recordetur ad plenum de verbis in baptismo prolatis: vel circumstantes discordant". Freisen (Hg.), S. 15.

[354] "Es sollen ... die hebammen vnnd Andere so dobey sind, ja fleissig ... auff mercken das sollich kind ... in keinem andern nomen, noch anderst, dan jm nomen des vatters, Sons vnnd Heyligen geists getaufft werde". Regensburger HO (1552), in: Burckhard (Hg.), S. 137. Vgl. auch die Regensburger HO (1555), in: Burckhard (Hg.), S. 151. Wenn die Personen, die bei einer Nottaufe zugegen waren, "um der noth willen" nicht wissen, "in welchs namen ... sie getauft hetten" und der Pfarrer um die Taufe des Kindes gebeten wird, soll es nach der Schwarzburgschen KO (1574) als ungetauft angesehen und getauft werden. Schwarzburgsche KO (1574), in: Sehling (Hg.) 2, 2, S. 135.

[355] Brandenburg-Nürnberger KO (1533), in: Richter (Hg.) 1, S. 199. Vgl. auch die Württemberger KO (1536), in: Richter (Hg.) 1, S. 270. In der Frankfurter HO (1573) wird den Geburtshelferinnen aufgetragen, die Taufformel "außtrücklich vnd laut" zu sprechen. Frankfurter HO (1573), in: Burckhard (Hg.), S. 198. Nach der Regensburger HO (1555) sollen die Hebammen, oder derjenige, der die Nottaufe vollzogen hat, bei der Taufbestätigung die Worte, mit denen getauft wurde, nicht heimlich, sondern "fein laut" sprechen, "auff das es die vmbsteende wol hören vnd verstehen / auch gewiß zeugnuß dauon geben können / das das kindle / nach dem beuelch Christi / recht getaufft sey". Es wird betont, das Heil des Täuflings liege in der klaren Unterscheidung der Worte. Regensburger HO (1555), in: Burckhard (Hg.), S. 151. Nach der KO der Herrschaft Wolfstein (1574) soll die Taufformel "verstentlich ... und bedachtsam" ausgesprochen werden. Vgl. die KO der Herrschaft Wolfstein (1574), in: Sehling (Hg.) 13 III, S. 580. "Baptismus honorabiliter et caute celebretur, cum aperta distinctione verborum, et forma verborum, in quo consistit salus baptizandi ... Ille, qui baptizat, quando im-

Während die genaue Zitation der Taufformel Gewißheit über den Heilsempfang durch das Taufsakrament vermitteln sollte, konnten Fehler bei der Verwendung der Taufformel zu Zweifeln am Heil des Kindes führen, die nach lutherischer Auffassung nur durch eine neue Taufe aus dem Weg geräumt werden konnten. Ein theologischer Rat ("Consilium") der Universität Jena befaßt sich mit einer Taufe, bei der ein Pfarrer nach den Worten "Ich taufe dich im Namen des Vaters" etwas gesprochen hatte, das nicht zur Taufformel gehörte[356]. Aufgrund der Zusätze des Pfarrers zur Taufformel zweifelten die Eltern des Täuflings daran, daß ihr Kind recht getauft sei; die Universität Jena ordnete daraufhin eine Neutaufe des Kindes an[357].

Wie die genaue Zitation der Taufformel sollte nach lutherischer Überzeugung auch ihre Verwendung in deutscher Sprache der Gewißheit über den Heilsempfang durch die Nottaufe dienen. Während im Mittelalter die Taufformel bei Nottaufen zwar überwiegend in deutscher Sprache, aber nach dem Zeugnis einiger Regionalkonzilien und Agenden wahrscheinlich wie die regulären Taufen teilweise auch lateinisch gesprochen wurde[358], fanden im Luthertum sowohl reguläre Taufen als auch Nottaufen ausschließlich unter der Verwendung der deutschen Sprache statt[359]. Die bereits in der katholischen Kirche zugelassene

---

mergit in aqua baptizandum, dicat haec verba nihil addendo, subtrahendo, vel mutando, ...: (folgt Taufformel)". Lütticher Statuten (1287), in: Hartzheim 3, S. 685.

[356] Schließlich hatte er die Taufformel im Namen der Heiligen Dreifaltigkeit beendet. Der Pfarrer war betrunken. Vgl. Consilium Facultatis Theol. Jenensis Wegen einer von einem trunckenen Priester uebel verrichteten Tauffe / wie es / so wohl mit dem Kinde / als mit dem Pfarrherrn zu halten? (o.J.), in: Dedeken 1 (1671), S. 396 f.

[357] Der Pfarrer, der die Taufe durchgeführt hatte, sollte nach dem Gelöbnis, sich zu bessern, strafversetzt werden. Vgl. Dedeken 1 (1671), S. 396 f.

[358] In den Statuten des Fritzlarer Provinzialkonzils (1246) wird den Priestern befohlen, Männer und Frauen zu unterweisen, in der Not mit der Taufformel "in suo idiomate" zu taufen. Fritzlarer Provinzialkonzil (1246), in: Hartzheim 3, S. 572. Gemäß der mittelalterlichen Konstanzer Agende soll der Pfarrer oder "ein beliebiger anderer" unter Verwendung der lateinischen Taufformel mit Kreuzzeichen die Nottaufe durchführen: "Ego te baptizo in nomine Patris † et Filij † et Spiritus † sancti Amen". Dold (Hg.), S. 41. Nach der Konstanzer Agende war es demnach vorgesehen, daß auch Laien die Nottaufe unter Verwendung der lateinischen Taufformel vollzogen. "Latinus Presbyter latina forma semper vtatur". RR, De forma Baptismi, S. 6. "Quoties infans, aut adultus versatur in vitae periculo, potest sine sollennitate ... baptizari in qualibet lingua". RR, De Ministro Baptismi, S. 7.

[359] Die Wolfenbütteler KO (1543) gebietet den Hebammen, mit den folgenden Worten die Nottaufe zu vollziehen: "Ick dope dy im namen des Vaders und des Sons und des hilligen Geistes. Amen". Wolfenbütteler KO (1543), in: Sehling (Hg.) 6 I 1, S. 69. "Jch tauff dich jm nomen Gottes des vatters vnnd des Sons, vnnd des Heyligen geists, Amen". Regensburger HO (1552), in: Burckhard (Hg.), S. 137. In der Kursächsischen KO (1580) wird in der Taufformel für die Nottaufe der Name des Kindes genannt. Die Hebamme soll sprechen: "Ich teuffe dich N. im namen Gottes des Vaters, vnd des Sohnes, vnd des heiligen Geistes". Kursächsische KO

Möglichkeit, Nottaufen im Gegensatz zu regulären Taufen in deutscher Sprache durchzuführen, wurde von lutherischer Seite als Argument für die Verwendung einer muttersprachlichen Taufformel bei der regulären Taufe eingesetzt. In der Braunschweiger Kirchenordnung (1528) wird die Frage gestellt, wenn in der katholischen Kirche den in deutscher Sprache vollzogenen Nottaufen die kirchliche Anerkennung nicht versagt werde, warum dürfe dann die reguläre Taufe nicht ebenfalls in deutscher Sprache vollzogen werden? Die Kirchenordnung hebt hervor, es sei von großer Bedeutung, daß die "Leute" verstünden, was bei der Taufe geschehe, damit ihre Herzen "zu Gott aufgehoben" würden[360]: Wie die Predigt in deutscher Sprache soll auch die in deutscher Sprache zitierte Taufformel Glauben erwecken und Gewißheit über das dem Täufling in Christus geschenkte Heil vermitteln - eine Taufformel in fremder Sprache kann diese Funktion nach lutherischer Überzeugung nicht hinreichend erfüllen. In der Braunschweiger Kirchenordnung heißt es: "Gelick alse men vns duedesch predigt, wat were vns anders mit der predige gehulpen? Also schal men ock duedesch de Doepe ... geuen"[361].

Der meist mit dem Vollzug der Nottaufe durch seine Nennung in der Taufformel erteilte Name des Neugeborenen[362] soll zur Erinnerung an den Heilsempfang durch die Taufe dienen und zur christlichen Identität des Täuflings beitragen; die Nennung des Namens bei der Nottaufe verhindert ein namen- und

---

(1580), in: Richter (Hg.) 2, S. 437. "N. Ego te baptizo in nomine Patris, et Filii, et Spiritus Sancti, amen". Bamberger Synode (1491), in: Hartzheim 5, S. 618. Vgl. auch die Regensburger HO (1555), in: Burckhard (Hg.), S. 150. Zur Taufformel vgl. GLTh 2, Tom. IV, § I 80 f, S. 297 f.

[360] Vgl. die Braunschweiger KO (1528), in: Sehling (Hg.) 6 I 1, S. 357 f. Vgl. auch die Lübecker KO (1531), in: Sehling (Hg.) 5, S. 355.

[361] Braunschweiger KO (1543), in: Richter (Hg.) 2, S. 59. Vgl. auch die Oldenburger KO (1573), in: Sehling (Hg.) 7 II 1, S. 1045.

[362] Bei den Römern und Germanen hatte das Neugeborene seinen Namen im Zusammenhang mit einer rituellen Waschung nach der Geburt erhalten. Vgl. Sartori 1, S. 33; Lüers, Sitte, S. 17; Beitl, Erich (Hg.), S. 703. Im Mittelalter wurde die Namengebung mit der Taufe verbunden. Vgl. Bächtold-Stäubli, Sp. 911 f; Ploss 1, S. 274. Gemäß der Kursächsischen KO soll dem Kind vor der Nottaufe ein Name gegeben werden. Vgl. die Kursächsische KO (1580), in: Richter (Hg.) 2, S. 437. In der Frankfurter HO (1573) wird der Geburtshelferin aufgetragen, vor der Nottaufe einen der Anwesenden zum Paten zu ernennen und ihn aufzufordern, dem Kind einen Namen zu geben. Vgl. die Frankfurter HO (1573), in: Burckhard (Hg.), S. 198; vgl. auch Herlitz (1610), S. 109 f. Wenn dem Kind in der Eile vor der Nottaufe kein Name gegeben wurde, sollen die Eltern ihm gemäß der Braunschweiger KO (1528) nach der Nottaufe einen Namen geben. Vgl. die Braunschweiger KO (1528), in: Sehling (Hg.) 6 I 1, S. 360. Vgl. auch die KO der Herrschaft Wolfstein (1574), in: Sehling (Hg.) 13 III, S. 580.

damit identitätsloses Sterben des Neugeborenen[363] und ist daher ein Trost für die zurückbleibenden Eltern. Für die Namengebung bei der Nottaufe ist es besonders wichtig, daß in der Eile nicht das Geschlecht des Kindes verwechselt und dadurch die identitätsstiftende Funktion der Namengebung zunichte gemacht wird. Die Augsburger erneuerte Hebammenordnung (1750) gebietet den Hebammen, bei Nottaufen besonders darauf zu achten, daß nicht einem Jungen ein weiblicher oder einem Mädchen ein männlicher Name gegeben werde[364]. Nach dem orthodoxen lutherischen Dogmatiker Johann Gerhard (1582-1637) wird bei der Taufe dem Kind ein Name gegeben, damit er ihm zur fortwährenden Erinnerung an die Heilsvermittlung durch die Taufe diene und so in Anfechtungen Trost vermittle[365].

Die Funktion der Erinnerung an das durch den Empfang des Taufsakraments vermittelte Heil kann von einem 'unchristlichen' Namen nicht erfüllt werden. In mittelalterlichen Regionalkonzilien wurde versucht, durch die exemplarische Nennung von Heiligennamen in den Anweisungen zur Spendung der Taufe und der Nottaufe zur Verchristlichung der Namengebung beizutragen[366]. Vereinzelt

---

[363] Zu Taufe und Namengebung vgl. von Hovorka, Kronfeld (Hg.) 2, S. 642-646; Nied, S. 16 f; Dürig, S. 60-69. Zur Geschichte der Namengebung vgl. auch Beitl, S. 188-200. In Dänemark wurden Kinder, die ohne Taufe starben, "navnlose Börn" (Kinder ohne Namen) genannt. Vgl. Dürig, S. 68.

[364] Vgl. Jung, S. 144. Haas ermahnt den Pfarrer, vor einer "Nottaufe" im Privathaus "gewisse Nachricht" einzuziehen, ob der Täufling "ein Sohn oder eine Tochter" sei, denn oft habe man durch allzugroße Eile "einen Irrtum im Geschlecht" begangen. Vgl. Haas, Der getreue Seelen-Hirte (1870, Ausgabe 1706, Vorwort: 1696), S. 142.

[365] "Imponitur nomen baptizando ... quia nomen illud est perpetuum memoriale baptismi suscepti, ideoque in tentationibus maximum praebet consolationem". GLTh 2, Tom. IV, Loc. 20, § I 259, 2, S. 392. Im "Katechismus der katholischen Lehre" Pius X. heißt es: "Die Taufe verwandelt den Menschen im Geiste und läßt ihn wie neu geboren werden, indem sie aus ihm einen neuen Menschen macht. Deshalb gibt man dem Täufling den Namen eines Heiligen, der ihm im christlichen Leben Beispiel und Beschützer sein soll". Katechismus (1974), Kap. II, § 296, S. 108.

[366] "Petre / vel margareta / vel / creatura dei. Ego baptiso te ..." Freisen (Hg.), S. 34. Die Anrede "creatura dei" ist wahrscheinlich für die 'Taufe im Mutterleib' vorgesehen, bei der das Geschlecht des Kindes nicht zu erkennen ist (vgl. dazu Kap. II A.6). In Köln (1281) wird die folgende Taufformel für die reguläre Taufe genannt: "Petre (vel Johannes) Ego te baptizo in nomine Patris, et Filii, et Spiritus Sancti. Amen". Köln (1281), in: Hartzheim 3, S. 657. In Lüttich (1287) wird geboten, den "Petrus" oder "Johannes" zu nennenden Knaben unter Anwendung der trinitarischen Formel zu taufen: "Ille, qui baptizat, quando immergit in aqua baptizandum, dicat haec verba nihil addendo, subtrahendo, vel mutando, puerum nominando Petre, vel Johannes: (folgt Taufformel)". Lüttich (1287), in: Hartzheim 3, S. 685. In den Formeln für die Konditionaltaufe (vgl. dazu Kap. II A.5) werden in Köln (1281) (Petrus oder Johannes) und Lüttich (1287) (Petrus) ebenfalls Heiligennamen genannt. Vgl. Köln (1281), in: Hartzheim 3, S. 657; Lüttich (1287), in: ebd., S. 685.

finden sich auch in den untersuchten lutherischen Kirchenordnungen Hinweise auf das kirchliche Bestreben, die Erteilung 'christlicher' Namen bei der Nottaufe zu fördern. Nach der Kurhessischen Kirchenordnung (12.7.1657) soll dem Kind bei einer Nottaufe ein "christlicher Name" gegeben werden[367].
Bei der Bestätigung der Nottaufe wird der bei der Nottaufe erteilte Name des Neugeborenen vor der kirchlichen Öffentlichkeit ausgesprochen und anerkannt. Nach der Lüneburger Kirchenordnung (1575) ist die Bestätigung der Nottaufe u.a. durchzuführen, damit "des kindes ... nhame mochte erkant und bestetiget werden"[368].

3. Zum Vollzug von Nottaufen durch Frauen

Weil die Taufe als heilsnotwendig angesehen wurde, war schon in der katholischen Tradition bei Lebensgefahr des Neugeborenen der Vollzug der Nottaufe durch eine Frau erlaubt, obwohl die Kirche Frauen die Spendung der Sakramente sonst grundsätzlich untersagte. Der Vollzug der Nottaufe durch eine Frau sollte im Katholizismus jedoch nur der letzte Ausweg sein, um ein Neugeborenes vor der ewigen Verdammnis zu bewahren. Wie die reguläre Taufe sollte auch die Nottaufe möglichst von einem Mann durchgeführt werden. Der Vollzug der Nottaufe durch eine Frau war nur für den Fall vorgesehen, daß

---

[367] Vgl. die Kurhessische KO (12.7.1657), in: Burckhard (Hg.), S. 97. Gemäß der Nördlinger KO (1579) soll der Pfarrer bei der Bestätigung der Nottaufe nachfragen, ob dem Kind bei der Nottaufe ein "gewisser, rechter Name" gegeben worden sei. Vgl. die Nördlinger KO (1579), in: Sehling (Hg.) 12 II, S. 354.

[368] Lüneburger KO (1575), in: Sehling (Hg.), 6 I 1, S. 666. Nach der Hadelner KO (1526) soll der Pfarrer bei der Taufbestätigung dem Kind "to mehrer tüchenisse, einen namen geven". Hadelner KO (1526), in: Sehling (Hg.) 5, S. 472. Gemäß der Württemberger KO (1536) heißt es bei der Taufbestätigung: "Nachdem es (das notgetaufte Kind) noch keinen offenlich namen hat, soll es N. genant werden". Württemberger KO (1536), in: Burckhard (Hg.), S. 82. Bei der Taufbestätigung soll der Pfarrer gemäß der Hoyaer KO (1573) nach dem Namen des Kindes fragen "und ihm den Namen geben". Hoyaer KO (1573), in: Richter (Hg.) 2, S. 354. Vgl. auch die Schleswig-Holsteinische KO (1542), in: Burckhard (Hg.), S. 85. Gemäß der Mecklenburger "Ordeninge der misse" (1545) soll der Pfarrer bei der Taufbestätigung die Paten um die Nennung des Namens des Kindes bitten. Vgl. die Mecklenburger "Ordeninge der misse" (1545), in: Sehling (Hg.) 5, S. 158. Nach der Augsburger KO (1555) soll in der Liturgie bei der Bestätigung der Nottaufe auch die Möglichkeit berücksichtigt werden, daß dem Kind noch kein Name gegeben wurde. Für diesen Fall wird der Pfarrer angewiesen zu sprechen: "Es (das notgetaufte Kind) soll ..., dieweil es on ain namen ist, furthin N. genennet werden". Augsburger KO (1555), in: Sehling (Hg.) 12 II, S. 99.

in der Eile kein Mann als Täufer erreichbar war. Während er Laien die Durchführung einer öffentlichen Taufe untersagt[369], erlaubt Thomas von Aquin den Vollzug der Nottaufe "sogar" den Frauen[370]; wenn jedoch ein Mann zugegen ist, soll eine Frau nicht taufen, sondern der Mann, wie ein Laie nicht taufen soll, wenn ein Kleriker erreichbar ist, und ein Kleriker nicht die Taufe durchzuführen hat, wenn ein Priester anwesend ist[371].

Nur in wenigen lutherischen Kirchenordnungen wird der Vollzug der Nottaufe durch einen Mann dem durch eine Frau vorgezogen. Gemäß der Kirchenordnung für das Herzogtum Preußen (1568) hat nur in dem Fall, wenn kein "kirchendiener oder sonst ... (ein) christlicher mann" erreichbar ist, "die altfrau ('Obfrau', Vorgesetzte der Geburtshelferinnen) oder hebamme, oder welche gegenwertige christliche fraue sich des taufens unterstehen" will, die Nottaufe durchzuführen[372]. Um 1732 sollte in einigen Gegenden Sachsens die Nottaufe

---

[369]Vgl. STh, Quaest. 67, Art. 2, S. 388. Zur lutherischen Auffassung hinsichtlich der Berechtigung zur Durchführung der Taufe vgl. GLTh 2, Tom. IV, Loc. 20, § I 19-22, S. 269 f.

[370]"Dicitur ... Coloss. 3 (Kol. 3,11) quod in Christo non est masculus neque femina. Et ideo, sicut masculus laicus potest baptizare, quasi minister Christi, ita etiam et femina". STh, Quaest. 67, Art. 5, S. 390. In hoch- und spätmittelalterlichen Konzilstexten werden als Adressaten der Belehrung der Priester über die Nottaufe meist "Männer und Frauen" genannt. "Item doceant Presbyteri frequenter viros et mulieres formam et verba baptizandi". Lütticher Synode (1287), in: Hartzheim 3, S. 685. Vgl. auch Fritzlar (1246), in: ebd., S. 572; Mainz (1261), in: ebd., S. 597; Köln (1281), in: ebd., S. 657; etc. In Trier (1227) ist grundsätzlich von "Laien" die Rede und in der Schleswiger Agende von dem "Volk": "sacerdotes debent monere frequenter et etiam instruere plebem suam". Freisen (Hg.), S. 33. "Doceant ... Sacerdotes, quod non solum viri, sed etiam mulieres in necessitate baptizare possunt". Würzburg (1407), in: Hartzheim 5, S. 10. Das Konstanzer Rituale (1482) nennt die Hebammen als Adressatinnen der Belehrung über die Durchführung der Nottaufe. Vgl. Dold (Hg.), S. 45.

[371]"Non debet mulier baptizare si adsit copia viri. Sicut hec laicus praesente clerico, nec clericus praesente sacerdote. Qui tamen potest baptizare praesente episcopo: eo quod hoc pertinet ad officium sacerdotis". STh, Quaest. 67, Art. 5, S. 390. "Legitimus ... Baptismi minister est Parochus, vel alius Sacerdos a Parocho, vel ab Ordinario loci delegatus; sed quoties infans, aut adultus versatur in vitae periculo, potest ... à quocumque baptizari ..., siue clerico, siue laico etiam excommunicato, ... siue viro, siue foemina ... Sed si adsit Sacerdos, Diacono praeferatur; Diaconus subdiacono, Clericus laico, et vir foeminae; nisi pudoris gratia deceat foeminam potiùs quam virum baptizare infantem non omnino edito (gemeint ist die 'Taufe im Mutterleib'; vgl. Kap. II A.6), vel nisi melius foemina sciret formam, et modum baptizandi. Quapropter curare debet Parochus, vt fideles, praesertim obstetrices rectum baptizandi ritum ... seruent". RR, De Ministro Baptismi, S. 7. Zur Hierarchie der zur Durchführung der Taufe zugelassenen Personenkreise vgl. auch Suarez, Quaest. LXVII, Disp. XXIII, Sect. I, II, S. 382-388; Bellarmin, Lib. I, Cap. VII, S. 531-536; Lib. I, Cap. XXIV, S. 399-403.

[372]KO für das Herzogtum Preussen, in: Sehling (Hg.) 4, S. 91. Die Frankfurter HO (1573) gebietet den Hebammen, wenn sich ein Neugeborenes in Lebensgefahr befinde, einen Pfarrer herbeirufen zu lassen, damit, "wo es müglich / die tauffe / durch den Pfarherr / jm widerfahre". Frankfurter HO (1573), in: Burckhard (Hg.), S. 198. Nach der Sächsischen KO (1580)

möglichst durch einen Mann vollzogen werden³⁷³. In den meisten lutherischen Kirchenordnungen wird der Vollzug der Nottaufe durch einen Mann oder eine Frau als gleichrangig gewertet oder ausdrücklich die Durchführung der Nottaufe durch die bei der Entbindung anwesenden Frauen bestimmt: Die Kurländische Kirchenordnung (1570) befiehlt, die Nottaufe, wenn kein "Kirchendiener" erreichbar sei, von "einem andern gottfürchtigen manne oder fraues person" durchführen zu lassen³⁷⁴. Gemäß der Sächsischen Kirchenordnung (1539) soll ohne Einschränkung denen, die bei der Entbindung zugegen sind, der Vollzug der Nottaufe aufgetragen werden³⁷⁵. In mehreren Kirchenordnungen wird ohne Hinweis auf einen Pfarrer oder einen Mann der Vollzug der Nottaufe durch die bei der Entbindung anwesenden Frauen bestimmt³⁷⁶. In der Kirchenordnung der Herrschaft Wolfstein (1574) ist vom

---

soll - wenn kein Pfarrer und kein anderer Mann erreichbar ist - die Hebamme "oder welches gegenwertig christlich weib sich des taufens unterfangen wil", die Nottaufe durchführen. Es wird jedoch davon ausgegangen, daß die Geburtshelferin die Nottaufe vollzieht. Sächsische KO (1580), in: Sehling (Hg.) 1, 1, S. 427. In der Augsburger "Forma. / Wie vom hailigen tauf ... zureden sei" (1555), findet sich eine ausführliche agendarische Anweisung zur Durchführung der Nottaufe durch den Pfarrer mit einer kurzen Ansprache an die Eltern. Vgl. die Augsburger Forma. / Wie vom hailigen tauf ... zureden sei (1555), in: Sehling (Hg.) 12 II, S. 100-102.

³⁷³Vgl. Chr. Gerber, Historie der Kirchenzeremonien in Sachsen, Dresden, Leipzig 1732, S. 614; nach Graff, S. 307.

³⁷⁴Kurländische KO (1570), in: Sehling (Hg.) 5, S. 95. "Die Jähetauffe oder Nottauffe nennet mann / so ein Kindt schwacheyt halben in der noth / im Hause von der Ammen / odder andern so nicht zum predigampt geordnet / getaufft wirt". Frankfurter HO (1573), in: Burckhard (Hg.), S. 197. Vgl. auch die Gräflich Schwarzburg'sche KO (1574), in: Sehling (Hg.) 2, 2, S. 135. Auch in mittelalterlichen Regionalkonzilien wird die Präferenz des Vollzuges der Nottaufe durch einen Mann nicht durchgängig gefordert. In der Bamberger Synode (1491) heißt es: "Baptismus omnium Sacramentorum janua est; ideo de ejus forma etiam mulieres instruantur, ut tempore necessitatis, quando pueris natis imminet periculum mortis, ipsos valeant, absentibus Presbyteris, rite baptizare". Bamberger Synode (1491), in: Hartzheim 5, S. 618.

³⁷⁵Vgl. die Sächsische KO (1539), in: Sehling (Hg.) 1, 1, S. 267; die Mecklenburger KO (1552), in: Sehling (Hg.) 5, S. 205; die Hessische KO (1566), in: Sehling (Hg.) 8 I, S. 283; die Hessische Agende (1574), in: ebd., S. 429; die Regensburger HO (1552), in: Burckhard (Hg.), S. 137; die Regensburger HO (1555), in: Burckhard (Hg.), S. 150.

³⁷⁶Vgl. die Wolfenbütteler KO (1543), in: Sehling (Hg.) 6 I 1, S. 69; die Lüneburger KO (1564), in: ebd., S. 558; die KO für das Herzogtum Preußen (1568), in: Sehling (Hg.) 4, S. 90 f; die Wolfenbütteler KO (1569), in: Sehling 6 I 1, S. 161; die Nördlinger KO (1579), in: Sehling (Hg.) 12 II, S. 353; die Kursächsische KO (1580), in: Richter (Hg.) II, S. 437; die Sächsische KO (1580), in: Sehling (Hg.) 1, 1, S. 427; die Hoyaer KO (1581), in: Sehling (Hg.) 6 I 2, S. 1159. Vgl. auch die KO für das Stift Verden (1606), in: Sehling (Hg.) 7 II 1, S. 174.

Vollzug der Nottaufe durch "Hebammen oder andere Personen" die Rede[377].

Die in mehreren Kirchenordnungen erteilte Mahnung, eine von einem Laien durchgeführte Nottaufe als "göttlich, christlich und recht" anzuerkennen, "es were gleich ein man oder weibs person"[378], weist jedoch darauf hin, daß die Anerkennung von Frauen durchgeführter Nottaufen - wohl vor allem aufgrund reformierter Einflüsse - im Luthertum nicht unumstritten war: Die Reformierten lehnten den Vollzug der Taufe durch Frauen auch in Notfällen grundsätzlich ab, weil Frauen gemäß 1. Kor. 14,34 nicht zum Predigen berufen seien und der Taufbefehl (vgl. Mt. 28,19) nur denjenigen den Vollzug der Taufe auftrage, denen das Amt der Verkündigung zukomme[379].

Die grundsätzliche Ablehnung des Taufvollzuges durch Frauen von Seiten der Reformierten erhöhte die Bedeutung des öffentlichen liturgischen Aktes der Bestätigung der Nottaufe im Luthertum (vgl. Kap. II A.I): Die Anerkennung der meist von Frauen durchgeführten Nottaufe als gültig und sicher für die Heilsgewißheit sollte bei der Bestätigung der Nottaufe gegen überkommene Vorbehalte und theologische Widerstände immer wieder öffentlich bekräftigt werden.

Der im Luthertum für unabdingbar erachtete Vollzug der Nottaufe durch Frauen führt in den untersuchten Quellen zur Hervorhebung der Anerkennung der Frauen als vollwertige Christen. Die reformierte Ablehnung der Durchführung der Nottaufe durch Frauen wird dagegen als Geringschätzung des Taufgebotes und frauenfeindlich verurteilt.

---

[377] KO der Herrschaft Wolfstein (1574), in: Sehling (Hg.) 13 III, S. 580. Vgl. auch die Sächsische KO (1580), in: Sehling (Hg.) 1, 1, S. 427.

[378] Vgl. u.a. die Gräflich Schwarzburgsche KO (1574), in: Sehling (Hg.), 2, 2, S. 135. Der lutherische Theologe Erasmus Sarcerius (1501-1559) fordert, eine ordnungsgemäß durchgeführte Nottaufe als recht anzuerkennen, egal ob sie von einem Mann oder einer Frau gespendet wurde. Vgl. Judicium Erasmi Sarcerii in libro inscripto: Mittel und wege die rechte Religion zu befoerdern, in: Dedeken 1 (1671), S. 396.

[379] Vgl. die Ordonnances ecclésiastiques de Genève (1541), in: Richter (Hg.) 1, S. 346; die Pfälzische KO (1563), in: Richter (Hg.) 2, S. 258. "Sacramenta quia sunt cum verbi administratione individuo nexu copulata, ad ministrorum officium pertinere nemo ambigit. Quare non censemus ab alio quam a verbi ministro, baptismum rite conferri posse". Acta synodi Wesaliensis (1568), in: Richter (Hg.) 2, S. 316. "Das aller sterckeste argument ..., warumb die Weybertauff nicht zu billichen, sondern abzuschaffen, ist der befelch Christi. Matt. 28. (Mt. 28,19) da er sagt: Gehet hin und lehret alle völcker und tauffet sie etc. Inn welchen worten der Herr Christus denen allein befhielet, zutauffen, so sein heyliges wort zu predigen beruffen sindt. Denn er fasset beyde das predigen und tauffen inn einem befelch und ampt zusammen. Derhalben keiner Creatur gebüret, under dem ... schein einer ... Nottauff Jemandes das Tauffen zuzulassen, so zum predigtambt nicht beruffen ist". Consensus Bremensis (1595) III 1 a, in: Müller (Hg.), S. 782, Z. 28-36. Vgl. auch die Kurhessische KO (12.7.1657), in: Burckhard (Hg.), S. 96. Zum Vollzug der Taufe durch Laien und Frauen vgl. auch Calvin 3 (Buch IV), 15. Kap., 2. Abschnitt, § 20 f, S. 408-410; Beza (1589), Resp. Th Bezae ad Theses D.D. Wirtemb. de Baptismo, XI Dogma, S. 125.

Gemäß der lutherischen Augsburger Kirchenordnung (1555) soll bei der Bestätigung der Nottaufe hervorgehoben werden, daß auch das weibliche Geschlecht zum "königlichen Priestertum" (1. Petr. 2,9) berufen sei; die Nottaufe werde nicht aus "Vermessenheit" oder "Verachtung des Kirchendienstes", sondern aus besonderer Not von Frauen vollzogen[380]. Bugenhagen (1551) beteuert: "Das vnsere weiber in der not ... teuffen / damit bezeugen wir fur Gott vnn der welt / das wir vnsere Kinder gerne zu Christo bringen mit seiner Tauffe / ... vnd haltens gar nicht mit denen / die da spotten / Was ists mehr / denn ein Weibe tauffe"[381]?

---

[380]Vgl. die Augsburger KO (1555), in: Sehling (Hg.) 12 II, S. 99. "Quamvis ... baptismi administratio ordinarie pertineat ad ecclesiae ministros; extraordinarie tamen in extremo necessitatis casu, quando hoc immediatum disjunctum obtinet, aut infantulo absque baptismo moriendum, aut baptismus a privata persona ei conferendus, in hoc inquam necessitatis casu privatis in aedibus a quovis Christiano in articulis religionis recte instituto, citra sexus respectum, baptismum administrari posse statuimus". GLTh 2, Tom. IV, Loc. 20, § I 33, S. 274. Vgl. auch ebd., § I 33-42, S. 274-278. "Christus princeps et primarius doctor baptismi ipsius non baptizaverit: et Paulus quoque quam paucissimos se baptizasse dicat, imo ad baptizandum missum se non esse fateatur. Actus praeterea baptizandi non opus habet ea eruditione, prudentia, alijsce adminiculis, quibus opus habet munus docendi". Georg Calixt, Dispvtatio (1643), Thesis I, § LV, s.p. Vgl. auch Judicium D. Pauli Tarnov. de Ministri verbi off. § 4 Quaestio. An Laico liceat in casu necessitatis baptizare?, in: Dedeken 3 (1671), S. 405 f; Affelmann, Appendix (1677), Disp. IV, II. Quaest., S. 49 f. "Laici in casu necessitatis possunt praedicare verbum DEI (qvod constat exemplo Aqvilae et Priscillae Act. XVIII. 26. (Apg. 18,26) Rom. XVI. 3 (Röm. 16,3). Sed cujus est docere, illius etiam est baptizare ... Laici circumcisionem in cujus locum Baptismus successit, administrarunt. Zippora circumcidit filium Exod. IV. 24. 25 (2. Mose 4,24 f). Qvod etiam mulieres Maccabaeae in casu necessitatis fecerunt. 1. Maccab. I. 36. Libr. II. c. VI. 10. Qvam circumcisionem ipse DEUS approbavit". Hollatz II, Part. III, Theol Sect. II, Cap. IV, Quaest. 4, S. 140.
[381]Bugenhagen, Von den vngeborn kindern (1551), s.p., S. 114. Die Württemberger KO (1536) bezeichnet es als eine "löbliche Gewohnheit", daß allen Christen, besonders den Hebammen, der Vollzug der Nottaufe zugebilligt werde. Vgl. die Württemberger KO (1536), in: Richter (Hg.) 1, S. 270. Vgl. auch die Nördlinger KO (1579), in: Sehling (Hg.) 12 II, S. 353; die Sächsische KO (1580), in: Sehling (Hg.) 1, 1, S. 366. In der KO der Herrschaft Wolfstein (1574) heißt es, die Möglichkeit der Nottaufe durch Laien, Männer und Frauen, besonders durch Hebammen, sei beizubehalten, obwohl die Calvinisten eine solche Taufe als "unrecht" verwerfen. Vgl. die KO der Herrschaft Wolfstein (1574), in: Sehling (Hg.) 13 III, S. 580. Zur calvinistischen Ablehnung der Nottaufe in der benachbarten Kuroberpfalz vgl. ebd., S. 264. Gemäß der Lüneburger KO (1564) soll die Gemeinde durch die kirchliche Bestätigung der Nottaufe daran erinnert werden, daß "die sacrament ... nicht gebunden (seien) an sonderliche örter, stand, condition, wirdigkeit oder unwirdigkeit der personen oder andere auswendige circumstantias, sondern alleine ... (an) die einsetzung des Herrn Jhesu Christi und ... Gottes befehl und zusage". Lüneburger KO (1564), in: Sehling (Hg.) 6 I 1, S. 558 f. Vgl. auch die Wolfenbütteler KO (1569), in: ebd., S. 161; die Lüneburger KO (1575), in: ebd., S. 665 f; die Nördlinger KO (1579), in: Sehling (Hg.) 12 II, S. 354; die Verdener KO (1606), in: Sehling (Hg.) 7 II 1, S. 174. "Wir sollen das auch gewiß sein und darahn nicht zweifeln, das dies kind

4. Die Beseitigung eines Problemzusammenhangs in Verbindung mit der Nottaufe: Die Abschaffung der katholischen Lehre von der 'geistlichen Verwandtschaft'

Durch Luthers Abschaffung der katholischen Lehre von der durch eine Taufe oder Nottaufe entstehenden geistlichen Verwandtschaft zwischen dem Täufer, dem Getauften und ihren Angehörigen entfällt in den frühneuzeitlichen lutherischen Kirchenordnungen die Notwendigkeit der Behandlung eines Problemzusammenhangs, der im Mittelalter vor allem mit Bezug auf den Vollzug der Nottaufe in der Gemeindepraxis zu Irritationen führte und u.U. für die Durchführung einer Nottaufe hinderlich sein konnte. Nach Thomas von Aquin entstehen durch die Spendung des Taufsakraments geistliche Verwandtschaftsbeziehungen, die einem Eheschluß im Wege stehen oder eine schon geschlossene eheliche Verbindung auflösen: die sog. "spiritualis paternitas" zwischen dem Täufer und dem Getauften, die "spiritualis compaternitas" zwischen dem Täufer und dem Kind des Getauften und die "spiritualis fraternitas" zwischen dem Getauften und den Kindern des Täufers[382]. Im "püechel von der regel der heyligen ee" (15. Jahrhundert) wird betont, niemand dürfe die Tochter dessen heiraten, der ihn getauft oder notgetauft habe, "er sey pfaff oder lay, fraw oder man"[383]. Die Lehre von der "geistlichen Verwandtschaft" konnte vor allem für die im Katholizismus illegitimen Kinder von Pfarrern sowie für die Kinder von Geburtshelferinnen zum praktisch relevanten Ehehindernis werden - so durfte nach der Lehre von der geistlichen Verwandtschaft etwa das Kind einer Hebamme nicht ein von ihrer Mutter notgetauftes Kind heiraten.

Bestimmungen mittelalterlicher Regionalkonzilien und Agenden weisen darauf hin, daß die Lehre von den durch die Taufe entstehenden geistlichen Verwandtschaftsbeziehungen leicht zu Mißverständnissen führen konnte und u.U. die Gefahr bestand, daß die Durchführung einer Nottaufe unterlassen wurde, um dadurch entstehende geistliche Verwandtschaftsbeziehungen zu vermeiden. In der Lütticher Regionalsynode (1287) und in der mittelalterlichen Schleswiger Agende wird in Übereinstimmung mit Thomas von Aquin betont, daß die eheliche Verbindung der Eltern des Täuflings nicht gelöst werde, wenn

---

recht und gnugsam getauft sey, ... unangesehen der person, so es getauft hat ...; dan die heilige taufe hat ihre kraft nicht von wegen der personen oder stedte, sonder des wortes Gottes, seines befhelichs und einsetzunge". Lüneburger KO (1575), in: Sehling (Hg.) 6 I 1, S. 666.

[382] "Patet quod sunt tres cognationes spirituales. Una quae dicitur spiritualis paternitas, quae est inter patrem spiritualem et filium spiritualem. Alia quae dicitur compaternitas, quae est inter patrem spiritualem et carnalem eiusdem. Tertia autem dicitur spiritualis fraternitas, quae est inter filium spiritualem et filios carnales eiusdem patris. Et quaelibet harum impedit matrimonium contrahendem et dirimit contractum". STh, Suppl., Quaest. 56, Art. 5, S. 189.

[383] "Ein püechel" (15. Jahrhundert), S. 274.

die Mutter oder der Vater an ihrem oder seinem Kind die Nottaufe vollziehe[384]. Offenbar hatte die Lehre von der geistlichen Verwandtschaft zu Zweifeln an der Gültigkeit einer Ehe nach der Nottaufe eines Kindes durch seine eigene Mutter oder seinen eigenen Vater geführt, obwohl die Kirchenlehre in diesem speziellen Fall die durch die Nottaufe entstehende geistliche Verwandtschaft nicht als Ehehindernis betrachtete. Vor allem im Zusammenhang mit der Nottaufe konnte die katholische Lehre von der durch die Taufe entstehenden geistlichen Verwandtschaft leicht zu Irritationen führen.

Luther wandte sich mit der Begründung gegen die Lehre von der geistlichen Verwandtschaft, daß alle getauften Frauen ohnehin die 'geistlichen Schwestern'

---

[384]"Doceant Presbyteri, quod si pater vel mater infantem suum in necessitate baptizaverint, non propter hoc dimittant, quin ut conjuges se habeant, ut ante". Lütticher Statuten (1287), in: Hartzheim 3, S. 685. "Si ex necessitate a patre proprio vel a matre infans fuerit baptisatus / matrimonium inter eos in sua firmitate remanebit. Et nulla sic baptisanti penitentia est iniugenda. quia ex hoc debet potius commendari. Et ita instruendi sunt layci ut habeant peritiam baptisandi si cum infans natus fuerit periculum mortis sibi imineat. itaque presbytero nequeant punctari. Sed necessitate cessante omnibus laycis et clericis: nisi sint in presbytero scanonice promoti: potestas baptisandi et cathecismum faciendi est interdicta". Freisen (Hg.), S. 34 f. Thomas hebt hervor, daß eine Nottaufe, die ein Vater an seinem Kind vollziehe, seine Ehe nicht trenne. Die 'geistliche Verwandtschaft' ist nach Thomas nur dann für eine geschlossene Ehe trennend, wenn sie schon vor dem Eheschluß bestand. Wenn sie erst später entsteht, wird dadurch das Band der Ehe nicht gelöst: "Si praecessit, impedit contrahendum et dirimit contractum. Si sequitur, tunc non dirimit vinculum matrimonii ... Quia aut spiritualis cognatio inducitur causa necessitatis, sicut cum pater baptizat filium, in articulo mortis. Et tunc non impedit actum matrimonii ex neutra parte". STh, Suppl., Quaest. 56, Art. 1, S. 185 f. Gemäß mittelalterlichen Konzilstexten sollte der Vollzug der Nottaufe durch den eigenen Vater oder die eigene Mutter des Kindes möglichst vermieden werden. Nach der Kölner Synode (1281) sollen Eltern nur dann an ihren Kindern die Nottaufe durchführen, wenn keine anderen Personen zugegen sind. "Sacerdos eandam formam doceat mares et foeminas observare, cum in necessitate baptizant infantes, etiam parentes, si alii defuerint". Hartzheim 3, S. 657. In den Kapiteln der mittelalterlichen Regionalkonzilien, die sich mit der Buße befassen, gehört das Vergehen der Taufe des eigenen Kindes ohne zwingende Notwendigkeit zusammen mit der Wiedertaufe zu den Fällen des bischöflichen Vorbehalts ('Casus episcopales'). Zur Taufe des eigenen Kindes ohne Notwendigkeit vgl. Breslau (1446), in: Hartzheim 5, S. 295; Konstanz (1483), in: ebd., S. 566; Bamberg (1491), in: ebd., S. 631; Schwerin (1492), in: ebd., S. 651. Zur Wiederholung der Taufe und der Konfirmation vgl. Trier (1227), in: Hartzheim 3, S. 527 und Konstanz (1483), in: Hartzheim 5, S. 566. Das Problem der geistlichen Verwandtschaft wurde auf vielen hoch- und spätmittelalterlichen Regionalkonzilien behandelt. Vgl. Lüttich (1287), in: Hartzheim 3, S. 685; Utrecht (1310), in: Hartzheim 4, S. 158; Mainz (1310), in: ebd., S. 207; Salzburg (1420), in: Hartzheim 5, S. 190; Eichstätt (1447), in: ebd., S. 366 f; Tournai (1481), in: ebd., S. 526; Bamberg (1491), in: ebd., S. 622; Schwerin (1492), in: ebd., S. 651 f. Zur mittelalterlichen Lehre über die 'cognatio spiritualis' vgl. auch Freisen, S. 507-532. "Pater, aut mater propriam prolem baptizare non debet, praeterquam in mortis articulo, quando alius non reperitur, qui baptizet, neque tunc vllam contrahunt cognationem, quae matrimonij vsum impediat". RR, De Ministro Baptismi, S. 7.

aller getauften Männer seien[385]. Luther betont, wenn eine durch das Sakrament der Taufe entstehende geistliche Verwandtschaft als ein Ehehindernis anzusehen wäre, dürfte kein Christ eine Christin heiraten[386].

Durch die Abschaffung der Lehre von der geistlichen Verwandtschaft gab es im Protestantismus keine durch die Taufe entstehenden Ehehindernisse mehr, die u.U. den Vollzug der Nottaufe behindern oder nach einer Nottaufe zu Problemen führen konnten. Nach der Abschaffung der Lehre von der geistlichen Verwandtschaft konnte eine Hebamme sicher sein, daß ihr und ihrer Familie durch den Vollzug einer Nottaufe kein Ehehindernis entstehe. Durch die Abschaffung der Lehre von der geistlichen Verwandtschaft wurde die Nottaufe von einem u.U. belastenden Problemzusammenhang befreit.

---

[385] Vgl. WA 10 II, S. 282, Z. 2-4.

[386] "Daß Luther Anlaß hatte, auch hinsichtlich der Handhabung des Ehe-Sakraments (ähnlich wie beim Buß-Sakrament) das neutestamentliche Taufverständnis zu bekräftigen, ist in der Luther-Forschung nicht beachtet worden". Scharffenorth, S. 201.

5. Die für die Heilsgewißheit unabdingbare Verwendung der trinitarischen Taufformel ohne kasuistische Zusätze: Die Abschaffung der Konditionaltaufe im Luthertum

Nach Thomas von Aquin ist die sich bei der Taufe vollziehende 'Wiedergeburt' wie die Geburt des Kindes aus dem Mutterleib unwiederholbar[387]. Die Taufe vermittelt den Tauf-'Charakter', ein unauslöschliches göttliches 'Siegel', das nur einmal empfangen werden kann[388]. Wenn nicht sicher ist, ob ein Kind schon eine gültige Taufe empfangen hat, soll es nach Thomas 'sub conditione' getauft werden[389]. Um eine Wiedertaufe auf jeden Fall zu vermeiden, wird in der Taufformel für die Taufe 'sub conditione' (Konditionaltaufe) festgestellt, daß sie nur dann wirksam sein solle, wenn der Täufling noch nicht gültig getauft sei. Wenn der Pfarrer nach einer Nottaufe zu der Überzeugung gelange, daß das Kind nicht (gültig) getauft worden sei, oder er daran zweifele, soll er es gemäß der Kölner Synode (1281) unter Verwendung dieser Formel 'sub conditione' taufen: "Petre (vel Johannes) si es baptizatus, ego te non baptizo; sed si non es baptizatus, ego te baptizo in nomine Patris, et Filii, et Spiritus Sancti. Amen"[390].

Aufgrund der nach Nottaufen häufigen Unsicherheit über ihren ordnungsgemäßen Vollzug und die damit verbundene Heilsvermittlung wurde die Konditionaltaufe wahrscheinlich nach Nottaufen fast immer durchgeführt. Gottfried Seebaß stellt fest: "Theoretisch wurde (in der katholischen Kirche) die Konditionaltaufe nur dort angewandt, wo man, wie bei Findelkindern, nicht wußte, ob eine Taufe bereits vorgenommen worden war, und außerdem in den Fällen, in denen

---

[387]"Baptismus iterari non potest. Primo quidem, quia baptismus est quaedam spiritualis regeneratio ... Et ideo non potest baptismus iterari: sicut nec carnalis generatio ... in morte Christi baptizamur. Christus autem semel tantum mortuus est ... baptismus imprimit characterem, qui est indelebilis, et cum quadam consecratione datur. Unde, sicut aliae consecrationes non iterantur in Ecclesia, ita nec baptismus ... baptismus principaliter datur contra originale peccatum. Et ideo, sicut originale peccatum non iteratur, ita etiam nec baptismus iteratur ...". STh III, Quaest. 66, Art. 9, S. 383 f.

[388] In den Bußregelungen mittelalterlicher Konzilien gehörte die Taufwiederholung zu den bischöflichen Reservatfällen. Vgl. dazu Hartzheim 3, S. 527; Hartzheim 5, S. 566.

[389] Vgl. STh III, Quaest. 66, Art. 9, S. 384. "Was Thomas geradezu zwingt, die Konditionaltaufe zu fordern, ist, daß er einerseits von der unbedingten Heilsnotwendigkeit der Taufe überzeugt ist, andererseits aber jede Taufwiederholung unmöglich machen muß". Lau, S. 122. Obwohl die Durchführung der Konditionaltaufe ansatzweise bereits im neunten Jahrhundert nachweisbar ist, gewann sie erst seit dem Beginn des 13. Jahrhunderts zunehmend allgemeine Verbreitung. Vgl. ebd., S. 119. Zum Umgang mit Fällen zweifelhafter Taufe in der Alten Kirche und im frühen Mittelalter vgl. ebd., S. 116-119.

[390] Köln (1281), in: Hartzheim 3, S. 660 f. Vgl. auch Schönfelder (Hg.), S. 90. "Baptismum iterare nullo modo liceat, si quis sub conditione ... sit baptizandus, ... hoc modo. Si non es baptizatus, ego te baptizo, in nomine Patris etc." RR, De forma Baptismi, S. 6.

an der Gültigkeit der Taufe ... Zweifel bestanden. Praktisch aber vollzog man wohl nach jeder nicht vom Priester vorgenommenen Taufe die Wiederholung 'sub conditione'"[391]. Nach Seebaß lag der Grund dafür "keineswegs nur bei der Kirche, die das von Laien gespendete Taufsakrament ... nicht wirklich anerkannte, sondern mindestens ebenso bei Eltern und Hebammen, denen auf Grund der römischen Lehre vom Priestertum eben doch zweifelhaft blieb, ob eine von Laien vollzogene Taufe tatsächlich die gleiche Kraft habe wie die vom Priester gespendete"[392].

In lutherischen Kirchenordnungen finden sich Mahnungen, auf die Gültigkeit einer Nottaufe zu vertrauen. Gemäß der Wolfenbütteler Kirchenordnung (1569) sollen Frauen, die eine Nottaufe durchgeführt haben, nicht "zweifeln, das kind sey recht getauft, weil es nach Christi befehl getauft worden" sei[393]. In der Kirchenordnung der Herrschaft Wolfstein (1574) werden die "Kirchendiener" angewiesen, "das Volk" zu unterrichten, daß eine von Hebammen oder anderen Personen durchgeführte Nottaufe als eine "rechte taufe" anzusehen sei[394]. Die Hamburger Kirchenordnung (1529) weist die Pfarrer an, bei der Taufbestätigung zu bekräftigen, daß das ordnungsgemäß notgetaufte Kind wahrhaft getauft sei[395]. Die Braunschweiger Kirchenordnung (1528) gebietet den Pfarrern, im Gespräch und in der Predigt ("heymelick unde ock van deme predickstole"), Hebammen und anderen Frauen ans Herz zu legen, notgetaufte Kinder nicht noch einmal taufen zu lassen[396]. In der Preußischen Kirchen-

---

[391] Seebaß, Die Vorgeschichte, S. 193 f.

[392] Seebaß, Die Vorgeschichte, S. 194. "Conditionali forma non passim, aut leuiter vti licet; sed prudenter, et vbi re diligenter peruestigata, probabilis subest dubitatio, infantem non fuisse baptizatum". RR, De forma Baptismi, S. 6.

[393] Wolfenbütteler KO (1569), in: Sehling (Hg.) 6 I 1, S. 161. Vgl. auch die Lüneburger KO (1564), in: ebd., S. 558; die Lüneburger KO (1575), in: ebd., S. 668.

[394] KO der Herrschaft Wolfstein (1574), in: Sehling (Hg.) 13 III, S. 581. Gemäß der Mecklenburger "Ordeninge der misse" (1545) sollen nach dem Vollzug der Nottaufe "alle glauben, das Kind sei recht getauft". Mecklenburger "Ordeninge der misse" (1545), in: Sehling (Hg.) 5, S. 157.

[395] Vgl. die Hamburger KO (1529), in: Sehling (Hg.), 5, S. 510. In der Mecklenburger "Ordeninge der misse" (1545) wird den Pfarrern geboten, bei der Bestätigung der Nottaufe zu sprechen: "So vormane ick juw dorch unsen heren Jesum Christum, dat gi dit kind vor ein recht lidt (als ein rechtes Glied) der christen gemene erkennen". Mecklenburger "Ordeninge der misse" (1545), in: ebd., S. 158.

[396] "Dat kyndeken is gedöpet ... alse Christus bevalen hefft; wat sochstu nu by deme prestere eyne betere döpe? Hölt me doch sulke kyndere vor Christene und ewich salich, wen se so sterben, unde synt id ock. Worumme scholde me se noch eyns döpen, wen se levendich bliven"? Braunschweiger KO (1528), in: Sehling (Hg.) 6 I 1, S. 360. Vgl. auch die KO des Noppus (Reichsstadt Regensburg, 1543), in: Sehling (Hg.) 13 III, S. 410; die KO der Herrschaft Wolfstein (1574), in: ebd., S. 581; die Frankfurter HO (1573), in: Burckhard (Hg.), S.

ordnung (1568) heißt es: "Wer ... notgetauft ist, der soll nicht zweifeln, das er von gott selbst recht getauft ist, soll derhalben nicht anderweit getauft werden, sondern bei der entpfangenen taufe bleiben"[397]. Bugenhagen (1551) wendet sich gegen die in der katholischen Kirche beim Tauftritus vollzogene Ölsalbung, weil dadurch Eltern und Angehörige verleitet würden zu zweifeln, daß die Nottaufe, in der Christus selbst das Kind mit seinem Heiligen Geist taufe, ausreichend sei, weil dabei nicht als äußeres Zeichen der Gabe des Heiligen Geistes eine Ölsalbung durchgeführt werde[398]. Die häufigen Mahnungen, auf die Heilswirksamkeit einer ordnungsgemäß durchgeführten Nottaufe zu vertrauen, lassen darauf schließen, daß auch im Luthertum vielfach an der Gültigkeit von Nottaufen gezweifelt wurde.

Seebaß hat nachgewiesen, daß auch Luther bis 1531 "die Konditionaltaufe vertreten, vielleicht sogar selbst angewendet hat"[399]. Die frühen reformatorischen Kirchenordnungen stimmten hinsichtlich seiner positiven Haltung zur Konditionaltaufe mit Luther überein[400]. Wenn Zweifel bestehen, ob ein Kind recht notgetauft wurde, soll es nach der "Reformatio ecclesiarum Hassiae" (1526) 'sub conditione' getauft werden[401]. In seinem Entwurf für die Brandenburgisch-Nürnbergische Kirchenordnung, die 1530 dem Nürnberger Rat übergeben wurde, bestimmte der Nürnberger Prediger Andreas Osiander

---

198 f. Die Hamburger KO (1529) bezeichnet die Taufe eines recht notgetauften Kindes als "ungläubige Handlung" gegen Christi Befehl, da die erste Taufe "ewig gelte". Vgl. die Hamburger KO (1529), in: Sehling (Hg.) 5, S. 510. In der Mecklenburger KO (1552) heißt es nach den Anweisungen zur Spendung der Nottaufe: "Das man denn nicht zweivele, das kind sei recht und gnugsam getauft, und nicht sol anderweit in der kirchen oder sonst getauft werden". Mecklenburger KO (1552), in: Sehling (Hg.) 5, S. 205. Vgl. auch die Sächsische KO (1539), in: Sehling (Hg.) 1, 1, S. 267; die Hessische KO (1566), in: Sehling (Hg.) 8 I, S. 283; die Hoyaer KO (1581), in: Sehling (Hg.) 6 I 2, S. 1159; die Verdener KO (1606), in: Sehling (Hg.) 7 II 1, S. 174. Nach der Pommerschen KO (1542) geschieht es oft, daß Kinder, obwohl sie eine gültige Nottaufe empfangen haben, in der Kirche noch einmal getauft werden. Vgl. die Pommersche KO (1542), in: Richter (Hg.) 2, S. 5.

[397] Preußische KO (1568), in: Sehling (Hg.) 4, S. 91.

[398] Vgl. Bugenhagen, Von den vngeborn kindern (1551), S. 119 f. Bugenhagen klagt, wenn das notgetaufte Kind überlebe, brächten es die Eltern zum "Priester", daß die "rechte" Taufe mit Ölsalbung empfange. Vgl. ebd. In der Braunschweiger KO (1528) wird den Pfarrern verboten, über notgetauften Kindern den Exorzismus zu lesen, um den Teufel auszutreiben, damit nicht der Heilige Geist gelästert werde, "de gewislick by dem gedofften kynde is". Braunschweiger KO (1528), in: Sehling (Hg.) 13 III, S. 581. Vgl. auch die Pommersche KO (1535), in: Richter (Hg.) 1, S. 249; die Harlingerlander KO (1573/74), in: Sehling (Hg.) 7 II 1, S. 730 f.

[399] Vgl. Seebaß, Die Vorgeschichte, S. 193.

[400] Vgl. Seebaß, Die Vorgeschichte, S. 199.

[401] Vgl. die Reformatio ecclesiarum Hassiae (1526), in: Richter (Hg.) 1, S. 61.

(1498-1552), im Zweifel an der Gültigkeit einer Nottaufe mit der folgenden Formel die Konditionaltaufe in deutscher Sprache zu vollziehen: "Bistu nach dem bevelh vnnsers Herrn Jehsu cristi recht getaufft, so willich dich nit tauffen, Bistu aber nit getaufft, so tauff ich dich Im namen des vaters vnnd des sones vnnd des Heyligen geists etc."[402].

Bereits die frühesten evangelischen Kirchenordnungen wandten sich gegen einen durch Zweifel an der Gültigkeit der Nottaufe veranlaßten 'Mißbrauch' der Konditionaltaufe. Es wurde bestimmt, daß nach einer recht vollzogenen Nottaufe keine weitere Taufe mit bedingter Formulierung durchzuführen sei: Den Kirchenordnungen ging es "offensichtlich darum, den Gebrauch der Konditionaltaufe auf die wirklich zweifelhaften Fälle einzuschränken. Von einer grundsätzlichen Ablehnung der Konditionaltaufe ... ist (jedoch noch) nichts festzustellen"[403].

In einem Brief an Wenzeslaus Linck schreibt Luther am 12. Mai 1531, Melanchthon und er seien zu dem Schluß gekommen, daß die Konditionaltaufe abzuschaffen sei: Sie vermöge weder dem so Getauften noch dem Täufer Gewißheit über die Taufe zu geben, so daß auch nach der Durchführung einer Konditionaltaufe im Anschluß an eine zweifelhafte Nottaufe weiterhin kein klares Zeugnis für die Taufe abgelegt werden könne[404]. Luther stellt fest, wenn die erste Taufe nicht als gültige Spendung des Taufsakraments angesehen werden könne, sei auch die daraufhin vollzogene Taufe 'sub conditione' als nichtig zu betrachten, denn die Konditionaltaufe könne die Ungewißheit über die Gültigkeit der ersten Taufe nicht aus dem Weg räumen. Die Unsicherheit über den heilswirksamen Empfang des Taufsakraments werde durch die Konditionaltaufe nicht beseitigt, sondern bleibe bestehen[405]. Für alle zweifelhaften Fälle schlug Luther eine 'neue' Taufe vor. Nach Seebaß war Luthers Ablehnung der Konditionaltaufe wahrscheinlich um 1540 "theoretisch in allen

---

[402] Zitiert nach Seebaß, Das Problem, S. 142. Seebaß berichtet von einer deutschen Taufformel für die Taufe 'sub conditione', die handschriftlich in Osianders Nürnberger Taufordnung (1524) eingetragen wurde: "Pistu nicht getauft etc.". Vgl. ebd., S. 141.

[403] Seebaß, Die Vorgeschichte, S. 193 f.

[404] Vgl. WAB 6, Nr. 1816, S. 96, Z. 1-27.

[405] "Quod si non fuit verus prior baptismus (quod iterum ignorare cogor), tunc iterum posterior baptismus nihil est, quia incertus est et esse cogitur, donec prior incertus est, cum per conditionalem fundatur in priorem, qui incertus fuit, per hoc et ipse manet incertus perpetuo". WAB 6, S. 96, Z. 13-16. "Ist die erste Tauffe recht / so ist dise vnrecht / vnd sol nicht gelten / Ist aber die erste vnrecht / so sol dise recht sein vnd gelten. Welche ists denn? Ich weis nicht. Solche schendliche dubitationes, oder zweiffelungen sind wider den befehl Christi / der wil / das wir der Sachen gewis sollen sein zum ewigen leben". Bugenhagen, Von den vngeborn kindern (1551), S. 127 f.

protestantischen Gebieten bestimmend"[406]. In den Hallischen Kirchenordnungen von 1541 und 1573 wird die Taufe 'sub conditione' als 'der Schrift zuwider' untersagt[407]. Die Pommersche Kirchenordnung (1535) betont, es sei unchristlich, den "ewigen Bund" der Taufe durch die Taufe 'sub conditione' "in Zweifel zu ziehen"[408]; die Taufformel der Konditionaltaufe ("Si tu non es baptizatus ...") bedeute nicht mehr, als wollte man sagen: Ist die erste Taufe recht, so ist diese unrecht, ist aber diese recht, so ist jene unrecht"; so zu taufen, heiße "im Unglauben und im Dunkeln" handeln[409].

Mit Bezug auf die Abschaffung der Konditionaltaufe im Luthertum stellt Franz Lau fest: "Die Scheu vor einer wenn auch nur eventuellen Wiedertaufe hat sich offenbar tiefer in das Bewußtsein der lutherischen Christen eingeprägt als die vor einer defekten Taufe"[410]. Nach Seebaß ist die lutherische Ablehnung der Konditionaltaufe "absolut nicht schlüssig"[411]. Er betont: "Zwar blieb bei einer Konditionaltaufe tatsächlich offen, welche der beiden Taufen gültig war, die erste, von der man nichts wußte, oder die zweite, konditionale. Aber man konnte gewiß sein, daß auf jeden Fall nur eine der beiden Taufen - und die bestimmt - gültig war"[412].

Entscheidend für die Abschaffung der Konditionaltaufe im Luthertum war das seelsorgerliche Anliegen der Gewißheit über den rechten Taufempfang. Sie konnte nach der Auffassung der Kritiker der Konditionaltaufe nur durch die Verwendung der trinitarischen Taufformel ohne kasuistische Zusätze gewährleistet werden.

---

[406] Seebaß, Die Vorgeschichte, S. 203. "Freilich bleibt eine weiterhin offene Frage, wieweit in diesem Punkt die Kirchenordnungen in den einzelnen Gemeinden befolgt wurden". Ebd.

[407] Vgl. die Hallische KO (1541), in: Richter (Hg.) 1, S. 341; die Hallische KO (1573), in: Sehling (Hg.) 2, 2, S. 440.

[408] Pommersche KO (1535), in: Richter (Hg.) 1, S. 249.

[409] Pommersche KO (1535), in: Richter (Hg.) 1, S. 249. In der Brandenburg-Nürnberger KO (1533) wird die Taufe 'sub conditione' untersagt, damit "man nit den Widertauffern jres yrthumbs grosse vrsach gebe". Brandenburg-Nürnberger KO (1533), in: Richter (Hg.) 1, S. 199. Die Konditionaltaufe wird als Ausdruck des Zweifels an der Gültigkeit der Taufe angesehen.

[410] Lau, S. 111.

[411] Seebaß, Das Problem, S. 149.

[412] Seebaß, Das Problem, S. 149.

6. Die Möglichkeit des Heilsempfangs auch ohne die Vermittlung der 'Taufe im Mutterleib': Die Abschaffung der Nottaufe von Körperteilen vor der Vollendung der Geburt

Im mittelalterlichen und frühneuzeitlichen Katholizismus wurden in Notfällen Körperteile von Kindern getauft, die bei der Entbindung aus dem Mutterleib hervortraten. Die Kölner Synode (1281) ordnet an, wenn der Tod eines Kindes vor der Vollendung der Geburt zu befürchten sei und sein Haupt außerhalb des Mutterleibes erscheine, solle ein bei der Entbindung Anwesender Wasser über den Kopf des Kindes gießen, während er die Taufformel spreche[413]. Nach dem Trierer Provinzialkonzil (1310) ist auch ein anderer Körperteil zu taufen, wenn der Kopf nicht aus dem Mutterleib hervortrete; ein Fuß oder eine Hand soll jedoch nicht getauft werden, weil eine solche Taufe wirkungslos bleibe[414]. Gemäß Johann Baptist Obermayers "Unterricht in der Entbindungskunst" (18. Jahrhundert) sollen Hebammen in Bayern jede Frucht taufen, "sie mag so

---

[413] "Si timeatur de morte infantis, antequam nascatur, et caput eius nascentis appareat extra uterum, infundat aquam, quae adfuerit, super caput nascentis dicens: (folgt Taufformel)". Kölner Synode (1281), in: Hartzheim 3, S. 661. "Si caput infantis nascentis appareat, extra, vel membrum aliud principalius, et timeatur de morte infantis, antequam perfecte nascatur, infundat, qui adfuerit, aquam super caput nascentis dicens: (folgt Taufformel)". Lütticher Statuten (1287), in: Hartzheim 3, S. 685. "Est expectandus totalis partus ab utero: ubi autem periculum mortis timeretur, egressa parte principali, et capite, in quo operationes animae magis manifestantur, baptizetur infans". Bamberger Synode (1491), in: Hartzheim 5, S. 618. Zur Taufe 'in partu' in der Scholastik vgl. auch Jetter, S. 101, Anm. 3.

[414] "Si autem muliere in partu laborante infans in ventre matris tantum caput emiserit, et nasci nequeat, mox aliqua de obstetricibus, aquam super caput infantis infundat, dicens: (folgt Taufformel). Et erit baptizatus. Idemque dicendum est, prout quidam asserunt, si major pars corporis praeter caput appareat, baptizetur; secus, si minor, solus pes, vel sola manus appareat, baptizari non debet, quod si fiat, nihil agitur. Cum, enim partus tunc non nascatur, nec tunc etiam renasci potest. Caeterum, si solum caput, vel solum major pars corporis appareat, nec discerni potest cujus sexus sit, tunc obstetrix levando caput cum aqua faciendo crucem super caput dicat sic: Creatura Dei (folgt Taufformel). Et erit baptizatus". Trierer Provinzialkonzil (1310), in: Hartzheim 4, S. 153. In den Lütticher Statuten (1287) wird der Täufling bei der 'Taufe im Mutterleib' ebenfalls mit einer geschlechtsneutralen Anrede adressiert: "Infans! Ego te baptizo in nomine Patris, et Filii, et Spiritus Sancti". Lütticher Statuten (1287), in: Hartzheim 3, S. 685. Mittelaltliche Provinzialkonzilien enthalten auch Anweisungen über die Spendung der Nottaufe für den Fall, daß Schwangere oder Gebärende sterben, bevor sie ihre Kinder zur Welt gebracht haben: "Si certum sit, quod mulier praegnans moriatur, teneatur os ejus apertum: et cum magna cautela uterus ejus aperiatur: et si infans fuerit vivus, educatur et baptizetur". Kölner Synode (1281), in: Hartzheim 3, S. 661. Vgl. die Lütticher Statuten (1287), in: ebd., S. 685. "Si mulier in puerpercio decesserit, et partus maternis in visceribus adhuc jacere credatur, uterus mulieris sine mora aperiatur, et puer, si vivus eductus fuerit, baptizetur". Trier (1310), in: Hartzheim 4, S. 153.

verunstaltet und klein seyn, als sie will; Fruechte, wie eine Bohne, wie ein Gerstenkorn; Mißgeburten jeder Art, ... immer ... mit dem Beysatz: 'Kind, wenn du faehig, oder wenn du ein Mensch bist' ... Wenn die Hebamme der Auffassung ist, das Kind im Mutterleib nicht recht getauft zu haben oder wenn sie zuerst die Nabelschnur, die Häute, ... u.d.gl. getauft hat, und es kommt nun ein anderes Glied zum Vorschein, muß sie wieder taufen mit den Worten: 'Wenn du lebst, und noch nicht getauft bist'"[415].

---

[415]Johann Baptist Obermayer, Unterricht in der Entbindungskunst, 4. Teil: Von der aufhabenden geistlichen Pflicht einer Hebamme oder von der Nothtaufe (18. Jahrhundert). Zitiert nach Friedrich Benjamin Osiander, Lehrbuch (1796), S. 661 f. Gemäß der Kölner Agende (1720) kann die 'Taufe im Mutterleib' durchgeführt werden, wenn bei der Entbindung das Haupt des Kindes aus dem Mutterleib hervortritt. Wenn nach der Taufe 'in partu' das Kind ganz geboren ist und die Gefahr besteht, daß es stirbt, bevor es möglich ist, einen Priester herbeizurufen, kann es die Hebamme 'sub conditione' taufen: "Si partus sit difficilis, et infanti periculum immineat, siquidem caput emerserit, baptizari possit, nec necesse ullum postea fieri baptismum, eo quod in capite sensus omnes vitaeque integritas existat, quae in membris aliis non reperitur. Et proinde si nonnisi aliud aliquod membrum egressum sit, possit quidem urgente periculo infans baptizari; sed si postea totus plene editus fuerit, sitque periculum, ne, antequam Sacerdotis copia haberi posit, moriatur, sub conditione a se baptizari possit". Kölner Agende (1720), in: Burckhard (Hg.), S. 105. "Nemo in vtero matris clausus baptizari debet. Sed si infans caput emiserit, et periculum mortis immineat, baptizetur in capite; nec posteà si viuus euaserit, erit iterum baptizandus. At si aliud membrum emiserit, quod vitalem indicet motum in illo, si periculum impendeat, baptizetur; et tunc si natus vixerit, erit sub conditione baptizandus". RR, De Ministro Baptismi, S. 8. "Si ... primo caput egrediatur, in quo fundantur omnes sensus, debet baptizari, periculo imminente; et non est postea rebaptizandus, si eum perfecte nasci contigerit. Et videtur idem faciendum quaecumque alia pars egrediatur, periculo imminente. Quia tamen in nulla exteriorum partium integritas vitae ita consistit, sicut in capite, videtur quibusdam, quod propter dubium, quacumque alia parte corporis abluta, puer post perfectam nativitatem sit baptizandus sub hac forma : Si non es baptizatus, ego te baptizo". Suarez 20, Quaest. LXVIII, Sect. VI, Art. XI, S. 447. In Lüttich (1287) sollte nach einer 'Taufe im Mutterleib' in jedem Fall eine Konditionaltaufe vollzogen werden, während in Köln (1281) nur dann die 'Taufe im Mutterleib' 'sub conditione' wiederholt werden sollte, wenn am formell richtigen Vollzug gezweifelt wurde. Vgl. Lüttich (1287), in: Hartzheim 3, S. 685; Köln (1281), in: ebd., S. 661. In der Kölner Agende (1720) werden die Hebammen ermahnt, nicht die Nottaufe durchzuführen, wenn sie sehen, daß das Kind tot sei und kein Lebenszeichen von sich gebe: "Ut ab illarum prolium baptismo semper abstineant, quas mortuas viderint, nec ullum vitae signum edere". Kölner Agende (1720), in: Burckhard (Hg.), S. 104. In der Pommerschen KO (1535) wird die Taufe von Totgeburten untersagt, weil Christus die Taufe "für die Lebendigen und nicht für die Toten" eingesetzt habe. Vgl. die Pommersche KO (1535), in: Richter (Hg.) 1, S. 249. Vgl. auch die Lüneburger KO (1564), in: Sehling (Hg.) 6 I 1, S. 558; die Braunschweig-Lüneburgische KO zum Gebrauch im Calenbergischen Teil (1.1.1569), in: Burckhard (Hg.), S. 93 f; die Wolfenbütteler KO (1569), in: Sehling (Hg.) 6 I 1, S. 161; die Hoyaer KO (1581), in: Sehling (Hg.) 6 I 2, S. 1159; die Verdener KO (1606), in: Sehling (Hg.) 7 II 1, S. 173. "Baptismus est sacra et solennis actio, divinitùs instituta, qva homo peccator vivus et natus sine discrimine sexus et aetatis abluitur aqva

Luther wendet sich gegen die Taufe einer Hand, eines Beines, des Kopfes oder eines anderen Körperteils, der sich bei der Entbindung zeige[416]. Gemäß Joh. 3,5 ist es nach Luther und den Bestimmungen fast aller lutherischer Kirchenordnungen[417] zum Empfang der heilsvermittelnden Wiedergeburt durch die Taufe erforderlich, daß ein Mensch zunächst einmal körperlich geboren ist[418]. In einer bei Heermann (1623) abgedruckten Leichenpredigt heißt es, die Wiedergeburt durch den Empfang des Taufsakraments gemäß Joh. 3,5 sei nur für Kinder möglich, "die mit dem ganzen Körper geboren seien"; wenn Gott selbst ihre Lebenszeit so begrenze, daß sie die Taufe nicht empfangen könnten,

---

in nomine Patris, Filii et Spiritus Sancti". Hollatz II, Part. III., Theol. Sect. II, Cap. IV, Quaest. 2, S. 137.

[416]"An puer manu, pede, capite aut alia corporis parte saltem natus debeat in illa parte baptisari? Respondit: Non, quia oporteat integre nasci hominem, antequam aqua et spiritu renascatur". WAT I, Nr. 1030, S. 520, Z. 20-23. Vgl. auch WAB 7, Nr. 2295, S. 363, Z. 1 - S. 364, Z. 45; WAB 6, Nr. 2066-2069, S. 550-555. Vgl. auch eine Äußerung Luthers in WAT 6, Nr. 6758, S. 167, Z. 4 - S. 169, Z. 18. Der lutherische Theologe Leonhard Hutter (1563-1616) antwortet auf die Frage: "Qui sunt baptizandi"?: "Infantes, qui nuper hanc in lucem sunt editi". Hutter, Loc. XX, I 8, S. 96. Vgl. auch: An Infantes nondum ex utero matris editi, sint baptizandi? Judicium D. Pauli Tarnovii in Disp. altera de of. Minist. Eccles. Quaestio Responsio negativa, in: Dedeken 3 (1671), S. 427; An infans, qui exerto quidem capite, sed ad reliquam partem corporis adhuc est in utero, sit baptizandus?, in: ebd., S. 427 f.

[417]Die Taufe 'in partu' wird in allen evangelischen Kirchenordnungen mit Ausnahme der "Reformatio ecclesiarum Hassiae" (vgl. Richter (Hg.) 1, S. 61) abgelehnt. Vgl. Seebaß, Das Problem, S. 150. Die Schleswig-Holsteinische KO (1542) verbietet den Hebammen, an einer Frucht, die sich in Lebensgefahr befinde, aber noch nicht ganz geboren sei, die Nottaufe zu vollziehen, obwohl dies bislang ("vorhen") geschehen sei. Vgl. die Schleswig-Holsteinische KO (1542), in: Burckhard (Hg.), S. 84. Gemäß der KO für das Herzogtum Preußen (1568) soll "das Volk" in Predigten unterrichtet werden, "nicht leichtlich zu der nottauf (zu) eilen, sondern (zu) warten, bis das kind ganz und gar von mutterleib auf erden geboren" sei. KO für das Herzogtum Preußen (1568), in: Sehling (Hg.) 4, S. 90. In seiner "Lübeckischen Kirchenhistorie" (1724) berichtet C.H. Starcke, daß eine im Jahr 1570 von einer katholischen Hebamme in Lübeck vollzogene Taufe eines noch nicht völlig geborenen Kindes wiederholt wurde, da die Mutter sich um die Gültigkeit der Taufe im Mutterleib sorgte und der evangelische Pfarrer erklärte, was nicht geboren sei, werde auch nicht wiedergeboren. Vgl. C.H. Starcke, Lübeckische Kirchenhistorie, Hamburg 1724, S. 354; nach Graff, S. 307.

[418]Obwohl im Luthertum die 'Taufe im Mutterleib' mit der Begründung abgelehnt wird, daß kein Kind wiedergeboren werden könne, das noch nicht völlig geboren sei, kann nach lutherischer Auffassung bei Kindern, die vor der Taufe sterben, die Wiedergeburt noch im Mutterleib erfolgen. Bugenhagen fragt, wie Kinder im Mutterleib 'wiedergeboren' werden können, wenn sie leiblich noch nicht geboren sind. Nach Bugenhagen bezieht sich der Terminus 'geboren' in der Bibel nicht immer auf die Entbindung, sondern auch allgemein auf die "Menschwerdung". Als Beleg führt er Mt. 1,20 an: "Was sie empfangen hat, das ist von dem heiligen Geist". Er betont, in diesem Sinn seien Kinder im Mutterleib auch als 'geboren' anzusehen. Vgl. Bugenhagen, Von den vngeborn kindern (1551), s.p., S. 64.

sei ihnen die Seligkeit auch ohne den Empfang der Taufe nicht abzusprechen[419]. Schon Augustin hatte den Grundsatz vertreten, daß niemand die geistliche 'Wiedergeburt' empfangen könne, der nicht zuvor körperlich geboren wurde[420]. Im mittelalterlichen und frühneuzeitlichen Katholizismus drängte die Furcht vor dem Tod des Kindes ohne den Empfang des als heilsnotwendig angesehenen Taufsakraments zur Nottaufe von Körperteilen der Leibesfrucht vor der Vollendung der Geburt. Ein neuer theologischer Ansatz (vgl. Kap. II B.1-3) machte im Luthertum die 'Taufe im Mutterleib' überflüssig und ließ die Fürbitte der Eltern und der Kirche für die ungeborene und noch nicht getaufte Leibesfrucht an die Stelle der Taufe 'in partu' treten (vgl. Kap. II B.1). Nach lutherischer Auffassung ist das Heil trotz seiner großen Bedeutung für die Heilsvermittlung und Heilsgewißheit nicht wie nach katholischer Überzeugung unabdingbar an den Empfang des Taufsakraments gebunden: Die 'Taufe im Mutterleib' ist nicht erforderlich, weil der noch nicht völlig geborenen wie auch der noch ganz im Mutterleib verborgenen Leibesfrucht das Heil ohne die Vermittlung des Taufsakraments zuteil werden kann.

---

[419]Vgl. Heermann, Schola (1642), 1. Lp., S. 12. Haas betont, in Joh. 3,5 sei nicht von Kleinkindern die Rede, "sondern (von) solchen Personen, die ihr Alter erreicht und die Taufe entweder begehren oder verwerfen können, dergleichen die Pharisäer waren, aus deren Orden Nicodemus hergekommen". Haas, Der getreue Seelen-Hirte (1870, Ausgabe 1706, Vorwort: 1696), S. 139. Gerhard stellt mit Bezug auf die Kinder fest, die ungetauft im Mutterleib sterben: "Non possint pro contemtoribus hujus sacramenti censeri, siquidem baptismus est lavacrum regenerationis. Quoniam vero nemo potest renasci, nisi prius nascatur; quomodo ergo per baptismum renasci potuerunt, qui nondum in lucem sunt editi". GLTh 2, Tom. IV, Loc. 20, § I 237, S. 381. Mit Bezug auf die Schwierigkeit der Deutung von Joh. 3,5 hinsichtlich der Lehre von der Taufe betont Barth: "Wie mancher mag sich diese Stelle schon aus dem Neuen Testament weggewünscht haben". Barth, S. 51.
[420]Vgl. Augustin, De Praesentia, Sp. 844 f. Vgl. auch GLTh 2, Tom. IV, § I 167, 3., S. 347.

B. Das Heil der ungetauft sterbenden Kinder

1. Die Errettung der ungetauft sterbenden Kinder durch die Fürbitte ihrer Eltern und anderer Christen

1.1 Die Fürbitte für das Heil ungetauft sterbender Kinder an Stelle der 'Taufe im Mutterleib'

Luther betont: "Wenn es sich zuträgt mit einem Weibe, daß das Kind nicht gänzlich von ihr kommen kann, sondern ein Arm oder ander Glied herfür kömmet, so soll man dasselbig glied nicht täufen ... Die aber dabei sind, sollen nieder knien, unsern Herrn Gott bitten, daß er wolle solchs Kindlin seines Leidens und Sterbens theilhaftig lassen werden, und ... nicht zweifeln, Er werde es nach seiner göttlichen Gnad und Barmherzigkeit wol wissen zu machen"[421]. Gemäß den Bestimmungen vieler Kirchen- und Hebammenordnungen sollen die Hebammen eine Leibesfrucht, die dem Tod nahe ist und nicht geboren werden kann, im Gebet Gott befehlen[422]. Die Sächsische Kirchenordnung (1542) trägt den Anwesenden auf, wenn bei der Entbindung eine Hand oder ein Fuß zu sehen sei, statt der 'Taufe im Mutterleib' "für solch kindlein ein ... gebet zu gott (zu) thun"[423]. In der Hadelner Kirchenordnung (1526) wird betont, Geburtshelferinnen hätten keine weiteren geistlichen Pflichten an einem im Mutterleib sterbenden Kind zu erfüllen, wenn es im Gebet Gott befohlen

---

[421] WAT 6, Nr. 6758, S. 167, Z. 6-8, 19-22.

[422] Vgl. die Hadelner KO (1526), in: Sehling (Hg.) 5, S. 471; die Braunschweiger KO (1528), in: Sehling (Hg.) 6 I 1, S. 361; die KO des Noppus (Reichsstadt Regensburg, 1543), in: Sehling (Hg.) 13 III, S. 410; die Lüneburger KO (1564), in: Sehling (Hg.) 6 I 1, S. 558; die Wolfenbütteler KO (1569), in: ebd., S. 160 f; die Nördlinger KO (1579), in: Sehling (Hg.) 12 II, S. 353; die Kursächsische KO (1580), in: Richter (Hg.) 2, S. 437; die Sächsische KO (1580), in: Sehling (Hg.) 1, 1, S. 426 f; die Hoyaer KO (1581), in: Sehling (Hg.) 6 I 2, S. 1159; die Verdener KO (1606), in: Sehling (Hg.) 7 II 1, S. 173; die Regensburger HO (1552), in: Burckhard (Hg.), S. 138; die Regensburger HO (1555), in: ebd., S. 151.

[423] Sächsische KO (1542), in: Sehling (Hg.) 1, 1, S. 202. Gemäß der Lüneburger KO (1564) sollen Hebammen in Notfällen keinen Körperteil taufen, sondern darum beten, daß die Frucht "in ihre hende gegeben werde und also nach seinem befehl und auf seine gnadenreiche zusage die heilige taufe empfahen möge, wo nicht, das dennoch der barmherzige liebe Vater sich der lieben frucht in gnaden annemen wolle umb seines geliebten Sons Jhesu Christi willen". Lüneburger KO (1564), in: Sehling (Hg.) 6 I 1, S. 558. Vgl. auch die Braunschweig-Lüneburgische KO zum Gebrauch im Calenbergischen Teil (1569), in: Burckhard (Hg.), S. 93; die Lüneburger KO (1575), in: Sehling (Hg.) 6 I 1, S. 668; die Verdener KO (1606), in: Sehling (Hg.) 7 II 1, S. 173.

worden sei[424]. Die Braunschweiger Kirchenordnung (1528) fordert dazu auf, nicht an der Seligkeit ungetauft gestorbener Kinder zu zweifeln, die "mit gläubigem Gebet" Gott anbefohlen wurden[425].

In lutherischen Gebeten Schwangerer und Gebärender ist das Gebet für das Heil der ungetauft sterbenden Leibesfrucht von großer Bedeutung (vgl. Kap. III A-C). Die Fürbitte der Schwangeren und Gebärenden für das Heil ihres Kindes konzentriert sich nicht mehr nur wie im Katholizismus[426] auf das Anliegen, Gott

---

[424]"Mit der frucht schölen se also umme gan, dat se de kinder, so im moder-live dodt sin, gade befehlen, und des gewisse sin, dat se mit der frucht, de dar dodt edder noch ungebahren iss, nicht mehr tho doende hebben, denn dat de fruwen darvan mögen erlöset werden". Hadelner KO (1526), in: Sehling (Hg.) 5, S. 471. Vgl. auch die Pommersche KO (1535), in: Burckhard (Hg.), S. 80; die Schleswig-Holsteinische KO (1542), in: ebd., S. 84. Die Braunschweig-Lüneburger KO (1564) gebietet den Pfarrern, die Hebammen zu unterrichten, die tote Leibesfrucht nicht zu taufen. Vgl. die Braunschweig-Lüneburger KO (1564), in: Richter (Hg.) 2, S. 286. Nach der Braunschweiger KO (1528) tun die Menschen, "was sie können", wenn sie für die Kinder im Mutterleib beten. Vgl. die Braunschweiger KO (1528), in: Sehling (Hg.) 6 I 1, S. 361.

[425]Vgl. die Braunschweiger KO (1528), in: Sehling (Hg.) 6 I 1, S. 361. Vgl. auch die Pommersche KO (1535), in: Richter (Hg.) 1, S. 249; die KO für das Herzogtum Preußen (1568), in: Sehling (Hg.) 4, S. 90; Haas, Der getreue Seelen-Hirte (1870, Ausgabe 1706, Vorwort: 1696), S. 522. Die Hadelner KO (1526) mahnt, nicht an der Seligkeit eines Kindes zu zweifeln, das ohne Taufe sterbe. Hadelner KO (1526), in: Sehling (Hg.) 5, S. 471. "Ja / saget ihr / wann noch das Kind getaufft waere / so koentet ihr euch noch zufrieden geben. Aber ausser Zweifel ists / daß die liebe Seele ihr Kind mit viel tausend Thraenen vnd Seuffzen GOTT befohlen / die muessen an dem Kinde nicht verlohren seyn". Müller, Heinisius (1624), 48. Lp., S. 740. In der Oldenburger KO (1573) heißt es, Kinder christlicher Eltern sollten nicht als verdammt angesehen werden, da sie von ihren Eltern sicher noch im Mutterleib durch Gebet und "herzliches Seufzen" zu Gott gebracht worden seien. Vgl. die Oldenburger KO (1573), in: Sehling (Hg.) 7 II 2, 1, S. 1109 f. Vgl. auch die Kurländische KO (1570), in: Sehling (Hg.) 5, S. 96. "Pii parentes fructum ventris per preces serias Deo offerunt, quin imo in publicis ecclesiae precibus gravidarum ac parturientium fit mentio; jam vero de exauditione precum praesertim publicarum exstant suavissimae promissiones. Ergo non potest dubitari, quin quod alias per ordinarium baptismi sacramentum Deus efficit, id in casu privationis extraordinarie gratiae suae efficacia compleat". GLTh 2, Tom. IV, Loc. 20, § I 237, 3, S. 382. Vgl. auch Stölzlin (1652), S. 452.

[426]"So hab ich ... dieses Kindlein nach deiner goettlichen Verordnung empfangen, ... Sieh nicht in ihm an, dasz es noch ein Kind des Zorns ist, sondern gedenke, dasz es durch den heiligen Tauf ein reiner Tempel des heiligen Geistes seyn werde". Gebeth, eines schwangeren Weibs, Welches sie, so bald das Kind das Leben hat, sprechen, und alle Monat wiederholen solle, in: von Cochem, Guldener Himmels-Schlüssel (1690), S. 586, 587. Vgl. auch von Cochem, Goldener Himmels-Schlüssel (1780), S. 581. "Mich aber und mein armes Kindlein ... befehle ich in dein heiliges durchstochenes Herz, auf dasz wir beyde darinn vor Gefahr des Tods bewahret seyn, und das liebe Kindlein zur Gnad der heiligen Taufe gelange". Gebeth, Zu Christo am Kreuz vor der Geburt, in: von Cochem, Guldener Himmels-Schlüssel (1690), S. 592. Vgl. auch von Cochem, Goldener Himmels-Schlüssel (1780), S. 590. "Ich ... opfere Dir

möge ihm durch den Empfang des Taufsakraments das Heil zukommen lassen - obwohl diese Bitte ebenfalls von großer Bedeutung ist. Die Schwangere und Gebärende soll darum beten, daß ihrer Leibesfrucht das Heil ohne Taufe zuteil werde, wenn sie das Taufsakrament nicht empfangen könne. Die anderen bei der Entbindung Anwesenden und der Ehemann sollen ebenfalls dies Anliegen vor Gott bringen[427].

In der Regensburger Hebammenordnung (1552) heißt es: "Wenn es sich ... zutregt das sich ein kindle ... allain mit einem tayl seins leibs erzaigt, vnnd nit

---

die Frucht, welche ich unter meinem Herzen trage, und eigne sie Dir vollkommen zu, daß sie vielmehr Dein als mein Kind sein soll ... Nimm, o gütiger Gott, von dieser Stunde an die Mutter und das Kind in deinen Schutz und bewahre uns beide vor allem Ungemache an Leib und Seele". Gebet einer Frau vor der Geburt ihres Kindes, in: von Cochem, Der grosse Myrrhengarten, S. 480. "O H. Gottes Gebaehrerin Maria, ... dich bitte ich ..., du wollest mir Gnad erwerben, damit die empfangene Frucht meines Leibs, nach gewuenschter Geburt, das Sacrament der H. Tauff empfangen ... moege". Gebett zu der allerseeligsten Jungfrawen gluecklicher Geburt zu erhalten, in: Nakatenus (1754), S. 517. "O heiliger Vater Ignatius! deme Gott ... eine sonderbare ... Liebe zu den Kindern mitgetheilet; welche du mit einem Gloecklein auf den Strassen hast pflegen zusammen zu berufen, ihnen die christliche Lehre auszulegen ...; deswegen Gott dich bey den Menschen also ruehmlich gemacht, dasz durch die Anrufung deines heiligen Namens, und durch die Anruehrung dein Wunderthaetigen Reliquien, ... die Kinder, welche sonst waeren verlohren gegangen, zum heiligen Tauf und ewiger Seligkeit gelanget. Ich .. bitte ..., du wollest durch deine maechtige Fuerbitte bey Gott ... das Kind zum heiligen Tauf gelangen lassen". Gebeth zum H. Ignatius, durch seine Fuerbitte eine gluecliche Geburt von Gott zu erhalten. In solchem Stand taeglich mit Andacht zu sprechen, in: Wille (1780), S. 225, 226. "HEilige ... sant Margaret ... du wöllest zu hilf kommen ... diser N. yetz in kinds nöten begriffen / ... erwirbe ir ... ein lebendig recht vnn gesundt begerte frucht ires leibs gott dem almechtigen zu lob vnn ere / cristlicher versamelung zu merung : zu ersetzen vnn erfüllen die zale der auszerwölten gottes". Von sant margrethen ein gebet : ... einer frauwen in kinds nöten, in: Seelengärtlein (1911, 1706), S. 585, 586, 587. "Achevez, mon Dieu, votre ouvrage en moi, et daignez conserver et conduire á sa perfection le fruit que je porte dans mes entrailles. Protégez-le de tous accidents qui peuvent lui nuire. Ne lui imputez point mes péchés et ne permettez pas que les fautes dont je suis coupable à vos yeux, l'empechent de venir à un heureux terme et de recevoir, par le saint bapteme, une nouvelle naissance en Jésus-Christ votre fils". Prière d'une femme enceinte pour demander la grace d'un heureux accouchement, in: Bremond, S. 308. "Faites-moi la grace, Seigneur, ... que j'aie la force de donner la naissance corporelle à l'enfant que j'ai concu, afin qu'il puisse recevoir la spirituelle dans votre Eglise, et vivre sur la terre de la vie nouvelle de la grace, jusqu'à ce qu'il aille vivre de la vie de la gloire dans le ciel". Prière que les femmes enceintes peuvent dire le matin, in: Bremond, S. 308. "Sainte Vierge ..., ... faites s'il vous plait ... que le fruit qui est dans le mien participe à la bénédicition de votre Fils adorable ... Daignez vous-meme offrir à Dieu ce fruit qui est à lui, en l'honneur de l'oblation que vous lui avez faite de votre Fils. Et je vous conjure, par votre maternité divine, de lui obtenir la grace d'etre consacré à lui par le bapteme". Prière d'une femme enceinte pour demander la grace d'un heureux accouchement, in: Bremond, S. 309.

[427] Vgl. die Wolfenbütteler KO (1543), in: Sehling (Hg.) 6 I 1, S. 68.

gar volkomenlich von der muetter gebracht werden mage, Alsdann sollen die jhenigen, so dobey sind, ... Gott ... bitten, das Er ... jhme seine sünden verzeihen ... wölle"[428]. Die Schwangere betet: "Solte mein Kind das Leben auff die Welt nicht bringen / und dir durch die H. Tauffe nicht einverleibet werden / so wollestu ... es ... (auch ohne den Empfang der Taufe) ... selig machen" (Cubach, 1662, 1657)[429]. Die Gebärende betet: "(Wenn das Kind lebendig geboren wäre, hätte ich es taufen lassen) Derowegen ich (jetzt, nach seinem Tod vor dem Empfang der Taufe) ... nicht zweiffele / ... mein Kindlein sey von dem Verdienst desz Leydens vnd Sterbens ... Christi nicht auszgeschlossen" (Stölzlin, 1652)[430]. Nach einer Totgeburt betont die Mutter in ihrem Gebet, sie sei gewiß, daß ihr Kind selig gestorben sei, weil sie während der Schwangerschaft zusammen mit ihrem Mann für sein Heil gebetet habe (Stölzlin)[431].

Die Möglichkeit, daß Gott durch die Fürbitte der Eltern sterbenden Kindern das Heil auch ohne Taufe zuteil werden lasse, soll jedoch nicht zur Vernachlässigung des Taufsakraments als des regulären Mittels zum Empfang des Heils führen. Stölzlin mahnt, das Gebet der Eltern für ihr Kind reiche nicht aus, wenn sie es zur Taufe bringen könnten, aber "mutwillig die göttliche Ordnung verachteten"[432]. In einer bei Heermann (Schola Mortis, 1642)

---

[428] Regensburger HO (1552), in: Burckhard (Hg.), S. 138. Vgl. u.a. die Gebete der Anwesenden für die Leibesfrucht in: Stölzlin (1652), S. 403-406.

[429] Cubach (1662, 1657), S. 335 f. "(Wenn es die Taufe nicht erreichen sollte,) so lasz es mich vnd mein Kind nicht entgelten / vnd lasz vns beede desz thewren Verdiensts deines lieben Sohns nicht beraubt werden". Stölzlin (1652), S. 88. Die Schwangere bittet Gott, wenn sie zusammen mit ihrer Leibesfrucht sterben müsse, sie gemeinsam ins Himmelreich aufzunehmen. Bienemann (1608, Vorwort: 1587), 1. Teil, f. 133. Die Schwangere bittet, wenn ihr Kind nicht zur Wassertaufe kommen könne, es nicht wegen ihrer noch wegen seiner Sünde des ewigen Verdienstes Christi beraubt sein zu lassen. Vgl. Körber (1580, 1561), f. 11. Vgl. auch Glaser (o.J.), s.p. Die Schwangere betet für ihre Leibesfrucht: "Reinige (sie) ... von (ihren) ... Suenden, worinnen (sie) ... empfangen". Schimmer (1730, 1706), S. 1041.

[430] Stölzlin (1652), S. 479.

[431] Vgl. Stölzlin (1652), S. 473. Nach dem Tod seines ungetauft gestorbenen Kindes betet der Vater: "(Ich) zweiffle ... nicht / du habest es auff mein / vnnd meines lieben Weibs hertzliches Gebett ... zu allen Gnaden auffgenommen". Ebd., S. 483.

[432] Vgl. Stölzlin (1652), S. 455. Gemäß der Regensburger HO (1555) sind Christen verpflichtet, lebend geborene Kinder durch Taufe und Gebet und Kinder, die die Taufe nicht erlangen können, durch Gebet allein "zu Gott zu bringen". Vgl. die Regensburger HO (1555), in: Burckhard (Hg.), S. 152. In einer bei Heermann abgedruckten Lp. folgt auf Ausführungen über das Heil ungetauft gestorbener Kinder die Ermahnung, die Taufe nicht zu versäumen. Vgl. Heermann, Christianae Eutanasiae Statuae (1680), 23. Lp., S. 633. Im Jahr 1536 untersagt Luther, öffentlich von der Hoffnung auf die Errettung der ungetauft gestorbenen Kinder zu predigen, damit "der Pöbel und rohe Haufe die Frucht nicht umkommen oder sterben lasse". Vgl. WAT 6, Nr. 6764, S. 174, Z. 3-7. "Was die Frucht belanget, entweder es sei noch in der Mutterleibe oder im Werk der Geburt und Sterben, ist das meine Meinung, nehmlich,

abgedruckten Leichenpredigt heißt es mit Bezug auf Mk. 16,16, wenn ein Kind wegen der Schuld seiner Eltern ungetauft sterbe, schade das seiner Seligkeit[433]. Während im Luthertum trotz der Möglichkeit der Errettung des Neugeborenen ohne den Empfang des Taufsakraments an der Nottaufe festgehalten wurde, trat bei den Reformierten die Fürbitte für das Heil der ungetauft sterbenden Kinder an die Stelle der Nottaufe[434].

1.2 Zum Fehlen der theologischen Grundlage für das Gebet um das volle Heil der ungetauft sterbenden Kinder im frühneuzeitlichen Katholizismus

Schon der spätmittelalterliche Theologe Johannes Gerson (1363-1429) hatte Schwangere und ihre Männer ermahnt, für ihre noch ungeborenen Kinder zu beten, damit Gott selbst sie durch die 'Feuertaufe' und die 'Taufe mit dem Heiligen Geist' (vgl. dazu Kap. II B.3.1) 'heilige', wenn sie nicht die Wassertaufe empfangen könnten; dadurch sollte nach Gerson die Angst der Eltern gelindert werden, wenn ihr Kind ungetauft sterbe, weil dann nicht alle Hoffnung auf seine Errettung verloren sei[435].

---

daß dies Zeichen Gottes Zorns nicht soll verachttet werden um der Ungläubigen und böse Leute Willen. Denn wenn sie wüßten, es wäre ein schlecht Ding, daran nicht viel gelegen, so würden sie viel thun, das auch gräulich zu denken ist". Ebd., Z. 13-18.
[433] Vgl. Heermann, Schola (1642), 1. Lp., S. 10. In einer anderen, bei Heermann abgedruckten Lp. wird hervorgehoben, der Trost vom Heil der ungetauft verstorbenen Kinder gelte nicht für Eltern, die die Taufe vorsätzlich aufschöben, die Frucht schädigten oder töteten. Vgl. ebd., 16. Lp., S. 372 f.
[434] Wenn sich das Neugeborene in Lebensgefahr befinde und kein Prediger zum Vollzug der Taufe herbeigerufen werden könne, sollen die Anwesenden nach der reformierten Kurhessischen KO (12.7.1657) das Kind "Gott dem Herren in ihrem Gebet treulich anbefehlen, vnd seine ... Barmhertzigkeit anruffen, sie wolle das ... Kindlein ... zu einem Erben des Ewigen Lebens machen". Kurhessische KO (12.7.1657), in: Burckhard (Hg.), S. 96. Wenn das Kind sterbe, ohne vorher die Taufe empfangen zu haben, sollen die Prediger "von sich selbst ohne erfordern den betrübten Eltern mit Trost beyspringen vnd sie dahin berichten, dass ihr Kind, ob es wohl ohne die Tauff verstorben, doch darumb nicht ewig verlohren vnd verdampt, sondern nichts desto weniger ein Kind Gottes und Erbe des ewigen Lebens seye". Ebd., S. 97. In der Lp. auf Catharina Ursula, Landgräfin von Hessen heißt es, die Fürbitte der Eltern für ihre Kinder habe "nicht weniger Verheißung" als die äußere Taufe. Vgl. die Lp. auf Catharina Ursula, Landgräfin von Hessen (1615)(ref.), S. 36.
[435] "Constat ..., Deum misericordiam salvationis suae ... ita Sacramentis ipsis alligasse, quin, absque praejudicio Legis ejusdem, possit pueros nondum natos extra uterum, intùs sanctificare gratiae suae Baptismo, vel virtute Spiritus sancti. Debent ... mulieres praegnantes, similiter et

Das von Gerson empfohlene Gebet für ungetauft sterbende Kinder konnte sich im Katholizismus jedoch nicht allgemein durchsetzen. Während Aufforderungen zur Fürbitte für ungetauft sterbende Kinder, die die Hoffnung auf Gottes Gnade zum Ausdruck bringen, in protestantischen Kirchen- und Hebammenordnungen sowie in Erbauungsschriften sehr zahlreich und von großer Bedeutung sind, fehlen sie in vergleichbaren katholischen Texten fast ganz[436]. Gemäß der katholischen Passauer Hebammenordnung (1595) soll ein ungetauft sterbendes Kind Gottes Gnade anbefohlen werden[437]. Das Gebet für das Kind tritt jedoch nicht - wie im Luthertum - an die Stelle der 'Taufe im Mutterleib': Das in der Passauer Hebammenordnung geforderte Gebet ist für

---

viri sui per se et alios diligentiùs preces fundere Deo ... quatenùs infans nondùm natus, si fortè moriturus est priusquàm ad Baptismi fluminis gratiam pervenire valeat, dignetur ipsum Dominus Jesus summus Pontifex Baptismo Spiritus sancti praeveniendo misericorditer consecrare ... Proficit haec consideratio ad excitationem devotionis in parentibus : proficit ad leviandum eorum angustiam, dùm sine Baptismo decedit puer, quia non omnis indè spes ablata est". Gerson, Sp. 1350. Das Gerson-Zitat wird angeführt in: Georg Calixt, Dispvtatio (1643), § CXXV, s.p.

[436] Vgl. Anm. 437.

[437] "So ein Kindtlein in der Geburt mit sorgen ist / so soll man Gott den Allmechtigen trewlichen vnd mit andacht vber ... das Kindlein bitten vnd anruffen / daß der ... auch die Frucht / als sein Geschöpff / zu mal weil es von Catholischen vnnd Christlichen Eltern herkompt / vnnd nit mutwiligklich verderbt vnd verwahrlost wirdt / jhme wölle genedig vnd Vätterlich befohlen vnd angenem sein lassen / xc." Passauer HO (1595), in: Burckhard (Hg.), S. 252. In einem bei Bremond abgedruckten Gebet einer Schwangeren, in dem Hoffnung auf das Seelenheil einer noch im Mutterleib oder kurz nach der Geburt (?) sterbenden Frucht zum Ausdruck gebracht wird, bleibt offen, ob damit gerechnet wird, daß das Kind die 'Taufe im Mutterleib' oder die Nottaufe empfangen hat: "Si, moi étant préservée et l'enfant vient à expirer dès la matrice, fais-moi la grace que j'adore tes jugements, tous remplis d'équité, reconnaissant que l'enfant aura plus tot achevé sa course pour ne point voir ce siècle mauvais, mais pour sentir son ame recueillie de bonne heure en la gloire céleste". Prière de la femme enceinte, in: Bremond, S. 306. "Ex norma Ritualis Trevirensis ...: ... Si ... sine Baptismo infans mortuus sit, dicat (der Pfarrer bei der 'Benedictio Mulieris post Partum'): Ich begreife und theile mit Euch den Schmerz, den Eure mütterliche Liebe und Gottseligkeit empfunden, indem Euer Kind ohne die Taufe gestorben ist. Ihr habt doch bei ienem traurigen Unglücksfalle noch den Trost, dass es ohne Eure Schuld geschehen ist. Die h. Kirche hat keinen ausdrücklichen Ausspruch über das Loos der ohne die Taufe verblichenen Kinder ergehen lassen. Werfet daher in den Schoos der unendlichen Barmherzigkeit Gottes all' Eure Sorge und betet die unerforschlichen Rathschlüsse Gottes mit demüthiger Ergebung an. Flehet zu dem Herrn, dass er Euch in der Zukunft vor einem ähnlichen Unglück bewahren wolle". Daniel (Hg.), S. 197.

Kinder vorgesehen, die die 'Taufe im Mutterleib' nicht mehr empfangen können[438].

Nach allgemeiner katholischer Auffassung gelangten die ungetauft gestorbenen Kinder in den 'Limbus parvulorum', einen ihnen vorbehaltenen Ort außerhalb von Himmel, Hölle und Fegefeuer, wo ihnen die 'visio Dei', das Schauen des göttlichen Antlitzes, verborgen bleiben sollte[439]. Da nach katholischer Überzeugung ungetauft sterbenden Kindern nicht wie getauften die ewige Seligkeit zuteil werden konnte, fehlte dem Gebet für ihr volles Heil die theologische Grundlage, während im Luthertum in Erbauungstexten und Gebeten die Erwartung ihres Eingehens in die himmlische Herrlichkeit zum Ausdruck gebracht wurde[440].

1.3 Die Fürbitte für das Heil der ungetauft sterbenden Kinder im Vertrauen auf göttliche 'Verheißungen'

In der Regensburger Hebammenordnung (1555) wird hervorgehoben, die Errettung der ungetauft sterbenden Kinder beruhe auf der "Verheißung Christi" "vnd dem zubringen auff solche verheissung"[441]. Nach Hug (1562) ist in Mk. 13,14 verheißen, daß Christus die Kinder, die die Taufe nicht empfangen könnten,

---

[438] Die Passauer Mahnung zum Gebet folgt nach einer Anweisung zur Nottaufe des aus dem Mutterleib herausgetretenen Kopfes des Kindes. Vgl. die Passauer HO (1595), in: Burckhard, S. 252.

[439] Vgl. den Überblick über die wichtigsten zeitgenössischen katholischen Positionen bei Walch, Gedancken (1733), S. 39-43. Die unterschiedlichen Nuancen der Auffassungen der katholischen (und protestantischen) Systematiker über den Verbleib der ungetauft sterbenden Kinder sind eng verbunden mit ihrer jeweiligen Deutung der Lehre von der Erbsünde. Vgl. die Grundzüge der Entwicklung der Auffassung über den Verbleib der ungetauft sterbenden Kinder von der Antike bis zur Gegenwart im systematisch-theologischen Kontext, in: Gross, Bde. I-IV. Vgl. auch Siewert.

[440] Die Geschichte der praktischen Realisierung der katholischen Lehre(n) (vgl. Anm. 439) über den Verbleib der ungetauft sterbenden Kinder in der katholischen Seelsorge und Frömmigkeit im Zusammenhang mit der Geburt müßte über die im Rahmen dieser Arbeit mögliche Auseinandersetzung hinaus umfassend untersucht werden.

[441] Regensburger HO (1555), in: Burckhard (Hg.), S. 152. Es wird betont, die Gebetserhörung beruhe nicht auf dem Glauben der Personen, "die sie Christus (im Gebet) zutragen", sondern auf Gottes Verheißung. Vgl. ebd.

aber ihm durchs Gebet "zugetragen" werden, ins ewige Leben aufnehme[442]. Zur Bekräftigung der Wirksamkeit des Gebets für ungetauft sterbende Kinder werden in Kirchenordnungen 'Verheißungen' der Gebetserhörung angeführt: Mt. 7,7, Mt. 18,19, Mk. 11,24, Joh. 14,13, 1. Joh. 5,14 f[443].
In ihrem Gebet für das Heil der ungetauft sterbenden Leibesfrucht berufen sich die Beter als Verheißung auf das 'Kinderevangelium', Jesu Befehl, die Kinder zu ihm kommen zu lassen (vgl. Mk. 10,14). Sie werden ermahnt, nicht daran zu zweifeln, daß Gott die Leibesfrucht, für die sie im Gebet eingetreten seien, auch ohne den Empfang des Taufsakraments errette.

---

[442] Vgl. Hug (1562), f. XXIIII. In der Braunschweiger KO (1528) wird aus Mk. 16,14 gefolgert, es sei Gottes Wille, daß ungeborene Kinder, denen man nicht die Nottaufe spenden könne, "im Gebet Gott zugetragen" werden sollten: "Wy offeren em nicht eyne ko edder kalf, to nemen in syn rike (dat uns hyr nicht eyn gotlose mynsche mochte bespotten, sonder eyne sele vor welke Christus den döt hefft geleden imme krutze unde syn blut dar vorgaten". Braunschweiger KO (1528), in: Sehling (Hg.) 6 I 1, S. 362. In der Wolfenbütteler KO (1543) wird hervorgehoben, wie die Kinder zur Zeit des Neuen Testamentes Christus auf den Armen zugetragen wurden, könnten sie jetzt durch das Gebet zu ihm gebracht werden; die kanaanäische Frau habe ihre Tochter allein durch ihr gläubiges Gebet zu Christus gebracht (vgl. Mt. 15,21-28). Wolfenbütteler KO (1543), in: Sehling (Hg.) 6 I 1, S. 68. In der Hildesheimer KO (1544) heißt es: "Können de kinderken Christo up den armen togedragen werden, vele mer und starker könne wy se öhm todragen mit unsem bede. Ym evangelio werden de kranken Christo togedragen nicht allene mit den schulderen unde armen, alse de gichtbrökige up dem bedde, sunder ock unde alderbest mit dem geloven, alse de hövetman, Math. 8 (Mt. 8,5 ff), brochte mit synem bede unde seer geloveden geloven dem gichtbrökigen knechte Christo to unde brochte öhn doch nicht mit sick. Christus kam ock nicht to öhm lifflick. Dat överst Christus den knecht annam, yfft he nu wol up den armen nicht togedragen wert, bewiset dar syne sundheit wol. So brochte öhn ock de cananeische frouwe öhre dochter to allene mit dem bede öhres groten gelovens". Hildesheimer KO (1544), in: Sehling (Hg.) 7 II 2, 1, S. 867. Vgl. auch Günther (1566), f. 102.

[443] Alle genannten Verheißungen werden u.a. angeführt in der Braunschweiger KO (1528), in: Sehling (Hg.) 6 I 1, S. 361. Die Braunschweiger KO (1528) betont, Gott könne "sein Wort" nicht verleugnen, in dem er die Gebetserhörung zugesagt habe. Vgl. ebd., S. 362. Vgl. auch die Kurländische KO (1570), in: Sehling (Hg.) 5, S. 96; die "christliche Vereinigung" der Herrschaft Rothenberg (30. Okt. 1618), in: Sehling (Hg.) 13 III, S. 556. Nach Girlich soll die Mutter eines ungetauft sterbenden Kindes damit getröstet werden, daß Gott in Joh. 1,5 verheißen habe, alle Gebete nach seinem Willen zu erhören; da es aber nach Mt. 18,1-11 Gottes Wille sei, daß "keins dieser Kleinen" verlorengehe, sei gewiß, daß ihr ungetauft sterbendes Kind errettet werde. Girlich (1551), s.p., S. 30. Gemäß Mt. 18,20 ist nach Stölzlin Christus sicher zugegen, wenn Eltern in ihrer Not für das Kind "schreien", das sich bei der Geburt in Lebensgefahr befindet und nimmt sich seiner an. Vgl. Stölzlin (1652), S. 452. Gemäß einer bei Heermann abgedruckten Lp. ist es unmöglich, daß Gott das Gebet für die ungetauft sterbenden Kinder nicht erhöre, weil es das ewige Leben betreffe. Vgl. Heermann, Schola (1642), 16. Lp., S. 368. Hug betont, Christus habe zugesagt, daß er das geben werde, was in seinem Namen erbeten werde, besonders Dinge, die das ewige Leben betreffen. Vgl. Hug (1562), f. XXII.

Im "Betbuechlein" (1587) heißt es im Gebet der Schwangeren und ihres Ehemanns: "Du hast ... gesagt / man solle die Kinderlein zu dir bringen (vgl. Mk. 10,14) / so bringen wir diese Frucht zu dir / mit vnserm Gebete"[444]. Wenn ihr Kind nicht geboren werden kann, betet die Gebärende nach Stölzlin (1652): "Hilff ... meinem betraengten Kindlein / welches ich dir ... in der Geburth gefangen steckend / mit einem seufftzenden Gebett fuertrage"[445]. Gemäß der Braunschweiger Kirchenordnung (1528) sollen die werdenden Eltern mit dem

---

[444] Ein New christliches / nuetzes vnn schoenes Betbuechlein (1587)(vgl. Althaus, Zur Charakteristik, S. 17), S. 408 f. "Du hast ja, o JEsu gesagt: Lasset die Kindlein zu mir kommen, dann solcher ist das Reich GOttes. Du hast die Kinder auf deine Arme genommen, und gesegnet. Nimm mein Kind auch zu seiner Zeit in deine heilige Arme, und segne es auch, Schenke ihm ... deinen heiligen Geist, ... mache daraus ein Kind des Himmels". Stark (o.J., 1731), S. 38. "Herr Jesu Christe, dith kind bringe wi vor di, und bidden di, du woldest idt van uns annehmen, ock christen laten sin". (Gebet der Hebammen für das ungetauft sterbende Kind) Hadelner KO (1526), in: Sehling (Hg.) 5, S. 472. Vgl. auch Körber (1580, 1561), s.p., S. 22 f. "Here Jhesu Christe ... de du ock gesegt heffst Latet de Kinder tho my kamen / na dynem worde so bringe wy vor dy dith kindt / alse tho vnsem salichmaker / nicht dat wy ydt vp unsen Armen hebben / Sonder dorch vnse ynnige gebeth / dar dorch wy ock van dy foerderen / du willest dat kindt annemen". (Fürbitte der Hebammen für die Leibesfrucht) Schleswig-Holsteinische KO (1542), in: Burckhard (Hg.), S. 84. Vgl. auch die Wolfenbütteler KO (1543), in: Sehling (Hg.) 6 I 1, S. 68; die Hildesheimer KO (1544), in: Sehling (Hg.) 7 II 2, 1, S. 867. Gemäß der Braunschweiger KO (1528) sollen bei der Entbindung die Umstehenden im Notfall mit den folgenden Worten für das Kind, das schon teilweise zu sehen oder noch ganz verdeckt ist, im Gebet einstehen: "Here Jesu Christe, du hast eyn wolgeval an den kynderken, de dy werden totgebracht, unde nymst se gerne an tome ewigen levende, wente du hest gesecht (Mk. 10,14): Latet de kynderken to my kamen, sulker is dat rike Gades. Up dat wort offere wy dy dit kyndeken, nicht up unsen armen, sonder dorch unse bet to dy, unseme salichmaker. Nim id an unde lät id dyner erlosinge, ... ewich bevalen syn". Braunschweiger KO (1528), in: Sehling (Hg.) 6 I 1, S. 361. Nach der Hadelner KO (1526) soll die Schwangere ermahnt werden, zusammen mit ihrem Ehemann ihre Leibesfrucht unter Berufung auf das 'Kinderevangelium' Gott zu befehlen. Vgl. die Hadelner KO (1526), in: Sehling (Hg.) 5, S. 471. Die Hadelner KO (1526) betont, daß Kindern, die Christus "mit seinen eigenen Worten" (damit ist wohl das Vaterunser gemeint) "zugetragen" werden, die Errettung zuteil werde, auch wenn sie vor dem Empfang der Taufe stürben. Vgl. die Hadelner KO (1526), in: Sehling (Hg.) 5, S. 471 f. Gemäß der Preußischen KO (1568) sollen die Hebammen vor der Entbindung mit den anderen anwesenden Frauen ein Vaterunser beten und daraufhin die Frucht mit Bezug auf das 'Kinderevangelium' Gott befehlen mit der Zusage, das Kind, wenn möglich, taufen zu lassen. KO für das Herzogtum Preußen (1568), in: Sehling (Hg.) 4, S. 92.

[445] Stölzlin (1652), S. 401 f. Bugenhagen hebt hervor, daß auch die Kinder Christus "zugetragen" werden, die (nur) durch das Gebet zu ihm "gebracht" werden. Vgl. Bugenhagen, Von den vngeborn kindern (1551), s.p., S. 84. Nach Bugenhagen gehören die Christus "geopferten" Kinder mit ihrem Leib "zur Auferstehung". Vgl. ebd., s.p., S. 95.

Hinweis auf das 'Kinderevangelium' ermahnt werden, nach dem Gebet für ihr Kind nicht an seinem Heil zu zweifeln[446].

1.4 Das 'Seufzen' der Mutter und das stellvertretende Gebet des Heiligen Geistes: Gewißheit über das Heil der ungetauft sterbenden Kinder auch ohne bewußte Fürbitte

Wenn bei Entbindungen die Mutter und die anderen Anwesenden vor Schmerz und Kummer kein Wort reden können, ist nach der Regensburger Hebammenordnung (1552) ihr "Seufzen" als ein "rechtes und wahrhaftiges" Gebet anzusehen[447]. In der Regensburger Hebammenordnung wird betont, auch ohne Worte erschalle das "Sehen und Seufzen" der Mutter als ein "großes Geschrei vor Gottes Ohren"[448]. Was die Gebärende und die anderen Anwesenden in ihrer Not selbst nicht bedenken oder aussprechen könnten, richte stellvertretend der Heilige Geist in ihnen aus[449]. Ihr "Seufzen und Sehnen" helfe auch den lebendig geborenen Kindern, die ungetauft sterben müßten[450]. Mit Bezug auf das "Seufzen" für das Heil ungetauft sterbender Kinder betont Luther: "Wiewol es war ist, Das ein Christ in seiner hohen nott die huelffe nicht nennen noch wuendschen noch hoffen thar (kann) ..., die er doch ... mit eigenem leben gern keuffete, wo es mueglich und jm des (dadurch) ein trost gegeben wuerde, So sol hie der spruch gelten S. Pauli Rom. Viij (Röm. 8,26 f): 'Der Geist hilfft unser schwacheit, denn wir wissen nicht, was wir beten sellen (sollen) (das ist, wie

---

[446]"Wen wy in sulkeme valle sulke kyndere mit dem gebede des lovens Gade also bevehlen, so schole wy nicht twivelen an örer salicheyt. Wy hebben sulcks eynen guden unde vasten grund uth der scrift, nicht alleyne üth deme sproke Christi (Mk. 10,14): Latet de kinderken to my kamen xc.". Braunschweiger KO (1528), in: Sehling (Hg.) 6 I 1, S. 361.
[447]Vgl. die Regensburger HO (1552), in: Burckhard (Hg.), S. 141. In der Regensburger HO (1555) wird den Schwangeren empfohlen, nicht erst zur Zeit ihrer Niederkunft, sondern schon vorher sich und ihre Leibesfrucht im Hinblick auf die Gefahren bei der Entbindung oft Christus zu befehlen, weil bei der Geburt das "äußerliche Beten" leicht behindert werde. Es wird jedoch hervorgehoben, die "herzlichen Seufzer" und das Verlangen nach der Gnade Gottes in Christus seien in solchen Nöten nichtsdestoweniger als ein "rechtes christliches Gebet" anzusehen, das gewiß erhört werde. Vgl. ebd., S. 152.
[448]Regensburger HO (1552), in: Burckhard (Hg.), S. 141. Gemäß der "christlichen Vereinigung" der Herrschaft Rothenberg (30. Okt. 1618) besteht kein Zweifel daran, daß die Seufzer christlicher Mütter bei Entbindungen besonders inbrünstig sind. Vgl. die "Christliche Vereinigung" der Herrschaft Rothenberg (30. Okt. 1618), in: Sehling (Hg.) 13 III, S. 556.
[449]Vgl. die Regensburger HO (1552), in: Burckhard (Hg.), S. 141.
[450]Vgl. die Regensburger HO (1552), in: Burckhard (Hg.), S. 141.

droben gesagt: Wir thueren (wagen) es nicht wuenschen), wie sichs gebuert, Sondern der Geist selbst vertritt uns mechtiglich mit unaussprechlichem (wortlosem) seufftzen' (Apg. 1,24). Der aber die hertzen forschet, der weis, was der Geist meinet oder wil etc. (Eph. 3,29). Item Ephes. iij (Eph. 3,20): 'Der uberschwengliche thut uber alles, das wir bitten oder verstehen etc. '"[451].

Der Verweis auf die Gültigkeit des 'Seufzens und Sehnens' als Gebet und auf das stellvertretende Gebet des Heiligen Geistes soll Eltern, besonders Frauen, seelsorgerlich helfen, die sich vorwerfen, aufgrund der Vernachlässigung der Fürbitte am Seelenheil ihrer ungetauft gestorbenen Kinder schuldig geworden zu sein[452]. Nach lutherischer Auffassung erhört Gott die Fürbitte für das Heil der ungetauft sterbenden Kinder auch dann, wenn sie nicht mit Worten zum Ausdruck gebracht wird; ihr Heil ist unabhängig vom bewußten Gebet ihrer Mütter und Angehörigen gesichert.

Die tröstende Gewißheit, daß Gott ungetauft sterbenden Kindern das Heil auch ohne bewußte Fürbitte zuteil werden lasse, soll die Eltern jedoch nicht zur Vernachlässigung des ihnen von Gott aufgetragenen Gebets für die Errettung ihrer Leibesfrucht im Fall des Sterbens vor dem Empfang des Taufsakraments führen; während Gott die Versäumnis der Eltern nicht an ihren Kindern rächt, droht den Eltern aufgrund ihrer Nachlässigkeit Gottes Strafe. Nach einer unter dem Wittenberger Theologen Balthasar Meißner (1587-1626) verfaßten Dissertation ("De peccati originalis poena", 1618) werden auch Kinder christlicher Eltern gerettet, deren Eltern nicht für ihr Heil gebetet haben, da gemäß Hes. 18,19 "die Kinder nicht die Ungerechtigkeiten der Eltern tragen" sollen, und die

---

[451] WA 53, S. 207, Z. 5-11. Nach Luther ist das Gebet eines Christen "ein gros unleidlich geschrey fur Gottes Ohren, Er mus es hoeren, wie er zu Mose spricht Exod. Xiiij (2. Mose 14,15): 'Was schreistu zu mir'? So doch Moses fur sorgen und zittern nicht wol koendte zisschen, Denn er in der hoehesten not war. Soelch sein seufftzen und seins hertzen gruendlich schreien zureifs auch das Rote Meer und machets trocken, furet die Kinder Israel hindurch und erseuffet Pharao mit aller seiner macht etc. Das und noch mehr kan thun und thut ein recht geistlich seufftzen, Denn Mose wuste auch nicht, was und wie er beten solt, Denn er wuste nicht, wie die Erloesung solt zugehen, und schrey doch von hertzen. Also thet Jesaia wider den Koenig Sanherib (Jes. 37,4), und andere viel Koenige und propheten, die durch jr Gebet unbegreifliche, unmuegliche ding ausgericht haben, des sie sich hernach verwundert, Aber zuvor nicht hetten Gott anmutten (zumuten) oder wuendsschen duerffen. Das heist hoeher und mehr erlangen weder wir beten oder verstehen, Wie Sanct. Paulus sagt Ephes. iij. (Eph. 3,20) etc." Ebd., S. 206, Z. 17-30. "Es ist gewis war (ob sie wol auch nicht wusten / in solcher angst / das sie betteten / das sie mit vnaussprechlichem seufftzen (Rom. Viij)(Röm. 8,26) gebettet haben / vnd hetten gern gewolt jre eigen Leben daran setzen vnd verlieren / das jr armes Kindlein getaufft hette moegen werden / welches Gebet genug ist / wenn schon kein ander Gebet da ist". Bugenhagen, Von den vngeborn kindern (1551), S. 101.

[452] In einer bei Heermann abgedruckten Lp. heißt es, Eltern, die ihr Kind täglich Gott befohlen hätten, könnten "ein gutes Gewissen" haben. Vgl. Heermann, Schola (1642), 1. Lp., S. 16.

Kirche in der Litanei die Embryonen Gott befehle. Den Eltern, die die Fürbitte für ihre Kinder vernachlässigt haben, droht jedoch Gottes Strafe, "wenn sie nicht Buße tun"[453]. In der Leichenpredigt auf seine Frau Justina beteuert der Pfarrer Petrus Kirchbach (1623), er habe zusammen mit seiner Gattin ihre Leibesfrucht während der Schwangerschaft abends und morgens Gott anbefohlen[454].

---

[453] "Quid sit statuendum de ijs infantibus, quorum parentes, licèt in Ecclesia vivant, impij tamen sunt et hypocritae, nullamque liberorum curam habent, sed ipsorum Baptismum négligunt ne dum ut pro ipsorum salute orent? Resp. breviter, quòd non portent iniquitatem parentum Ezech. 18.v.19. (Hes. 18,20) praesertim cùm omnia salutis fundamenta hactenus recensita ijs ex aequo cum piorum infantibus sint communia. Licet enim preces parentum quoad illos desint, tamen defectum eum supplet Ecclesia quae in Litaniis suis Deo embryones, omnesque infantes fideliter commendat quas preces ratas firmas'que esse omninò statuendum est. Parentes autem ejusmodi gravem suae impietatis et spreti Baptismi non tantùm rationem Deo reddituros, sed etiam poenam, ni resipiscant, daturos esse, extra omnem dubitationis aleam est positum". Meißner (1618), Quaest. I, § XXV, s.p. Vgl. auch Heermann, Schola (1642), 16. Lp., S. 369. Nach einem Urteil der theologischen Fakultät der Universität Jena geschieht es manchmal, wenn ein Ehegatte sein Kind "an der Tauffe hindert / dasz gleichwohl das ander Theil ein Miszfallen darob traeget / (gleich wie Moyses sonder zweiffel einen Miszfallen darob getragen / dasz Zippora ihres Soehnleins Beschneidung aufgeschoben / Exod. 4.v.24. (2. Mose 4,25)) Und durch ein glaeubiges Gebet / so wohl vor / als nach der Geburt dem HErrn Christo das Kindlein treulich befiehlet und vortraeget. ... Wenn schon beyde Eltern an solcher Versaeumnuesz und Verwahrlosung schuldig / so bleibet doch das allgemeine Gebet der Kirchen da iedesmal in oeffentlicher Versamlung fuer die Schwangern wird gebeten / und ihre Leibsfrucht GOTT dem HErrn befohlen". Was von der Seeligkeit der Kinder / so durch ihrer Eltern Versaeumnuesz und Aufschub / ohne Tauffe wegsterben / zu halten sey? Judicium Fac. Theol. in Acad. Jenensis (o.J.), zitiert nach: Dedeken 3 (1671), S. 418. Vgl. die Litanei mit der Fürbitte für Embryonen in Luthers Deutscher Litanei (1529), in: WA 30 III, S. 39.

[454] Vgl. die Lp. auf Justina Kirchbach (1623), S. 47. Kirchbach berichtet: "Auff jhrem Kreistbette / sagte ... meine liebe Justina ... dz Gebet einer schwangern Frauen / sagte sie: Ach diß Gebet habe ich taeglich Abends vnd Morgens fleissig gebetet". Ebd. In der Lp. auf Jacobus Janus wird betont, es sei die wichtigste Aufgabe der Eltern, ihre Kinder "zu Christus zu führen". Sobald sie den "Ehesegen" spüren, sollen die Eltern Gott danken, ihm die Frucht anbefehlen und fest vertrauen, daß Gott ihr Gebet erhöre. Es heißt, wenn sich dann bei der Geburt ein Unheil ereigne, könnten sie sich damit trösten, daß sie die Leibesfrucht fleißig Gott befohlen hätten. Vgl. die Lp. auf Jacobus Janus (1635), s.p., S. 27 f. Vgl. auch die Lp. auf Agnes Avenarius (1614), s.p. Gemäß der Hadelner KO (1526) soll die Schwangere zusammen mit ihrem Mann sich und die Frucht Gott anbefehlen. Vgl. die Hadelner KO (1526), in: Sehling (Hg.) 5, S. 471. Nach der Auffassung Stölzlins kommt sogar der Abendmahlsempfang der Schwangeren ihrer Leibesfrucht zugute, wenn sie ungetauft sterben muß. Stölzlin berichtet, eine "gottselige" schwangere Frau habe zu ihm gesagt, sie gehe zum "Tisch des Herrn" und bringe Christus als "jungen Gast" ihre Leibesfrucht mit, damit ihr Kind, wenn es die Taufe nicht erlangen sollte, doch "unter ihrem Herzen mit dem Blut Christi gewaschen und von Sünden gereiniget werde". Stölzlin (1652), S. 207.

2. In den untersuchten Texten angeführte systematisch-theologische Grundlagen für die Lehre vom Heil der ungetauft sterbenden Kinder

2.1 Die 'Bundesverheißung'

2.1.1 Die Errettung der ungetauft sterbenden Kinder der Christen aufgrund ihrer Herkunft von christlichen Eltern

In seiner Schrift "Ein Trost den Weibern, welchen es ungerade gegangen ist mit Kindergebären" (1542) führt Luther auch das Heil der unbeschnitten gestorbenen Kinder der Israeliten wie die Errettung der ungetauft gestorbenen Kinder der Christen auf die Fürbitte ihrer Eltern zurück. Luther ist der Auffassung, die Fürbitte der Israeliten für ihre unbeschnitten sterbenden Kinder habe sich auf die Verheißung Gottes an Abraham gegründet: "Ich will aufrichten meinen Bund zwischen mir und dir und deinen Nachkommen von Geschlecht zu Geschlecht, daß es ein ewiger Bund sei, so daß ich dein und deiner Nachkommen Gott bin" (Gen. 17,7)[455].

Gemäß Hug (1562) werden die vor der Beschneidung am achten Tag gestorbenen Kinder der Israeliten nicht 'verdammt', weil ihnen die Beschneidung nicht eher geboten war, wie die vor ihrer Geburt gestorbenen Kinder der Christen nicht 'verdammt' werden, weil ihnen die Taufe nicht geboten sei[456]. In der Leichenpredigt auf Justina Kirchbach (1623) wird betont, die israelitischen

---

[455] Vgl. WA 53, S. 206, Z. 38 - S. 207, Z. 1.

[456] Vgl. Hug (1562), f. XXIII. Vgl. auch die Hadelner KO (1526), in: Sehling (Hg.) 5, S. 471 f; die Braunschweiger KO (1528), in: Sehling (Hg.) 6 I 1, S. 362; Stölzlin (1652), S. 457. Günther hebt hervor, die israelitischen Knaben, die Pharao vor dem Empfang der Beschneidung am achten Tag ertränken ließ (vgl. 2. Mose 1,22), könnten nicht zu den Verdammten gezählt werden, weil sie ohne ihr eigenes Verschulden oder eine Versäumnis ihrer Eltern unbeschnitten ermordet worden seien. Vgl. Günther (1566), f. 98 f. "Wer wolte ... Gott die Tyranney zumessen / das solche vnbeschnidtene ... solten verloren sein"? Caelius, Auslegung (1557), s.p., S. 31. "Esa. 48.v.18. et 19. (Jes. 48,18 f) ubi Dominus ait, non deleturum fuisse semen Israelitarum, nisi a Domino descivissent. Igitur quorumcun'que infantum parentes sunt fideles et Christiani, ij non excinduntur nec delentur ideoque; si medio careant, immediatè à Deo servantur. Nonnulli etiam huc referunt illud Esa. 49.v.25. (Jes. 49,25) Filios tuos ego SALVABO. Agnoscimus verò argumentum hoc ultimum ex Esa.29. (Jes. 29,24) peritum, duntaxat esse probabilè non apodicticum". Meißner (1618), Quaest. I, § XVII, s.p. Nach der Lp. auf Catharina Ursula, Landgräfin von Hessen sind ungetauft gestorbene Kinder gemäß Gen. 17,7 in den göttlichen 'Gnadenbund' eingeschlossen. Vgl. die Lp. auf Catharina Ursula, Landgräfin von Hessen (1615)(ref.), S. 35 f.

Mädchen und Frauen seien wie die ungetauft gestorbenen Kinder christlicher Eltern ohne Taufe ihrerseits ohne Beschneidung 'selig' geworden[457].

Von katholischer Seite wird dagegen die im Gegensatz zur Beschneidung universale Bedeutung des Taufsakraments hervorgehoben. Der gegenreformatorische Theologe Francisco Suarez (1548-1619) betont, im Alten Testament sei die Beschneidung nur den Knaben, nicht aber den Mädchen geboten gewesen, während im 'Neuen Bund' alle Menschen nur durch die Taufe gerettet würden[458]. Robert Bellarmin (1542-1621) stellt fest, im Gegensatz zur alttestamentlichen Beschneidung sei gemäß Joh. 3,5 der Heilsempfang durch die geistliche

---

[457] Vgl. die Lp. auf Justina Kirchbach (1623), s.p., S. 46. "Confirmamus ... exemplo foemellarum in V.T. in infantia morientium, et tamen salvatarum. Etenim ordinarij medij, nempe circumcisionis capaces hae non erant, de alio autem et foemellis proprio Sacramento nihil extat in universa Scriptura. Igitur immediate salvatas fuisse concludendum est. Quaerimus autem de causa, unde certi potuerint esse parentes de ipsarum salute? Specialis promissio foemellis facta nullibi legitur". Meißner (1618), Quaest. I, § XV, s.p. In einer bei Heermann abgedruckten Lp. wird hervorgehoben, von der Erschaffung der Welt bis zur Einsetzung der Beschneidung seien alle Gläubigen ohne Taufe oder Beschneidung in den Himmel gekommen. Vgl. Heermann, Schola (1642), 1. Lp., S. 5. Vgl. auch die Lp. auf Justina Kirchbach (1623), s.p., S. 46; Walch, Gedancken (1733), S. 42. Bugenhagen hebt hervor, daß zu den Israeliten, die durchs Rote Meer zogen, auch Kinder im Mutterleib gehörten. Vgl. Bugenhagen, Von den vngeborn kindern (1551), s.p., S. 73. Die "christliche Vereinigung" der Herrschaft Rothenberg (30. Okt. 1618) verweist darauf, daß während der Wüstenwanderung des Volkes Israel kein Knabe beschnitten worden sei (vgl. Jos. 5,5). Vgl. die "Christliche Vereinigung" der Herrschaft Rothenberg (30. Okt. 1618), in: Sehling (Hg.) 13 III, S. 556. Nach Stölzlin wurden die Israeliten nicht verdammt, die während der Wüstenwanderung ohne Beschneidung starben, weil dies wegen der besonderen Situation der Reise und mit Gottes Zulassung geschehen sei (vgl. Jos. 5,5). Vgl. Stölzlin (1652), S. 458. Vgl. auch Heermann, Schola (1642), 16. Lp., S. 367. Walch hebt hervor, David habe die "Seligkeit" seines im Alter von sieben Tagen unbeschnitten verstorbenen Sohnes (vgl. 2. Sam. 12,23) "für ebenso gewiß gehalten wie seine eigene". Vgl. Walch, Gedancken (1733), S. 49. Vgl. auch Stölzlin (1652), S. 458; Heermann, Schola (1642), 16. Lp., S. 366. Zu den unbeschnitten gestorbenen Kindern der Israeliten vgl. auch GLTh 2, Tom. IV, Loc. 20, § I 238, S. 382.

[458] "Dicendum est, non esse parem rationem de baptismo et circumcisione; primo quidem, quia necessitas circumcisionis non urgebat usque ad octavum diem, nec fortasse poterat prius applicari ob quamcumque necessitatem, et ideo pro illo tempore non videtur exclusum aliud remedium, saltem necessitate urgente. Deinde quia circumcisio per se primo non fuit instituta ut remedium originalis peccati, sed ut est professio illius legis, seu fidei, ex quo consequenter habuit eamdem vim, quam remedium legis naturae, quasi loco illius succedens. Unde mirum non est, quod non omnino illud evacuaverit, ac de medio abstulerit. Cujus etiam signum est, quia nec toti orbi fuit proposita, neque omnibus infantibus Hebraeorum applicari poterat, ut constat de foeminis. Quae omnia sunt longe alterius rationis in baptismo. Nam et per se primo est institutus ad remittendum peccatum, et regenerandos homines in Christo, et omnibus applicari potest, et pro omnibus est institutus, et ut necessarius propositus". Suarez 20, Quaest. LXIX, Art. VII, Disp. XXVII, Sect. III, § 8, S. 484 f.

'Wiedergeburt' jetzt für alle Menschen grundsätzlich an das Taufsakrament gebunden: "Es sei denn, daß jemand geboren werde aus Wasser und Geist, so kann er nicht in das Reich Gottes kommen" (Joh. 3,5)[459]. Auf der Grundlage von Luthers Lehre von der Einheit der Schrift Alten und Neuen Testamentes[460] wird im Luthertum den unbeschnittenen Kindern der Israeliten und den ungetauften Kindern der Christen in gleicher Weise das ewige Leben zugeschrieben[461]. Die Errettung der ungetauft sterbenden Kinder der Christen gründet sich wie das Heil der unbeschnittenen Kinder der Israeliten nach lutherischer Überzeugung auf die Abrahamsverheißung[462]. Haas (1696)

---

[459] "Objic.: 'Infantes Judaeorum, qui ante octavum diem moriebantur, non perierunt : Ergo nec infantes Christianorum, qui moriuntur antequam baptizentur'. Resp. : Neg. cons. : Disparitas est, quod in lege veteri habebatur remedium legis naturae (fides scilicet, aut oblatio parentum) quo succurrebatur parvulis Judaeorum, ante octavum diem morientibus, aut aliis, qui extra gentem hebraeam erant fidelium filii. Quod si dicas : Cur ergo non idem adhuc posset adhiberi infantibus in utero materno, aut aliter praepeditis, quo munus baptizentur? Resp. : Quia Christus absolute pronuntiavit pro legis Evangelicae statu: 'Nisi quis renatus fuerit etc.', unde omne aliud medium expiravit, nisi per privilegium speciale aliqui Baptismum sanguinis obtineant". Bellarmin, Tom. VII, Vindiciae pro Libro primo De Sacramento Baptismi, Ad Cap. IV., § I., IV., S. 551.

[460] "Luther meint nicht nur allegorische Andeutungen, sondern eine unmittelbare Wirklichkeit, wenn er die Kirche schon überall im Alten Testament findet". Bornkamm, Luther, S. 177. Nach Luthers Auffassung gab es schon im Alten Testament Christen, "weil derjenige, der an Christus glaubt, sei es auch nur an den verheißenen, wie Mose und die Patriarchen, als ein Christ anzusehen ist". Ebd., S. 218. "Für Luther ist die Beschneidung die 'Taufe des Alten Testaments': die Kinder empfingen dadurch das Wort mit dem Zeichen und dieselben nicht von einander gesondert". Ebd., S. 157.

[461] Die neutestamentliche Vorstellung von der Auferweckung der Verstorbenen zu ewigem Leben oder ewiger Verdammnis liegt dem Alten Testament fern; nach alttestamentlicher Vorstellung gelangten die Verstorbenen in den 'Scheol', das Totenreich, vgl. Hiob 26,6; 10,21; einen Ort der Stille, vgl. Ps. 94,17; ein 'Land des Vergessens', vgl. Ps. 88,13. Vgl. Jüngel, S. 78-103, bes. S. 89 f; 101 f.

[462] Vgl. Stölzlin (1652), S. 446. Stölzlin hebt hervor, gemäß Apg. 2,39 gelte die 'Abrahamsverheißung' auch den Kindern der Christen. Vgl. ebd., S. 446. Weil den Kindern christlicher Eltern in Apg. 2,39 das Heil zugesagt werde, besteht nach Günther kein Zweifel daran, daß ungetauft gestorbene Kinder christlicher Eltern gerettet werden, die durch das Gebet ihrer Eltern und anderer Christen Gott zugetragen wurden. Vgl. Günther (1566), f. 101. Caelius betont, auch die noch ungeborenen Christenkinder seien in die Abrahamsverheißung (vgl. Gen. 17,7) eingeschlossen. Vgl. Caelius, Von der Kinder Tauffe (1558), s.p., S. 30. Gemäß der Pfalz-Neuburger Generalartikel (1576) ist eine ungetaufte Totgeburt in die Verheißung eingeschlossen, die Gott den Kindern gläubiger Eltern gegeben habe, als er zu Abraham sagte: "Ich will dein Gott sein und deines Samens nach dir" (Gen. 17,7). Vgl. die Pfalz-Neuburger Generalartikel (1576), in: Sehling (Hg.) 13 III, S. 189. Die "Christliche Vereinigung" der Herrschaft Rothenberg (30. Okt. 1618) bezeichnet mit Bezug auf Gen. 17,7 Gott als

mahnt: "Ein jeder Christ ... hat sich zuzueignen, was der HErr zu ... (Abraham) gesprochen: 'Ich bin dein GOtt und deines Samens nach dir' (aller deiner Kinder, sie sein schon außer oder noch in Mutterleibe, 1 Mos. 17,7). Daher Petrus ausdrücklich sagt: 'Euer und eurer Kinder ist die Verheißung und aller, die da ferne sind, welche GOtt unser HErr herzurufen wird' (Apg. 2,39)"[463].

In der lutherischen Auffassung, daß ungetauft sterbende Kinder christlicher Eltern aufgrund ihrer Abstammung gerettet werden, kommt eine enge geistliche Verbindung der Kinder mit ihren Eltern zum Ausdruck: Sie werden durch ihre Herkunft von ihren Eltern vor der ewigen Verdammnis gerettet[464].

2.1.2 Die Heilsübermittlung ohne den Empfang des Taufsakraments als besonderes göttliches Gnadenhandeln

Nach lutherischer Auffassung kommt den Kindern der Christen aufgrund der 'Bundesverheißung' Gottes an Abraham (vgl. Kap. II B.2.1.1) vor ihrer Taufe generell nur eine 'äußerliche oder kirchliche', nicht aber eine 'innere Heiligkeit' zu[465]. Ihre 'äußerliche Heiligkeit' ist die Voraussetzung zur Zulassung zum

---

den "Vater" der Kinder im Mutterleib. Vgl. die "Christliche Vereinigung" der Herrschaft Rothenberg (30. Okt. 1618), in: Sehling (Hg.) 13 III, S. 556.

[463] Haas, Der getreue Seelen-Hirte (1870, Ausgabe 1706, Vorwort: 1696), S. 520. "Ist GOtt eines solchen Kindes ... GOtt, so kann er dasselbe nicht verstoßen noch verdammen, sondern wird kraft dieser Verheißung es aus Gnaden für sein Kind erkennen und zum Erben der Seligkeit annehmen". Ebd.

[464] Nach der Frankfurter HO (1573) soll beim Gebet für ein teilweise geborenes Kind nicht an der Erhörung gezweifelt werden, weil es von gläubigen Eltern gezeugt wurde. Frankfurter HO (1573), in: Burckhard (Hg.), S. 199.

[465] "Opponunt (die Calvinisten) ... 1. Cor. 7, v. 14 (1. Kor. 7,14): 'Liberos Christianorum expresse ab apostolo vocari sanctos, infidelium vero liberos immundos'. Respondemus: ostendimus ... non de mere politica mundicie, nec de interna cordis sanctitate et mundicie, sed de ecclesiastica quadam sanctitate loqui apostolum, quod scilicet tales liberi ex Christianis parentibus nati, si vel maxime alteruter tantum parens fidelis sit, censeantur in ecclesia nati atque aditum ad baptismum initiationis sacramentum habeant". GLTh 2, Tom. IV, Loc. 20, § I 215, S. 369. "Infantes Christianorum ante perceptum Baptismum sunt sancti sanctitate externa, sive Ecclesiae sed non sunt sancti sanctitate interna, sive fidei. Competit illis promissio foederis, sed nondum sunt in foedere exhibiti". Hollatz, Vol. II, Part. III, Theol. Sect. II, Cap. IV, Quaest. 14, S. 162. "Magnum omninò discrimen est in liberos, qui in Ecclesia à Christianis, et eos, qui extra Ecclesiam à paganis nati sunt parentibus. Propterea enim tam accurate distinguit Petrus inter Filios pacti et exteros. Actor.3.v.25. (Apg. 3,25) Paulus inter circumcisos et praeputiatos, Rom. 2.v.ult. (Röm. 2,29) et inter eos, qui intus sunt et qui foris, I.Cor.5.v.12. et I.Cor.7.v.14. (1. Kor. 5,12; 1. Kor. 7,14) in Ecclesia natos appellat sanctos,

Empfang des Taufsakraments. Aufgrund der ihnen anklebenden 'Erbsünde'[466] wird auch den Kindern christlicher Eltern das Heil normalerweise erst durch das

---

exteros autem immundos. Per quam tamen sanctitatem non interio et spiritualis animae puritas intelligenda est, sed Ecclesiastica tantum, uti vocant, dignitas. Hujus autem duo sunt primaria privilegia. I. quòd omnes in Ecclesia natos attineat promißio foederalis. 2. quòd immediatè ad Sacramenta et bona Ecclesiae admittantur. De priori modò dictum: ex posteriori sic colligimus: Quoscunque Deus immediatè ad Baptismum admitti vult, illos quoque in aetate infantili omninò salvatos vult. Ideò enim baptizantur, ut ijs peccata remittantur et sic salventur. Atqui omnes Christianorum liberos immediate ad Baptismum admitti vult, et praecipit, qua de causa dicuntur sanctj, 1.Cor.7.v.14. (1. Kor. 7,14) Ergo eos in infantili quoque aetate omninò salvatos vult. Ulterius sic argumentamur: Quos Deus omninò salvatos vult ob foederalem promissionem et nativitatem in Ecclesia, eos, si necessariò excludantur ab ordinarijs medijs immediatè salvat. Tales autem sunt infantes Christianorum, ante Baptismum extincti. Ergo eos immediatè salvat". Meißner (1618), Quaest. I, § XIIX, s.p. "Inculcant discrimen Apostolicum inter sanctos et immundos I.Cor.7.v.14. (1. Kor. 7,14) et inter eos, qui intus sunt et qui foris, I.Cor.6.v.12. (1. Kor. 6,12) vel inter filios pacti, et exteros, Act. 3.v.25. (Apg. 3,25) Etenim, si omnium infantum par esset ratio, si omnes aequo salvarentur. Deique promissiones pariter attinerent quosvis, quomodo consisteret discrimen illud? Proinde ita argumentamur: Qui foris est et omnino immundus, qui extraneus est, nec filius pacti, ille cum sanctis et qui intus sunt, cumque filijs pacti, pariter salvari nequit. At qui tales sunt et dicuntur omnes infidelium liberi. Ergo pariter salvari nequeunt. Qui enim sit, quod infidelium liberi ad Baptismum immediate non admittantur? Certe fieri non deberet, si regnum Dei et haereditas aeterna ijs pariter promissa foret. Ex quo vicissim inferri potest. Quibus vita aeterna sic promissa putatur, ut salventur extraordinarie, si mediorum ordinariorum capaces fieri nequeant, ad Baptismum tanquam primum salutis medium, sunt admittendi immediate. Infantes autem infidelium, quia extra Ecclesiam nati sunt, immediate non admittuntur ad Baptismum. Ergo nec salus aeterna ijs sic promissa est, ut salventur immediate". Ebd., Quaest. II, § XV. Nach der Lp. auf Justina Kirchbach sind die Kinder christlicher Eltern gemäß 1. Kor. 7,14 nicht "unrein", sondern "heilig". Vgl. die Lp. auf Justina Kirchbach (1623), s.p., S. 46. In einer bei Heermann abgedruckten Lp. wird betont, obwohl auch die Kinder der Christen "in Sünden empfangen" seien, habe Gott sie in seinen "Gnadenbund" eingeschlossen und gewähre ihnen freien Zugang zu den Sakramenten. Vgl. Heermann, Schola (1642), 1. Lp., S. 9 f.

[466] Im Anschluß an Augustin ist Luther der Auffassung, daß die 'Erbsünde' zugleich mit der Menschennatur durch die Zeugung weitergegeben werde, auch wenn die Eltern bei der Zeugung nicht sündigten. Vgl. WA 56, S. 286, Z. 12-23. Vgl. Gross, Entwicklungsgeschichte des Erbsündendogmas seit der Reformation, S. 27; vgl. auch ebd., S. 12-35. Luthers Taufpraxis ist als "unmittelbare Konsequenz aus der Lehre von der Erbsünde" anzusehen. Klaus, S. 64. Zum innerlutherischen Streit um die Erbsünde im 16. und 17. Jahrhundert vgl. Walch, Historische und Theologische Einleitung I, 2. Kap., § VI, S. 68-85; 4. Kap., § VII, S. 482-485. Zur Theologie der Erbsünde und der Sündenlehre vgl. auch Julius Müller, S. 417-516; Tillich, bes. S. 35-84; Schmitz-Moormann; Baumann; Scheffczyk; Weger; Ricoeur, S. 140-161; Pieper, bes. S. 11-26, 72-84; Freund; Häring. Hug betont, Christus sei nicht nur für die "wirkliche Sünde" gestorben, sondern auch für die Erbsünde; deshalb seien auch die ungetauft gestorbenen Kinder nicht vom Verdienst des Leidens und Sterbens Christi auszuschließen. Vgl. Hug (1562), f. XXIII f.

Taufsakrament geschenkt.[467]. Nach dem lutherischen Theologen Ludwig Dunte (†1639) ist die Frage zu bejahen, ob Christen, wenn sie ein Kind zur Taufe tragen, zu Recht sagen, "sie wollen einen Jungen Heyden zum Christenthumb bringen": Bei Dunte heißt es, nach Eph. 2,3 bestehe kein Unterschied zwischen den ungetauften Kindern der "heiligsten Eltern" und den Kindern der Heiden: Alle seien "von Natur als Kinder des Zorns" anzusehen[468]. Dunte führt ein Gutachten der Universität Jena (o.J.) an, in dem die Nottaufe von Fehlgeburten ab dem Alter von vier Monaten befürwortet wird[469].

---

[467]Nach dem Rostocker Theologen Affelmann (1588-1624) sind die Kinder gläubiger Eltern nicht bereits vor der Taufe in Gottes Gnadenbund eingeschlossen, da im Alten Testament zur Aufnahme in den Bund die Beschneidung und im Neuen Testament die Taufe eingesetzt worden sei. Vgl. Affelmann, Disp. IV, Quaest. I, S. 48. Gemäß einer Dissertation des Wittenberger Theologen Meißner (1587-1626) sind die Gebete für die Kinder im Mutterleib "konditional" zu verfassen, um zu verdeutlichen, daß nur in den Christenkindern Glauben erweckt werden soll, die ungetauft sterben. "Si objecerunt, ... omnes infantes Christianorum credere, antequam baptizentur, respondemus, quòd preces sint et esse debeant conditionale, si nimirum infantes non possint fieri participes Sacramenti. Quos igitur Deus praescitusque ad tempus Baptismi victuros, jis fidem immediatè ante Baptismum nec confert nec ut conferat necessum est". Meißner (1618), Quaest. I, § XXIII, s.p. In der Lp. auf Margareta von Arnstedt wird hervorgehoben, Christus segne die Kinder nicht, weil sie von Natur aus heilig, sondern weil sie "in seinem Blut" gereinigt seien. Vgl. die Lp. auf Margareta von Arnstedt (1605), S. 421.
[468]"Rectene parentes Christiani liberos suos antequam baptisentur gentiles appellare possint, dicentes: Sie wollen einen Jungen Heyden zu Christenthumb bringen? Quando hi parentes ita loquuntur, considerant gentes non ratione populi (ita enim eorum liberi non essent gentiles,) sed ratione conditionis et religionis, et ita sunt extra Christum, extra fidem, extra spem vitae aeternae, aeque ac Turcae, Judaei et coeteri extra Ecclesiam nati. Et ita non parum differt conditio gentilium et liberorum etiam a sanctissimis parentibus progenitorum, nam ut hi, ita illi sunt natura filii irae Eph. 2. (Eph. 2,3) Extra fidem, extra spem salutis, in eo tantum praerogativa est, quod ejusmodi liberi ad beneficia Ecclesiae jus et aditum habent, quod gentilibus negatum est, nisi Dominus eos advocaverit, Act 2,39. (Apg. 2,39) Sic Adam genuit filium Sethum ad imaginem suam, Gen. 5. (Gen. 5,3) Quae est imago peccati et mortis, et etiam Cain, qui extra Ecclesiam vixit liberos genuit, Gen. 4,17. et ita Sethi et Caini liberi in hoc respectu nihil differunt, sed tantum Sethi liberi aditum habuerunt ad medium regenerationis". Dunte (1664), Cap. XIV, Quaest. 14, S. 461. Dunte war Prediger und Inspektor der Schule in Reval (Liefland). Vgl. Jöcher (Hg.) 2, S. 243. Vgl. auch Dedeken 3 (1671), S. 438.
[469]"Ob ein unzeitig Kind von 4.5.6. Monaten / da Gestalt / Glieder / Leib vnd Leben gar klein vnd schwach / die Stimme auch gar klenlich von sich gibt / zu taeuffen? Ja; Denn von den vornembsten Medicis wird dafuer gehalten / daß partus septemestris sey legitimus, et vitalis. Daher ist abzunehmen / daß im vierdten Monat das Kind zur helffte kommen / vnd eine lebendige Leibsfrucht geworden. Nu sol man keinem lebendigen Menschenkinde der es begehret / die Tauffe versagen. Jenenses". Dunte (1664), Cap. XIV, Quaest. 24, S. 467. In einem Gutachten der theologischen Fakultät der Universität Jena über das Heil ungetauft gestorbener Kinder wird gemahnt, es sei eine schwere Sünde, wenn Eltern ihre Kinder "aus Nachlässigkeit" ungetauft sterben ließen, weil sie dadurch "des ordentlichen / von GOtt selbst

Im Gegensatz zu den Lutheranern waren die Reformierten der Auffassung, daß den Kindern der Christen aufgrund der 'Bundesverheißung' nicht nur im Fall des Sterbens vor dem Empfang des Taufsakraments, sondern generell bereits vor der Taufe die Errettung zuteil werde. Nach Zwinglis "Fidei ratio" (1530) werden Kinder durch die Taufe nur formell in die Kirche aufgenommen; aufgrund ihrer Herkunft von christlichen Eltern gehören sie schon vorher zur "Gemeinde Gottes": Die Taufe übermittelt keine Gnade; die Kirche bezeugt durch die Taufe, daß dem Täufling bereits vor der Taufe Gnade geschenkt wurde[470]. Nach Theodor Beza (1589) "gebären die Heiligen durch den Glaubensbund aus göttlicher Gnade Heilige"[471].

gestiffteten Mittels der Wiedergeburt" beraubt würden. Die Eltern sollen "ohne vorgehende oeffentliche Abbitte zur Absolution und heiligem Abendmahl nicht gelassen werden". Was von der Seeligkeit der Kinder / so durch ihrer Eltern Versaeumnuesz und Aufschub / ohne Tauffe wegsterben / zu halten sey? Judicium Fac. Theol. in Acad. Jenensis (o.J.), zitiert nach: Dedeken 3 (1671), S. 418. Der Leipziger Theologe Polycarp Leyser (1586-1633) schreibt über Eltern, deren Kind ungetauft stirbt, weil sie aufgrund der Vorbereitung einer üppigen Tauffeier die Taufe aufgeschoben haben: "Dieses entschuldiget die Eltern so gar nicht / dasz sie auch doppelte Suende begehen / denn sie halten das Kindlein nicht allein ... abe von dem hoechsten Schatz / und ordentlichen Mitteln der Seeligkeit / sondern wollen noch bey dem Fluch so in der Geburt dem weiblichen Geschlechte GOtt auferlegt / gantz gnaediglich aber in Segen verwandelt / stoltzieren ... und prassen / da ihre Gedancken einig und alleine dahin gerichtet seyn solten / wie sie GOtt inniglichen vor seine Gnade dancketen / und das Kindlein zum Christenthum befoerderten: Welche Gedancken die Dornen der Augenlust / Fleischeslust und hoffertiges Wesens in ihnen ersticken". Obs recht sey / dasz Eltern ihre junge erstgeborne Kinderlein ungetaufft aufhalten / dasz sie auch wohl darueber sterben / und die heilige Tauffe nicht empfahen: Und was von der Kinder Seeligkeit zu halten / auch wessen derselben Eltern zu erinnern seyn (Judicium D. Polycarpi Lyseri Prof Lipsiensis), zitiert nach: Dedeken 3 (1671), S. 420.

[470]"Si ... infans offeratur, quaeritur, an parentes illum offerant ad baptizandum. Cumque responderint per testes, velle ut baptizetur, tunc tandem baptizatur infans. Et hic antecessit Dei promissio, quod nostros infantes non minus reputet de Ecclesia, quam Hebraeorum. Cum enim hi offerunt, qui de Ecclesia sunt, iam baptizatur infans, hac lege, quod quandoquidem ex Christianis natus sit, intra Ecclesiae membra divina promissione reputetur. Baptismo igitur Ecclesia publice recipit eum, qui prius receptus est per gratiam. Non ergo adfert gratiam baptismus, sed gratiam factam esse ei cui datur, Ecclesiae testatur". Zwingli's Fidei ratio (1530), Septimo, in: Müller (Hg.), S. 87, Z. 6-12. Jeremias schließt aus 1. Kor. 7,14, daß in Korinth die Taufe christlich geborener Kinder im Jahr 54 noch nicht bekannt war, da sie aufgrund ihrer Abstammung von christlichen Eltern als 'heilig' angesehen wurden, während die Kindertaufe beim Übertritt der Eltern zum christlichen Glauben in 1. Kor. 7,14 vorausgesetzt werde. Vgl. Jeremias, S. 23. Nach Aland haben die Verfasser der neutestamentlichen Schriften und die Apostolischen Väter die Auffassung von der Sündlosigkeit der Kleinkinder vertreten und den unmittelbaren Heilsbesitz der Kinder christlicher Eltern proklamiert. Vgl. Aland, Die Stellung, S. 17 f. "Was bei ihren Eltern durch die Taufe bewirkt worden ist, nämlich daß sie von Sünden gereinigt und Mitglieder der Heilsgemeinde ... geworden sind, das ist ihren Kindern seit der Geburt als Kinder christlicher Eltern mitgegeben: sie sind Christen, sie gehö-

ren zur Gemeinde". Klaus, S. 54. Nach Barth kann die christliche Taufe im Unterschied zur israelitischen Beschneidung "gerade nicht" auf die leibliche Abstammung des Täuflings gegründet sein. Vgl. Barth, S. 196. Im Consensus Bremensis (1595) wird hervorgehoben, mit der Lehre, daß die Kinder der Christen bereits vor der Taufe des "Bundes Gottes" und der "Gabe des Heiligen Geistes" teilhaftig seien, werde nicht die Erbsünde geleugnet: "Ein anders ist die Natur, nach welcher sie (die noch ungetauften Kinder der Christen) kinder des Zorns sind, wie andere. Ephes. 2,3. Ein anders aber ist die Gnade, welche ihnen von Mutterleib an vorheissen ist, ... von welcher die vorgebung der sünden, die widergeburt, und erneurung des heiligen geists, die kindtschafft und das ewige leben geschencket wirdt". Consensus Bremensis (1595), 11. Von der heyligen Tauff, in: Müller (Hg.), S. 770, Z. 26-31. Zur Erbsündenlehre der reformierten Bekenntnisschriften vgl. Gross, Entwicklungsgeschichte des Erbsündendogmas seit der Reformation, S. 79-81; zu den späteren Bekenntnissen der reformierten Kirche vgl. Reinhold Seeberg, S. 648 ff. Im Gegensatz zu Zwingli hielt auch Calvin, ebenso wie Luther, an der katholischen Lehre fest, wonach die Erbschuld eine eigentliche Sünde ist, die Neugeborene der ewigen Verdammnis zu überliefern vermag". Gross, Entwicklungsgeschichte des Erbsündendogmas seit der Reformation, S. 64. Zur Erbsündenlehre Calvins vgl. ebd., S. 59-72.

[471] "Non quòd fideles ex fidelibus propagata fide nascantur: (nihil enim hic natura haereditarium) sed quia sancti ex gratia gignunt ex eadem gratia sanctos vi foederis per fidem apprehensi". Beza (1589), Quo sensu dicantur infantes credere et eius fidei quae sint in infantibus, ante adultam aetatem morientibus effecta, S. 102. "Aber ... es besteht doch die Gefahr, daß der Kranke, falls er ohne Taufe dahinscheidet, der Gnadengabe der Wiedergeburt verlustig geht! Nein, durchaus nicht. Wenn Gott die Verheißung gibt, daß er unser Gott sein will und der Gott unseres Samens nach uns (Gen. 17,7), so kündigt er uns damit an, daß er unsere Kinder schon vor ihrer Geburt zu den Seinen annimmt. In jenem Wort ist ihr Heil beschlossen. Und es wird sich doch niemand erdreisten, Gott dermaßen seine Verachtung zu bezeugen, daß er es bestreiten wollte, daß Gottes Verheißung aus sich selbst heraus stark genug ist, ihre Wirkung zu zeitigen"! Calvin, Lib. IV, Cap. 15, § 20, S. 910. "Filij manentes in aeterno foedere gratia cum Parentibus qui electione Dei, Spiritus S. ceu arrabone promissione, verbo, fide sacramentis obsignati sunt, sancti sunt quacunque aetate moriantur". Erlauthaler Bekenntnis (1562), Piorum filii suntne sancti?, in: Müller (Hg.), S. 374, Z. 41 - S. 375, Z. 10. In einer bei Heermann abgedruckten Lp. wird betont, Kinder seien nicht schon im Mutterleib "heilig", weil sie von "heiligen" Eltern geboren wurden, sondern weil Gott ein "Gott Abrahams und seines Samens" sei. Vgl. Heermann, Christianae Eutanasiae Statuae (1680), 23 Lp., S. 626. Haas hebt hervor, die Lutheraner könnten nicht mit der Auffassung übereinstimmen, daß ein Kind christlicher Eltern "seiner Abkunft wegen ... heilig, und ... nach dem Erbrecht ein Kind GOttes sei". Wie ein gelehrter Vater ungelehrte Kinder zeuge, den beschnittenen Israeliten Söhne mit Vorhaut geboren worden sein und auch bei reinem Weizen die Spreu mitwachse, zeugten Christen "mit Sünden befleckte Kinder", die durch die Taufe gereinigt werden müßten. Haas, Der getreue Seelen-Hirte (1870, Ausgabe 1706, Vorwort: 1696), S. 520. Die 'Solida Declaratio' richtet sich gegen die Lehre der Wiedertäufer, daß die noch nicht getauften Kinder ohne die Taufe "in ihrer Unschuld" selig werden und die Kinder der Christen, weil sie von christlichen und gläubigen Eltern geboren wurden, auch ohne und vor der Taufe heilig und Gottes Kinder seien. Vgl. Solida Declaratio (1580), XII 2-4, in: Die Bekenntnisschriften, S. 1094, Z. 13-33. "Infantes fidelium non minus ac reliqui sunt 'natura filii irae' Ephes. 2, v. 3. 'concepti et nati in peccatis' Psalm. 51, v. 7. 'ex immundo semine ge-

Der reformierte Consensus Bremensis (1595) betont, die im Luthertum wie im Katholizismus praktizierte Nottaufe habe ihre theologische Grundlage in der "falschen Lehre", daß die Kinder der Christen erst in den "Bund Gottes" eingeschlossen werden, wenn sie die "äußerliche Taufe" empfangen haben. Die Nottaufe sei abzuschaffen, weil sie zum Zweifel an der Seligkeit der ungetauft gestorbenen Kinder führe[472]. Der Consensus Bremensis wendet sich auch gegen den Taufexorzismus, durch den in der lutherischen wie in der katholischen Kirche die Verlorenheit der noch ungetauften Kinder zum Ausdruck gebracht werde: "So einfeltige leuth hören, das man den Teuffel inn den kinderen beschweret (beschwört), und von ihnen heisset ausfahren, was können sie anders gedencken, denn das die kindlin vom Teuffel besessen sindt? Was

---

niti' Job. 14, v. 4. (Hiob 14,4) 'sunt caro de carne' Joh. 3, v. 6. quomodo ergo actu sunt in foedere gratiae ante baptismi usum"? GLTh 2, Tom. IV, § I 122, S. 320. "Quicunque natura sunt filii irae, non sunt sancti à nativitate. Sed omnes homines natura sunt filii irae. E. omnes homines non sunt sancti à nativitate. Minor est ipsius Scripturae. Disertè enim dicit Paulus Eph. 2,3. Eramus natura filii irae. Major probatur. Quia pugnat, esse Filium irae, aut habere Deum patrem iratum, et tamen sanctum esse. Deinde, quomodo sancti erunt infantes, qui ex immundo semine concepti, Job. 14.4. (Hiob 14,4) in peccatis nati, Ps. 51.7. quique sunt caro de carne, Joh. 3,6". Johann Ernst Gerhard (1671), § 6, s.p., S. 10. "Toto pectore negamus, illos (die Kinder der Christen) ordinarie ante initiationis sacrum veram et salvificam fidem ex utero materno secum in mundum apportare ac sanctos s. fideles nasci, qvemadmodum ... Calviniani docent". Quistorp (o.J.), Sect. Prior, § II, s.p., S. 3. "Ipsi (die Calvinisten) ... aiunt: Filios Christianorum nasci liberos a reatu peccati originalis, non quidem, quod non habeant peccatum; sed quia eis non imputatur, cum sint filii Sanctorum. Hoc autem fundamentum facile evertitur : tum, quia Rom. IX. (Röm. 9,11-13) Jacob et Esau optimi Patriarchae filii erant, et tamen odio Deus habuit Esau, antequam quidquam mali egisset : tum quia David, etsi esset filius hominis fidelis, tamen de se dixit Ps. L. (Ps. 51,7), 'In peccatis concepit me mater mea'. Et Apostolus Ephes, II. (Eph. 2,3) 'Eramus et nos natura filii irae'. Tum quia generaliter de peccato originali dicitur Rom. V. (Röm. 5,12 ?) 'In quo omnes peccaverunt' Et I Corinth. XV. (1. Kor. 15,3 ?) 'Christus pro omnibus mortuus est' : Ergo omnes mortui sunt". "Objiciunt ex Gen. XVII. vers. 7. 'Ero Deus tuus, et seminis tui. Filii eorum, qui participes sunt benedictionis Abrahae, sunt filii Dei, etiam cum primo nascuntur'. Resp.: Jam ex supra dictis constat : promissionem illam Genes. XVII. vers. 7. non fuisse de remissione peccatorum, sed peculiaris protectionis, gubernationis, et terrenae felicitatis; In sensu autem mystico fuit illa promissio quoque spiritualis de remissione peccatorum, et vita aeterna; sed ad nos descendit, non per generationem parentum, sed per spiritualem regenerationem Christi. Tunc ergo incipimus esse filii Abrahae, cum incipimus esse fideles, et Christi filii, vel fratres : id autem certum est non fieri, nisi per Baptismum". Bellarmin, Tom. VII., Vindiciae pro Libro primo De Sacramento Baptismi, Ad Cap. IV., § I., I., S. 550. Zur katholischen Position gegenüber der calvinistischen Deutung der Abrahamsverheißung vgl. auch Becanus (1629), Lib. III, Cap. VII, S. 622-626; Bellarmin III, Lib. I, Cap. IV, S. 519-524, bes. S. 521.

[472] Consensus Bremensis (1595) III 1 a, in: Müller (Hg.), S. 781, Z. 44 - S. 782, Z. 4.

müssen aber schwangere frauen hierüber für anfechtung haben, wenn sie gedencken söllen, das sie inn ihrer leibes frucht den Teuffel tragen"[473]?

Während den Kindern christlicher Eltern nach reformierter Überzeugung aufgrund der Bundesverheißung Gottes an Abraham generell das Heil bereits vor dem Empfang des Taufsakraments zukommt, stellt die Errettung ungetauft sterbender Kinder nach lutherischer Auffassung ein besonderes göttliches Gnadenhandeln dar. Die Wichtigkeit des Trostes der Mutter angesichts des Todes ihres ungetauften Kindes darf nach lutherischer Überzeugung nicht dazu führen, daß die Taufe ihren Charakter als heilsvermittelndes Initiationssakrament verliert. Obwohl die Lehre von der Errettung der ungetauft sterbenden Kinder den Eltern, besonders der Mutter, im Fall des Sterbens ihres Kindes vor der Taufe den Trost der Gewißheit über sein Heil spenden soll, ist der Trost des Heilsempfangs nach lutherischer Auffassung in der Regel und für die Betroffenen am hilfreichsten mit der Taufe verbunden[474].

2.2 Gottes Freiheit und Allmacht und Gottes Erwählung

2.2.1 Der göttliche Heilswille als Grundlage der Errettung der ungetauft sterbenden Kinder christlicher Eltern

Die Errettung von Kindern christlicher Eltern ist nach lutherischer Auffassung ein Akt der göttlichen Freiheit und Allmacht: Während er den Menschen geboten hat, das Heil durch die Vermittlung der Sakramente zu empfangen[475], kann er selbst nach seinem freien Willen von der für die Menschen verbindlichen Heilsordnung abweichen und Kinder christlicher Eltern auch ohne den Empfang des Taufsakraments erretten[476]. Nach katholischer Auffas-

---

[473] Consensus Bremensis (1595) III 1 a, in: Müller (Hg.), S. 779, Z. 17-21.
[474] Obwohl er der Auffassung war, daß Kinder christlicher Eltern in Notfällen auch ohne Taufe gerettet werden können, schaffte Luther die Nottaufe nicht ab, weil er sich an den Taufbefehl gebunden fühlte und nicht auf die Nottaufe als Glaubenshilfe verzichten wollte. Vgl. Lau, S. 137.
[475] In der Konkordienformel verwirft das Luthertum den "Irrtum der Enthusiasten" (Spiritualisten), daß Gott "ohne Mittel, ohne Gehör Gottes Worts, auch ohne Gebrauch der heiligen Sakramenten 'die Menschen' zu sich ziehe, erleuchte, gerecht und selig mache". Konkordienformel (1588) II 6, in: Die Bekenntnisschriften, S. 779, Z. 24-32.
[476] In seiner Schrift "Ein Trost den Weibern, welchen es ungerade gegangen ist mit Kindergebären" (1542) betont Luther, Gott habe sich nicht an die Sakramente gebunden; einige

Fassungen von Luthers Trostschrift enthalten als Zusatz den Hinweis, Gott könne ungetaufte Kinder erretten, wie er zur Zeit des Alten Testamentes viele Menschen ohne die Einhaltung des israelitischen Gesetzes "selig gemacht" habe. Vgl. WA 53, S. 207, Z. 1-3; ebd., Anm. 1. Vgl. auch WAT 6, Nr. 6764, S. 172, Z. 36 - S. 174, Z. 13. Caelius hebt hervor, Gott sei nicht an das Heilsmittel der Taufe gebunden; er könne "als ein freyer HErr ... machen / wie / vnd was er wil". Gott habe Jeremia im Mutterleib geheiligt, Johannes (den Täufer) erleuchtet und Hiob, Naeman, Kyros, Nebukadnezar u.a. ohne Beschneidung gerettet. Vgl. Caelius, Von der Kinder Tauffe (1558), S. 36. Vgl. auch Dedeken 3 (1671), S. 440. "Nos incedimus ..., baptismum esse ... ad ... salutem necessarium; interim tamen in casu privationis sive impossibilitatis salvari liberos Christianorum per extraordinariam et peculiarem dispensationem divinam. Necessitas enim baptismi non est absoluta, sed ordinata; ex parte nostra ad baptismi susceptionem obligati sumus, interim tamen non neganda est actio Dei extraordinaria in infantibus Christo a piis parentibus et ecclesia per preces oblatis atque exstinctis, priusquam baptismi copia illis fieri posset, cum Deus suam gratiam et salutarem efficaciam non ita alligarit baptismo, quin in casu privationis extraordinarie agere et velit et possit". GLTh 2, Tom. IV, Loc. 20, § I 236, S. 381. "Deus non alligavit se ipsum ac gratiam suam mediis in commodum nostrum institutis. Nos quidem ad media alligati sumus, Deus autem extraordinarie potest agere. Sic in fame uti debemus cibo, in morbis medicina; Deus autem etiam sine cibo corpus alere, sine medicamentis sanitatem restituere potest; ita quoque sine baptismo ordinario regenerationis lavacro in casu necessitatis regenerationem operari potest". Ebd., § I 238, S. 382. "Et qui Baptismus absolutè esset necessarius, ut Deus sine eo hominem salvare non possit, qui Baptismum instituit, et ut per eum homines salvarentur, ordinavit. Et praeterea sicut Deus ex libera voluntate et non necessitate aliqua absoluta Baptismum instituit, et homines per illum salvare voluit: ita etiam sine eo, aut citra Baptismi perceptionem homines salvare potest. Alias enim non esset agens liberum, nec liberè, sed necessariò ageret, quod tum in Theologia, tum in philiosophia absurdum est". Johann Ernst Gerhard (1671), Cap. Primum, § 5, s.p., S. 17 f. In der Kurländischen KO (1570) heißt es, Gott sei an kein Sakrament gebunden, sondern ein Herr, "reich für alle, die ihn anrufen" (Röm. 10,12). Vgl. die Kurländische KO (1570), in: Sehling (Hg.) 5, S. 96; die Lp. auf Catharina Ursula, Landgräfin von Hessen (1615), S. 37 f; Haas, Der getreue Seelen-Hirte (1870, Ausgabe 1706, Vorwort: 1696), S. 521. "Wer wil vnd kan jhm / als einem ... allmaechtigen Gott / die Haende binden / dasz er ein solches Wuermlein / nicht solte doerffen vnd koennen / auff eine ... vns zwar verborgene / jhm aber wol moegliche weise wieder geberen / vnd selig machen". Heermann, Christianae Eutanasiae Statuae (1680), 23. Lp., S. 623. Vgl. auch die "Christliche Vereinigung" der Herrschaft Rothenberg (30. Okt. 1618), in: Sehling (Hg.) 13 III, S. 557. "Si ... infans sit e fidelibus parentibus propagatus, qui quidem, quantum in ipsis est, Sacramento Baptismi prolem suam initiari, ejusque veritate imbui illam cupiant; interim tamen vel hunc vel illum morte abripi contingat, vel etiam propter causas inevitabiles sacro Baptismate ipsos tingi non detur: propter hanc externam privationem Sacramenti de salute utriusque minime oportere dubitare. Non enim Dei gratia Sacramentis, eorumque externae administrationi est alligata ... Quocirca Sacramenta salutem ex se non conferunt hominibus, sed ejus sunt externum tantum ministerium et testificatio, proinde non illius causae, sed certitudo et sigilla existunt". Böhmisches Bekenntnis (1609), XII, in: Müller (Hg.), S. 483, Z. 15-21, 34-36. Der Wiedertäufer Balthasar Hubmaier betont, Gott könne sich aufgrund seiner absoluten Souveränität über die der Erbsünde unterworfenen ungetauften Kinder erbarmen. Vgl. Windhorst, S. 83 f. In einem Urteil der theologischen Fakultät der Universität Wittenberg (27.7.1619) wird auch Kindern das Heil zugespro-

sung kann aus Gottes grundsätzlicher Freiheit gegenüber der den Menschen vorgegebenen Heilsordnung nicht geschlossen werden, daß er gegenüber den ungetauft sterbenden Kindern davon abweiche und ihnen das Heil ohne den von ihm dafür eingesetzten Empfang des Taufsakraments vermittle: Aus der grundsätzlichen Möglichkeit des Abweichens von der Heilsordnung soll nicht auf ihre Verwirklichung geschlossen werden. Nach katholischer Auffassung belegt der ihnen fehlende Empfang des Taufsakraments, daß Gott ungetauft gestorbene Kinder nicht erretten will - wollte er sie erretten, hätte er ihnen den Empfang der Taufe zuteil werden lassen: Der gegenreformatorische Theologe Robert Bellarmin (1542-1621) stellt fest, aus der Möglichkeit, daß Gott wie bei Johannes dem Täufer, der nach dem Bericht des Lukasevangeliums schon vor der Beschneidung, noch im Mutterleib mit dem Heiligen Geist erfüllt wurde (vgl. Lk. 1,15), ungetauft sterbenden Kindern seine Gnade auf außerordentliche Weise vermittle, sei nicht mehr auf ihre Realisierung zu schließen als aus der alttestamentlichen Geschichte vom sprechenden Esel des Propheten Bileam (vgl 4. Mose 22,28), "daß alle lutherisch-calvinistischen Esel mit einer menschlichen Stimme sprechen"[477]. Suarez betont, wenn Gott einem Kind "auf wunderbare Weise" seine Gnade schenken wollte, wäre es leichter, ihm auf außerordentliche Weise die Taufe zuteil werden zu lassen, als es ohne Taufe zu rechtfertigen, wie es bei Erwachsenen "wunderbarer" wäre, sie ohne Glauben zu retten, als ihnen auf außergewöhnliche Weise Glauben zu schenken[478].

---

chen, die von ihren Müttern ungetauft ermordet wurden: der allmächtige Gott kann und will die getöteten Kinder aufgrund seiner Barmherzigkeit auch ohne den Empfang der Taufe erretten. Vgl. die Censur Der Theologischen Facultaet zu Wittenberg / was von der Seeligkeit der Kinder zu halten / welche von ihren Muettern ungetaufft erwuerget werden (o.J.), in: Dedeken 3 (1671), S. 440. Um Gottes 'potestas absoluta' herauszustellen, hatten schon die spätmittelalterlichen Nominalisten die Auffassung vertreten, Gott habe die Möglichkeit, ohne Taufe - die allerdings verbindlich gefordert sei - selig zu machen. Vgl. Lau, S. 122 f. "Der Gedanke an die 'potentia absoluta' läßt Biel eine - Gerson verwandte - weniger rigorose Stellung zur Frage der ungetauft verstorbenen Kinder einnehmen". Jetter, S. 102. Vgl. dazu auch Georg Calixt, Dispvtatio (1643), § CXXV, s.p.

[477]"'Ex Joannis Baptistae in utero materno Spiritu sancto repleti exemplo infert, Deum infantibus Baptismum flaminis, sine Baptismo aquae, extraordinaria sua gratia communicare posse'. Hoc quidem verum est; Sed factum ex isto possibili non magis infertur, quam ex asinae Balaami exemplo, omnes asinas Lutherano-Calvinianas voce humana fari". Bellarmin VII, Vindiciae pro Libro primo de Sacramento Baptismi, Ad Cap. IV., §. II., S. 552.

[478]"Si Deus vellet inusitato seu miraculoso modo operari, facilius illi esset providere viam aut rationem aliquam baptizandi illum, quam eum sine baptismo justificare. Sicut magis extraordinarium et miraculosum esset justificare adultum sine fide, quam extraordinario modo providere viam comparandi fidem. Sicut ergo improbabile ac temerarium esset, dicere, adultum aliquem salvari sine fide, quando non habet humanum medium ad obtinendam illam, sed dicendum potius est, vel Deum illi donare fidem per specialem aliquam providentiam, vel certe fore damnandum, si Deus hoc modo illi non provideret, ita de nullo infante credendum

Nach lutherischer Überzeugung durchbricht Gott zur Errettung der ungetauft sterbenden Kinder christlicher Eltern die von ihm gesetzte Heilsordnung, weil er sie erretten will. Stölzlin (1652) betont, Gott habe seinen Sohn nicht nur einigen, sondern allen Menschen zum Erlöser bestimmt (vgl. 1. Tim. 4,9), auch den ungetauften Kindern[479]. In einer bei Balthasar Meißner verfaßten Dissertation ("De peccati originalis poena", 1618) heißt es, aus der Lehre, daß Gott das Heil aller wolle, sei nicht zu schließen, daß er tatsächlich alle errette. Bei Erwachsenen, denen trotz Gottes Heilswillens die Errettung nicht zuteil werde, liege die Schuld an ihrem Widerstand gegen Gottes Gnade. Da aber die

---

est, ex dispensatione salvari sine fidei sacramento, quod est baptismus, sed vel Deum illi providere de baptismo, vel certe perire, si omnino hac providentia destituatur et baptismo careat". Suarez 20, Quaest. LXIX, Art. VII, § 5, S. 483. "Nullus infans sine baptismo etiam ex speciali privilegio salvatur, idque sine revelatione temere asseritur de aliquo. - Sicut adultus sine fide, ita parvulus sine baptismo salvari non potest". Ebd., S. 482. "Infantes, qui in maternis uteris moriuntur, non posse salvari; ita etiam sentit universa Ecclesia, et Theologi omnes ... Hoc autem non est singulare legis novae, sed in omni lege et aetate verum habuit ... sanctificatio quae interdum facta est in aliquibus in utero materno, semper existimata est fieri ex privilegio speciali. Ratio autem hujus rei praecipue petenda est ex divina providentia et voluntate. Possumus autem nos nonnullam congruentiam illius voluntatis excogitare. Nam oportuit, ut sicut homines ab Adamo descendunt humano modo, et per actionem sensibilem ab illo contrahunt originalem culpam, ita per homines et per actionem aliquam sensibilem et modo hominibus accommodato eis applicaretur gratia Christi. At vero quamdiu infans est in utero materno, adhuc est veluti extra societatem humanam, unde non potest ad eum referri sacramentalis actio et intentio, cum adhuc non constet hominibus, quid ibi lateat, aut in quo statu, vel necessitate constitutum sit ... Unde interdum permittit Deus, infantem mori in eo statu absque remedio, ad ostensionem justitiae suae; interdum vero extraordinario modo providet, ut infans, non obstante quocumque periculo, aliqua ex parte egrediatur de utero matris, ita ut baptizari possit, antequam moriatur, ad ostensionem gratiae et electionis suae; neque in hoc negotio aliquid amplius petendum est a divina providentia, quia non tenetur singulis dare remedia pro singulis temporibus, et in quocumque statu, et sub quacumque conditione, sed satis est omnibus providere universali quadam ratione et modo hominibus accommodato". Ebd., § 9, S. 485 f.

[479] Vgl. Stölzlin (1652), S. 447. In der Lp. auf Justina Kirchbach wird mit Lk. 9,56 und 1. Tim. 2,9 begründet, daß Gott auch die Kinder im Mutterleib erretten wolle: Es heißt, Christus sei gekommen, alle Menschen zu erretten, also auch die "unschuldigen Kinder". Vgl. die Lp. auf Justina Kirchbach (1623), s.p., S. 46. In einer bei Heermann abgedruckten Lp. auf eine Totgeburt heißt es, Gott wolle nicht den Tod der Gottlosen (vgl. Hes. 33,11); das betreffe auch die Kinder im Mutterleib. Vgl. Heermann, Schola (1642), 1. Lp., S. 7. Vgl. auch ebd., 16. Lp., S. 351. "Der Heiland hat ... (ungetauft gestorbene Kinder christlicher Eltern) sowohl als andere Menschen mit seinem Blut erkauft und erlöst". Haas, Der getreue Seelen-Hirte (1870, Ausgabe 1706, Vorwort 1696), S. 520. Als Belege führt Haas 1. Tim. 1,15 und Hebr. 2,14 f an. Vgl. ebd.

Kinder der Christen dem Heil noch nicht widerstreben könnten, führe Gott in ihnen ohne Hindernis sein Werk aus und wirke ihr Heil[480].

Als biblischer Beleg dafür, daß Gott die ungetauft sterbenden Kinder christlicher Eltern erretten wolle, wird von lutherischer Seite das 'Kinderevangelium' angeführt (vgl. Mk. 10,14). Daraus, daß Jesus die Erwachsenen ermahnt habe, die Kinder zu ihm kommen zu lassen, und betont habe, "solcher sei das Himmelreich", ist nach der Auffassung des lutherischen Theologen Johann Ernst Gerhard (1621-1668) zu schließen, daß er das Heil der ungetauft sterbenden Kinder christlicher Eltern wolle[481].

Gottes Heilswille für die Kinder der Christen, die vor der Taufe sterben, wird nach lutherischer Auffassung vor allem darin erkennbar, daß Christus im Leib Marias getragen und wie alle anderen Menschen als ein kleines Kind geboren

---

[480]"Neque est, ut excipiat quis Deum velle omnium salutem, 1.Tim.2.v.9. nec tamen omnes actu salvare. Etenim quod adultos attinet, culpa non est in Deo, sed in ipsis, qui Spiritui S. resistunt, et obicem ponunt. Haec autem contumacia cùm absit in infantibus propterea Deus absque impedimento opus suum in ijs exequitur, et salutem operatur. Praeterea diligenter consideretur illa distinctio inter filios pácti et exteros, Act. 3.v.25" (Apg. 3,25). Meißner (1618), Quaest. I, § XIX, s.p. "Was die Lehre von der Heilsaneignung und ... das Verhältniß von Gnade und Freiheit betrifft, ... kam es der lutherischen Dogmatik darauf an, die absolute Erlösungsbedürftigkeit und Unfähigkeit zur Selbsterlösung so festzuhalten, daß ... nicht das doppelte prädestinatianische Dekret herauskäme, sondern die Schuld für die Verlorengehenden ihnen selbst verbliebe". Dorner, S. 572.

[481]"Secundum nobis suggerit argumentum Christus Matth. 19.v.14. in dulcissima haec erumpens verba: Sinite parvulos, et nolite eos prohibere ad me venire: talium enim est regnum coelorum. Conf. Marc. 10.14. Luc. 18.16. Ex hac Christi seria et solatio plena invitatione sequens nectimus pro obtinenda infantum, propter inopinum excessum non baptisatorum, salute argumentum. Quos Deus ut ad se veniant, hortatur, et quorum est regnum Coelorum, illi non damnantur, sed salvare eos Deus cupit. Sed omnium fidelium infantes simpliciter, ut ad se veniant, Deus hortatur, horumque dicente Salvatore, Regnum DEI est. Ergo infantes fidelium non damnantur, sed DEUS salutem eorum expetit et procurat; imò infantes etiam, qui ex hac vita sine baptismo insperatò abeunt (DEUS enim absolutè de infantibus fidelium loquitur) salvare, nec damnare vult. ... Christus ... de infantibus fidelium indiscriminatim loquitur ... Quia, aliquem ad se vocare, aut ut ad se veniat, hortari, eique salutem impertire, et tamen eundem absque ulla vel parentum vel propria culpa damnare, et regno DEI privare velle, non solùm inconstantiae, sed et injustitiae argumentum est, adeoque à DEO alienissimum". Johann Ernst Gerhard (1671), Cap. II, § 4, s.p., S. 16. G. Glück handelt auf 240 Seiten über das Heil und die Beerdigung ungetauft gestorbener Kinder in Anlehnung an Mt. 18,14. Seine Arbeit war nicht auffindbar. Vgl. Graff, S. 366. Stölzlin betont, in Mk. 10,14 habe Christus den Kindern ausdrücklich das Himmelreich zugesagt. Vgl. Stölzlin (1652), S. 450. Nach einem Sermon des täuferischen Laienpredigers Clemens Ziegler (Straßburg, 1524) kommen Kinder ins Himmelreich, weil Christus spricht: "Laßt die Kinder zu mir kommen" (Mk. 10,14). Quellen, S. 14. Zur Auslegungsgeschichte des 'Kinderevangeliums' (Mk. 10,14) vgl. Ludolphy, Zur Geschichte.

wurde[482]. Nach Haas (1706, Vorwort: 1696) soll der Pfarrer einer Frau, die eine Fehl- oder Totgeburt erlitten hat, zusprechen, Christus habe im Leib Marias gelegen, um anzuzeigen, daß er der Retter der Kinder sein wolle, die im Mutterleib sterben[483]. Haas empfiehlt, eine Frau, die eine Fehl- oder Totgeburt erlitten hat, durch die folgende Frage zu ermutigen: "Sollte (Christus) ... nicht ... eurer Leibesfrucht als seines lieben Bruders wahrgenommen, und deren Seligkeit um seiner heiligen Menschwerdung und Geburt willen befördert haben"[484]?

Zur Bekräftigung der Lehre vom Heil ungetauft sterbender Kinder bezieht sich der lutherische Theologe Johann Georg Walch (1693-1775) auf göttliche Berufungen, die nach biblischen Zeugnissen alttestamentlichen Propheten und

---

[482] Günther betont, Christus habe gewiß kein Gefallen am Verderben der kleinen Kinder, die wegen besonderer Not die Taufe nicht empfangen konnten, weil er selbst "zum Trost der Kleinkinder" als Kind geboren worden sei. Vgl. Günther (1566), f. 101. Vgl. auch ebd., f. 104; die Lp. auf Justina Kirchbach (1623), s.p., S. 46. Da die "sündliche Geburt" durch Christus "geheiligt" sei, fragt Caelius: "Warumb solten dan die Kinder nicht auch in Mutterleibe geniessen / seiner heiligen empfengnis / vnd der ebenso wol als sie / neun wochen in Mutterleibe gelegen hat". Caelius, Von der Kinder Tauffe (1558), s.p., S. 30. Stölzlin hebt hervor, Christus selbst habe "unter dem mütterlichen Herzen" gelegen und am Kreuz für die Sünden bezahlt. Vgl. Stölzlin (1652), S. 448. "Christus non solum nasci, sed et in utero virginis concipi ac gestari voluit, ut etiam infantum in utero materno adhuc conclusorum salvator esset". GLTh 2, Tom. IV, Loc. 20, § I 237, 4., S. 382.

[483] Vgl. Haas, Der getreue Seelen-Hirte (1870, Ausgabe 1706, Vorwort: 1696), S. 137. In einer bei Heermann abgedruckten Lp. heißt es, Christus sei ein Embryo geworden, um anzuzeigen, daß er der Heiland der Kinder im Mutterleib sei. Vgl. Heermann, Christianae Eutanasiae Statuae (1680), 23. Lp., S. 627. Haas betont, durch seine Gegenwart im Körper Marias habe Christus die mütterlichen Leiber geheiligt; die im Mutterleib sterbenden Kinder stürben deshalb "auf einem solchen Lager, darauf GOtt selber gelegen etc." Haas, Der getreue Seelen-Hirte (1870, Ausgabe 1706, Vorwort: 1696), S. 137.

[484] Haas, Der getreue Seelen-Hirte (1870, Ausgabe 1706, Vorwort: 1696), S. 137. "(Christus) ist auch im Jungfrewlichen leibe getragen / das auch die Kindlein in Mutterleibe / die jm werden zugebracht / sollen seine Mitgenossen sein". Bugenhagen, Von den vngeborn kindern (1551), s.p., S. 70. In der Lp. auf Catharina Ursula, Landgräfin von Hessen wird hervorgehoben, daß das "Verdienst Christi" ungetauft gestorbenen Kindern gelte, weil Christus ihr "Bruder" geworden sei und auch die Sünden der Kinder im Mutterleib gesühnt habe (vgl. Hebr. 2,1-4). Vgl. die Lp. auf Catharina Ursula, Landgräfin von Hessen (1615)(ref.), S. 36. Gemäß der Lp. auf Justina Kirchbach läßt Apg. 2,39 Christi Liebe zu den noch ungeborenen Kindern der Christen erkennbar werden. Vgl. die Lp. auf Justina Kirchbach (1623), s.p., S. 46. In einer bei Heermann abgedruckten Lp. wird hervorgehoben, Gott trage zu den noch ungeborenen Christenkindern "eine besondere Liebe" (vgl. Röm. 9,13; Mal. 1,1; Ps. 139,33; Jes. 49,1; Jer. 1,5). Vgl. Heermann, Schola Mortis (1642), 1. Lp., S. 9 f. Girlich betont mit Bezug auf Ps. 103,13, wenn Kinder schwer geboren würden, seien sie der Mutter später umso lieber; die Liebe der Mutter zum Kind sei nur ein Abbild der viel größeren Liebe Gottes. Vgl. Girlich (1551), s.p., S. 9.

dem Apostel Paulus (vgl. Jer. 1,5; Gal. 1,15 f; Röm. 1,1) bereits vor ihrer Geburt zuteil wurden. Wie die biblischen Gottesboten zur Erfüllung besonderer Aufgaben auserwählt wurden, noch bevor sie die Beschneidung empfangen konnten, hat Gott nach Walch die Kinder christlicher Eltern zum Heil erwählt, die vor dem Empfang der Taufe sterben[485]. Caelius (1558) beteuert, wenn der bereits vor seiner Geburt von Gott erwählte Erzvater Jakob (vgl. Röm. 9,10-13; Gen. 25,23; Mal. 1,2 f) ohne Beschneidung gestorben wäre, hätte Gott ihn deshalb aufgrund seiner Erwählung nicht verstoßen[486].

Während Gott nach katholischer Auffassung den zum Heil erwählten Kleinkindern immer auch den Empfang des Taufsakraments ermöglicht und die ungetauft sterbenden Kinder deshalb als von Gott verworfen angesehen werden müssen[487], will Gott nach calvinistischer Überzeugung bei Kleinkindern wie bei Erwachsenen unabhängig vom Empfang der Wassertaufe nur das Heil der von ihm "vor Grundlegung der Welt" Erwählten. Den Verdammten wird das Heil zwar äußerlich angeboten; ihnen fehlt jedoch wegen der göttlichen Verstoßung die Disposition, es anzunehmen[488]. Aufgrund der "Bundesverheißung" (vgl. Kap. II B.2.1.1) gehen die Reformierten jedoch im allgemeinen wie die

---

[485]Vgl. Walch, Gedancken (1733), § XVII, S. 98, 102 f. Nach einer bei Heermann abgedruckten Lp. können ungetauft gestorbene Kinder nicht der Seligkeit beraubt sein, weil Hiob und Jeremia sonst nicht gewünscht hätten, im Mutterleib gestorben oder tot geboren zu sein (vgl. Hiob 3,11-18; Jer. 1,5; 20,17). Vgl. Heermann, Christianae Eutanasiae Statuae (1680), 23. Lp., S. 622 f.

[486]Vgl. Caelius, Von der Kinder Tauffe (1558), s.p., S. 32.

[487]"Quos ... Deus praedestinavit, iis remedia ad salutem efficacissime providit. Proinde omnes, qui in infantia moriuntur, si praedestinati sint, sine dubio baptizantur, et contra si reprobi sint, non baptizantur". Bellarmin III, Lib. I, cap. IV, S. 524.

[488]"Docemus, Deum non promiscue vim suam exserere in omnibus qui sacramenta recipiunt: sed tantum in electis. Nam quemadmodum non alios in fidem illuminat, quam quos praeordinavit ad vitam, ita arcana spiritus sui virtute efficit, ut percipiant electi quod offerunt sacramenta". Consensus Tigurinus (1549) XVI, in: Müller (Hg.), S. 161, Z. 43-48. "Testatur expressis verbis Christus, quum inquit, Multos esse vocatos, paucos esse electos. Ex quo consequitur duplicem statuendam esse vocationem, vnam videlicet que effectum suum fortiatur, alteram quae sit inutilis". Beza (1589), Th. Beza Resp. ad marginales annotationes D. Andreae, S. 93. "Dicit Paulus Circumcisionem fuisse sigillum iustitiae fidei: sed in Abrahamo, et in iis qui fidem Abrahami secuti sunt. Ita et nos Baptismum diximus esse remissionis et regenerationis obsignationem: at non in quibusuis, nec semper. Sic Euangelium est potentia Dei ad salutem, absolute videlicet semper et in sese consideratum: relative vero siue audientium respectu, solis credentibus odor vitae ad vitam, caeteris vero, et quidem ipsorum non Dei vel Euangelij vitio, odor mortis ad mortem". Ebd., S. 76. Der täuferische Laienprediger Clemens Ziegler (Straßburg, 1524) betont, Gott habe "seinen Geist und Glauben" an kein Sakrament gebunden. Er liebe alle Erwählten bereits im Mutterleib, ehe sie etwas Gutes und hasse alle Verworfenen, ehe sie etwas Böses tun können. Es sei falsch zu behaupten, daß jedem Getauften der Heilige Geist und Glaube gegeben werde. Vgl. Quellen, S. 99.

Lutheraner davon aus, daß allen getauften oder ungetauften Kleinkindern christlicher Eltern das Heil zuteil werde, weil sie zu den Erwählten gehören[489]. Die reformierte Beschränkung des göttlichen Heilswillens auf einen Teil der Menschheit (Partikularität der Gnade) gewährt nach lutherischer Auffassung dem nach Heilsgewißheit verlangenden Einzelnen keinen Trost: Er kann sich seines Heils nicht sicher sein, weil ihm die Gewißheit fehlt, daß der göttliche Heilswille allen Menschen und damit auch ihm selbst gelte (Universalität der Gnade). Der Wittenberger Theologe Salomon Geßner (1559-1605) betont, ein Calvinist könne unmöglich "selig" werden, da er nicht glaube, "dasz ... Christus ... mit seinem bittern Leiden und Sterben fuer die Suende der ganzen Welt / und eines ieden Menschen / habe seinem Himmlischen Vater genug gethan"; Geßner hebt hervor: "Denn worauff kan sich sonst ein angefochtenes Herz und Gewissen verlassen / und wormit wil sich ein betruebter und geaengsteter Geist in Todes-Noethen auffrichten / als dasz er weisz / JESUS CHRistus sey das Loesegeld fuer seine und der gantzen Welt Suende / 1. Johann. 2. (1. Joh.

---

[489]Nach Beza ist von der Rettung aller vor oder nach der Taufe gestorbenen Kleinkinder christlicher Eltern auszugehen, während für die herangewachsenen Kinder die Errettung nicht aus der Taufe abgeleitet werden kann. Gross weist zu Recht darauf hin, daß diese Auffassung schwerlich zu vereinbaren ist mit Zwinglis These, daß Gottes Gnadenwahl verborgen ist. Vgl. Beza (1589), Th. Beza Resp. ad marginales annotationes D. Andreae, S. 91. Vgl. Gross, Entwicklungsgeschichte des Erbsündendogmas seit der Reformation, S. 54. "Der Touff jst ... ein wydergebärliche abweschung, welche der Herr sinen ußerwelten mit einem sichtparen zeychen durch den dienst der kilchen ... anbütet und darstellt, jnn welcher helgen abweschung wir unsere kinder darumb touffend, das es unbillich were, das wir die jhenen, die us uns, die ein volck gottes, geporen sind, der gemeinsame des volcks gottes solten entrouben, die doch mit göttlicher stymm darzu bestimpt, und die sind, von denen man sich vermuten soll, sy syend vonn gott erwellt". Confessio helvetica prior (1536), 21, in: Müller (Hg.), S. 107, Z. 1-9. Die streng puritanischen schottischen und englischen Independenten führten den Grundsatz durch, daß Kinder von offenbar Reprobierten nicht getauft werden sollten (z.B. Kinder von 'Trunkenbolden'). Vgl. Weber, Die protestantische Ethik, S. 197, Anm. 21. Das reformierte Ungarische Bekenntnis (1562) wendet sich dagegen, Kindern christlicher Eltern mit der Begründung die Taufe zu verweigern, daß nicht alle Kinder gläubiger Eltern erwählt und geheiligt seien. Nach dem Ungarischen Bekenntnis ist im allgemeinen davon auszugehen, daß Kinder gläubiger Eltern "geheiligt" seien: "Quod si quis obiiciat, non omnes esse electos, ac proinde non omnes esse sanctificatos, qui ex fidelibus parentibus nascuntur, cum ne Abrahami quidem, neque Isaaci liberos omnes Dominus elegerit, non deest quod respondeamus. Etsi enim haec ita esse minime inficiamur; tamen arcanum hoc iudicium Deo relinquendum esse dicimus. Et in genere ex promissionis formula praesumimus sanctificatos esse, quicunque ex fidelibus parentibus, vel etiam altero dumtaxat fideli parente nati sunt, nisi quid obstet, unde contrarium colligi possit". Ungarisches Bekenntnis (1562), De infantium Baptismo, in: Müller (Hg.), S. 422, Z. 11-18.

2,2)"[490]. Die lutherische Begründung der Errettung der ungetauft sterbenden Kinder christlicher Eltern mit der Gültigkeit des göttlichen Heilswillens für alle Menschen, die ihm nicht von sich aus widerstehen, widerspricht der reformierten Lehre von der Partikularität der Gnade[491].

Die trotz der grundsätzlichen Differenzen hinsichtlich der Gültigkeit der göttlichen Gnade für die ganze oder nur einen Teil der Menschheit von Lutheranern und Reformierten übereinstimmend vertretene Auffassung, daß Gott die ungetauft sterbenden Kinder christlicher Eltern zum Heil bestimmt habe, soll seiner Mutter und seinen Angehörigen letzte Gewißheit über sein Heil

---

[490] Sententia D. Sal. Gesneri: Christliche treuherzige Warnung an die loeblichen Staende / etc. in Schlesien / dasz sie sich fuer den Calvinischen Irrthum hueten, Wittenberg 1602, zitiert nach: Dedeken 1, (1671), S. 278. "So koennen ... Calvinisten aus der allgemeinen Gnaden-Verheissung GOttes / auff welche aller bestaendiger Trost und des heiligen Geistes innerlich Zeugnusz einzig sich gruenden / einige Hoffnung vnd Zuversicht ihrer Seeligkeit nicht schoepffen. Weil ihrem Vorgehen nach / Gottes Wille nie gewesen / dasz alle und iede Menschen zur Erkenntnusz der Wahrheit kommen und leben". Censur der Theologischen Facultaet zu Tuebingen / auch ueber den Calvinismum, und insonderheit einen Leyen belangend (o.J.), zitiert nach: Dedeken 1 (1671), S. 287. "Was koente doch von unserm warhafftigen getreuen GOTT laesterlichers / den betruebten und bekuemmerten Hertzen der verzweiffelten gesagt werden / denn dieses? GOTT lade und beruffe sie gleichwohl zu seinem Reich / seye aber sein Wille und Meynung nicht / dasz sie kommen". Ebd., S. 288.

[491] Die Konkordienformel wendet sich gegen die Lehre, "daß Gott nicht wölle, daß alle Menschen Buße tun und dem Evangelio glauben ... wann Gott uns zu sich berufe, daß nicht sein Ernst sei, daß alle Menschen zu ihm kommen sollen ... daß Gott nicht wolle, daß jedermann selig werde, sondern unangesehen ihre Sünde, allein aus dem bloßen Rat, Vorsatz und Willen Gottes zum Verdamnis verordnet, daß sie nicht können selig werden". Konkordienformel (1580), XI., in: Die Bekenntnisschriften, S. 821, Z. 5-21. Zur lutherischen Erwählungslehre vgl. auch Solida Declaratio (1580), II., in: Die Bekenntnisschriften, S. 866, Z. 12 - S. 912, Z. 21, bes. S. 889, Z. 11 - S. 894, Z. 23; XI., S. 1063, Z. 24 - S. 1091, Z. 12, bes. S. 1070, Z. 32 - S. 1088, Z. 32. "'Auctor promissionis fidelis est', Hebr. 10, v. 23. Et quae alias foret consolatio piorum parentum, quorum liberi in infantili aetate moriuntur"? GLTh 2, Tom. IV, § I 124, S. 321 f. Zur lutherischen Auseinandersetzung mit der calvinistischen Erwählungslehre vgl. auch Dedeken 1 (1671), S. 264-267. Walch betont, es sei eine "grundsätzliche christliche Wahrheit" im Gegensatz zu allen anderen Religionen, "daß die Gnade GOttes allgemein sey, das ist: dasz sich GOtt aller Menschen, keinen eintzigen ausgenommen, erbarmet habe: aller Heil begehre". Der Terminus "Welt" in Joh. 3,16 sei auf die Menschheit als Ganze zu beziehen, nicht nur - wie von den Reformierten behauptet, auf die Auserwählten aus allen Völkern. Walch, Gedancken (1733), S. 3. Zu den innerlutherischen Auseinandersetzungen über die Prädestination im 17. Jahrhundert vgl. ders., Historische und Theologische Einleitung I (1972, 1733-1739), 4. Kap., IX., S. 498-520. Zur Erwählungsproblematik vgl. Koch. Zum allgemeinen theologiegeschichtlichen Hintergrund vgl. u.a. auch Hans Emil Weber; Leube. "Si quis dixerit, non dari gratiam per huiusmodi sacramenta semper et omnibus, quantum est ex parte Dei, etiamsi rite ea susciptiant, sed aliquando et aliquibus: anathema sit". Cc. Trident.: sess. VII: 3. Mart. 1547, Decr. de sacramentis, § 1607, Can. 7, in: Denzinger, Schönmetzer (Hg.), S. 382. Vgl. auch Friethoff; Gross, Entstehungsgeschichte, S. 272.

vermitteln: Seine Errettung gründet nicht nur auf menschlichem Wollen, sondern auf dem von seiner Liebe zu den Kindern christlicher Eltern geleiteten Willen des allmächtigen Gottes.

2.2.2 Zum Schicksal der ungetauft sterbenden Kinder der Juden und 'Heiden'

Hug (1562) betont, nur den ungetauft sterbenden Kindern der Christen, nicht aber den Kindern der "Gottlosen" und der "von Gott verstoßenen Völker", der Juden und Türken, werde die Errettung zuteil[492]. Stölzlin (1652) tröstet christliche Eltern, ihre Kinder seien nicht von Türken, Juden oder "Heiden", sondern von Christen gezeugt[493].

Nur wenige lutherische Theologen der frühen Neuzeit sind der Auffassung, daß die ungetauften Heidenkinder gerettet werden[494]. Nach der Überzeugung

---

[492]Vgl. Hug (1562), f. XXII. "Man solle ein Christen Menschen nicht so geringe achten, wie einen Tuercken, Heiden oder Gottlosen Menschen, Er ist theur fur Gott geacht und sein Gebet ein allmechtig gros ding. Denn er ist mit Christus Blut geheiliget und mit dem Geist Gottes gesalbet". WA 53, S. 206, Z. 13-16. "On Christo ist keine Seligkeit. Darumb sind die Tuerckische vnn Juedische Kinder nicht selig / Denn sie werden Christo nicht zugebracht". Bugenhagen, Von den vngeborn kindern (1551), s.p., S. 58. "Ad quemcunque pertinet promissio salutis, eaque non generalis tantum, qualis est, qua DEUS omnium hominum vult salutem, sed specialis, qualis est, quae ad Ecclesiam et fidelem populum suum pertinet; ille est baptizandus. Atqui omnis infans. Ergo: Vicissim ad quemcunque non pertinet promissio illa specialis, ille non est baptizandus. Ad Gentilium infantes non pertinet: Ergo ... Quam quicunque non habent, eos salvari non posse affirmat". Fecht (1712), Sect. II, § XXIX, s.p., S. 22. Vgl. auch Buddeus (1724), Lib. V, Cap. I, § VI, S. 750. "Es hat ... eine gantz andere Bewandtnis mit denen, welche in solchem Bunde stehen und zu der Christlichen Kirche gehoeren; als mit denen, welche die von GOtt angebothene Gnade verachten und keine Gemeinschafft mit denen Christen pflegen. Dasz jene vor diesen einen grossen Vorzug haben, dessen auch ihre Kinder theilhafftig werden, folgt hieraus unwiedersprechlich". Walch, Gedancken (1733), § IV, S. 44. Nach Zwingli wäre die Rettung der Heidenkinder eine "Wohltat Christi". Vgl. Gross, Entwicklungsgeschichte des Erbsündendogmas seit der Reformation, S. 50.
[493]Vgl. Stölzlin (1652), S. 451.
[494]"Es ist besser eine gute Hoffnung von diesen Kindern haben, als gantz und gar an ihrer Seeligkeit verzweiffeln". Johann Conrad Dannhauer, Diss. de profunditate diuit., Cap. I, § XXIV; zitiert nach Walch, Gedancken (1733), § III, S. 20. Zu den lutherischen Theologen, die annehmen, daß die ungetauften Heidenkinder gerettet werden, vgl. auch Fecht (1712), Sect. II, § XVII-XIX, s.p., S. 13-16. Einige Lutheraner betonen, es sei besser, die Frage nach dem Heil der ungetauft gestorbenen Heidenkinder dem göttlichen Gericht zu überlassen als viel darüber zu diskutieren. Vgl. Walch, Gedancken (1733), § III, S. 23. Zu den lutherischen Theologen, die es mit Bezug auf 1. Kor. 5,12 grundsätzlich ablehnen, sich über das Heil der Heidenkinder

des Helmstedter Theologen Joachim Hildebrand (1623-1691) könnte das Gebet der Kirche für das Heil aller Menschen dazu führen, daß Gott alle, die seinem Heilswillen kein Hindernis entgegenstellen, errette - dazu gehörten dann auch die ungetauft gestorbenen Kinder der Heiden[495]. Einige lutherische Theologen sind der Auffassung, daß die Heidenkinder 'selig' werden, von denen Gott durch seine Allwissenheit ('scientia media') vorhersehe, daß sie an Christus geglaubt hätten, wenn sie alt genug geworden wären[496].

---

zu äußern, vgl. Fecht (1712), Sect. II, § VI, VII, s.p., S. 8 f. In einer bei Heermann abgedruckten Lp. wird beteuert: "Was die anlanget / so ausser der Kirchen Gottes leben / als da sind die Kinder der ... Jueden / der unglaeubigen Tuercken / Tartern (Tartaren) / vnd andern Heyden / davon lassen wir vns vnbekuemmert". Vgl. Heermann, Schola (1642), 20. Lp., S. 435. In einer anderen, bei Heermann abgedruckten Lp. wird mit Bezug auf das Heil der außerhalb der christlichen Kirche geborenen Kinder 1. Kor. 5,12 zitiert: "Was gehen mich die draußen an, daß ich sie richten sollte". Vgl. ebd., S. 10. Vgl. verschiedene Deutungen von 1. Kor. 5,12 mit Bezug auf das Heil der ungetauft gestorbenen Heidenkinder in: Fecht (1712), Sect. III, § XLIX ff, s.p., S. 34 ff. "Fatemur ... problema hoc satis intricatum et decisione difficilimum esse, quod tamen ipsum neminem offendere debet. Quamvis enim solutionem nesciamus, hinc tamen salus nostra minime periclitabitur, siquidem quaestio illa potiùs circa fidem est, quam de fide; nec quaeritur de propria, sed aliena salute, qua licet in dubio maneat, nobis tamen nihil decedet quia justus SUA non aliena fide vivit et salvatur, Heb. 2.v.34; Rom. 1.v.17. Imo si scitu istud adeò fuisset nècessarium, Scriptura utique, quid sentiendum sit, disertè exposuisset, cùm omnia scitu ad salutem necessaria in ea contineantur ... Neque tamen hinc inferri debet, de talibus abstrusis silendum potius esse, quàm loquendum, cùm illa, quae Scriptura non expreßit". Meißner (1618), § XI f, s.p. "Iuuabit etiam totam hancce rem iudicio et benignitati diuinae committere; cum certi esse queamus, eiusmodi ommnium hominum post hanc vitam statum fore, in qua misericordia pariter ac iustitia diuina adcuratissime eluceat, vt nemo, quicumque etiam fuerit, de iniuria sibi illata, iustam habiturus sit conquerendi caussam". Buddeus (1724), Lib. V, Cap. I, § VI, S. 751.

[495]"Deum precibus generalibus Ecclesiae pro omnium hominum conversione et salute aeterna fusis, circa omnes, qui gratiae divinae obicem non ponunt, efficaciam habituris, hoc daturum esse abitrantem". Hildebrand, Theol. Dogm., C. X., § 27, C. XIX, § 71; zitiert nach Fecht (1712), Sect. II, § XXI, s.p., S. 15 f. In einer bei dem streng orthodoxen Rostocker Theologen Johannes Fecht (1636-1716) verfaßten Dissertation über den "Zustand der Heydnischen Kinder / die in ihrer Kindheit sterben" werden die folgenden Gründe für das Heil der ungetauft gestorbenen Heidenkinder angeführt: der theologische Lehrsatz, daß niemand verdammt werde, der nicht hartnäckig den Glaubensmitteln widerstehe, die Barmherzigkeit Gottes gegenüber dem Menschengeschlecht, die Gebete der Kirche für die Rettung aller Menschen nach 1. Tim. 2,1, der universale göttliche Heilswille, der Grundsatz, daß nicht die Beraubung, sondern die Verachtung der Sakramente verdamme. Vgl. Fecht (1712), Sect. II, § XVII-XIX, s.p., S. 13-15.

[496]Der Leipziger Theologe Johann Hülsemann (1602-1661) stellt fest, Gott habe "durch diejenige Wissenschafft, welche man pflegt die mittlere zu nennen, nicht die Ausschlagung derer angebothenen Mittel bey etlichen vorher gesehen ..., das ist ... wenn er sie beym Leben erhalten und ihnen die ordentlichen Mittel des Heils dargereichet haette, sie nicht wuerden dieselbe vorkommende Gnade von sich gestossen haben". Ders., Breuiar. Extens. Cap. XVII,

Andere verwenden die göttliche Allwissenheit als Argument für die Verdammnis der Heidenkinder: Da Gott voraussehe, daß sie nicht getauft oder durch Predigten zur Bekehrung aufgerufen würden, wenn sie überlebten, stoße er sie in die Verdammnis[497]. Die meisten lutherischen Theologen gehen davon aus, daß die ungetauft gestorbenen Kinder der 'Heiden' im Gegensatz zu den Kindern christlicher Eltern nicht zu den Erwählten gehören (vgl. Kap. II B.2.2.1) und deshalb verdammt werden[498].

---

§ 10. Zitiert nach Walch, Gedancken (1733), § III, S. 32. Gemäß Offb. 20,12 werden nach der Auffassung Hülsemanns den ungetauft sterbenden Heidenkindern von Gott Werke beigemessen, von denen er weiß, daß sie sie vollbracht hätten, wenn sie länger gelebt hätten. Vgl. ders., Breuiar. Extens. Cap. XVII, § 10; nach Walch, Gedancken (1733), S. 32. Zu Hülsemanns Auffassung von der "scientia media" vgl. auch Fecht (1712), Sect. II, § XXIV, S. 18. Der Theologe (Superintendent in Apolda) Adam Lebrecht Müller (1700-1770) wendet ein, daß der seligmachende Glaube nicht nur möglich, sondern auch wirklich sein müsse, damit ein Mensch gerettet werde. Vgl. Walch (1733), § III, S. 30, Anm. "Qui ad scientiam Dei mediam hic recurrunt, putantque, eos infantes saluari, quos Deus credituros euangelio, eos contra damnari, quos non credituros praeuiderit, audiendi non sunt; cum nemo ob causam, quae actu nondum adest, aut saluari, aut damnari queat". Buddeus (1724), Lib. V, Cap. I, § VI, S. 750.

[497] Vgl. Fecht (1712), Sect. II, § XXVI, s.p., S. 19. "Si ... praevidisset infantes infidelium, cùm adoleverint, poenitentiam acturos, utique conservasset ad id tempus, quia summe misericors est. Quia verò in infantia perire finit, hinc colligunt, illum futuram eorum impoenitentiam praevidisse, quia omniscius, et sic damnasse, quia justus est". Meißner (1618), Quaest. II, § XVI, s.p. Zur Verdammnis der ungetauft gestorbenen Heidenkinder aufgrund göttlichen Vorherwissens bemerkt Dorner: "Offenbar wäre das ... nur möglich, wenn die wesentliche Gleichheit aller Sünde vor Christus geläugnet und bei den Heiden die Sünde so gedacht würde, daß sie zum Voraus den Glauben ausschließe, was ... die allgemeine Erlösungsfähigkeit durch Christus beanstanden hieße". Dorner, S. 575.

[498] Die lutherischen Theologen, die der Überzeugung sind, daß die Heidenkinder verdammt werden, begründen ihre Auffassung mit Mk. 16,16: Die Kinder der Heiden sind nicht gläubig, und in der Bibel findet sich kein Hinweis darauf, daß ihnen auf außerordentliche Weise Glaube geschenkt werde. Vgl. Walch, Gedancken (1733), § III, S. 22. "Aut quaeritur, quid infantes paganorum ob peccatum mereantur? Aut, quae ipsorum fors futura sit in altera vita? Quo ad prius, adfirmamus, eos esse meritos ob vitium naturae, sempiternum tùm exilium à coelo, tùm exitium in inferno, quia nihil immundum intromittitur in regnum coelorum, Apoc. 21.v.26. (Offb. 21,27) Quoad posterius Dei judicio illos relinquimus. Est autem hoc, vel ordinarium et universale, cujus summa Johan. 3.v.ult. (Joh. 3,36) 'Qui incredulus est Filio Dei, non videbit vitam, sed ira Dei manet super eum'; quo pacto salutem infantibus paganorum promittere non possumus; vel extraordinarium et particulare, cujus ratio nobis incognita est, qua non revelata ideoque nihil hic absolutè temerèque adfirmare praesumimus". Meißner (1618), Quaest. II, § XIX, s.p. Mit Bezug auf die Schwere der von den ungetauften Kindern zu ertragenden Strafe schreibt Walch: "Wenn dasjenige seine Richtigkeit hat, was der Heyland von denen zu Sodom saget, und gewisz von ihnen allein nicht will verstanden wissen, dasz es am Tage des Gerichts einem werde ertraeglicher gehen, als dem andern, wer wolte zweiffeln, dasz die ungetaufften Kinder, welche nur blosz und allein die Erb-Suende haben, mit wuercklichen aber nicht beschweret sind, eine sehr leichte Verdammnisz werden auszustehen

Durch die Lehre von der Verdammnis der ungetauft sterbenden Kinder der Heiden kommt der Errettung der ungetauft sterbenden Kinder der Christen der Vorzug der 'Exklusivität' zu: Nicht allen Kindern, nur den Kindern der Christen wird diese besondere Gnade zuteil. Christliche Mütter und Väter, deren Kinder ungetauft sterben, haben deshalb Grund zur Dankbarkeit[499]: Im Gegensatz zu den jüdischen und 'heidnischen' Eltern können sie durch Gottes besonderes Gnadenhandeln des Heils ihrer Kinder gewiß sein.

3. Die Vermittlung des Heils an die ungetauft sterbenden Kinder der Christen

3.1 Die Blut- und die Geisttaufe

Da ihnen das reguläre Mittel zum Empfang des Heils, die Taufe, fehlt, wird den nach lutherischer Überzeugung zum Heil erwählten ungetauft sterbenden Kindern christlicher Eltern die Errettung durch die Blut- und die Geisttaufe sowie den ihnen von Gott geschenkten Glauben an Christus zuteil. Christusgläubige, die die Taufe begehrten, aber starben, bevor sie sie empfangen hatten, konnten nach katholischer Auffassung durch die 'Bluttaufe' oder die 'Taufe mit dem Heiligen Geist' ('Geisttaufe') gerettet werden[500]. Diese Möglichkeit der Erret-

---

haben". Walch, Gedancken (1733), § III, S. 37. Gemäß der Auffassung Fechts und anderer Lutheraner müssen die Heidenkinder nicht nur die 'Visio Dei' und die 'ewige Seligkeit' entbehren, sondern auch wirklich Höllenqualen empfinden. Vgl. Walch, Gedancken (1733), § III, S. 22. Das "harte Urteil" über die Kinder und Erwachsenen, die sich nicht taufen lassen können, ist nach Fecht (1712) deshalb nicht als grausam zu bezeichnen, weil es von Gott gefällt wird. Vgl. Fecht (1712), Sect. III, § LXII, s.p., S. 45 f.

[499] Durch die Lehre von der Verdammnis der ungetauft gestorbenen Heidenkinder wird die Schwere der Erbsünde bekräftigt, die alleinige Ursache ihres Schicksals; christliche Eltern werden zur Dankbarkeit bewegt, weil ihren Kindern das Heil auf außerordentliche Weise zuteil wird. Vgl. Fecht (1712), Sect. IV, § LXXXVII, § LXXXVIII, § LXXXIX, s.p., S. 60 f. Vgl. auch ebd., Sect. II, § XXXV, s.p., S. 26 f.

[500] "Appellatur ... martyrium, sanguinis baptismus, per quamdam analogiam, quae in primis considerari potest in omni martyrio; et in hoc consistit, quod sicut aqua baptismi tangendo corpus perfecte lavat animam, omnem culpam, et poenam remittendo, ita in martyrio sanguis effusus, suo modo tangit corpus, et inde fit, ut sanctificetur anima, et a culpa ac poena perfecte liberetur, quamvis diverso modo; nam hoc convenit martyrio solum ex speciali privilegio; baptismo autem ex opere operato, ac sacramentaliter". Suarez 20, Quaest. LXVI, Art. IX, Sect. I, § 4, S. 368. Vgl. auch Bellarmin III, Lib. I, Cap. VI, S. 526-531. Zur 'Blut-' und 'Geisttaufe' vgl. Windhorst, S. 162-166. "Tandem solet etiam interior contritio cum proposito suscipiendi sacramentum baptismi, baptismus flaminis appellari; sed haec ... est metaphorica et analoga

tung betraf vor allem die altkirchlichen Katechumenen, die vor ihrer Taufe das Martyrium erlitten. Kleinkindern konnte nach katholischer Auffassung durch die Blut- oder die Geisttaufe das Heil nicht zukommen, weil sie aufgrund des ihnen fehlenden Vernunftgebrauchs noch nicht in der Lage seien, die Taufe zu begehren und/oder als Märtyrer zu leiden[501].

Von protestantischer Seite werden die Blut- und die Geisttaufe als Möglichkeiten der Heilsvermittlung an ungetauft sterbende Kinder angesehen[502]. Nach

---

significatio baptismi". Suarez 20, Quaest. LXVI, Art. IX, Sect. I, § 6, S. 368. Zur Auffassung der Buße als 'Feuertaufe' vgl. auch Bellarmin III, Lib. I, Cap. VI, S. 526-531.

[501] "Infantes hoc loco dicuntur, non tam propter aetatem, quam propter carentiam perpetuam usus rationis ... Atque hinc oritur ratio dubitandi in quaestione proposita; nam baptismus sanguinis includit, vel supponit essentialem ac propriam rationem martyrii; sed absque usu rationis non potest vera ratio martyrii salvari; ergo in his, qui nunquam ratione usi sunt, non potest baptismus sanguinis reperiri; non ergo poterunt per illum salvari absque baptismo aquae. Minor principalis argumenti patet, quia martyrium est actus virtutis fortitudinis; absque rationis autem usu nullus actus virtutis inveniri potest". Suarez 20, Quaest. LXIX, Art. X, Disp. XXIX, Sect. I, S. 534.

[502] Gemäß Caelius werden die ungetauft sterbenden Christenkinder "in ihrem Blut getauft" wie die vor der Taufe getöteten Katechumenen, die von der Alten Kirche zu den Märtyrern gezählt wurden. Vgl. Caelius, Von der Kinder Tauffe (1558), s.p., S. 32. Wie bei den Märtyrern den eigenen Vorsatz, sich taufen zu lassen, nimmt Gott nach Stölzlin den Willen christlicher Eltern für die Tat, wenn sie sich vornehmen, lebendig geborene Kinder bald nach der Geburt taufen zu lassen, falls sie ungetauft sterben. Vgl. Stölzlin (1652), S. 460. Vgl. auch GLTh 2, Tom. IV, Loc. 20, § I 4, § I 5, S. 258 f. "Quantum igitur propria voluntas et serium suscipiendi baptismum desiderium, ad salutem juvat adultos, tantundem fidelium parentum voluntas et serium desiderium liberis suis conferendi baptismum, ad salutem juvat infantes. Sed propria voluntas et serium desiderium adultorum suscipiendi baptismum, tantum ad salutem eos juvat, ut Deus voluntatem illam pro reapse collato baptismo acceptet nec hos minus quàm alios actu baptizatos salvos velit. Ergò fidelium parentum voluntas et serium desiderium conferendi horum liberis baptismum, tantum ad salutem infantes juvabit, ut Deus parentum voluntatem, pro reapse collato baptismo acceptet, nec hos minus quàm alios actu baptizatos salvos velit". Friedrich Ulrich Calixt (1686), s.p., S. 33. Vgl. auch Hollatz II, Part. III., Theol. Sect. II, Cap. IV, Quaest. 2, S. 138. Bugenhagen betont, wenn für sie gebetet werde, sei bei ungetauft sterbenden Christenkindern "der Geist da mit Vergebung der Sünden ... Das Wasser ... im begier ... Denn da wird Christo / seiner zusage von den Kindlein vnd seiner ordenung vnd befehle / von der Tauffe / glauben vnd die Ehre gegeben / da sie warhafftig vnd recht sein zur seligkeit / Darumb teuffet er selbs da / mit dem heiligen Geist / wie er die Kindlein durch den heiligen geist / on die eusserlich Wassertauffe / annam / da er sprach / lasset die Kindlein zu mir komen" (vgl. Mk. 10,14). Bugenhagen, Von den vngeborn kindern (1551), S. 62. Wenn Christus ungetauft gestorbene Kinder annehme, obwohl sie nicht zur Wassertaufe kommen können, seien sie nicht ohne die "Taufe Christi" : "denn Christus teuffte die Kinder / nit mit der Wassertauffe / die er (wie im Euangelio stehet) annam / hertzet vnd segenet / vnd sprach / Solcher ist das Himelreich (vgl. Mk. 10,13-16). Lieber ist jrer das Himelreich / so sind sie wol getaufft / frey von sunden ewig in Christo selig". Ebd., S. 87. "Baptismum flaminis, sive ignis', hoc est miraculosam effusionem donorum Spiritus Sancti, de qva

Stölzlin tauft Christus Kinder, die die Wassertaufe nicht erlangen können, mit seinem Blut, das sie "von aller Sünde reinige" (vgl. 1. Joh. 1,8; Offb. 1,6)[503]. Günther (1566) hebt hervor, wenn Kinder die Taufe nicht erlangen könnten, taufe Christus, der "oberste Bischof", sie mit dem "seligen Taufwasser", seinem "heiligen Blut"[504]. Wenn zu befürchten ist, daß ihr Kind noch im Mutterleib stirbt, soll die Schwangere Christus anrufen, daß er es mit seinem Blut taufe[505]. Die Schwangere betet: "Soll ich ... mit sampt meinem Kindlein bleiben (sterben) / ach so tauffe doch ... meine Leibesfrucht mit dem thewren Blut deines geliebten Sohns" (Stölzlin, 1652)[506].

Nach protestantischem Verständnis wurden die altkirchlichen Märtyrer nicht durch das Vergießen ihres eigenen Blutes - ihr Martyrium als fromme Leistung - gerettet, sondern durch das für sie vergossene Blut Christi. In seiner Dissertation über das Heil der vor der Taufe gestorbenen Kinder ("De salute infantum ante baptismo decedentium", 1671) wendet sich der Jenenser Theologe Johann Ernst Gerhard (1621-1668) gegen die katholische Auffassung, daß die gemäß dem Matthäusevangelium nach der Geburt Jesu von König Herodes ermordeten Bethlehemitischen Kinder (vgl. Mt. 2,16-18) und der 'Schächer' am Kreuz (vgl. Lk. 23,39-43) aufgrund ihres Martyriums gerettet worden seien[507]. Wie den Märtyrern kann den ungetauft gestorbenen Kindern

---

Johannes Matth. III. 12. inqvit: 'Ego baptizo vos aqva, CHRISTUS autem baptizabit vos Spiritu et igne'; qvibus verbis indigitantur dona lingvarum in Apostolos mirificè collata et ignitis lingvis repraesentata. Act. II. 16 (Apg. 2,16)". Hollatz II, Part. III, Theol. Sect. II, Cap. IV, Quaest. 2, S. 138. "Wenn irgendwo, so könnte und dürfte (bei der 'Geisttaufe') ... von einem 'sakramentalen' Geschehen im gängigen Sinn des Wortes die Rede sein: sie reinigt, erneuert, verändert ... wirklich und gänzlich". Barth, S. 37.

[503] Vgl. Stölzlin (1652), S. 447.

[504] Vgl. Günther (1566), f. 105.

[505] Günther (1566), f. 50. Vgl. auch die Braunschweiger KO (1528), in: Sehling (Hg.) 6 I 1, S. 361 f.

[506] Stölzlin (1652), S. 162. In einem Gebet Stölzlins anläßlich der Kindtaufe wird Christus gebeten, das Kind mit seinem Blut zu taufen und es von allen Sünden zu reinigen. Vgl. ebd., S. 542.

[507] "Ad exemplum de infantibus Bethlehemiticis excipiunt eum in modum, sicut de latrone excipiebant, ipsos nempe Martyrio salvatos fuisse: Sed falsum est, martyrio quempiam salvari et salutis fieri participem. Non enim aliud, per quod salvemur, novit Scriptura, quàm meritum Christi et fidem, qua illud apprehendimus; item Verbum et Sacramenta, quae nobis illa exhibent, offerunt, obsignant, confirmant. Et si sanguis Jesu Christi filii ejus, mundat nos ab omni peccato, I. Joh. I.7. quomodo nostro sanguine, quem Martyrio fundimus, mundari a peccato possumus? Idem excipiunt de Catechumenis, ad quod non aliter, ac sicuti jam respondimus, respondemus". Johann Ernst Gerhard (1671), § 6, s.p., S. 29. "Neque tamen est existimandum quod Patres isti martyrium pro vero baptismo habuerint, sed quod putaverint, desiderium illorum ad rem ipsam aequiparandum nec de eorum magis quàm baptizatorum salute esse dubitandum". Friedrich Ulrich Calixt (1686), s.p., S. 30. "Effusioni sanguinis hu-

christlicher Eltern nach lutherischer Überzeugung die Seligkeit nur durch das für sie vergossene Blut Christi zuteil werden.

Als biblischer Beleg für die Geisttaufe ungetauft sterbender Kinder wird von lutherischer Seite die in Lk. 1,15 überlieferte Geisterfüllung Johannes' des Täufers im Leib seiner Mutter Elisabeth angeführt. Gemäß der Wolfenbütteler Kirchenordnung (1543) tauft Christus die Kinder, die vor dem Empfang der Wassertaufe sterben, wie Johannes den Täufer mit dem Heiligen Geist[508]. Günther (1566) deutet das in Lk. 1,41 berichtete 'Hüpfen' Johannes' des Täufers im Leib seiner Mutter Elisabeth beim Besuch Marias als Zeichen dafür, daß ihm noch vor seiner Geburt die 'Geisttaufe' zuteil geworden sei[509]. Günther betont,

---

mani non potest tribui meritum remissionis peccatorum, quod solius Christi sanguini competit, 1. Joh. 1, v. 7. nec medium applicationis dici potest, quod ex parte Dei tantum verbo et sacramentis, ex parte nostra tantum fidei competit; martyrium autem pro Christo susceptum est evidens et luculenta testificatio illius fidei in Christum, in quo solo remissionem peccatorum et vitam vera fides quaerit, non in nostris operibus vel passionibus". GLTh 2, Tom. IV, Loc. 20, § I 5, S. 258 f. In der Präfation für das Fest der 'Unschuldigen Kinder' in frühmittelalterlichen Sakramentaren wird davon ausgegangen, daß die von König Herodes ermordeten Bethlehemitischen Kinder (vgl. Mt. 2,16-18) nicht durch die Bluttaufe gerettet worden seien, weil Kleinkindern die Betätigung des eigenen Willens fehle. Vielmehr wird angenommen, die Bethlehemitischen Kinder seien durch das Vergießen ihres Blutes gerettet worden, weil es ohne ihr Wissen anstelle des Blutes Christi vergossen worden sei: "Unter den Nichtgetauften, die sich zur Verehrung als Heilige anbieten, nehmen sie die einzigartige Stellung ein, daß sie unmittelbar an Christi Stelle und um seinetwillen gemordet wurden". Hennig, S. 77. "Kein Martyrium ... hat unmittelbarer in der Geburt Christi seine Ursache gehabt als das der Unschuldigen Kinder. Sie sind die einzigen, die bei Lebzeiten Jesu ... 'für ihn' gestorben sind". Ebd., S. 84. Zu den Bethlehemitischen Kindern vgl. auch Bugenhagen, Von den vngeborn kindern (1551), s.p., S. 75; Walch, Gedancken (1733), § V, S. 48.

[508]Vgl. die Wolfenbütteler KO (1543), in: Sehling (Hg.) 6 I 1, S. 69. In der Hildesheimer KO (1544) heißt es von den ungetauft gestorbenen Kindern, die Christus im Gebet zugetragen werden: "Nimpt he nu se an, so döfft he se sülvest mit dem hilligen Geiste, eher se tor waterdöpe by uns komen, alse he Johannem Baptistam dofte unde waschede van synen sünden yn moderlive mit dem hilligen Geiste, de ock hernamals nene ander döpe krech, sunder doffte ut Goddes bevele de andern unde Christum sülvest mit der waterdöpe, alse ock Christus de heiden doffte mit dem openbaren hilligen Geiste ym huse Cornelii,, eher se de waterdöpe, van Christo bevölen, kregen, Acto. 10 (Apg. 10,44-47)". Hildesheimer KO (1544), in: Sehling (Hg.) 7 II 2, 1, S. 867. Nach Bugenhagen werden die vor der Taufe sterbenden Christenkinder mit dem Heiligen Geist getauft, wenn sie im Gebet Gott zugetragen werden wie die Kinder, die nach Mk. 10,13 Christus zugetragen wurden. Vgl. Bugenhagen, Von den vngeborn kindern (1551), s.p., S. 67. "Ist jrer das Himelreich / so sind sie wol getaufft / frey von sunden ewig in Christo selig". Ebd., s.p., S. 87. Zur Geisttaufe Johannes des Täufers vgl. auch Walch, Gedancken (1733), § V, S. 49.

[509]Vgl. Günther (1566), f. 99. Der reformierte Theologe Hermann Witsius (1636-1701) deutet das Hüpfen Johannes' des Täufers im Leib seiner Mutter Elisabeth als Zeichen dafür, daß Elisabeth den Heiligen Geist empfangen habe: "Ob man aber deswegen sagen muesse,

durch sein 'Hüpfen' habe sich Johannes zu Christus bekannt, der ihm durch den Heiligen Geist als 'Heiland der Welt' offenbart worden sei. Gemäß lutherischer Überzeugung wird durch die bereits Johannes dem Täufer im Leib seiner Mutter zuteil gewordene Geisttaufe ungetauft sterbenden Christenkindern die Vergebung ihrer Sünden und die 'Erkenntnis ihres Erlösers' geschenkt[510]. Die Schwangere bittet Gott, ihre Leibesfrucht mit dem Heiligen Geist zu erfüllen

---

Johannes habe geweissagt, ehe er noch gebohren worden, er habe nicht nur damahls JEsum erkannt, sondern auch seine Mutter von ihm unterrichtet, hieran laeszt es sich nicht ohne Ursache zweiffeln". Hermann Witsius, Miscell. Sacror. Tom. II. Exercit. XV. de Vit. Ioan. Bapt. § XXVII; zitiert nach Walch, Gedancken (1733), § XIV, S. 94. Auch Walch ist der Auffassung, daß Elisabeth nicht von ihrer Leibesfrucht, sondern unmittelbar durch den Heiligen Geist angezeigt wurde, daß der Messias im Leib Marias verborgen sei. Vgl. ebd.

[510]Nach Hug wirkt der Heilige Geist in den Kindern, die im Gebet Gott "zugetragen" werden, wie bei Johannes dem Täufer im Mutterleib die rettende "Erkenntnis Jesu Christi", schenkt ihnen die Geisttaufe, Vergebung der Sünden und das ewige Leben. Vgl. Hug (1562), f. XXIII f. "Caeterùm cùm dubium non sit, ante Baptismi perceptionem multos credidisse, in quibus ille Aethiopiae praefectus fuit, nec credidisse solùm, sed etiam singularibus donis Spiritus sancti ornatos, ut Cornelium cum aliis multis, quis diceret illos, si morte abrepti ante Baptismum fuissent, perituros"? Vtrum Christianorum liberi, quos mors praematura à Baptismi Sacramento exclusit, salvi fiant? Responsio D. Eberhardi Bidenbachii, in: Dedeken 3, S. 439. "Wir töufen unsere kind also, das wir sy durch unser töuffen zur gemein gots von ussen annemen, guter hoffnung der herr werde nach siner ewigen güte hie nach syn ampt by jnen ouch ußrichten, und sy mit dem h. geyst warhafftig töuffen". Berner Synodus (1532), Das 20. Capitel, in: Müller (Hg.), S. 45, Z. 28-32. "Internus baptismus est lavacrum sanguinis Christi, ex gratia Dei in Christi iustitia per Spiritus S. renovationem, abluens et delens peccata nostra regeneransque corda Spiritu novo dato. Hic vocatur ignis et Spiritus ... Externus baptismus est ablutio aquae, consecratus in nomine trinitatis. Hic est signum R(emissionis) P(eccatorum) et interni baptismi. Hoc baptismo baptizamur in signum R. P. id est, in testimonium remissionis peccatorum et coelestium bonorum. Sacramenta non sunt applicationes rei sacramenti, aut signatorum. Nam applicatio est opus Spiritus S. per fidem in promissione. Verbum est organum applicationis salutis. Sacramenta sunt sigilla testantia de applicatione gratiae, salutis et R. P. per fidem". Erlauthaler Bekenntnis (1562), De duplici baptismo, in: Müller (Hg.), S. 296, Z. 11-22. "Omnes non baptizati ignis et Spiritus S. i. interno Christi lavacro pereunt, etiamsi foris tingantur, ut vasa irae. Sed electi, etiamsi foris non baptizantur propter subitum interitum, tamen intus a Spiritu S. in igne, i. in Christi merito et gratia Dei baptizantur. De hoc dicitur: Nisi quis renatus fuerit ex aqua et spiritu (vgl. Joh. 3,5), i. ex gratia Dei in Christi merito per Spiritus S. purificationem internam, non salvatur". Erlauthaler Bekenntnis (1562), An non baptizati pereant, in: Müller (Hg.), S. 297, Z. 41-47. Der Wiedertäufer Balthasar Hubmaier ist der Auffassung, bei der 'Taufe in Geist und Feuer' handle es sich um ein Geschehen im Menschen, das der Wassertaufe vorangehe. Vgl. Windhorst, S. 49. Für den täuferischen Laienprediger Clemens Ziegler (Straßburg, 1524) ist die Wassertaufe nur ein Zeichen für die innerliche, geistliche Taufe, die die Reinigung von allen Sünden bewirke. Vgl. Quellen, S. 27. Nach Ziegler muß Gott vor der Wassertaufe mit 'Geist und Feuer' taufen: Dadurch wird die Erkenntnis Christi und der Glauben an das Evangelium geschenkt. Vgl. Quellen, S. 15.

"wie Johannem den Taeuffer vnd aller Christen Kinder in Mutterleib verschlossen" (Stölzlin, 1652)[511]. Nach einer Totgeburt soll die Mutter beten: "(Ich) glaube festiglich / dasz ... der heilige Geist ... / eben wie er in Johanne dem Taeuffer / da er noch in Mutterleib verschlossen / die Erkandnus Jesu Christi desz wahren Messiae gewuercket hat / werde in meinem Kindlein solche seelige Erkandnus seines Erloesers auch gewuercket haben" (Stölzlin)[512].

Nach der Auffassung des gegenreformatorischen Theologen Bellarmin läßt sich aus der Geisttaufe Johannes' des Täufers keine allgemeine Regel ableiten, die auf die Geisttaufe aller ungetauft gestorbenen Christenkinder schließen ließe[513]. Suarez verwendet die 'Heiligung' Johannes' des Täufers im Mutterleib als Beleg für die These von der Freiheit der Jungfrau Maria von der Erbsünde. Er betont, wenn schon der Täufer Johannes im Mutterleib geheiligt worden sei und Maria höher stehe als er, müsse an ihr noch mehr geschehen sein: "Das heißt, sie ist von jeder wirklichen Berührung mit der Erbsünde von dem Moment ihrer Empfängnis an bewahrt geblieben"[514].

---

[511] Stölzlin (1652), S. 46. "HErr GOtt Heiliger Geist, du Geist der Kindschafft! der du giebest das Zeugnisz unserm Geist, dasz wir GOttes Kinder sind ... mache (meine Leibesfrucht) ... zu deinem Kinde GOttes und wuerdige sie deiner Gnaden-Gaben, wie du Johannem schon im Mutterleibe damit erfuellet hast". Haas, Das in GOtt andaechtige Frauenzimmer (1718), S. 334.

[512] Stölzlin (1652), S. 481. Die Schwangere betet: "Reinige ... (das ungetaufte Kind) von seinen suenden, worinnen es empfangen, und erfuelle es mit dem heiligen Geiste, um der heiligen empfaengnisz deines lieben sohnes Jesu Christi willen". Schimmer (1730, 1706), S. 1041. "Lasz auch (Christi) ... blut und tod meiner armen leibes frucht zu gute kommen, und dieselbe durch die tauffe des H. Geistes von der erb-suende gereiniget und erloeset werden". Ebd., S. 1046 f. Die Bitte um Geisttaufe wird auch in Gebeten anläßlich der Kindtaufe ausgesprochen: "O Gott heiliger Geist! fahre herab ausz der Hoehe desz Himmels in das Hertz meines Kindleins: Tauffe sein Leib vnd Seel mit deiner Goettlichen ... Gaabe / mache es zum Tempel ... desz lebendigen Gottes". Stölzlin (1652), S. 542.

[513] "Exemplum unum non facere regulam generalem". Bellarmin III, Lib. I, Cap. XI, S. 552.

[514] Reinhold Seeberg, S. 868. "Dies war objektiv möglich, indem Gott das Erlösungswirken Christi vorweg an ihr wirksam werden ließ (praesumptio), und es war subjektiv möglich, sofern Maria - nach der Analogie mit Johannes und gemäß der Bevorzugung vor ihm - vom ersten Moment der Empfängnis an des vollen Vernunftgebrauches mächtig und somit fähig war, sich auf den Empfang der aktualen Gnaden zu prädisponieren, um so sündlos zu sein". Ebd., S. 868 f. Vgl. Suarez 19, Disp. IV, Sect. VII, S. 70-72. Becanus belegt mit dem Exempel der Geisterfüllung Johannes' des Täufers, daß auch Kinder durch die Taufe die Gnade der Rechtfertigung empfangen können: "Infantes sunt capaces gratiae iustificantis. Quod dupliciter probo. Primò, exemplo Ioannis Baptistae, qui in vtero materno accepit gratiam iustificantem, per quam sanctificatus, et à peccato originali liberatus est. Quod futurum praedixerat Angelus Zachariae patri eius, Luc. I.15. 'Et spiritu sancto replebitur adhuc ex vtero matris sua'. Et euentus reipsa docuit, testante Elisabeth matre eius, ibid. v. 44. 'Exultauit in gaudio infans in vtero meo'". Becanus (1629), Lib. IV, Cap. II, S. 637.

Die lutherische Lehre von der Errettung der ungetauft sterbenden Kinder christlicher Eltern durch die Blut- oder die Geisttaufe versichert ihren Müttern und Angehörigen, daß Gott ihnen trotz ihrer scheinbaren Gottesferne durch das Fehlen des Taufsakraments in besonderer Weise mit seiner heilswirksamen Gnade gegenwärtig sei. Die Gleichstellung der ungetauft sterbenden Kinder mit den altkirchlichen Märtyrern hinsichtlich der Vermittlung des Heils zeugt von ihrer hohen Wertschätzung.

3.2 Errettung 'sola fide': Seligmachender Glaube im Mutterleib

Nach reformatorischer Überzeugung kann wie Erwachsenen auch Kleinkindern das Heil nur durch Glauben zuteil werden ('sola fide'). Luther ist der Auffasung, daß "die kinder ynn der tauffe selbs gleuben und eygen glauben haben"[515]. Gerade deshalb, "weyl sie on vernunfft und nerrisch" seien, könnten Kleinkinder besser glauben als Erwachsene, denen die Vernunft "im Weg liege"[516]. Nach

---

[515] WA 17 II, S. 82, Z. 27 f. Auch das Heil der beschnittenen Kinder der Juden gründet gemäß Luthers Auffassung nicht im Empfang der Beschneidung, sondern im Glauben: "Wenn (nach Luther) beschnittene Kleinkinder selig wurden, so dank dem Notrecht der göttlichen Geduld, die in Christus ergänzte, was ihnen - trotz ihrer Beschneidung - fehlte. Gott macht es bei (beschnittenen) kindlichen Märtyrern ... ähnlich wie bei dem, was fromme Heiden oder auch was unsre (d.h. getaufte) Kleinkinder durch 'ignorantia invincibilis' versäumen". Jetter, S. 297. Zu Luthers Lehre vom Glauben der Kinder vgl. auch Elert 1, S. 260-262; Huovinen. Zu Luthers Sakramentsauffassung vgl. auch von Harnack, S. 851 ff. Schoeps bezeichnet es fälschlicher Weise als Luthers Lehre, die Kindertaufe sei die sicherste Form der Taufe, obwohl Kinder noch nicht glauben können. Vgl. Schoeps, S. 179.

[516] WA 17 II, S. 85, Z. 8, 9. Während die Erwachsenen das verkündigte Bibelwort "mit oren und vernunfft", jedoch oft ohne Glauben fassen, hören es die Kinder nach Luthers Überzeugung "mit oren on vernunfft und mit glauben. Und der glaube ist so viel neher, so vil weniger der vernunfft ist". WA 17 II, S. 87, Z. 5-7. "Was guts thut die vernunfft zum glauben ...? Ists nicht sie, die dem glauben ... auffs hoehest widderstehet, das niemant fuer yhr zum glauben kan komen, der nach Gottis wort leyden will, sie werde denn geblendet und geschendet, das der mensch mus yhr absterben und gleich werden eyn narr und ia so unvernunfftig und unverstendig als keyn iung kind, soll er anders gleubig werden und Gottis gnade empfahen, wie Christus spricht Matth. 18. (Mt. 18,3) 'wenn yhr nicht umbkeren werdet und werdet wie die iunge kinder, so werdet yhr nicht ynn das hymelreich komen'". WA 17 II, S. 84, Z. 33 - S. 85, Z. 2. Bugenhagen (1551) hebt hervor, auch die Judenkinder seien in 'Gottes Bund' aufgenommen worden, obwohl sie bei der Beschneidung "noch keinen Verstand" gehabt hätten. Bugenhagen warnt davor, aus der Fähigkeit der Erwachsenen, zuzuhören, zu lernen und Christus zu bekennen, "ein Verdienst" zu machen. Vgl. Bugenhagen, Von den vngeborn kindern (1551), s.p., S. 54; vgl. GLTh 2, Tom. IV, Loc. 20, § I 229, 2., S. 378. Allgemein gehört nach

Luther ist deshalb sicher vom Glauben der Kinder bei der Taufe auszugehen, weil Christus sie geboten hat: Luther gründet die Kindertaufe nicht auf das Vorhandensein eines empirisch nachweisbaren Glaubens, sondern leitet den Glauben der Kinder theologisch aus dem Taufbefehl ab[517].
Wie die getauften werden nach lutherischer Überzeugung auch die ungetauft sterbenden Kinder christlicher Eltern durch Glauben gerettet. Walch (1733) betont: "Dasz man den Grund ihrer Seeligkeit ... allein auf Gottes Guetigkeit, ohne Absicht auf den Glauben setzen solle, laeszt sich um der goettlichen Gerechtigkeit willen nicht wohl thun, als Krafft deren der Glaube von Seiten der Menschen das eintzige und unumgaengliche Mittel ist, die ewige Seligkeit zu erlangen"[518].

---

lutherischer Auffassung zum Glauben ein Wissen um das, was geglaubt werden soll und die Zustimmung zum Glaubensinhalt: "Ignota credi nequeant, ut ignoti nulla Cupido est; inde Notitia ad Fidem requiritur, vel ut Pars, quae communior Protestantium est sententia ... Fidei Natura, quae procul dubio Assensus est, sed qui necessario haec duo praesupponit: 1. cognitionem Propositionis cui assentiendum est; cum fieri nequeat, ut rei ignotae assentiamur, quia eam intelligimus et veram esse arbitramur. 2. Cognitionem, Deum revelasse rem credendam. III. Ex modo quo Fides in hominibus generatur, qui est ordinarie Institutio et Informatio per lectum, praedicatum et auditum Evangelium. Rom. 10,14.17". Holtzfuss (1704), § V, S. 18 f. Walch stellt fest, es sei "grundsätzlich richtig", daß der Glaube den Gebrauch der Vernunft erfordere. Wenn man ihre Seelen in Verbindung mit ihren Leibern betrachte, könne man Kindern keinen Vernunftgebrauch zubilligen. Ihren 'Seelen an sich', getrennt von den Körpern, könne jedoch ein Vernunftgebrauch beigemessen werden, der zum Glauben erforderlich sei. Vgl. Walch, Gedancken (1733), § XX, S. 114-116. "Wir beruffen uns auf den Zustand der Seelen derer Kinder, die von denen Leibern geschieden sind. Denn diese, wenn sie zum Genusz des ewigen Lebens kommen sind, muessen nothwendig den Gebrauch der Vernunfft haben, indem sie sonsten des goettlichen Anschauens und der himmlischen Glueckseligkeit nicht wuerden geniessen koennen". Ebd., S. 116. Da Kinder noch nicht in der Lage sind, ihre Vernunft zu gebrauchen, können sie nach reformierter Überzeugung keinen 'wirklichen Glauben' haben. Zum 'Kinderglauben' aus reformierter Perspektive vgl. Calvin 3 (Buch IV), 16. Kap., 2. Unterabschnitt, § 17-21, S. 435-443; Beza (1589), Th. Bezae Resp. ad marginales annotationes D. Andreae, S. 94-104; Walch, Gedancken (1733), § XVIII, S. 111. Zur katholischen Auseinandersetzung mit der lutherischen Lehre vom Glauben der Kinder vgl. Suarez 20, Quaest. LXIX, Art. X, Disp. XXVIII, Sect. I, § 2, S. 495 f. Zum Bezug Augustins zur Lehre vom Glauben der Kinder vgl. Jetter, S. 24-27.

[517]Caelius schließt daraus, daß niemand ohne Glauben Gott gefallen könne (vgl. Hebr. 11,6), daß ungetauft sterbenden Kindern zum Empfang der Rechtfertigung Glaube geschenkt werde. Vgl. Caelius, Von der Kinder Tauffe (1558), s.p., S. 13-15.

[518]Walch (1733), § VIII, S. 59. "Infantes isti non baptizari, aut credunt, aut non credunt. Si credunt, salvabuntur, Joh. 3.v.18. et 36. Si non credunt, damnabuntur, quia qui non crediderit, condemnabitur, Marc. 16.v.16. Qui non credit, jam judicatus est, Iohan. 3.v.18. qui incredulus est, non videbit vitam, sed ira Dei manet super eum, v.ult. (Joh. 3,36) ubi expresse incredulis omnibus non modo poena damni, sed sensus etiam denunciatur". Meißner (1618), Quaest. III, § VI.

Aufgrund seiner Allmacht ist es für Gott nach lutherischer Auffassung möglich, Kindern bereits vor der Taufe rettenden Glauben zu schenken[519]. Gottes Güte und Weisheit bewegen ihn zur Vermittlung des Heils an ungetauft sterbende Christenkinder durch das Geschenk des Glaubens[520]. Der lukanische Bericht von der Geisterfüllung Johannes' des Täufers im Mutterleib (vgl. Lk. 1,15; vgl. Kap. II B.3.1) wird von Walch (1733) als biblisches Exempel für die Gabe des Glaubens an noch ungeborene Kinder angeführt[521]. Walch deutet das Hüpfen Johannes' des Täufers im Leib Elisabeths als eine Folge der durch seinen Glauben bewirkten Freude über die Gegenwart des Messias im Leib Marias. Walch beteuert: "Diese (Freude) befand sich nun wuercklich in dem Gemuethe Johannis, welche, da sie eine Frucht des Glaubens gewesen, zugleich

---

[519]"Infinita ejus potestas, ob quam ipsi facilimum est, infantibus immediatè fidem infundere, et sic per fidem eos salvare. Non enim quod difficile videtur in oculis nostris, difficile est in oculis Domini, Zach. 8.v.6. (Sach. 8,6)" Meißner (1618), Quaest. I, § XIII. In einer bei Heermann abgedruckten Lp. wird betont, Gottes Allmacht könne Kindern im Mutterleib Glauben geben und sie dadurch erretten. Vgl. Heermann, Schola (1642), 1. Lp., S. 5. Nach der "christlichen Vereinigung" der Herrschaft Rothenberg (30. Okt. 1618) bezeugt das "Exempel Johannes des Täufers", der noch im Mutterleib rechten Glauben empfangen und deshalb Christus als den wahren Messias erkannt habe, daß einem Kind im Mutterleib rettender Glaube zuteil werden könne. Vgl. die "Christliche Vereinigung" der Herrschaft Rothenberg (30. Okt. 1618), in: Sehling (Hg.) 13 III, S. 556.
[520]Nach Walch bewirkt Gott aufgrund seiner Weisheit und Güte in den Kindern im Mutterleib rettenden Glauben, ehe sie sterben, um sie auf diese Weise "zum ewigen Leben geschickt zu machen". Vgl. Walch, Gedancken (1733), § 10, S. 70.
[521]In einer bei Müller, Heinisius abgedruckten Lp. wird betont, Gott wolle Kindern christlicher Eltern wie Johannes dem Täufer im Mutterleib auf außerordentliche Weise Glauben geben. Vgl. Müller, Heinisius (1624), 48. Lp., S. 740. Vgl. auch Gottwaldt (1623), 32. Lp., S. 330. "Si Johannes Baptista dum nondum natus erat, neque circumcisus, nihilominus repletus fuit Spiritu Sancto, per quem fides salvifica in Johanne excitata fuit, sequitur, quod praeter circumcisionem, tanquam ordinarium, detur adhuc aliud extraordinarium fidei accendendae medium". Johann Ernst Gerhard (1671), § 3, s.p., S. 7. Haas stellt fest, der Heilige Geist könne bei Kindern christlicher Eltern auch im Mutterleib "seligmachenden Glauben" wirken; das sei daraus zu erkennen, daß Johannes der Täufer den Messias "mit einem Sprung" willkommengeheißen habe. Vgl. Haas, Der getreue Seelen-Hirte (1870, Ausgabe 1706, Vorwort: 1696), S. 521. Vgl. auch Buddeus (1724), Lib. V, Cap. I, § VI, S. 750. Nach dem reformierten Consensus Bremensis (1595) haben die Kinder der Christen "einen samen des glaubens, durch die geheime wirckung des heiligen geists, auch vor, inn und nach der Tauff, welche durch die heilige Tauff ihnen versiegelt und vormehret wirdt, als denen der bundt der gnaden und der heilige geist vorheissen ist; der kan aber inn ihnen nicht müssig sein, wie von dem kindlein Johannes im Mutterleib Sanct Lucas bezeuget". Consensus Bremensis (1595), 11., in: Müller (Hg.), S. 770, Z. 17-23. Für den Täufer Balthasar Hubmaier ist der Glaube ein Effekt der Geisttaufe. Vgl. Windhorst, S. 153 f.

anzeigt, dasz das Hertze Johannis voll wahres Glaubens gewesen. Wo aber ein wahrer Glaube ist, da ist auch das Gefuehl desselbigen"[522].

Neben Johannes dem Täufer wurde nach lutherischer Auffassung auch dem Erzvater Jakob schon vor seiner Geburt rettender Glaube geschenkt. In seiner Dissertation "De Fide Jacobi in Vtero" (1734) deutet der Leipziger Theologe Christian Friedrich Börner (6.11.1663-19.11.1753) den in Gen. 25,26 berichteten Griff Jakobs nach der Ferse seines vor ihm geborenen Zwillingsbruders Esau als ein Zeichen "tätigen Glaubens"[523]. Gemäß lutherischer Überzeugung bewirkte der Heilige Geist in Jakob noch im Mutterleib Verlangen nach Christus: Jakob griff nach Esaus Ferse, weil er als erster zur Welt kommen wollte, damit in seinem Geschlecht der Messias geboren würde; als Teil der Erzväterverheißungen war die messianische Verheißung nach traditioneller Auffassung mit dem Erstgeburtsrecht verbunden[524]. Jakobs Griff nach Esaus Ferse wird deshalb als eine Äußerung seines Heilsverlangens, als ein Glaubensakt des Ungeborenen gedeutet[525].

Nach Luther muß für Kleinkinder wie für Erwachsene der rettende Glaube eigener Glaube sein[526]. Luther wandte sich gegen die katholische Auffassung, daß die Kinder ohne eigenen Glauben auf den Glauben der Kirche getauft werden, den die Paten bei der Taufe bekennen[527] und gegen die Tauftheologie der Waldenser, nach der die Kinder auf ihren 'zukünftigen' eigenen Glauben hin getauft werden sollen[528]. Auch der Glaube ungetauft sterbender Kinder ist nach lutheri-

---

[522] Walch, Gedancken (1733), § XIV, S. 96.

[523] Vgl. Börner (1734), § XV, S. 30-32. Börner bezeichnet Jakob als ein "Vorbild des Glaubens", da beim Propheten Hosea Jakobs Verhalten im Mutterleib zu den 'Glaubenstaten' gezählt werde (vgl. Hos. 12,3 f). Vgl. Börner (1734), § I-IV, S. 1-11. Walch betont, wenn Jakob und Johannes der Täufer, die sich in keiner Gefahr befanden, das ewige Leben zu verlieren, im Mutterleib Glauben empfingen, werde Gott vielmehr den Kindern christlicher Eltern Glauben schenken, denen wegen des Todes vor der Taufe die Verdammnis drohe. Vgl. Walch, Gedancken (1733), § XVI, S. 98.

[524] Zu Gen. 25,19-34 vgl. von Rad, S. 211-215.

[525] Günther betont, der Heilige Geist, der bei Jakob noch im Mutterleib ein starkes Verlangen nach Christus bewirkt habe, könne bei Kindern im Mutterleib rechten Glauben an Christus erwecken. Vgl. Günther (1566), f. 100. Vgl. auch Stölzlin (1652), S. 463; Walch, Gedancken (1733), § XIV, S. 93.

[526] "Sonst were eyn mensch eben ym hymelreich, als wenn ich eynen klotz und bloch unter die Christen wurffe, odder wie der teuffel unter yhn ist". WA 17 II, S. 82, Z 6-8.

[527] Im Jahr 1521 hatte Luther in Übereinstimmung mit der katholischen Tradition erklärt, die Kinder würden auf den stellvertretenden Glauben der Paten hin getauft. Vgl. WA 7, S. 321, Z. 15-18. Bereits 1522 gab er diese Auffassung zugunsten der Anschauung auf, daß getaufte Säuglinge nicht durch den Glauben anderer selig werden können. Vgl. WA 10 III, S. 306 ff.

[528] Nach Luther muß der Glaube "fuer oder yhe ynn der tauffe da sehn, Sonst wird das kind nicht los vom teuffel und sunden". WA 17 II, S. 81, Z. 17 f. "Auffs erst mussen wyr den grund

scher Überzeugung eigener Glaube. Walch (1733) betont: "Wenn nun der Glaube der Kinder im Mutterleibe ein wahrer und wuercklicher Glaube ist, so ist er auch ein eigener Glaube. Ein frembder Glaube macht niemahls gerecht" (vgl. Röm. 1,17; 4,5)[529]. Walch hebt hervor, der rettende Glaube der ungetauft sterbenden Kinder sei "seinem Wesen nach" nicht verschieden vom Glauben der Erwachsenen[530].

Bei der Taufe wird der eigene Glaube der Kinder nach Luthers Auffassung durch die Fürbitte der Paten bewirkt. Luther betont: "Das heyssen wyr die krafft des frembden glaubens. Nicht das yemand durch denselben muege selig werden, sondern das er dadurch alls durch seyn fuerbitt und hulffe muege von Gott selbs eyn eygen glauben erlangen, da durch er selig werde"[531]: Der Glaube der Paten bei der Taufe bewirkt nicht stellvertretend die Seligkeit des getauften Kleinkindes, sondern den eigenen Glauben des Säuglings, der für seine Rettung unabdingbar ist.

Nach lutherischer Überzeugung wird der eigene Glaube den ungetauft sterbenden Kindern durch das Gebet der Eltern geschenkt. In einer bei Heermann (1642) abgedruckten Leichenpredigt wird hervorgehoben, niemand

---

lassen fesst und gewiss seyn, das niemand selig wird durch anderer glauben odder gerechtickeyt, sondern durch seyne eygen. Widderumb, Niemand verdamnet wird umb eyns andern unglauben odder sunden, sondern umb seyns eygens unglauben willen, wie das Euangelion hell und klar sagt, Marci ult. (Mk. 16,16): 'Wer gleubt und getaufft wird, der wird selig. Wer nicht gleubt, der wird verdampt'. ... Es bleybe Heyden, Juden, Turcken, iunge Kinder und alles was da ist, wo es kan, dise wort sollen und mussen recht haben und war seyn". WA 17 II, S. 79, Z. 1-18.

[529]Walch, Gedancken (1733), § XXI, S. 17. "Nach Walch wird der Gnadenbund, in den die Kinder durch die Herkunft von christlichen Eltern gehören, durch den eigenen Glauben der Kinder wirksam. Vgl. ebd., § IV, S. 42. "Dicimus, fidem infantum esse actualem, non respectu externarum operationum, sed internarum et fidei propriarum". GLTh 2, Tom. IV, Loc. 20, § I 227, S. 376. "'Sicut Abraham credidit Deo et imputatum est ei ad justitiam: cognoscitis ergo qui ex fide sunt, esse filios Abrahae' (Gal. 3,6 f). Ex eo clarum est, non vi nudae promissionis filios Abrahae constitui, sed ex fide sua illos aestimandos. Et Rom. IX,6,8. 'Neque quia sunt semen Abrahae, ideo omnes sunt filij, sed in Isaac vocabitur tibi semen. Hoc est, non qui filij carnis, ij filij Dei : sed qui sunt filij promißionis, censentur in semine'. Haec autem promissio sub conditione fidei facta est, addita insuper circumcisione, quando lex circumcidendi promulgata est. Cum hoc enim sacramento foedus et promissio ita connexa erat, ut sacramento isto insuper habito foederis consors nemo esse quiverit". Calixt, Dispvtatio (1643), § CXCV, s.p. "Catholici docent, infantes, dum baptizantur, tametsi non habeant propriam fidem actualem, vt volebat Lutherus; neque etiam nouos motus et inclinationes distinctas à fide, vt volebant Lutherani; non tamen iustificati sine omni fide ..., quia in baptismo infunditur illis habitus fidei, sicut etiam habitus spei et charitatis". Becanus (1629), Lib. II, Cap. II, § 15, S. 490. Vgl. auch Honecker, S. 31.

[530]Vgl. Walch, Gedancken (1733), § XVIII, S. 106. Vgl. auch Börner (1734), § XV, S. 32.

[531]WA 17 II, S. 82, Z. 30-33.

werde durch den Glauben anderer gerettet, aber gläubiges Gebet könne bewirken, daß ein anderer bekehrt werde und Glauben empfange; durch das Gebet der Eltern werde ungetauft sterbenden Kindern eigener Glaube gegeben[532]. Bei Meißner (1618) heißt es in scholastischer Formulierung, den Kindern, die frühzeitig ("immature") sterben, werde der Glaube, den die anderen bei der Taufe empfingen, "durch das Gut ("beneficium") der Gebete zuteil, das ihnen von den Eltern eingegossen" worden sei[533].

Die bereits in Luthers Trostschrift für "Frauen, denen es ungerade gegangen ist mit Kindergebären" (1542) vertretene Lehre von der Errettung ungetauft sterbender Kinder durch einen ihnen geschenkten eigenen Glauben[534] fußt auf der reformatorischen Lehre der Rechtfertigung 'allein aus dem Glauben' ('sola fide') und der sich daraus ergebenden Lehre vom Glauben der Kinder bei der Taufe. Die Lehre vom 'Kinderglauben' blieb in der lutherischen Kirche der frühen Neuzeit nicht unumstritten. Nach der Auffassung einiger Vertreter der späteren lutherischen Orthodoxie ereignet sich die Wiedergeburt bei der Taufe

---

[532]Vgl. Heermann, Schola (1642), 16. Lp., S. 369. In der Lp. auf Maria und Barbara von Falkenhayn und Gloschkaw heißt es, die Fürbitte der Eltern sichere den Kindern im Mutterleib eine "Glaubenswohnung"; durch das Gebet der Eltern würden die Kinder zu "Tempeln des Heiligen Geistes". Vgl. die Lp. auf Maria und Barbara von Falkenhayn und Gloschkaw (1632), S. 16 f. Vgl. auch Günther (1566), f. 102; Stölzlin (1652), S. 453 f.

[533]"Non quidem hoc dicimus, quod fide parentum salventur infantes, sed fide potius sua propriaque Habac. 2.v.34. Rom.1.v.17. Hinc autem fidem quam alij ex Baptismo demum percipiunt, infantes immaturè morientes, beneficio precúm à parentibus fusarum adipiscuntur. Quòd enim piorum oratio fide carentibus fidem et auxilium a Deó impetret, testatur famulus centurionis, Matth. 8.v.6. filia mulieris Chananeae, Matth. 15.v.22. filia Jairi, Luc. 3.1.38 (Lk. 8,49-56). filius Lunaticus, Luc.9.v.39. et filius reguli, Ioh. 4.v.47." Meißner (1618), Quaest. I, § XXII, s.p. "Den Kinderglauben bei der Taufe darf man nicht aus einer Analogie zur gratia infusa erklären. Sondern das ist Luthers Folgerung aus der Voraussetzung, daß zur Vergebung der Glaube nötig ist. Davon macht Gott keine Ausnahme, so muß er Mittel und Wege wissen, ihn auch im Kinde zu wecken. Der Glaube an das Wort bleibt ganz in der unmagischen Schicht des Glaubens an die göttliche Verheißung oder noch tiefer, an die Wahrhaftigkeit Gottes". Bornkamm, Das Wort, S., 35 f.

[534]Luther beteuert mit Bezug auf das Heil ungetauft gestorbener Kinder: "So habe ich auch ... gesagt, geprediget und sonst gnugsam, wie durch eines andern oder frembden Glauben und Seufftzen Gott viel thut, da noch kein eigen Glaube ist, Aber flux durch andere furbit gegeben wird, Wie im Euangelio Christus der Widwen Son zu Nain durch seiner Mutter Seufftzen on seinen eigen Glauben vom Tode erweckt (vgl. Lk. 7,11-17), Und des Cananeischen Weibs Toechterlein vom Teuffel los macht durch der Mutter Glauben, on der Tochter eigen Glauben (vgl. Mt. 15,21-28), Also auch den Koenigischen Son, Joh. iiij (vgl. Joh. 4,43-54), Und des Gichtbruechtigen (vgl. Lk. 5,17-26), Und viel mehr, Davon hie nicht lenger zu reden ist". WA 53, S. 207, Z. 24 - S. 208, Z. 7. In Bugenhagens Schrift "Von den vngeborn kindern" steht die Geisttaufe im Vordergrund; eigener Glaube ungetauft gestorbener Kinder wird nicht erwähnt. Vgl. Bugenhagen, Von den vngeborn kindern (1551).

ohne eigenen Glauben der Kinder[535]. Die untersuchten Texte belegen, daß die Lehre von der Errettung der ungetauft sterbenden Kinder christlicher Eltern durch ihnen von Gott geschenkten eigenen Glauben im Luthertum bis ins 18. Jahrhundert von Bedeutung war.

Durch den ihr nach lutherischer Auffassung zuteil werdenden Glauben ist die ohne Taufe sterbende Leibesfrucht in der gleichen Weise wie getaufte Kinder und gläubige Erwachsene in der unmittelbaren Beziehung zu Gott geborgen. Aufgrund ihres Glaubens können ihre Mutter und ihre anderen Angehörigen ihres Heils gewiß sein[536]: Wer wie die ungetauft sterbenden Kinder christlicher Eltern durch Gottes Gnade auf Christus vertraut, wird nach lutherischer Überzeugung ohne Zweifel gerettet.

---

[535] Vgl. Andresen (Hg.), S. 84 f; Dorner, S. 578. Zu den Auseinandersetzungen über die Lehre vom Glauben der Kinder innerhalb der lutherischen Kirche während des 17. Jahrhunderts vgl. auch Affelmann, In syntagm. diss.; Walch, Historische und Theologische Einleitung I, 4. Kap., S. 383-386. von Harnack wendet sich gegen die Lehre vom Glauben der Kinder bei der Taufe. Vgl. von Harnack, S. 882. Vgl. auch Lohrmann; Hoffmann. Als "Erkundungsgänge einer künftigen Tauflehre" unter ontologischen, anthropologischen und eschatologischen Gesichtspunkten vgl. auch Wirsching, "Pforte". Zitat: ebd., S. 85. Vgl. auch ders., Lernziel; Belehrter Glaube.

[536] "Sicut Judaeorum incircumcisi, ita et Christianorum non baptizati filij immediatè donentur fide à Domino, et per eam aeternùm salventur, ideo'que parentibus de ipsorum salute et glorificatione nequaquam sit desperandum". Meißner (1618), Quaest. I, § XI.

DE
FIDE IACOBI IN VTERO
EX HOSEAE CAP. XII. VERS. IV

Ober:

Vom Glauben Jacobs im Mutter-Leibe.

IVSSV ET AVCTORITATE
VENERANDI THEOLOGORVM ORDINIS
IN ACADEMIA LIPSIENSI
PRO LICENTIA
SVPREMOS HONORES THEOLOGICOS
CONSEQVENDI
A. D. XIX. ET XX. SEPT. A. C. M DCC VIII
DISSERIT
CHRISTIANVS FRIDERICVS BOERNERVS
GRAECAE ET LATINAE LINGVAE PROF. PVBL.

LIPSIAE, LITTERIS CHRIST. FLEISCHERI.
REG. AN. M DCC XXXIV.

Abb. 3: Titelblatt der theologischen Dissertation des Leipziger Professors der Moralphilosophie (1707), der griechischen Sprache (1708) und der Theologie (1710: außerordentlicher, 1723: ordentlicher Professor), Christian Friedrich Börner (6.11.1663-19.11.1753), über den "Glauben Jacobs im Mutter-Leibe". Mit der erst 1734 in Leipzig veröffentlichten Schrift promovierte er 1708 zum Lizentiaten der Theologie (vgl. Allgemeine Deutsche Biographie 3, S. 34 f).

4. Sichtbare Zeichen für den Glauben an das Heil der ungetauft gestorbenen Kinder: ihre Gleichstellung mit den getauften Kindern und Erwachsenen durch die Zulassung zum Begräbnis auf dem kirchlichen Friedhof und die bei ihren Beerdigungen durchgeführten Zeremonien

Die Lehre vom Heil der ungetauft sterbenden Kinder findet im Luthertum ihren sichtbaren Ausdruck in für die Eltern trostreichen neuen Bestattungsbräuchen. Als vom Heil ausgeschlossen wurden im Mittelalter ungetauft gestorbene Kinder in der Regel außerhalb der christlichen Kirchhöfe begraben[537]; um 1500 lassen sich auf Friedhöfen Sonderplätze für ungetaufte Kinder nachweisen,

---

[537]Vgl. Köln (1281), in: Hartzheim 3, S. 661; Lütticher Statuten (1287), in: ebd., S. 685. "Si puer mortuus probabiliter credatur, tunc sine apertione mulier in cimiterio cum partu tumuletur". Trier (1310), in: Hartzheim 4, S. 153: Das ungetaufte Kind, das sich noch im Mutterleib befindet, soll auf dem Friedhof beigestzt werden. "Si infans a laico baptizatus mortuus fuerit antequam presbytero presentetur / et presbyter dubitaverit an fuerit in baptismo debita forma seruata et certificari non potest: in tali dubio infans in cymiterio ecclesiastico debet sepeliri. Idem credimus posse fieri: quando expositi iuxta ecclesiam vel alibi mortui reperiuntur: nec de baptismo eorum potest haberi certitudo dum infantes a laico dicuntur esse baptizati: et mortui sunt antequam presbytero presentertur / et inventum fuerit formam debitam non fuisse servatam: seu infantem expositum siue mortuum inventum constiterit per scriptum vel alia signa baptizatum non esse non debet in cimiterio sepeliri. In aliis casibus si occurrerint / superior est consulendus". Freisen (Hg.), S. 37. Vgl. auch Thümmel, S. 29 f; Sägmüller, S. 70; Schweizer, S. 27. "Wie furchtbar es dem mittelalterlichen Menschen war, nicht in geweihter Erde bestattet zu werden, wird oft erzählt". Derwein, S. 32. Zum Begräbnis der getauft gestorbenen Kinder im Mittelalter vgl. auch Ruland, S. 188. In einer bei Heermann abgedruckten Lp. wird gemahnt, von dem im "Papsttum" verbreiteten "Irrglauben" Abstand zu nehmen, die ungetauft gestorbenen Kinder würden zu Gespenstern und "Polter-Geistern", die nachts die Arbeit des Gesindes verrichteten. Vgl. Heermann, Schola (1642), 16. Lp., S. 352. Stölzlin betont, solche "teuflischen Fantasien" seien "von dem Mönchen erdichtet". Stölzlin (1652), S. 466. Vgl. auch Caelius, Von der Kinder Tauffe (1558), s.p., S. 29; Stölzlin (1652), S. 465. Gemäß der Lp. auf Agnes Avenarius ist an der katholischen "Irrlehre", daß die ungetauft gestorbenen Kinder nicht ins Himmelreich kommen zu erkennen, daß das "Papsttum" auf die "Bosheit des Teufels" gegründet sei: Der Teufel mißgönne den Kindern die Seligkeit. Vgl. die Lp. auf Agnes Avenarius (1614), s.p. "Die Seelen ungetaufter Kinder haben im Grabe keine Ruhe; sie schweben ... zumeist Nachts als Irrlichter umher zwischen Himmel und Erde. Dies glaubt man sowohl in Norddeutschland, z.B. in Mecklenburg und Ostpreussen, als auch in Böhmen, Schlesien, in der Lausitz, in Brandenburg. Bei Minden nennt man sie Lopende fürs und wilde fürs ... Auch die Küstenbewohner Dalmatiens halten die Irrlichter für solche Geister ungetaufter Kinder". Ploß 1, S. 98. Zum Volksglauben in bezug auf ungetauft gestorbene Kinder vgl. auch Grohmann, S. 20 f; Delumeau 1, S. 123 f. "Indem die Kirche für nicht getaufte Kinder besondere Grabstellen anordnet, scheint sie die weitverbreitete Auffassung angeregt zu haben, nach der die ungetauften Kinder den heidnischen Gottheiten zufallen und unter der Anführung Wuotans, Holdas, Perchtas, Abundias im wütenden Heer mitziehen". Schweizer, S. 39.

obwohl an dem Grundsatz festgehalten wird, daß nur Getaufte zum Begräbnis auf dem Friedhof zugelassen sein sollen[538]. Als von Gott erwählte und aufgrund des ihnen geschenkten Glaubens errettete Christen sind ungetauft gestorbene Kinder christlicher Eltern nach lutherischer Überzeugung zusammen mit den anderen Christen auf den kirchlichen Friedhöfen zu bestatten[539]. Die neue Begräbnissitte konnte sich im Luthertum jedoch nur allmählich in den einzelnen Regionen und Gemeinden durchsetzen; Bestimmungen lutherischer Kirchenordnungen deuten darauf hin, daß der Bruch mit der Tradition nicht ohne Auseinandersetzungen und Widerstände erfolgte[540]. In der Oldenburger Kirchenordnung (1573) wird geklagt, es sei an vielen Orten üblich, ungetaufte Kinder "wie im Papsttum" an einer "besonderen Stätte" beizusetzen[541]. In der Kursächsischen Kirchenordnung (1580) heißt es, einige Pfarrer wollten ungetaufte Kinder nicht auf dem Kirchhof begraben[542]. In Ulm wurden die

---

[538]Vgl. Grün, Der deutsche Friedhof, S. 78, 81. Vgl. auch Gretser (1611), Lib. II, Cap. XI, S. 121-126, hier: S. 122 f; Derwein, S. 34 f; Schweizer, S. 58, 68. "Si verò ita baptizatus ('Taufe im Mutterleib') deinde mortuus prodierit ex vtero, debet in loco sacro sepeliri. Si mater praegnans mortua fuerit, foetus quamprimum cauté extrahatur, ac si viuus fuerit, baptizetur; si fuerit mortuus, et baptizari non potuerit, in loco sacro sepeliri non debet". RR, De Ministro Baptismi, S. 8.

[539]Da Gott das Gebet für das Heil der noch ungeborenen Kinder erhöre, soll man gemäß der Wolfenbütteler KO (1543) die Kinder der Christen, die man nicht taufen kann, obwohl man es "von Herzen gern wollte", nicht anderswo begraben als die anderen Christen. Vgl. die Wolfenbütteler KO (1543), in: Sehling (Hg.) 6 I 1, S. 69. Vgl. auch die Pommersche KO (1535), in: Richter (Hg.) 1, S. 249; die Hildesheimer KO (1544), in: Sehling (Hg.) 7 II 2, 1, S. 867. Die Braunschweig-Lüneburger KO (1564) befiehlt den Pfarrern, die Hebammen zu unterrichten, daß sie keine tote Leibesfrucht taufen, "wohl aber auf dem Kirchhof begraben" sollen. Braunschweig-Lüneburger KO (1564), in: Richter (Hg.) 2, S. 286. "Die reformierte Kirche hat ... an dem abgesonderten Platz für ungetaufte und totgeborene Kinder festgehalten". Schweizer, S. 110. Vgl. auch ebd., S. 126. Zu den calvinistischen Begräbnissitten vgl. auch Schaub; Rohner-Baumberger.

[540]Gemäß der Lüneburger KO (1564) soll eine "Gott anbefohlene" Totgeburt "ohne alle Disputation" auf dem Kirchhof begraben werden. Vgl. die Lüneburger KO (1564), in: Sehling (Hg.) 6 I 1, S. 558. Vgl. auch die Braunschweig-Lüneburgische KO zum Gebrauch im Calenbergischen Teil (1.1.1569), in: Burckhard (Hg.), S. 94; die Wolfenbütteler KO (1569), in: Sehling (Hg.) 6 I 1, S. 161; die Hoyaer KO (1581), in: Sehling (Hg.) 6 I 2, S. 1172; die Verdener KO (1606), in: Sehling (Hg.) 7 II 1, S. 174.

[541]Vgl. die Oldenburger KO (1573), in: Sehling (Hg.) 7 II 2, 1, S. 1109.

[542]Vgl. die Kursächsische KO, in: Richter (Hg.) 2, S. 445. In der Brandenburg-Ansbach-Kulmbacher Konsistorialordnung (1594) wird darüber geklagt, daß ungetaufte Kinder nicht zu den anderen Christen beigesetzt werden. Vgl. die Brandenburg-Ansbach-Kulmbacher Konsistorialordnung (1594), in: Sehling (Hg.) 11 I, S. 392. In der Wolfenbütteler KO (1569) wird betont, es sei eine "löbliche Gewohnheit", daß die ungetauft gestorbenen Kinder nicht auf einem besonderen Kirchhof, sondern "neben den anderen Christen auf dem Gottesacker"

ungetauften Kinder auf dem Kirchhof an einem besonderen Ort begraben, bis diese von den evangelischen Pfarrern als "katholisch" empfundene Sitte 1699 abgeschafft wurde[543].
Auch in lutherischen Regionen und Gemeinden, in denen die ungetauften Kinder wie die anderen Christen auf dem Kirchhof beigesetzt werden sollten, unterschieden sich ihre Beerdigungen z.T. von den regulären Begräbnissen. Die Hadelner Kirchenordnung (1526) befiehlt, sie "stillschweigend", ohne Läuten und Gesang, auf dem kirchlichen Friedhof beizusetzen[544]. In Magdeburg, wo 1608 zum ersten Mal ein ungetauftes Kind unter Aufsehen ein öffentliches Begräbnis erhielt, wurde durch Kirchenordnungen (1632 ff) bestimmt, daß in einigen Orten bei solchen Beerdigungen der "gewöhnliche Leichenzug" fortzufallen habe[545]. In einigen Kirchenordnungen wird geboten, ungetaufte

---

begraben werden. Da dies als "christlich" zu erachten sei und "ohne "Ärgernis" wohl geschehen könne, sollte es in allen Kirchen so gehalten werden, "den frommen eltern zu trost". Wolfenbütteler KO (1569), in: Sehling (Hg.) 6 I 1, S. 174. Stölzlin fordert dazu auf, die Sitte, ungetaufte Kinder nicht auf dem kirchlichen Friedhof zu begraben, als "übriggebliebenen papistischen Sauerteig" "auszufegen". Stölzlin (1652), S. 471.
[543] Vgl. Höhn, Sitte und Brauch bei Tod, S. 346.
[544] Hadelner KO (1526), in: Sehling (Hg.) 5, S. 472. Nach der Oldenburger KO (1573) sollen ungetauft gestorbene Kinder ohne Glockengeläut und Gesang der Kirchendiener und Schüler begraben werden. Oldenburger KO (1573), in: Sehling (Hg.) 7 II 2, 1, S. 1110. Gemäß der Schwarzburgschen KO (1574) wird zur Beerdigung eines totgeborenen Kindes, das durch Gebet im Mutterleib Gott "vorgetragen" wurde, die "kleine Glocke" geläutet und das Kind "mit etlichen Schülern" zu Grabe getragen. Schwarzburgsche KO (1574), in: Sehling (Hg.) 2, 2, S. 135. Nach der Hoyaer KO (1581) sind ungetauft gestorbene Kinder christlicher Eltern "mit einem mal zu leuten" auf dem Kirchhof zu begraben. Vgl. die Hoyaer KO (1581), in: Sehling (Hg.) 6 I 2, S. 1172. Zum protestantischen Verständnis des Glockengeläutes vgl. Rietschel, S. 319 f. Vgl. auch Derwein, S. 74 f. Zu den protestantischen Begräbnissitten vgl. auch Grün, Die kirchliche Beerdigung, bes. S. 152 f, 169-171, 176 f, 180-186, 190 f, 205 f, 210-214. "Die Sonderbehandlung der Kinderleichen hat in manchen Orten zu eigentümlichen Gewohnheiten geführt. So werden die Kinder in Zug und Chur im Gegensatz zu den Erwachsenen getragen und nicht gefahren und bei Kindern unter einem Jahr besorgt das in Chur die Tragfrau. In Wien dürfen Leichen von Kindern unter zwei Jahren auch im Personenfuhrwerk zum Friedhof gebracht werden, wie auch Genf für diesen Transport statt des corbillard automobile die voiture automobile vorsieht und Bern bei Kinderleichen nur eine einspännige Kutsche zu Verfügung stellt. Vielfach ist auch das Grabgeläute bei Kindern einfacher; an manchen Orten wird für sie nur eine Glocke geläutet oder doch mit weniger Glocken, die dann manchmal noch genau bezeichnet sind". Schweizer, S. 176.
[545] Vgl. Graff, S. 367. Gemäß der Kursächsischen KO (1580) lassen einige Pfarrer ungetauft gestorbene Kinder nicht wie die getauften mit Schülern zum Begräbnis geleiten. Vgl. Richter (Hg.) 2, S. 445. Gemäß der Kurländischen KO (1570) sollen die ungetauften Kinder auf dem Kirchhof, "doch ... ohne besondere gesenge oder andere ceremonien" begraben werden. Es wird jedoch freigestellt, bei der Beerdigung den Trauergesang des 51. Psalms zu singen:

Kinder ohne die Anwesenheit eines Pfarrers und das Halten einer Leichenpredigt zu begraben[546]. Gemäß lutherischem Kirchenrecht war für die Zulassung zu einem Begräbnis mit den dabei üblichen kirchlichen Zeremonien die durch die Taufe erworbene formale Kirchenmitgliedschaft erforderlich; dies Kriterium fehlte bei den ungetauft gestorbenen Kindern[547]. Nach Paul Graff soll durch die 'stillen Begräbnisse' ungetaufter Kinder ohne die sonst üblichen Zeremonien im frühneuzeitlichen Luthertum "nur das Ordnungsmäßige (d.h. das Fehlen der formalen Kirchenmitgliedschaft) betont, das Kind selbst aber ... nicht im geringsten als verdammt hingestellt werden"[548]. In Bestimmungen der unter-

---

"Erbarm dich meiner, o herr gott". Kurländische KO (1570), in: Sehling (Hg.) 5, S. 96. Zu den Beerdigungsgesängen im Luthertum vgl. Rietschel, S. 321.

[546]Nach der Dinkelsbühler Generalbestallung (1573) sollen Leichenpredigten nur für Erwachsene gehalten werden, die regelmäßig am Abendmahl teilnehmen. "Dieweil aber, was unter zwölf oder dreizehn jahren ist, zur communion selten gehet, bleiben die leichenpredigten unterwegen, unangesehen, ob es großer oder schlechter leute kinder seien". Dinkelsbühler Generalbestallung (1573), in: Sehling (Hg.) 12 II, S. 149. "Die ungetauften kinderlein, so das leben in mutterleib gehabt, sollen den eltern zum trost mit der schulen (mit einer Schülerprozession) ... ehrlich (ehrenhaft), doch ohne predigt bestätiget (bestattet) werden". Brieger KO (1592), in: Sehling (Hg.) 3, S. 448 f. "Die Leich der vngetaufften kindlin moegen die weiber vnnd freunde auff den Kirchhoff begraben, vnnd Gottes vrteyl heym stellen". Waldecksche KO (1556), in: Richter (Hg.) 2, S. 171. "In den Wild- und Rheingrafschaften (1693) mag es ... genügen, wenn der Pastor den Eltern zum Troste ihrer nachgehens in der Kirche gedenkt". In Hannover wurde 1706 durch eine Verfügung versucht, die Sitte einzuschränken, auch totgeborenen Kindern eine Leichenrede zu halten. Graff, S. 366. "In Braunschweig (1709) erhalten nur Kinder über 14 Jahre eine Leichenpredigt. In Nassau (1713) sollen die Prediger nur auf Wunsch der Eltern mit zum Kirchhof gehen und dort ein Gebet sprechen. In Schweinfurt (1716) sollen Kinder, die noch nicht zum Abendmahl gingen, nicht mit 'Generalprozession', sondern mit Begleitung von höchstens 'zwölf Weibern' begraben werden, darunter die unter 5/4 Jahren ohne Leichenpredigt". Ebd., S. 367 f.

[547]"Vom kirchenrechtlichen Standpunkt aus ist die Voraussetzung für ein kirchliches Begräbnis, daß der Verstorbene auch Mitglied der Kirche ist. Die Mitgliedschaft wird aber ... nur durch die Taufe erworben". Graff, S. 366. In der Hessischen KO (1566) heißt es: "Da kindlein ohn die tauf abgingen, ... lassen sie ihre eltern und freunde ohn zutun eines kirchendieners an den ort, da andere christgleubige ruhen, zu erden bestatten, nicht daß wir an ihrer seligkeit, wenn sie von christlichen eltern mit ... gebet Gott ... befohlen werden, zweifel tragen, sondern dieweil sie durch das eußerlich ampt der kirchen nicht eingeleibt worden, achten wirs für unnötig, daß der kirchendiener sich ihrer undernemen soll". Hessische KO (1566), in: Sehling (Hg.) 8 I, S. 337. Vgl. auch Thümmel, S. 113 f.

[548]Graff, S. 366. "Das ... Kirchenrecht sieht ... die Taufe als die unerläßliche Voraussetzung der kirchlichen Mitgliedschaft an ... Die Frage ist berechtigt, ob nach evangelischen Grundsätzen die Taufe wirklich als die notwendige Bedingung der Angehörigkeit zu einer bestimmten Landeskirche angesehen werden muß, oder ob nicht bereits durch die Geburt inmitten einer zur evangelischen Landeskirche (Volkskirche) gehörigen Familie eine kirchli-

suchten lutherischen Kirchenordnungen wird jedoch die Gleichstellung ungetauft gestorbener Kinder mit getauften hinsichtlich der bei den Begräbnissen verrichteten Zeremonien als äußeres Zeichen für den Glauben an ihre Errettung geboten - 'stille' Beerdigungen schienen demnach weniger geeignet zu sein als Begräbnisse mit den sonst üblichen Zeremonien, den Glauben an das Heil ungetauft sterbender Kinder zu bekräftigen. Einige Kirchenordnungen bestimmen die Gleichstellung der Zeremonien bei Beerdigungen ungetaufter Kinder mit den getauften, "weil an ihrem Heil nicht zu zweifeln" sei[549].

Die öffentliche Bekundung des Fehlens der formalen Kirchenmitgliedschaft des ungetauft gestorbenen Kindes durch sein 'stilles' Begräbnis war für seine Eltern und die Hebammen, die seine Entbindung betreut hatten, nicht trostreich. Mittels der Beerdigung ohne Geläut, Gesang und Lesungen sollen die Eltern und die anderen Beteiligten nach Caelius (1558) bewegt werden, darüber nachzudenken, ob sie nicht an dem Kind schuldig geworden seien, und gegebenenfalls Buße zu tun; allen soll das 'stille Begräbnis' als Mahnung dienen, sich nach Kräften darum zu bemühen, daß Neugeborene nicht die Taufe versäumen[550].

Das Sterben ohne den Empfang des Taufsakraments war nicht überall frei vom Makel des Minderwertigen und Schuldhaften. In der Hannoverschen Kirchenordnung (1536) wird die Zulassung ungetaufter Kinder zur Beerdigung auf dem Kirchhof negativ begründet. Sie sollen auf dem kirchlichen Friedhof begraben werden, "dieweil man doch auch manchem alten menschen den kirchoff vergönnet, der der heiligen taufe nicht fast gemes gelebt hat bis in sein ende"[551]: um ihre Zulassung zum Begräbnis auf dem Kirchhof zu rechtfertigen, werden die ungetauft gestorbenen Kinder in angesichts ihres Heilsstandes unbegründeter Weise abwertend mit Getauften gleichgesetzt, die ein unchristliches Leben

---

che Mitgliedschaft bedingt ist ... Luther hat sich über diese Frage direkt nicht ausgesprochen". Rietschel, S. 342 f. Ohne Literaturhinweis stellt Graff fest: "Es scheint, daß auch Luther die Beerdigung solcher (ungetauft gestorbener) Kinder mit kirchlicher Tröstung und Feier befürwortet hat". Graff, S. 366. Zu den 'stillen Begräbnissen' vgl. auch Derwein, S. 79.

[549] Vgl. die Kursächsische KO (1580), in: Richter (Hg.) 2, S. 445; die Sächsische KO (1580), in: Sehling (Hg.) 1, 1, S. 438. In der "Christlichen Vereinigung" der Herrschaft Rothenberg (30. Okt. 1618) wird bestimmt, ungetauft gestorbene Kinder mit "christlichen und üblichen Zeremonien" zu begraben zum Zeugnis, daß man sie nicht von der Gemeinde der Christen ausschließe. Vgl. die "Christliche Vereinigung" der Herrschaft Rothenberg (30. Okt. 1618), in: Sehling (Hg.), 13 III, S. 556 f.

[550] Vgl. Caelius, Von der Kinder Tauffe (1558), s.p., S. 40. Dadurch, daß einige Pfarrer ungetaufte Kinder nicht wie die getauften mit Schülern zum Begräbnis geleiten lassen, wird den Eltern gemäß der Kursächsischen KO (1580) große Betrübnis bereitet. Die KO klagt, als die "schwächsten Werkzeuge" gerieten die Mütter dadurch in "große Anfechtung". Vgl. die Kursächsische KO (1580), in: Richter (Hg.) 2, S. 445.

[551] Hannoversche KO (1536), in: Sehling (Hg.) 6 I 2, S. 1013.

geführt haben. Trotz der Lehre vom Heil der ungetauft gestorbenen Kinder fiel es offenbar z.t. schwer, sie als vollwertige Christen anzuerkennen. Während die Auslassung der sonst bei Begräbnissen üblichen Zeremonien darauf schließen läßt, daß die ungetauft gestorbenen Kinder trotz des Glaubens an ihre Errettung im Luthertum nicht immer und überall den Getauften gleichgestellt wurden, wird in etlichen lutherischen Kirchenordnungen als klares Zeugnis für den Glauben an ihr Heil das Bestreben deutlich, die ungetauft gestorbenen Kinder hinsichtlich der bei ihren Begräbnissen verrichteten Zeremonien mit den getauften Kindern und Erwachsenen gleichzustellen. Auch für ungetauft gestorbene Kinder wurden wie für getaufte Kinder und Erwachsene im Luthertum Leichenpredigten gehalten und in gedruckter Form veröffentlicht. Gemäß der "christlichen Vereinigung" der Herrschaft Rothenberg (30.10.1618) sind ungetaufte Kinder "mit gewöhnlichen Zeremonien" wie die getauften zu bestatten[552]. In Halle (1573), sollen auch die mit vollkommenen Gliedmaßen geborenen Fehlgeburten mit Geläut begraben werden[553]. Bei Heermann (1642) sind zwei Leichenpredigten auf Totgeburten abgedruckt[554]. Bei Heermann

---

[552]"Christliche Vereinigung" der Herrschaft Rothenberg (30. Okt. 1618), in: Sehling (Hg.) 13 III, S. 552. Die Geburtshelferinnen sollen den Predigern den Tod ungetaufter Kinder anzeigen, damit sie "wie ander christen mit gebürlichen ceremonien mögen begraben werden". Alle Verstorbenen sind mit "christlichen Zeremonien" (ausdrücklich genannt werden Geläut und Gesänge), wenn sie verlangt werden, auch mit Leichenpredigten, wenn nicht, dennoch "mit ablesung lehr- und trostreicher vermanungen" zu bestatten. Ebd. Ein "Zeremonialleichenbegängnis" ungetauft gestorbener Kinder wurde geboten in Schwäbisch Hall (1615), Waldeck (seit 1637/1640), Hessen-Kassel (seit 1657), Hanau (1659), Limburg (1666), Württemberg (1678), wo vorher gewöhnlich alles, "was noch nicht kommuniziert hatte", "still" beerdigt worden war, in Burg Friedberg (1704), Leutkirch (1764). Vgl. Graff, S. 367. In Ratzeburg (1614) sollen totgeborene Kinder ohne, die gleich nach der Geburt verstorbenen ungetauften aber mit Zeremonien begraben werden. In Koburg (1626) wird scharf verurteilt, daß etliche Pfarrer die ungetauft gestorbenen Kinder nicht mit Schülern zum Begräbnis geleiten. Vgl. ebd., S. 366. Bugenhagen stellt die Gestaltung der Beerdigung ungetaufter Kinder frei: "Was aber fuer Ceremonien vber diesem Begrebnis zu halten sein / wie viel man darzu klingen oder singen solle / das wird eine jegliche christliche Gemeine wol wissen / Denn ich hoere / das sich etliche Pfarrherrn vnd Predicanten darueber haddern / Welchs doch frey ist / sonst oder anders / mit christlicher weise zu machen". Bugenhagen, Von den vngeborn kindern (1551), s.p., S. 96.

[553]Alle anderen Fehlgeburten sollen die Hebammen heimlich hinaustragen, jedoch erst nach Vorzeigung beim Pfarrer oder der Obrigkeit, ähnlich auch in Schwarzburg (1649) und Weimar (1664). Vgl. Graff, S. 367.

[554]Die Lp. auf den tot geborenen Sohn des Erbsassens Leonhardt von Kottwitz; die Predigt auf das Kind des Erbsassens Israel von Canitz, das als Frühgeburt tot zur Welt kam. Vgl. Heermann, Schola (1642), 1. Lp., S. 1-18; ebd., 16. Lp., S. 346-373. Zu Predigtmustern für Beerdigungen ungetauft gestorbener Kinder vgl. Graff, S. 366.

(1680) findet sich die Predigt auf den am 12.1.1619 tot geborenen und daher ungetauft gestorbenen Sohn des Pfarrers Paul Tanzmann[555].

Noch mehr als durch die Zulassung zum Begräbnis auf dem kirchlichen Friedhof soll durch die Gleichstellung hinsichtlich der bei ihren Beerdigungen durchgeführten Zeremonien mit den getauften Kindern und Erwachsenen im Luthertum zum Trost ihrer Mütter und Angehörigen mit der Gewißheit ihres Heils die Wertschätzung der ungetauft gestorbenen Kinder als 'vollwertige' Christen und ihre Zugehörigkeit zur 'Gemeinschaft der Gläubigen' zum Ausdruck gebracht werden.

---

[555] Vgl. Heermann, Christianae eutanasiae statuae (1680), 23. Lp., S. 613-634.

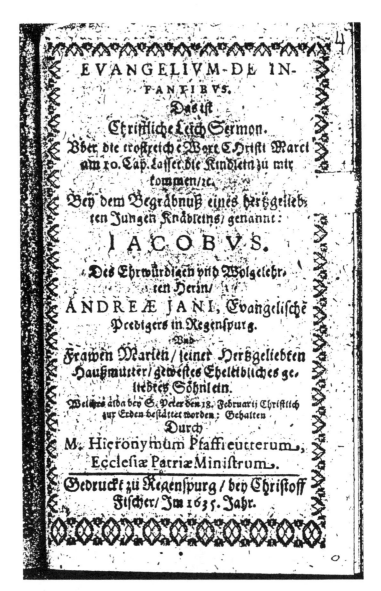

Abb. 4: Titelblatt der Leichenpredigt von Hieronymus Pfaffreuter auf Jacobus Janus (25.7.1634-15.2.1635), Regensburg 1635.
Das 'Kinderevangelium' (Mk. 10,14) diente als zentraler Topos für den geistlichen Trost anläßlich des Todes getaufter und ungetaufter Kinder. Der Druck von Leichenpredigten auf getauft und ungetauft gestorbene Kinder ist als ein Ausdruck ihrer hohen Wertschätzung als gläubige Christen anzusehen.

C. Exkurs: Die fehlende Differenzierung zwischen dem 'religiösen Verhalten' von Kleinkindern und Erwachsenen in Leichenpredigten auf Kleinkinder

1. Die 'Frömmigkeit' der Kleinkinder als Zeugnis ihres Glaubens und ihrer Errettung

Aufgrund des Bestrebens, ungetauft sterbende und gestorbene Kinder zum Trost ihrer Eltern als Erlöste den getauften Kindern und Erwachsenen gleichzustellen, wird in den untersuchten lutherischen Texten in einer für den modernen Leser zunächst befremdlichen Weise[556] auf eine Differenzierung zwischen der Leibesfrucht bzw. dem Neugeborenen und den Erwachsenen verzichtet: Fehlgeburten werden wie Erwachsene mit kirchlichen Zeremonien begraben (vgl. Kap. II B.4) und der noch nicht geborenen Leibesfrucht werden wie Erwachsenen Glaube sowie durch den Glauben verursachte Gefühle und Handlungen zugeschrieben (vgl. Kap. II B.3.2). Die Untersuchung frühneuzeitlicher Leichenpredigten auf getaufte Säuglinge und Kleinkinder, in denen wie in Predigten auf Erwachsene ausführlich die Krankheitsgeschichte der Verstorbenen erzählt wird[557], läßt darauf schließen, daß die Gleichstellung mit Erwachsenen im frühneuzeitlichen Luthertum nicht nur auf die im Mutterleib oder kurz nach der Entbindung ungetauft sterbende Leibesfrucht beschränkt, sondern allgemein für Schilderungen des Sterbens von Säuglingen und Kleinkindern kennzeichnend ist. Nach dem Zeugnis lutherischer Leichenpredigten haben sterbende Kleinkinder in ihren Krankheitsleiden wie Erwachsene das ihnen als göttliche Erziehungsmaßnahme auferlegte 'Kreuz' zu tragen. Wie sterbende Erwachsene 'segnen' sie ihre zurückbleibenden Angehörigen, von denen sie wie sterbende Erwachsene

---

[556] "Die 'Kindheit' (im modernen Sinne) entsteht ... im ... Prozeß der Ausgrenzung aus der Erwachsenenwelt". von Borries, S. 168. Vgl. auch Ariès, Geschichte der Kindheit, S. 92-111; Martin, Nitschke (Hg.), Einleitung, S. 11-32, hier: S. 14 f.

[557] Vgl. u.a. die Lp. auf Johannes Rupertus Erythropilus (1635), s.p. Von Anna Magdalena Pistorius (Alter: sieben Monate) heißt es: "So bald es in diese Welt eingetreten / ... hats ... wenig recht gesunder Stunden gehabt ... Ob nun wol durch ... muetterliche Wartung ... nichts versaeumet worden / So hat sich doch den 5. Februarii eine sonderliche Hitze bey demselben ereignet / darauff ... ein Paroxysmus epilepticus ... / der ... mit Hitz und Mattigkeit dermassen angehalten / dasz das liebe Hertzgen weder Tag noch Nacht ruhen (können) ... Verschienen Mitwochs hat ein Stoeckflueszlein mit zugeschlagen / welches es vollend so abgemattet / dasz es Abends gegen 6. Uhr seine Euglein zugeschlossen". Lp. auf Anna Magdalena Pistorius (1658), s.p.

bis zum Eintritt ihres Todes seelsorgerlich betreut werden[558]. Sie sehnen sich wie sterbende Erwachsene[559] nach der 'himmlischen Herrlichkeit'. Sie werden wie ältere Kinder[560] und Erwachsene[561] wegen ihres 'geduldigen' Sterbens gerühmt. Sie sterben wie ältere Kinder[562] und Erwachsene[563] als 'Ritter' im 'Kampf des Glaubens'. Wie Erwachsenen wird Säuglingen und Kleinkindern ein Verlangen nach dem Gebet und eine Haltung der Andacht beigemessen. Sterbende Kleinkinder werden von ihren Eltern zum Gebet angehalten. Sie

---

[558] Der Vater der im Alter von 15 Monaten gestorbenen Maria Sibylla Goldast, gen. von Haiminsfeld sprach seiner sterbenden Tochter tröstlich zu. Vgl. die Lp. auf Maria Sibylla Goldast, gen. von Haiminsfeld (1624), s.p., S. 24. Über Rudolf Georg zu Wangenheim (Alter: 13 Monate) heißt es, er habe sich in seinen Schmerzen ganz von seinen Pflegerinnen abgewendet, seine Augen nur auf seine Mutter gerichtet und sie angesehen, als wollte er sie bitten, ihm zu helfen. Vgl. die Lp. auf Rudolf Georg und Otto Bastian zu Wangenheim (1617), S. 33. Zur seelsorgerlichen Betreuuung sterbender Kinder durch ihre Eltern und die dabei erkennbar werdenden intensiven persönlichen Beziehungen vgl. Struckmeier, Kindersterben. Beim Sterben Rudolf Georgs zu Wangenheim war auch der Pfarrer zugegen. Vgl. ebd. (1617), S. 34. Vgl. auch die Lp. auf Dorothea Sophia, Gräfin von Hohenlohe-Langenburg (1597), S. 30 ff.
[559] Vgl. u.a. die Lp. auf Agnesa von Mandelsloh (1627), S. 52.
[560] Von Johann Leonhard Lucius (Alter: zehn Jahre) wird berichtet, er sei in seiner Krankheit "sehr geduldig" gewesen. Vgl. die Lp. auf Johann-Leonhart, Anton-Henrich und Johann-Gerlach Lucius (1634), S. 27. Bei sterbenden älteren Kindern wird es als ein besonderes Zeichen der Frömmigkeit gewertet, wenn sie wie sterbende Erwachsene nach dem Abendmahl verlangen. Vgl. Feinler (1702), S. 207, 210.
[561] Vgl. u.a. die Lp. auf Catharina Post (1646), S. 35.
[562] Die sterbende Anna Regina Dietrich (Alter: zehn Jahre) ließ nicht ab, "Gott um gnädige Auflösung zu bitten"; in ihrer Lp. werden die Gebete aufgezählt, die sie in ihrer Krankheit sprach. Vgl. die Lp. auf Anna Regina Dietrich (1674), s.p., S. 29 f. Die sterbende Anna Sabina Lincker (Alter: 13 Jahre) seufzte "einige hundertmal" "Ach mein HErr JEsu hilff mir" und betete "ohne Unterlaß" vier Stunden lang biblische Trostsprüche und christliche Lieder. Feinler (1702), S. 211. Hans Georg von Nismitz (Alter: 13 Jahre) schrie kurz vor seinem Tod die Worte "HERR JESU nimm meinen Geist auff". Feinler (1702), S. 206. In der Lp. auf Dorothea Sophia, Gräfin von Hohenlohe-Langenburg (Alter: neun Jahre) werden die von ihr bevorzugten Gebete abgedruckt. Vgl. die Lp. auf Dorothea Sophia, Gräfin von Hohenlohe-Langenburg (1597), S. 30 ff, 59 ff. Vgl. auch die Lp. auf zwei Kinder von Carl Christoph, Freiherr von Bees von Cöln und Ketzendorff (1621), s.p., S. 68 f; die Lp. auf Johann-Leonhart, Anton-Henrich und Johann-Gerlach Lucius (1634), S. 27; Rambach (1734)(vgl. Beck, Die religiöse Volkslitteratur, S. 229), S. 167 f. Nach Urlsperger sollen sterbende junge Leute mit Gebet und dem "Wort Gottes" gegen die "Bitterkeit des herannahenden Todes kämpfen". Vgl. Urlsperger (1723)(vgl. Beck, Die religiöse Volkslitteratur, S. 231), S. 734.
[563] Vgl. u.a. die Lp. auf Otto von Oyen (1621), S. 16 f; die Lp. auf Gabriel Naturp (1650), S. 48; die Lp. auf Theodor Korfey (1656), S. 46.

sterben wie ältere Kinder[564] und Erwachsene[565] unter dem Gebet ihrer Angehörigen 'betend'.

In den untersuchten Leichenpredigten wird das 'religiöse Verhalten' der Säuglinge und Kleinkinder z.T. ausführlich beschrieben. Zum Trost ihrer Angehörigen soll gezeigt werden, daß sie wie gläubige Erwachsene durch ihre Gesten und Äußerungen als Christen zu erkennen gewesen seien[566]. Durch die unterschiedslose Verwendung von Topoi zur Beschreibung des religiösen Verhaltens von Erwachsenen und Kleinkindern wird Kleinkindern eine nicht grundsätzlich von der der Erwachsenen differenzierte 'Frömmigkeit'[567] zugeschrieben.

Aus der fehlenden Unterscheidung zwischen dem 'religiösen Verhalten' von Kleinkindern und Erwachsenen in den untersuchten Leichenpredigten auf Kleinkinder sollte jedoch nicht ein grundsätzlicher Mangel an Sensibilität für die Kindheit als eigenständige Lebensphase im frühneuzeitlichen Luthertum geschlossen werden. In seiner "Vorrede zu: Deutsche Messe und Ordnung Gottesdiensts" (1526) fordert Luther diejenigen, die Kinder erziehen wollen auf, "Kinder mit ihnen zu werden", so wie Christus, als er "Menschen erziehen" wollte, Mensch werden mußte[568].

---

[564] Die sterbende Elisabeth Lucius (Alter: fünf Jahre, zehn Monate) betete mit ihrer Mutter Sterbegebete. Vgl. die Lp. auf Elisabeth Lucius (1631), S. 24. Die Mutter von Johann Leonhart Lucius (Alter: zehn Jahre) stand vor dem Bett ihres sterbenden Sohnes. Als er seinen Mund bewegte, fragte sie ihn, was er tue; er antwortete: "Mutter ich bete". Vgl. die Lp. auf Johann-Leonhart, Anton-Henrich und Johann-Gerlach Lucius (1634), S. 27. Vgl. auch Vonlanthen, S. 260 f.

[565] Vgl. Mohr, Protestantische Theologie, S. 281-283.

[566] "Man hat viel anmuthiger Exempel der sterbenden Kinder / welche ... mit vielen Bezeugungen ihres Glaubens von hinnen geschieden sind". Scriver, Seelen-Schatz (1675), 4. Teil, S. 637. Vgl. auch Feinler (1702), S. 204-212. Wie das Verhalten sterbender Erwachsener soll auch das Verhalten sterbender Kinder ihren Mitchristen zur 'Erbauung' dienen. In einem Gebet eines sterbenden Kindes heißt es bei Rambach: "HErr JEsu / ... lasz mich recht willig und froelich sterben / damit mein Ende allen erbaulich seyn moege". Rambach (1734), S. 137 f.

[567] Von Margareta von Arnstedt (Alter: ca. elf Monate) heißt es, sie sei ein "frommes Kindlein" gewesen. Vgl. die Lp. auf Margareta von Arnstedt (1605), S. 435. Adam Gottfried von Stosch (Alter: knapp ein Jahr) war mit "Frömmigkeit der Seele ausgestattet". Vgl. die Lp. auf Adam Gottfried von Stosch (1663), s.p., S. 55. Der kurz nach seiner Taufe gestorbene Salomon Boner wird als "das ... fromme Salomoengen" bezeichnet. Vgl. die Lp. auf Salomon Boner (1601), s.p.

[568] "Christus, da er menschen zihen wolte, muste er mensch werden. Sollen wyr kinder ziehen, so mussen wyr auch kinder mit yhn werden. Wolt Got, das solch kinderspiel wol getrieben wurde"! WA 19, S. 78, Z. 13-15. Mit Bezug auf die "Vormoderne" stellt Shorter fest: "Die Eltern waren ... nicht fähig, sich selbst in die Lage ihrer kleinen Kinder zu versetzen, sich die Welt aus deren Sicht vorzustellen". Shorter, Der Wandel, S. 257.

Der Grund für die Gleichsetzung der 'Frömmigkeit' von Kleinkindern und Erwachsenen liegt nicht in einer mangelnden entwicklungspsychologischen Differenzierung, sondern in der Lehre vom Glauben der Kinder. Die 'Frömmigkeit' der Kleinkinder wird als eine unabdingbare Folge des ihnen bei der Taufe verliehenen Glaubens verstanden. Wie bei Erwachsenen kann der Glaube nach lutherischer Überzeugung auch bei Kleinkindern nicht ohne Auswirkung auf das Verhalten bleiben. Wenn das äußere Verhalten nicht den Glauben bezeugte, wäre an der Wirklichkeit des Glaubens und damit am Heil des Kleinkindes zu zweifeln.

Von der 15 Monate (!) alten Maria Sibylla Goldast, gen. von Haiminsfeld (†1624) heißt es: "Weilen ... GOtt diese gewohnheit helt mit seinen Kindern / das er dieselbigen von Jugend auff wil vnter dem Creutze halten / vnnd zur Gedult gewehnen; Also hat sie auch die sehr ... geringe Zeit jhres Lebendes viel schwere vnnd sorgliche Krannckheiten nach einander muessen erdulden"[569]. Bei Heermann (1680) wird über ein zehn Wochen altes Kind berichtet, sein Leben sei "nicht ohne Kreuz und Trübsal" gewesen[570]. Vor ihrem Tod mußte die ca. neun Monate alte Susanna von Kotwitz (†1618) in einer wochenlangen Krankheit "die Mahlzeichen Christi an ... (ihrem) zarten Leiblein tragen"[571].

In der Leichenpredigt auf den im Alter von 13 Monaten gestorbenen Rudolf Georg zu Wangenheim (†1617) wird berichtet, er habe kurz vor seinem Tod seine Arme aufgehoben, als ob er "diese Welt valediciren vnd gesegnen wolte"[572]. Gemäß Rambach (1734) sagte der zwei Jahre alte Johann August Schmid vor seinem Tod: "Ich will zu meinem lieben Heyland in den Himmel ...

---

[569] Lp. auf Maria Sibylla Goldast, gen. von Haiminsfeld (1624), s.p., S. 21. Herman-Christophorus von Helversen (Alter: 17 Monate) war in seinem Leben "mit Kreuz belegt" und ging durch "Kreuz und Trübsal in das Reich Gottes ein" (vgl. Apg. 14,22). Lp. auf Herman-Christophorus von Helversen (1633), s.p.

[570] Heermann, Christianae Eutanasiae Statuae (1680), 22. Lp., S. 612. "ACH barmhertziger ... GOTT / ... Ich armes Kind ... habe wenig Jahr erreichet / und bin schon so manchem Creutz unterworffen ... Ich bitte umb Gnade / ... lasz mich in meinem Creutz nicht untergehen". Feinler (1702), S. 309-312.

[571] Vgl. die Lp. auf Susanna von Kotwitz (1618), S. 103. Vgl. auch die Lp. auf Anna Magdalena Pistorius (1658), s.p. Wie der Tod von Erwachsenen soll der Tod von Kleinkindern ihren Mitmenschen als eine Mahnung zur Buße dienen. Vgl. Martin Mollers christliche Lebens- und selige Sterbekunst (1862, 1593)(vgl. Beck, Die religiöse Volkslitteratur, S. 48), S. 76; Feinler (1702), S. 204. In der Lp. auf Herman-Christophorus von Helversen (Alter: 17 Monate) heißt es: "Wir ... sollen ... vns (durch dies Exempel) bewegen lassen in stetiger Busse zuleben / damit wenn eines jeglichen Zeit vnd Stunde kommet / wir moegen bereit erfunden werden". Lp. auf Herman-Christophorus von Helversen (1633), s.p.

[572] Vgl. die Lp. auf Rudolf Georg und Otto Bastian zu Wangenheim (1617), S. 33 f.

Ich will mich mit ihm freuen ueber die schoenen Sachen / die er mir geben wird"[573].

Von Maria Sibylla Goldast, gen. von Haiminsfeld (Alter: 15 Monate; †1624) heißt es, man habe während ihrer vielen Krankheiten "keine sonderliche vngedult ... an ihr gemercket oder verspueret" - "welches doch zuverwundern ist an einem kleinen Kinde"[574]. Der 19 Wochen alte Sohn von Carl Christoph, Freiherr von Bees von Cöln und Ketzendorff (†1621) wird als ein besonderes "Exempel der Geduld" bezeichnet; es heißt, er habe sein hohes Fieber "mit großer Geduld" ertragen[575].

Nach der Leichenpredigt auf Maria Sibylla Goldast, gen. von Haiminsfeld befinden sich auch sterbende Säuglinge (!) im Streit mit dem Satan und triumphieren über ihn als "Glaubensritter"[576].

---

[573]Rambach (1734), S. 189. Kleinkinder erleben wie ältere Kinder und Erwachsene einen 'Vorgeschmack' der 'himmlischen Freude'. Vgl. die Lp. auf Agnesa von Mandelsloh (1627); Scriver, Seelen-Schatz (1675), 4. Teil, S. 639; Feinler (1702), S. 205. "Mein kindlicher Verstand ... ist viel zu schwach ... / diesen ... Schatz desz ewigen Lebens zu begreiffen: ach lasz mir nur ein Brosamlein davon in mein Hertz fallen / dasz ich einen Vorschmack davon in diesem Elend haben koenne". Gebet eines Kindes umb das ewige Leben, in: Feinler (1702), S. 361. Im Himmel verhalten sich Kleinkinder wie die im Erwachsenenalter Verstorbenen. Bei Heermann wird über ein Kind (Alter: zehn Wochen) berichtet, Gott habe seine Seele in sein "ewiges Reich" versetzt, wo es mit den Auserwählten "das schöne Halleluja" singe. Heermann, Christianae Eutanasiae Statuae (1680), 22. Lp., S. 612. In einer bei Herberger abgedruckten Lp. auf ein Kleinkind heißt es, der Verstorbene habe noch nicht laufen und sprechen können, aber im Himmel singe er "als ein fliegender Engel". Herberger (o.J.), 11. Lp., S. 232. Wie Erwachsene sollen Kinder auf den Tod vorbereitet sein. Das Kind soll beten: "Lasz mich nur nicht ploetzlich und unversehens mit meinem Sterbstuendlein ueberfallen werden / sondern zuvor ergreiffen den Harnisch Gottes / auff dasz ich ... dem Teuffel widerstehen / alles wol auszrichten / und das Feld behalten moege". Feinler (1702), S. 359. Vgl. auch Rambach (1734), S. 130, 214. "Ein ... Kind von fuenf Jahren / war ... besorget / wie es ihr ... nach ihrem Tode gehen wuerde? ... was sie thun muesse / wenn sie selig werden wolte". Ebd., S. 164. Wie sterbende Erwachsene suchte sich Anna Maria Boecklin (Alter: zwölf Jahre) den Text für ihre Lp. selbst aus. Vgl. die Lp. auf Anna Maria Boecklin (1603), S. 37.

[574]Lp. auf Maria Sibylla Goldast, gen. von Haiminsfeld (1624), s.p., S. 22. Vgl. auch die Lp. auf Dorothea Elisabeth Schulze (1638), S. 35. Margareta von Arnstedt (Alter: elf Monate) blieb während ihrer tödlich verlaufenden Pockenerkrankung "geduldig und still". Vgl. die Lp. auf Margareta von Arnstedt (1605), S. 435.

[575]Vgl. die Lp. auf zwei Kinder von Carl Christoph, Freiherr von Bees von Cöln und Ketzendorff (1621), s.p., S. 72.

[576]"(Wenn sie gestorben sind,) hat ihre Ritterschafft ein Ende / ... denn werden sie empfangen die Krone des Lebends / die Kronen der Ehren. Denn wer eine gute Ritterschafft vbet / behelt den Glauben vnnd ein gutes Gewissen / denen ist beygeleget die Krone der Gerechtigkeit" (vgl. 2. Tim. 4,7 f). Lp. auf Maria Sibylla Goldast, gen. von Haiminsfeld (1624), s.p., S. 20. "HErr JEsu / ... Hilf mir ritterlich ringen / durch Tod und Leben zu dir dringen". Gebet eines

Von dem zwei Jahre alten Anton-Henrich Lucius (†1634) wird berichtet, er sei unter dem Gebet seiner Eltern und anderer Anwesender gestorben[577]. Die elf Monate alte Margareta von Arnstedt (†1605) starb "vnter der Hertzliben Eltern Gebet vnd Thraenen"[578].
Vor seinem Tod 'betete' der dreijährige Johannes Melchior Feinler (†1693)[579]. Von dem im Alter von knapp einem Jahr sterbenden Adam Gottfried von Stosch (†1663) heißt es: "Wie ... sehnlich (er) ... mit seinem ... Muendlein ... gen Himmel umb Hueffe geruffen / ist ... bey denen / so seinem Elende beygewohnet ... unvergessen"[580].

In der Leichenpredigt auf die im Alter von 15 Monaten gestorbene Maria Sibylla Goldast, gen. von Haiminsfeld (†1624) heißt es, ihren Eltern bleibe der Trost, daß man an ihr "eine sonderliche bewegnisz vnnd begierde zu dem lieben Gebett" festgestellt habe[581]. Sie sei noch nicht alt genug gewesen, ihr Gebet "mit deutlichen Worten" zu artikulieren; sie habe jedoch angefangen, "Gebete" zu lallen und bei den Tisch-, Morgen- und Abendgebeten die Hände zu falten; als ihr Vater sie kurz vor ihrem Tod zum "Gebet" ermahnte, habe sie ihre Hände zusammengeschlagen und angefangen, "mit etzlichen zerbrochenen vnd verstuemmelten Worten / nach ihrer kindlichen gewonheit ... zu beten"[582].

---

sterbenden Kindes, Rambach (1734), S. 137 f. Vgl. auch Schmolck (1862)(früheres Erscheinungsjahr nicht nachweisbar, ca. 1700), S. 133 f.

[577] Vgl. die Lp. auf Johann-Leonhart, Anton-Henrich und Johann-Gerlach Lucius (1634), S. 30. Eine Verwandte betete für den an Fieber erkrankten Herman Christophorus von Helversen (Alter: 17 Monate), Gott möge "um Christi willen seine Pein verkürzen". Lp. auf Herman Christophorus von Helversen (1633), s.p. Für die sterbende Agnes Avenarius (Alter: neun Wochen) wurde zu Hause und in der Kirche gebetet. Vgl. die Lp. auf Agnes Avenarius (1614), s.p. Obwohl die Ärzte noch auf seine Genesung hofften, wurde anderthalb Stunden vor dem Tod des drei Monate alten Johann-Sigismund, Markgraf von Brandenburg der Pfarrer gerufen; er betete zusammen mit den anderen Anwesenden kniend für den Säugling. Vgl. die Lp. auf Johann-Sigismund, Markgraf von Brandenburg (1625), s.p. Wie für Erwachsene gilt auch für Kleinkinder das Ideal des 'sanften und seligen' Todes. Johann-Sigismund, Markgraf von Brandenburg starb "ohne einige hefftige bewegung oder verstellung desz Angesichts ... sanfftiglich / wie mit einem schlaff". Lp. auf Johann-Sigismund, Markgraf von Brandenburg (1625), s.p. Zum 'sanften und seligen Sterben' Erwachsener vgl. Kümmel.

[578] Vgl. die Lp. auf Margareta von Arnstedt (1605), S. 436.

[579] Vgl. Feinler (1702), S. 209.

[580] Lp. auf Adam Gottfried von Stosch (1663), s.p., S. 57. Über Rudolf Georg zu Wangenheim (Alter: 13 Monate) wird berichtet, wenn er hörte, daß bei Tisch gebetet wurde, habe er, obwohl er noch in der Wiege lag, aus eigenem Antrieb "die Hände gefaltet". Vgl. die Lp. auf Rudolf Georg und Otto Bastian zu Wangenheim (1617), 1. Lp., S. 33.

[581] Lp. auf Maria Sibylla Goldast, gen. von Haiminsfeld (1624), s.p., S. 22.

[582] Lp. auf Maria Sibylla Goldast, gen. von Haiminsfeld (1624), s.p., S. 23.

Als Beerdigungstext für Maria Sibylla Goldast, gen. von Haiminsfeld wurde Ps. 8,3 gewählt, weil das 'fromme' Verhalten des Mädchens als eine Realisierung dieses Bibelwortes anzusehen sei: "Aus dem Munde der jungen Kinder und Säuglinge hast du eine Macht zugerichtet um deiner Feinde willen, daß du vertilgest den Feind und den Rachgierigen" (Ps. 8,3)[583]. In der Predigt auf Maria Sibylla Goldast wird betont, obwohl Kleinkinder aufgrund ihres Alters noch nicht "viele Worte machen" könnten, werde ihre "Andacht", die sie durch die Bewegung ihrer Lippen und das Falten ihrer Hände zum Ausdruck brächten, von Gott als "Gebet" angesehen; wenngleich sie noch nicht dazu in der Lage seien, sich sprachlich zu artikulieren, könnten auch "Säuglinge an der Mutterbrust" Gott "mit ihrem Munde loben oder aber mit ihren Geberden / MundtRegen vnnd Handtfalten sich schicken zum Gebett"[584]. Nach der Androhung der Wegführung durch die Assyrer habe der Prophet Joel das Volk Israel ermahnt, nicht allein "die Alten", sondern auch die "jungen Kinder und Säuglinge zum Gebet zu versammeln", damit Gott die angekündigte Strafe gereue (vgl. Joel 2,16)[585]. Im Buch Jona werde berichtet, daß in der Stadt Ninive, nachdem ihr der Untergang in 40 Tagen angekündigt worden sei, "Groß und Klein" beten mußte; außerdem sei ein allgemeines Fasten ausgerufen worden, das sich auch auf das Vieh erstrecken sollte (vgl. Jona 3,4-9)[586]. Dies sei ohne Zweifel geschehen, damit das Weinen der kleinen Kinder und das Blöken der Schafe zu Gott dringe[587]; Gott erhöre nicht allein das Gebet der

---

[583]Vgl. die Lp. auf Maria Sibylla Goldast, gen. von Haiminsfeld (1624), s.p., S. 22 f. Über Dorothea Elisabeth Schulze (Alter: drei Jahre) wird berichtet, sie habe gebetet, solange sie sprechen konnte. Vgl. die Lp. auf Dorothea Elisabeth Schulze (1638), S. 35. Es wird betont, ihr Gebet sei ein Zeugnis dafür, daß der Heilige Geist auch in Kleinkindern kräftig sei und sich durch ihren Mund "ein Lob zurichte" (vgl. Ps. 8,3). Vgl. ebd., S. 6. "Man spürt an ... (den Kindern) den Trieb des in ihnen wohnenden Heiligen Geistes, der oft Gebet, Seufzer, gottselige Einfälle und heiliges Verlangen in ihnen wirkt. Ach, laßt uns ja erkennen, 'daß Kinder eine Gabe Gottes sind und Leibesfrucht ein Geschenk. Ps. 127,3'". Scriver, Gottholds zufällige Andachten (1867, 1663)(vgl. Beck, Die religiöse Volkslitteratur, S. 145), S. 238 f.
[584]Lp. auf Maria Sibylla Goldast, gen. von Haiminsfeld (1624), s.p., S. 8 f. "Wenn (Kleinkinder) ... anfangen ... zu reden vnd liebaeugeln; so sind sie in vnsern Augen wie die Spielvoeglichen. Denn ob man einen Vogel gleich nicht verstehet / hat man doch Lust an seinem singen: also ob man gleich nicht weiß was die lieben Kinder lallen / ist es vns doch annehmlich sie zu hoeren / also daß ihm auch GOtt in dem Munde der unmuendigen vnd Seuglingen eine Lust / Lob und Macht bereitet hat / wie die Schrifft redet / Psal. 8 v. 3.". Lp. auf Jeremias Faber (1636), S. 4.
[585]Vgl. die Lp. auf Maria Sibylla Goldast, gen. von Haiminsfeld (1624), s.p.
[586]Vgl. die Lp. auf Maria Sibylla Goldast, gen. von Haiminsfeld (1624), s.p., S. 9.
[587]Vgl. die Lp. auf Maria Sibylla Goldast, gen. von Haiminsfeld (1624), s.p., S. 9.

Erwachsenen, sondern auch das Weinen der kleinen Kinder[588]. In der Leichenpredigt auf Maria Sibylla Goldast wird betont, Säuglinge und Kleinkinder verrichteten durch ihr Gebet Gott "wohlgefällige Dienste"[589].
Da Gott ohne Glauben kein Gebet gefallen könne (vgl. Hebr. 11,6), wird in der Predigt auf Maria Sibylla Goldast aus Ps. 8,3 gefolgert, Gott könne durch den Heiligen Geist in Säuglingen und Kleinkindern Glauben erwecken, obwohl sie noch nicht wie Erwachsene über einen ausgereiften Vernunftgebrauch verfügten. Es wird betont, wer nicht daran glaube, daß Gott durch den Heiligen Geist in Kleinkindern Gebet bewirke, könne sich nicht damit trösten, daß sie durch Glauben gerettet würden: "Wircket nicht der heilige Geist bey ihnen / So ist auch bey ihnen kein Glaube; haben sie keinen Glauben / so ists auch vnmoeglich das ihr Gebett vnd Lallen GOtt solet gefallen / vnd ist auch denn vnmoeglich das sie solten Gerecht vnd Selig werden"[590].

2. Zum 'Gebet' der Säuglinge - ein Versuch der Annäherung

Die Aussagen der untersuchten Texte über den Glauben und die Frömmigkeit von Säuglingen und Kleinkindern sind zunächst deshalb befremdend, weil im Zusammenhang mit Glaube und Frömmigkeit meist zuerst an Erwachsene gedacht wird[591]. Im Gegensatz zu der in den untersuchten Quellen bezeugten Auf-

---

[588] In der Lp. auf Claudia Eleonora, Herzogin von Braunschweig und Lüneburg heißt es, wenn Kinder anfingen zu sprechen, versagten ihnen die Eltern nicht gern etwas: "Vielmehr wird der himmlische Vatter jhm gefallen lassen / wenn sie jhn gleich mit gebrochenen Worten ansprechen". Lp. auf Claudia Eleonora, Herzogin von Braunschweig und Lüneburg (1676), S. 13. "Der kleinen Kinder Gebet hat dem zornigen Gott gar oft das Herze gebrochen". Schmolck (1862, ca. 1700), S. 36. Rambach unterweist Kinder über Gebet und Gebetserhörung. Vgl. Rambach (1734), S. 34 f. Nach Feinler sollen die Erwachsenen vom Gebet der Kinder lernen. Vgl. Feinler (1702), S. III-VI.
[589] Vgl. die Lp. auf Maria Sibylla Goldast, gen. von Haiminsfeld (1624), s.p., S. 13. "Wenn ... kleine Kinderlein zu Hause jhre Haendelein auffheben / ... so gefelt es GOtte ... wol". Lp. auf Agnes Avenarius (1614), s.p.
[590] Lp. auf Maria Sibylla Goldast, gen. von Haiminsfeld (1624), s.p., S. 14.
[591] Wichtige Glaubensgrundlagen werden jedoch bereits in den ersten Lebensjahren eines Menschen gelegt. Da Kinder völlig von anderen abhängig sind, fällt es ihnen nicht schwer zu 'glauben', bzw. sich vertrauensvoll hinzugeben. Das Gebet kann dabei eine Hilfe sein. Deshalb sollte man nach Klink "den geheimnisvollen Kontakt, der Gebet heißt, ... vom Beginn des bewußten Lebens an üben". Klink, Nicht im Sturm, S. 12. Gemäß Leist soll das Gebet Kindern eine über die Fürsorge der Eltern hinausweisende Geborgenheit vermitteln. Vgl. Leist, Erste Erfahrungen, S. 11-26. "Wir wissen heute: jegliche Erziehung beginnt mit dem ersten

fassung ist der moderne Leser geneigt, Säuglingen und Kleinkindern die Fähigkeit zum Gebet aufgrund des ihnen fehlenden Vernunftgebrauchs abzusprechen. Die Antwort auf die Frage, ob Säuglinge und Kleinkinder zu beten in der Lage sind, hängt jedoch von dem zugrunde gelegten Gebetsverständnis ab. Wenn das Weinen von Kleinkindern zusammen mit dem Blöken von Schafen als 'Gebet' verstanden wird (vgl. Kap. II C.1), ist damit nicht notwendig eine bewußte Handlung der 'betenden' Subjekte gemeint.

Ernesto Cardenal bezeichnet das Gebet als eine "Grundverfassung des Menschen", einen elementaren "Vorgang wie das Atmen oder Schlagen des Herzens"; er ist der Auffassung, daß im Gebet nicht "das Bewußtsein", sondern "das Unbewußte" mit Gott kommuniziere[592]. Nach Cardenal kann sich der Mensch im Gebet mit einem Blick, einem Lächeln und durch Taten mitteilen; jede Bewegung des Körpers kann ein Gebet sein[593].

Nach Peter Biehl bringt das Gebet die "elementare Bedürftigkeit" des Menschen zum Ausdruck. Durch das Gebet steht der Mensch in einer "selbstverständlichen Verbindung mit Gott, die keine Worte, nicht einmal Gedanken braucht"[594]. Durch seine "elementare Bedürftigkeit" ist der Mensch mit der außermenschlichen Kreatur verbunden: "Wer im Geist Jesu Christi bittet, der bekennt sich nicht nur zu seiner eigenen Bedürftigkeit, sondern nimmt stellvertretend das mitkreatürliche Stöhnen und Seufzen wahr"[595].

Wenn man Gebet als 'elementare Grundsituation' versteht und es nicht grundsätzlich als eine bewußte Handlung definiert, können auch Kleinkinder als 'Beter' angesehen werden[596]. Die im frühneuzeitlichen Luthertum vertretene

---

Lebenstag ... In keinem Fall dürfen wir warten, bis die Denkfähigkeit des Kindes erwacht ist. Nur in der Hinführung zum Glauben meinen wir, das Erstarken des Verstandes abwarten zu müssen. Wir meinen nämlich, Glauben sei nichts anderes, als über Gott Bescheid zu wissen ... Heute wissen wir, daß Glauben etwas ganz anderes ist, daß er auf Erfahrung beruht und mit dem Verstand viel weniger zu tun hat, als wir früher angenommen haben". Leist, Erste Erfahrungen, S. 11. Zur Gebetserziehung vgl. u.a.: Klink, Kind und Leben, bes. S. 170-190; dies., Kind auf Erden; dies., Kind und Glaube, bes. S. 30-44, 176-199; dies., Nicht im Sturm; Tschirch, bes. S. 83-98, 135-150; Leist, Erste Erfahrungen, bes. S. 16-26; dies., Kinder.

[592] Cardenal, S. 24 f.

[593] Die menschliche Arbeit bezeichnet er als ein "existenzielles Gebet". Cardenal, S. 25.

[594] Biehl, S. 174. Ebeling ist der Auffassung, daß sich im Gebet die "Grundsituation" des Menschen erschließe, d.h. diejenige "Situation", "die für das Menschsein konstitutiv" sei. Der Mensch sei in einer "letztgültigen Weise sprachlich angegangen"; darauf könne er nur "mit sich selbst" antworten, und in der Hingabe an sein Gegenüber (Gott) "gewinne er sich selbst". Ebeling, Dogmatik 1, S. 189 f, 353.

[595] Biehl, S. 174 f.

[596] In den in der Lp. auf Maria Sibylla Goldast, gen. von Haiminsfeld angeführten Bibelstellen aus dem Alten Testament erscheint das Fasten und 'Beten' der Kleinkinder als Teil der Buße

Auffassung, daß Kleinkinder durch ihr Gebet Gott dienen, zeugt von der hohen Wertschätzung des Kleinkindes[597] aufgrund der Lehre vom Glauben der Kinder vor der engeren Bindung von Glaube und Frömmigkeit an den Vernunftgebrauch im Gefolge von Aufklärung und Rationalismus.

---

der gesamten Volksgemeinschaft, als ein Ausdruck der 'Bedürftigkeit', die Menschen und Tiere vereint. Vgl. die Lp. auf Maria Sibylla Goldast, gen. von Haiminsfeld (1624), s.p., S. 9.

[597] Durch den Druck von Leichenpredigten auf Kleinkinder und Säuglinge wird ihre Anerkennung als 'vollwertige' Christen zum Ausdruck gebracht. Weil sie an Christus glauben und "in seinem Blut gereinigt" sind, ist es gemäß der Lp. auf Margareta von Arnstedt (Alter: elf Monate) zum Trost der Eltern nötig, auch für die "kleinsten" Kinder öffentlich Leichenpredigten zu halten. Vgl. die Lp. auf Margareta von Arnstedt (1605), S. 421 f.

Teil III: Die Verbindung der werdenden Mutter und der Mutter mit ihrem Kind und ihre Gottesbeziehung gemäß den untersuchten Gebeten des 16. bis 18. Jahrhunderts für Schwangere, Gebärende und Wöchnerinnen

A. Die enge Verbindung der Schwangeren und der Mutter mit ihrem Kind gemäß der inhaltlichen Untersuchung der Gebete

Der Trost mit dem Glauben der Kinder bei und vor der Taufe (vgl. Kap. II B.3.2) und ihrer Frömmigkeit (vgl. Kap. II C.1) setzt eine hohe Wertschätzung des Kindes voraus. Der Trost mit dem Heil ihres Kindes ist nur für Mütter und Eltern wichtig, die ihm eine hohe Wertschätzung entgegenbringen und sich eng mit ihm verbunden fühlen. Ihr Kind muß für die werdende Mutter und die Mutter im Luthertum von größter Bedeutung sein, weil durch die Geburt und Auferziehung von Kindern nach lutherischer Auffassung die Ehe und das ganze Leben der Frau Sinn gewinnen (vgl. Kap. I F).

In den untersuchten Gebeten des 16. bis 18. Jahrhunderts für Schwangere, Gebärende und Wöchnerinnen kommt die von der lutherischen Seelsorge vorausgesetzte und geförderte hohe Wertschätzung ihrer Leibesfrucht bzw. ihres Kindes zum Ausdruck. Weil ihr Kind für sie wichtig ist, betet die Schwangere für sein geistliches und körperliches Heil. Weil die Verbindung mit ihrem Kind für sie von großer Bedeutung ist, will sie es nicht verlieren: Im Gebet der Schwangeren kommt ihre Angst vor dem Verlust ihrer Leibesfrucht zum Ausdruck. In den untersuchten Gebeten wird die Angst der Schwangeren und Mutter erkennbar, ihr Kind durch eine Sünde oder ein Fehlverhalten selbst zu schädigen: aufgrund der ihm entgegengebrachten hohen Wertschätzung ist es für die Frau besonders belastend, wenn sie selbst das Wohlergehen ihres Kindes beeinträchtigt haben sollte.

Im Vergleich mit den Gebeten des 16. und der ersten Hälfte des 17. Jahrhunderts zeugen die Gebete des 18. Jahrhunderts von einem gesteigerten Verantwortungsbewußtsein der Schwangeren für ihre Leibesfrucht und einer stärkeren Verinnerlichung der Beziehung zu ihr: Die Schwangere bringt die Überzeugung zum Ausdruck, daß das gesamte zukünftige Lebensglück ihres Kindes von ihrer Liebe zu ihm abhängig sei. Erst in Gebeten der zweiten Hälfte des 17. und des 18. Jahrhunderts kommen explizit Gefühle der Liebe und Zärtlichkeit gegenüber der Leibesfrucht zur Sprache. Während die Schwangere in Gebeten aus der gesamten Zeit des 16. bis 18. Jahrhunderts um das Gelingen ihrer Entbindung betet, damit sie sich über den Anblick ihres gesunden Neugeborenen freuen kann, kommt erst in Gebeten der zweiten Hälfte des 17. und des 18. Jahrhunderts darüber hinaus das Verlangen der Schwangeren zum Ausdruck, den Körper ihres neugeborenen Kindes zu berühren und zu umarmen. Über das Fühlen des Körpers ihres Kindes hinaus verlangt sie jetzt auch nach enger seelischer Gemeinschaft mit ihm. Die Wertschätzung des Kindes gründet nicht mehr nur auf seiner Unabdingbarkeit zur Erfüllung der sinnstiftenden Lebensaufgabe der Frau gemäß der Grundlage des lutherischen Berufsethos. Im Gebet erscheint es jetzt als hoch geschätztes, lebendiges Gegenüber seiner Mutter und ihr 'Vergnügen' bereitendes Objekt ihrer Liebe und Zärtlichkeit.

Die inhaltliche Analyse der untersuchten Gebete Schwangerer, Gebärender und Wöchnerinnen läßt auf eine hohe Wertschätzung des Kindes und eine enge, sich gefühlsmäßig vertiefende Verbindung der Schwangeren bzw. der Mutter mit ihrer Leibesfrucht bzw. ihrem Kind schließen.

Die Schwangere bittet um Bewahrung vor allem, "das das ihr geschenkte Pfand entwenden" könnte (Stark, o.J., 1731)[598]. Die Schwangere betet: "Behuete mich fuer Furcht und Schrecken, und fuer den boesen Geistern, die deiner Haende Werck gern wolten verderben" (Haas, 1718, 1695)[599]. In Gebeten nach einer "ungestalten Geburt" bittet die Mutter um Vergebung, falls sie selbst durch eine Sünde oder ein Fehlverhalten die Mißbildung ihres Kindes verursacht haben sollte (Stölzlin, 1652)[600].

---

[598] Stark (o.J., 1731), S. 34.

[599] Haas, Das in GOtt andaechtige Frauenzimmer (1718, 1695), S. 332. Nach Günther sieht der Teufel ungern, daß ein Kind lebendig geboren wird; er "erschreckt" die Schwangeren, damit der Leibesfrucht Schaden zugefügt werde. Günther betont, wenn Schwangere sich bewußt wären, mit welcher Gefährdung durch satanische Mächte sie ihre Kinder im Leib trügen, würden sie es nicht an Gebet und Flehen mangeln lassen. Vgl. Günther (1566), f. 37. Zum 'Erschrecken' der Schwangeren vgl. auch Herold, S. 6 f.

[600] Stölzlin (1652), S. 501. Vgl. auch ebd., S. 503-505. Günther betont, es geschehe oft, daß eine Frau ein totes Kind oder ein "Monstrum" gebäre: "O wie ist da ein Klagen vnn weynen / ... da wuendschet die Mutter / das sie nur selbs in Kindes noeten mit gestorben were / das sie nur solchen jammer an jrer leibsfrucht nicht hette sehen ... doerffen". Günther (1566), f. 6. Eckarth berichtet von dem Aberglauben, einer Kindbetterin dürfe ihr totgeborenes Kind nicht gezeigt werden, weil sie es sich sonst "zu Gemüt ziehe" und in Zukunft nur blasse Kinder zur Welt bringe. Vgl. Des getreuen Eckarths Unvorsichtige Heb-Amme (1715), S. 544. Zu Mißgeburten vgl. auch Stengel (1647); Bohnstedt (1725). Vgl. auch Sonderegger. Mutter und Kind sind eins in ihrer Sündhaftigkeit: "Ach heiliger GOtt! Ich und meine Leibes-Frucht sind beyde von Natur Kinder des Zorns". Haas, Das in GOtt andaechtige Frauenzimmer (1718, 1695), S. 331. "Da ich ... etwan durch grossen Schmertzen vnd Todesfurcht / in vngedult fiele / vnd ... wider deinen Goettlichen Segen vnd Creatur / vndanckbarlich reden wuerde / So wollestu mir solches / vmb Christus willen ... vergeben / vnd an mir vnnd meiner Leibesfrucht nicht rechnen". Bienemann (1608, Vorwort: 1587), 1. Teil, f. 129. Die Schwangere bittet um das Gelingen ihrer Entbindung, "um der heilwaertigen geburt ... Christi willen, welcher vor mich und meine annoch verborgene leibes-frucht mensch worden, und uns durch seine heilige geburt gereiniget hat". Schimmer (1730, 1706), S. 1043 f. "Ich klage dir mein betruebtes

Die Schwangere betet: "Lasse mir ... nichts Abscheuliches oder Ungeheures vor meine Augen kommen / damit ich nichts ersehe (mich nicht versehe) / und meine Leibes-Frucht nicht bemaehliche / oder unfoermlich zeichne (daß meine Frucht dadurch nicht mit einem Muttermal verunstaltet werde) (Cundisius, 1696, 1667)"[601]. (Das Ansehen eines häßlichen Gegenstandes hat nach dem Volksglauben beim Kind die Bildung eines Muttermals in Form des gesehenen Objektes zur Folge[602].)

In einem Gebet der Schwangeren heißt es bei Marezoll (1788): "Meine Liebe, meine Zaertlichkeit ... muessen schon itzt (jetzt) fuer das Wohl des werdenden Menschen wachen, der mir ... sein Glueck verdanken soll ... wie voll Einflusz ist itzt ... jede Empfindung"[603]!

Die Schwangere betet: "Du wollest mich mit einem froelichen anblick erfreuen" (Girlich, 1551)[604]. Die Schwangere bittet um Bewahrung vor dem "traurigen Anblick" einer Mißgeburt (Stölzlin, 1652)[605]. Die Schwangere betet: "Lasz meine Frucht ... gesund die Welt erblicken, lege sie mir lebendig in meine Arme und Haende, so will ich mit ausgestreckten Armen und gefalteten Haenden dir lobsingen" (Stark, o.J., 1731)[606]. Nach einer Totgeburt betet die Mutter: "Was ich mit meinen Haenden in die Wiegen legen wolte / das legen andere mit ihren Haenden in Sarg ... / was ich auff meinen Armen tragen wolte / das tragen andere zum Grab" (Cubach 1662, 1657)[607]. Die Schwangere betet: "Ich denke mir das Vergnuegen, welches ich dann empfinden werde, wenn (das Kind) ... meinen Mutternamen lallt. Ich sehe, mit welcher zaertlichen Begierde

---

Hertzenleyd / dasz der bitter Tod meine Frucht in Mutterleibe vmb vnserer Suende willen getoedtet hat". Stölzlin (1652), S. 474. Für den Fall, daß ihre Leibesfrucht die Taufe nicht erreiche, betet die Mutter: "Lasz vns beede desz thewren Verdiensts deines lieben Sohns nicht beraubt werden". Ebd., S. 88. Vgl. auch Körber (1580, 1561), f. 11. Mutter und Kind sind über den Tod hinaus vereinigt. In einem Gebet Cundisius' bittet die Schwangere um das Gelingen ihrer Entbindung, "damit wir (Mutter und Kind) dich loben und preisen hier und dort in Ewigkeit". Cundisius (1696, 1667), S. 276.

[601] Cundisius (1696, 1667), S. 278.
[602] Vgl. von Hovorka, Kronfeld (Hg.), S. 510, 545-550; Lammert, S. 158 f.
[603] Marezoll (1788), 2. Teil, S. 218. "Itzt fordert mich meine Lage zu einer vorzueglichen Tugend und zur voelligsten Selbstbeherrschung auf. Itzt ist jede unordentliche, heftige Neigung, jede stuermische Leidenschaft, jede wilde, ungeleitete Begierde nicht nur mir selbst, sondern auch meinem Kinde hoechst gefaehrlich. Itzt nimmt dieses an allen Eindruecken und Empfindungen, die ich bekomme, Theil". Ebd.
[604] Girlich (1551), f. 13.
[605] Stölzlin (1652), S. 39.
[606] Stark (o.J., 1731), S. 61.
[607] Cubach (1662, 1657), S. 346 f.

dasselbe meine Gesellschaft suchen, wie es sich an mich draengen, wie es meine Stimme und meinen Zuruf verstehen wird" (Marezoll, 1788)[608].

---

[608]Marezoll (1788), 2. Teil, S. 236.

Abb. 5: Bildnis des Verfassers des "Gebetbuechleins fuer Schwangere, Gebaehrende, und fuer Unfruchtbare" (o.J., 1731), Johann Friedrich Stark (10.10.1680-17.7.1756).
Als lutherischer Pfarrer und Frankfurter Konsistorialrat verfaßte Stark viele erbauliche Betrachtungen, Gebete und ca. 1000 Lieder. Wie Starks "Gebetbuechlein" wurden auch alle anderen Schriften der frühen Neuzeit für Schwangere, Gebärende und Wöchnerinnen von Männern verfaßt.

B. Der relative Bedeutungsverlust der Verbindung der Mutter mit ihrem Kind gemäß der quantifizierenden Untersuchung der Gebete

Während die inhaltliche Analyse der Gebete Schwangerer, Gebärender und Wöchnerinnen auf eine enge, sich gefühlsmäßig vertiefende Verbindung der Schwangeren bzw. der Mutter mit ihrer Leibesfrucht bzw. ihrem Kind schließen läßt (vgl. Kap. III A), ist als Ergebnis der quantifizierenden Analyse der untersuchten 222 Gebete des 16. bis 18. Jahrhunderts[609] eine zunehmende Konzentration auf die werdende Mutter und die Mutter als betende Subjekte festzustellen: Die Teile der Gebete, in denen die Beterin auf sich selbst und ihre Gottesbeziehung konzentriert ist, gewinnen an Umfang.

Nach dem Abzug der die Gebete einleitenden Anreden Gottes und die Gebete beendenden Formeln, die ca. 3% aller in den Gebeten verwendeten Wörter in Anspruch nehmen, kann der Rest der Wortzahl aller Gebete drei Teilen zugeordnet werden. In bestimmten Passagen der einzelnen Gebete (Teil I) stehen die Belange der Schwangeren oder der Mutter im Vordergrund: Sie bittet und dankt für ihr eigenes Heil und Wohlergehen. In Passagen der Gebete, die einem zweiten Teil (II) zugerechnet werden können, bittet oder dankt die Schwangere oder die Mutter in einem Textzusammenhang für ihr eigenes Heil und Wohlergehen und das ihres Kindes: sie ruft Gott um Hilfe an für sich und ihre Frucht und dankt dafür, daß er sie und ihr Kind aus geistlicher und/oder körperlicher Not gerettet habe. In dem zweiten Teil zugerechneten Passagen der Gebete werden häufig durch die Verwendung des Plurals ("wir", "uns") Schwangere bzw. die Mutter und ihre Frucht bzw. ihr Kind in eins gesehen[610].

---

[609] Es wurden 49 im 16., 103 im 17. und 70 im 18. Jahrhundert gedruckte Gebete berücksichtigt. Maßgeblich für die zeitliche Zuordnung waren nicht die - nur für einen geringen Teil der analysierten Texte - angegebenen Verfassernamen, sondern die Erscheinungsjahre der Bücher, in denen die Gebete abgedruckt sind: Gebete in Werken des 18. Jahrhunderts wurden dem 18. Jahrhundert zugeordnet, auch wenn die als Verfasser angegebenen Personen im 16. Jahrhundert lebten. Für Gebetstexte, die in frühneuzeitlichen Gebet- und Erbauungsbüchern Verfassern zugeschrieben werden, ist die tatsächliche Verfasserschaft nur schwer und häufig nicht nachweisbar. Auch Gebete prominenter Verfasser wurden in der Gebetbuch- und Erbauungsliteratur ständig verändert und dem jeweiligen Zeitempfinden angeglichen. Für die zeitliche Zuordnung der Gebete im Rahmen der vorliegenden Untersuchung sind daher die Erscheinungsjahre der Werke maßgeblich, in denen sie abgedruckt sind, und nicht die angegebene Verfasserschaft. Zur Problematik der Verfasserschaft und zur Veränderung von Gebetstexten in der Gebetbuch- und Erbauungsliteratur vgl. u.a. Althaus, Zur Charakteristik; ders., Forschungen; Schulz, Das sogenannte Franziskusgebet; Sauer-Geppert; Schulz, Von allen Seiten. Die untersuchten Gebete des 16. bis 18. Jahrhunderts umfassen 49538 Wörter.

[610] Bei von Zesen heißt es im täglichen Gebet einer Schwangeren: "HErr mein GOtt / ... Dich bitte ich / du wollest mich / samt meiner leibes-frucht / frisch und gesund erhalten". von Zesen (o.J., 1657), S. 121. In einem Gebet Cundisius' bittet die Schwangere um das Gelingen ihrer

In den Passagen der Gebete, die einem weiteren Teil (III) zugeordnet werden können, bittet oder dankt die werdende Mutter bzw. die Mutter ausschließlich für das Heil und Wohlergehen ihrer Frucht bzw. ihres Kindes. Der erste Teil ist auf die betende Schwangere bzw. die Mutter und ihre Gottesbeziehung konzentriert. Im zweiten Teil wird die Schwangere bzw. die Mutter in Verbindung mit ihrer Frucht bzw. ihrem Kind gesehen. Im dritten Teil geht es ausschließlich um die Leibesfrucht bzw. das Kind.

Dem nur die Mutter und ihre Gottesbeziehung betreffenden Anteil aller Gebete des 16. bis 18. Jahrhunderts (I) können 60% aller gezählten Wörter zugerechnet werden; dem die Mutter in Verbindung mit ihrem Kind betreffenden Anteil (II) können 24% und dem nur das Kind betreffenden Anteil (III) 16% der gezählten Wörter aller Gebete zugerechnet werden: Für den gesamten Untersuchungszeitraum ist also festzustellen, daß der größte Teil des Wortumfangs aller Gebete auf die Mutter als Beterin und ihre Gottesbeziehung konzentriert ist, während nur in ca. einem Drittel des Wortumfangs der Gebete die Verbindung der Mutter mit ihrem Kind und das Kind im Vordergrund stehen[611].

Im Verlauf des 16. bis 18. Jahrhunderts nimmt der Anteil der nur auf die Schwangere bzw. die Mutter und ihre Gottesbeziehung konzentrierten Passagen der Gebete (I) kontinuierlich zu: Im 16. Jahrhundert umfaßt er 40%, im 17. Jahrhundert 58% und im 18. Jahrhundert 81%. Die die Schwangere bzw. die Mutter zusammen mit ihrer Leibesfrucht bzw. ihrem Kind (II) und die nur die Leibesfrucht bzw. das Kind (III) betreffenden Anteile verlieren dagegen relativ an Umfang: Der Verbindung der Schwangeren bzw. der Mutter mit ihrer Frucht bzw. ihrem Kind (Teil II) können im 16. Jahrhundert 38%, im 17. Jahrhundert 24% und im 18. Jahrhundert nur noch 10% aller in den Gebeten verwendeten Wörter zugerechnet werden. Bitte und Dank für das Heil und Wohlergehen der Leibesfrucht bzw. des Kindes (Teil III) können im 16. Jahrhundert 22%, im 17. Jahrhundert 18% und im 18. Jahrhundert nur noch 9% des Wortumfangs der untersuchten Gebete zugezählt werden[612].

Entbindung, "damit wir (Mutter und Kind) dich loben und preisen hier und dort in Ewigkeit, Amen". Cundisius (1696, 1667), S. 276. Die Wöchnerin betet: "Zeuch eine ... Wagenburg ... umb mein Bette ... / und umb die Wiege meines Kindes / auff dasz kein Unglueck ... zu unser Huetten sich nahe". Cubach (1662, 1657), S. 366.

[611] Zum Selbstbezug der Beter und dem damit verbundenen Eudämonismus in der 'prophetischen Frömmigkeit' vgl. Heiler, Das Gebet, S. 369 ff. Vgl. auch ebd., S. 61, 66-71.

[612] Gemäß ihren Überschriften (Rubriken) ist der weitaus überwiegende und im Verlauf des Untersuchungszeitraums wachsende Teil der Gebete auf die Schwangeren, Gebärenden und Wöchnerinnen als betende Subjekte bezogen. Der Anteil der gemäß den Rubriken auf das Kind bezogenen Gebete (Fürbitten für die Leibesfrucht) sinkt von 14 % im 16. auf 4 % im 17. Jahrhundert. Unter den Gebeten des 18. Jahrhunderts findet sich kein Gebet dieser Art mehr.

Als Ergebnis der inhaltlichen und quantifizierenden Untersuchungen der lutherischen Gebete des 16. bis 18. Jahrhunderts für Schwangere, Gebärende und Wöchnerinnen (vgl. Kap. III A, III B) ist zusammenfassend eine gefühlsmäßige Vertiefung der Mutter-Kind-Beziehung (vgl. Kap. III A) und eine gleichzeitige Konzentration auf die werdende Mutter und die Mutter als betende Subjekte (vgl. Kap. III B) festzustellen.

Im jeweiligen Rest des Umfangs der Gebete stehen die Schwangere, Gebärende und Wöchnerin und ihre Gottesbeziehung im Vordergrund.

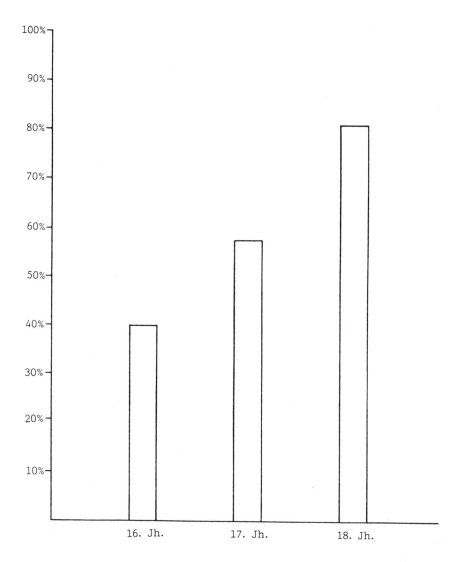

Die Zunahme des Anteils der nur auf die Schwangere bzw. die Mutter und ihre Gottesbeziehung konzentrierten Passagen der Gebete (Teil I) im Verlauf des 16. bis 18. Jahrhunderts: Im Untersuchungszeitraum wächst die Konzentration der Beterin auf sich selbst und ihre Gottesbeziehung.

C. Die Steigerung der Emotionalität und die Konzentration auf das betende Subjekt in den Gebeten Schwangerer, Gebärender und Wöchnerinnen hinsichtlich der Gottesbeziehung der Beterin

Parallel zu der in den untersuchten Gebeten des 16. bis 18. Jahrhunderts für Schwangere, Gebärende und Wöchnerinnen festgestellten gefühlsmäßigen Vertiefung der Verbindung der Mutter mit ihrem Kind (vgl. Kap. III A) ist in den Gebeten eine Steigerung der Emotionalität der Beziehung der Beterin zu Gott zu erkennen: Gleichzeitig mit dem Anstieg des in den Gebeten festgestellten Grades der Emotionalität der Mutter-Kind-Beziehung verstärkt sich in den Gebeten die Emotionalität der Gottesbeziehung.

Die Zunahme des ausschließlich auf die Beterin und ihre Gottesbeziehung konzentrierten Teils des Gebetsumfangs (vgl. Kap. III B) geht einher mit einer inhaltlichen Konzentration der Gebete auf das betende Subjekt hinsichtlich seiner Gottesbeziehung: In den Gebeten ist eine Verstärkung der Konzentration auf die Psyche der Beterin festzustellen. Die Gebete sind zunehmend durch einen reflexiven Charakter gekennzeichnet. Die Selbstbeobachtung der Beterin mit dem Ziel der Selbstkontrolle und des bewußten Verharrens in der Gemeinschaft mit Gott gewinnt an Bedeutung. Während sich die "Außen"-Beziehungen der Beterin zu Gott und ihrem Kind vertiefen, verstärkt sich die Konzentration auf die Psyche des betenden Subjekts. Die Zunahme des Subjektivismus ist verbunden mit einer Intensivierung der persönlichen Verbindung mit den wichtigsten Bezugspersonen der Schwangeren, Gebärenden und Wöchnerin: mit Gott und ihrem Kind.

In den Anrufungen Gottes am Anfang der Gebete und den Schlußformeln wird Gott in der zweiten Hälfte des 17. Jahrhunderts und im 18. Jahrhundert stärker als vorher gefühlsbetont mit überschwenglichen Attributen belegt: "EWiger / guetiger vnd getrewer Gott vnd Vatter vnsers Herren Jesu Christi / du wunderbarlicher / weiser / vnd allmaechtiger HErr" (Stölzlin, 1652)[613]. In den Gebeten der zweiten Hälfte des 17. und des 18. Jahrhunderts finden sich häufiger als vorher als Interjektionen eingefügte Anrufungen Gottes, die gefühlsbetont das Verlangen nach Gottes Nähe zum Ausdruck bringen: "Ach

---

[613] Stölzlin (1652), S. 54. Der Anrufung Gottes folgt häufig ein längerer, gefühlsbetonter Lobpreis. "HErr, wie grosz ist deine Weisheit, dasz du die Menschen so wunderlich bildest! wie grosz ist deine Allmacht, dasz du sie selbsten an's Licht bringest! wie grosz ist deine Guete, dasz du auf solche Weise das menschliche Geschlecht erhaltst und mehrest". Stark (o.J., 1731), S. 33. Vgl. u.a. auch Stölzlin (1652), S. 71-73.

Herr", "Ach lieber Gott", "Herr Jesus"[614]. Die Beterin hebt die emotionale Tiefe ihrer Andacht hervor. Sie betet "ausz fewrigem ... Hertzen"[615].
In fast allen Gebeten des 16. bis 18. Jahrhunderts für Schwangere, Gebärende und Wöchnerinnen wird der jeweilige körperliche und seelische Zustand der Beterin zum Ausdruck gebracht: Sie soll sich ihrer körperlichen und seelischen Befindlichkeit bewußt werden und sie mit Hilfe des Gebets bewältigen. In Gebeten der zweiten Hälfte des 17. und des 18. Jahrhunderts finden sich häufiger als vorher Selbstbelehrungen der Beterin. Vor allem in Gebeten der zweiten Hälfte des 17. und des 18. Jahrhunderts klagt sie sich ihrer Untugenden und Sünden an. Besonders Gebete aus der Zeit der Aufklärung sind durchsetzt mit moralisierenden Selbstappellen. Die Beterin wird sich jetzt nicht mehr nur ihres Zustandes bewußt und bringt ihn vor Gott mit der Hoffnung auf seine Hilfe zur Sprache. Sie versucht im Gebet zunehmend, ihre Situation durch Einflußnahme auf ihr eigenes Denken, Fühlen und Verhalten zu bewältigen. Zu diesem Zweck konzentriert sie sich auf ihr eigenes Denken und Tun.

Besonders in pietistischen Gebeten ist das zentrale Anliegen die 'Heiligung' der Beterin. Zur Heiligung gehören Selbstkontrolle und Disziplin. Als Mahnung zur Vervollkommnung ihres Lebenswandels erinnert sich die Beterin an die ständige Gegenwart des allwissenden Gottes. Das Gebet der Schwangeren, Gebärenden und Wöchnerin soll ihrer 'geistlichen Übung'[616], der systematischen Disziplinierung ihres Denkens und Fühlens dienen. Die Beterin versucht, sich an Stelle anderer Vergnügungen an ihrer Gemeinschaft mit Gott zu erfreuen. Die von ihr ersehnte ständige Herzensgemeinschaft mit Gott stellt sie sich mit

---

[614] Besonders viele und lange Interjektionen finden sich bei Stark. Vgl. u.a. Stark (o.J., 1731), S. 10 f. In einem Gebet von Zesens ist siebenmal "Ach" eingeschoben. Vgl. von Zesen (1657), S. 122. Bei Stark wird häufig zur Steigerung der Emphase "Scy in diesem Stande" wiederholt: "Sey in diesem Stande, o du himmlischer Vater! meine Staerke; ach! trage, erhalte, staerke und erquicke mich. Sey in diesem Stande, o JEsu! mein Fuersprecher, der mich bey GOtt vertrete, und mein schwaches, und zuweilen unter vielen Schmerzen abgeschiktes Gebet vor GOtt bringe. Sey in diesem Stande mein Troester, o GOtt heiliger Geist! der mich troeste, dasz ich in Gnaden stehe, dasz ich ein Kind GOttes sey, und der mich zu einer froelichen Entbindung gnaediger Huelfe versichere. Du dreyeiniger GOtt! sey mit mir in diesem Stand, so werde ich wohl begluecket, beschuetzet, bewahret und erettet bleiben". Stark (o.J., 1731), S. 29.

[615] Cundisius (1696, 1667), S. 277.

[616] "Weil denen, die Gott lieben, alle Dinge muessen zum Besten dienen (vgl. Röm. 8,28), so werden auch die Beschwerlichkeiten, welche die Schwangerschaft mit sich bringet, ... denen Schwangern zu vieler Erbauung und Uebung im Christentum gereichen ... Sie koennen dabey lernen Gottes Weisheit, Guete, Allmacht, Huelfe und Segen, welches alles sie ausser diesem Stand unmoeglich haetten wissen koennen". Stark (o.J., 1731), S. 18. "(Den Schwangeren) soll in das Herz geschrieben bleiben: der HErr ist mein Helfer". Ebd., S. 48.

Hilfe von gefühlsbetonten Bildern der Liebes- und der Blut- und Wundenmystik vor Augen.

Mit ihrer zunehmenden Emotionalisierung und Konzentration auf das Denken, Wollen und Fühlen der Beterin wächst der Umfang der Gebete: Die untersuchten Gebete Schwangerer, Gebärender und Wöchnerinnen aus der Zeit des 16. bis 18. Jahrhunderts bestehen durchschnittlich aus 223 Wörtern[617]; die durchschnittliche Länge der Gebete des 16. Jahrhunderts beträgt 216, die des 17. Jahrhunderts 234 und die des 18. Jahrhunderts 807 Wörter[618].

Die Schwangere betet: "Deine augen sahen ja auf mich / da ich noch unbereitet war ... warum solte ich dan den muht laszen sinken" (von Zesen, 1657)[619]? "Gott, mein Daseyn hat nun seine ganze irdische Bestimmung erreicht. Deine Vorsehung hat mich in die Umstaende gesetzt, dasz ich ... einem andern vernuenftigen Geschoepfe das Daseyn geben soll. O welche Ehre, welcher Vorzug ist das nicht! Wie wichtig, wie werthvoll ist ein Menschenleben! Und wie sehr musz ich mich freuen, dasz ich einem zur Glueckseligkeit bestimmten Wesen, einem Menschen, einem Christen das Leben geben kann! - Moechte doch auch diese meine Freude gegruendet und vernuenftig seyn! Moechte ich alle Umstaende hierbey wohl erwaegen und mich keines Leichtsinns und keiner Nachlaessigkeit schuldig machen! Moechte ich die Pflichten kennen, die mir gegenwaertig in Absicht meines Kindes (in der Sorge für das Wohlergehen meiner Leibesfrucht) obliegen und sie alle treu und gewissenhaft erfuellen" (Marezoll, 1788)[620].

"Ich stelle mir deine allerheiligste Gegenwart vor Augen, dasz du ... alles hoerest, was ich rede, alles siehest, was ich thue, damit ich dadurch moege desto mehr aufgemuntert werden, in der Heiligung fortzufahren, und dich nicht zu beleidigen" (Stark, o.J., 1731)[621]. "Gib mir ..., o mein GOtt! ... deinen heiligen

---

[617] Zu den analysierten Gebeten des 16. bis 18. Jahrhunderts vgl. Kap. III B.

[618] Bei der Zählung wurden die erst im 18. Jahrhundert stärker verbreiteten Kurzgebete ("Seufzer") für Gebärende nicht berücksichtigt. Im 18. Jahrhundert steht einem starken Wachstum des Umfangs der 'normalen' Gebete die Entstehung einer umfangreichen Gattung von Kurzgebeten gegenüber.

[619] von Zesen (1657), S. 121.

[620] Marezoll (1788), 2. Teil, S. 217. Die Übergänge zwischen Gebet und Andacht sind fließend. Bei Schmolck sind Morgen- und Abendandachten für Kinder als Gebete verfaßt. Vgl. Schmolck (1862, ca. 1700), S. 37 f; 52 f.

[621] Stark (o.J., 1731), S. 12. "Lasz mein Herz eine Wohnung JEsu und ein Tempel des heiligen Geistes seyn, dasz JEsus ... mich regiere und heilige". Ebd., S. 37. Stark fordert Schwangere auf, im Gebet gegen ihre 'Unarten' anzukämpfen. Vgl. ebd., S. 21. "Endlich sollen (die Schwangeren) ... ein heiliges, zuechtiges und christliches Leben fuehren, ... sich vor Suenden hueten, und in solcher Heiligung ihre Geburts-Stunde erwarten". Ebd., S. 54 f. Stark ermahnt die Schwangeren, "in der ... wahren Froemmigkeit (zu) verharren". Ebd., S. 27. Zur Heiligung

Geist, der mich immer bey guten Gedanken erhalte" (Stark)[622]. "Ob aber mein Leib schlaefet, so soll doch mein Geist immerdar zu dir wachen, und bey dir seyn, und in dir sein Vergnuegen haben" (Stark)[623]. "Ich schlafe in den Armen meines JEsu" (Hoch-Fürstliches ... Haus-Buch, 1757)[624]. "So vielmal sich mein Herz bewegt, soll disz seyn mein Verlangen, ... JEsu, JEsu! du bist mein, und ich auch bin und bleibe dein" (Stark, o.J., 1731)[625]. "HErr JEsu, ... umleuchte mich ... mit deinem himmlischen Gnaden-Licht, dasz ich deiner Wunden und deines Blutes mich getroesten, dein lieblich JEsus-Bild in meinem Herzen bewahren ... moege" (Stark)[626].

---

gehört das Streben nach seelischer 'Unbefleckheit' von allem 'Ungeistlichen' und 'Bösen'. Vgl. Hoch-Fürstliches ... Haus-Buch (1757), S. 108 f.

[622]Stark (o.J., 1731), S. 25. Vgl. auch Stölzlin (1652), S. 91 f. Rosenmüller hebt hervor, Gebete nutzten dem Beter wenig, wenn er nicht zugleich eine Anleitung zum christlichen Denken erhalte. Rosenmüller (1783), Vorrede, s.p. Die Schwangeren sollen versuchen, Gottes Gegenwart zu fühlen und mit dem Bewußtsein der Gegenwart Gottes systematisch alle negativen Gedanken zu überwinden. Vgl. Stark (o.J., 1731), S. 26 f. "So viel (die Schwangere) ... Kinder gebohren siehet, so viel Werke der Allmacht GOttes soll sie sich vorstellen". Ebd., S. 44. Die Schwangere bittet Gott, ihr seine Allmacht "ins Herz zu schreiben". Ebd., S. 25. "Hoeren ... (die Schwangeren) 1) dasz bey der Geburt Gefahr entstehen kann, so sagen sie: der Herr ist mit mir, darum fuerchte ich mich nicht ... 3) Wird ihre Last ihnen taeglich schwerer, so erinnern sie sich: der HErr leget eine Last auf, aber er hilft auch tragen. 4) Fuerchten sie sich vor ihrer bevorstehenden Arbeit, so wissen sie: der HErr werde ihre Arbeit begluecken, und ihnen durchhelfen". Ebd., S. 48. Zu Anleitungen zur methodischen Betrachtung in jesuitischen Gebetbüchern der frühen Neuzeit vgl. Jungmann, S. 148.

[623]Stark (o.J., 1731), S. 98. Nach Stölzlin sollen Schwangere beten, wenn sie "aus- und eingehen, aufstehen und sich niederlegen". Vgl. Stölzlin (1652), S. 18. Stark fordert die Gebärende auf, im Gebet anzuhalten, bis die "frohe Stunde" (des Gelingens ihrer Entbindung oder - wenn sie die Geburt nicht überlebe - des Eintritts ins ewige Leben) anbreche. Vgl. Stark (o.J., 1731), S. 40. "(Die Schwangeren) sollen ... alle Morgen Gott anrufen: ... Er wolle den Tag ueber sie in guten und heiligen Gedanken erhalten, damit sie an GOtt gedenken, ihn allezeit in ihrem Herzen haben, und mit ihm umgehen moegen". Ebd., S. 9.

[624]Hoch-Fürstliches ... Haus-Buch (1757), S. 108 f. Vgl. auch Stark (o.J., 1731), S. 97. "Dein Aufsicht soll die Decke seyn, mein Lager dein Erbarmen, mein Kissen deine Brust, mein Traum die suesse Lust, die aus dem Wort des Lebens fliszt, und dein Geist in mein Herz eingieszt". Ebd., S. 16.

[625]Stark (o.J., 1731), S. 16. "O werther heiliger Geist! erwecke in mir ... heilige Begierden und Verlangen, ... dasz ich, wann ich erwache, ... bey dir sey". Ebd., S. 98.

[626]Stark (o.J., 1731), S. 98.

Abb. 6: Titelblatt des von dem Schloßprediger zu Mansfeld, Michael Caelius (7.9.1492- 18.12.1559), verfaßten Gebetbuchs "Wie ein Christ Gott teglich dancken / seine suende beichten / vnd beten sol" (1582).
Auf dem abgedruckten Bild sind der Hausvater mit einem Sohn und die Hausmutter mit drei Töchtern kniend im Gebet vereint, um von Gott-Vater den Segen zu empfangen. Nach Caelius ist das tägliche Gebet des Christen nicht in erster Linie eine im 'Kämmerlein' verrichtete Privatangelegenheit. Der Einzelne betet im Kreis der Hausgemeinschaft. Im Gegensatz zum 16. Jahrhundert stehen in den untersuchten Gebeten der zweiten Hälfte des 17. und des 18. Jahrhunderts zunehmend die Gedanken und Gefühle der einzelnen Beterin im Vordergrund.

D. Exkurs: Die Konzentration auf die geistliche Zurüstung der einzelnen Leserin in den lutherischen Schriften des 16. bis 18. Jahrhunderts für Schwangere, Gebärende und Wöchnerinnen

Gleichzeitig mit der in den untersuchten Gebeten des 16. bis 18. Jahrhunderts für Schwangere, Gebärende und Wöchnerinnen festgestellten zunehmenden Konzentration auf die werdende Mutter und die Mutter als betende Subjekte ist eine Entwicklung der lutherischen Schriften des 16. bis 18. Jahrhunderts, die gemäß ihren Titeln für Schwangere, Gebärende und Wöchnerinnen verfaßt wurden, zur Lektüre für die Erbauung der einzelnen Leserin festzustellen. Während die Schriften des 16. und 17. Jahrhunderts wie die bis zum Ende des 17. Jahrhunderts erschienenen Gebetbücher für Frauen[627] durch einen Bezug auf die christliche Gemeinde als Ganze gekennzeichnet sind[628] - sie enthalten auch z.T. umfangreiche Texte für andere Adressaten (Ehemänner, Hebammen, Pfarrer u.a.) -, richtet sich Starks "Taegliches Gebet-Buechlein ... fuer Schwangere, Gebaehrende und Sechswoechnerinnen" (o.J., 1731) fast ausschließlich[629] an die Schwangere, Gebärende oder Wöchnerin. Während die Schriften des 16. und 17. Jahrhunderts wohl vor allem durch Vorlesen bei der Hausandacht oder bei der Entbindung im Beisein mehrerer Zuhörerinnen

---

[627]Die frühesten, in dieser Arbeit berücksichtigten, gemäß ihren Titeln speziell für Frauen verfaßten protestantischen Gebetbücher stammen aus der zweiten Hälfte des 17. Jahrhunderts. Vgl. Quellenverzeichnis, Kap. 4. Früher erschienene Gebetbücher für Frauen sind bei Althaus, Beck und Große nicht nachgewiesen. Vgl. Althaus, Zur Charakteristik; ders., Forschungen; Beck, Die Erbauungsliteratur; ders., Die religiöse Volkslitteratur; Große. Blümlein richtet sich bezeichnender Weise an "Frauen und fromme Christen". Vgl. Blümlein (1586), Vorrede, s.p. Erst seit dem späten 18. Jahrhundert gab es im katholischen Bereich ausschließlich für Frauen geschriebene Gebetbücher: "Es waren Bände, die für den privaten Gebrauch geschrieben worden waren". Saurer, S. 48. Vgl. auch ebd., S. 54. "(Die vor dem Ende des 18. Jahrhunderts erschienenen katholischen Gebetbücher für Frauen) waren Frauen gewidmet, jedoch nicht nur für sie geschrieben. Sie enthalten Gebete für Ehefrauen, Jungfrauen und schwangere Frauen, doch diese befinden sich neben anderen, die geschlechtsunspezifisch waren. Der Inhalt dieser Gebetbücher war für den Gebrauch einer ganzen Familie gedacht". Ebd., S. 47.

[628]Der Bezug auf die Gemeinde als Ganze ist für die gesamte Gebets- und Erbauungsliteratur des 16. und 17. Jahrhunderts charakteristisch. Schroeder berichtet, er habe die in seinem Gebetbuch abgedruckten Gebete verfaßt, weil er verpflichtet sei, jeden in seinem Stand mit Gebet und Zuspruch zu gottseligem Leben anzuleiten. Vgl. Schroeder (1557)(vgl. Beck, Die religiöse Volkslitteratur, S. 28), f. 3. Vgl. auch Olearius (1672), Vorrede, s.p.

[629]In einer Andacht für Wöchnerinnen warnt Stark die Ehemänner, die von Gott angeordnete Ruhe ihrer Frauen nach der Entbindung nicht zu stören. Vgl. Stark (o.J., 1731), S. 87. Starks Schrift ist ein "Trost fuer Unfruchtbare" beigefügt. Vgl. ebd., S. 115-126. Sie ist als Teil des Texte für Christen aller Stände enthaltenden "Täglichen Handbuchs in guten und bösen Tagen" erschienen.

und/oder Zuhörer rezipiert wurden[630], ist Starks "Gebet-Buechlein" weitgehend für das lesende Aneignen durch die einzelne Schwangere, Gebärende oder Wöchnerin verfaßt. Obwohl sich auch die lutherischen Schriften des 16. und 17. Jahrhunderts für Schwangere, Gebärende und Wöchnerinnen gemäß ihren Titeln an Frauen richten, ist erst bei Stark tatsächlich eine fast ausschließliche Konzentration auf die Frau als Adressatin erreicht. Während in den Schriften des 16. und 17. Jahrhunderts z.T. ausführlich von diätetischen Fragen im Zusammenhang mit Schwangerschaft, Geburt und Wochenbett gehandelt wird und vor allem im 16. Jahrhundert in den geistlichen Texten die Belehrung im Vordergrund steht, fehlen bei Stark diätetische Anweisungen, und gegenüber seelsorgerlichem Zuspruch sowie meditativen Texten und Gebeten treten Belehrungen in den Hintergrund. Starks "Taegliches Gebet-Buechlein ... fuer Schwangere, Gebaehrende und Sechswoechnerinnen" ist auf die geistliche 'Erbauung' der einzelnen Leserin konzentriert.

Günther (1566) befaßt sich in zwei Kapiteln mit den Aufgaben der Hebammen[631] und unterweist in jeweils drei Kapiteln Ehemänner[632] und andere Christen[633], wie sie sich recht gegenüber Schwangeren, Gebärenden und Wöchnerinnen verhalten sollen. Bei Günther stehen geistliche und diätetische Verhaltens-

---

[630] Zur Rezeption der frühneuzeitlichen Erbauungs- und Gebetsliteratur vgl. Engelsing, S. 124 f; Saurer, S. 39, 43. Vgl. auch Einleitung, Kap. B. Zur Hausandacht vgl. Lebrun, S. 107 f. "Hausz-Vaeter und andere solen ... mit solchen Hand-Buechlien ihren Kindern / Gesinden / ja auch Nachbaren und Bekandten also dienen / dasz sie ihnen daraus einige Stuecke nach den Umbstaenden der Zeit und Gelegenheit vorlesen / und ... also erbauen und bessern". Arnold (1703)(vgl. Beck, Die religiöse Volkslitteratur, S. 220), Vorbericht, s.p. In der der Frankfurter HO (1573) beigefügten "Trostschrifft ... für die Schwangere vnd geberende frawen" werden kurze erbauliche Texte und Gebete abgedruckt, die die bei der Entbindung Anwesenden der Gebärenden "zureden" sollen; wenn eine von ihnen lesen kann, soll sie die Trostsprüche vorlesen. Burckhard (Hg.), S. 199 f. Vgl. auch ebd., S. 202 ff.

[631] Vgl. Günther (1566), f. 71-78. Wie in den Schriften für Schwangere, Gebärende und Wöchnerinnen stehen in Kirchen- und Hebammenordnungen Gebete Schwangerer, Gebärender und Wöchnerinnen in einem Textzusammenhang mit Belehrungen der Geburtshelferinnen über die seelsorgerliche Betreuung ihrer Klientinnen. Vgl. u.a. die Hadelner KO (1526), in: Sehling (Hg.) 5, S. 471 f; die Hildesheimer KO (1544), in: Sehling (Hg.) 7 II 2, 1, S. 866-868.

[632] Vgl. Günther (1566), f. 43-46, 78-81, 122-126. Günther spricht die Ehemänner direkt an: "Darumb jhr Maenner / wenn Gott eueweren Weibern in der Kinder geburt froelich gehollfen / vergesset der dancksagung nicht". Ebd., f. 124. Der letzte Teil der der Frankfurter HO (1573) beigefügten "Trostschrifft ... für die Schwangere vnd geberende frawen" enthält eine "Kurze ermanung an die Ehemänner", wie sie sich während Schwangerschaft und Geburt gegenüber ihren Frauen verhalten sollen. Vgl. die Frankfurter HO (1573), in: Burckhard (Hg.), S. 210-212. Im Artikel mit der Überschrift "Ein kurtzer gemeiner bericht für schwangere vnd geberende frawen" werden in der Regensburger HO (1555) auch die Ehemänner Schwangerer ermahnt. Vgl. die Regensburger HO (1555), in: Burckhard (Hg.), S. 160.

[633] Vgl. Günther (1566), f. 46-50; 81-83, 126-129.

regeln nebeneinander[634]. Körber (Tröstlicher Bericht / wie sich die schwangere Weiber vor vnd in der Kindsgeburdt troesten / vnd sich sampt dem Kindlein dem lieben Gott / durch Christum befehlen sollen, 1580), Hug (1562) und Girlich (1551), die sich wie Günther in Textpassagen an Hebammen, Ehemänner u.a. richten, belehren in der Form theologischer Traktate über geistliche Probleme im Zusammenhang mit Schwangerschaft, Geburt und Wochenbett (das Sterben ungetaufter Kinder u.a.)[635].

Bei Stölzlin (1652) finden sich neben Gebeten Schwangerer, Gebärender und Wöchnerinnen Fürbitten christlicher Eheleute für ihre Leibesfrucht, Fürbitten des Ehemanns für seine gebärende Frau und Fürbitten der Kinder für ihre gebärende Mutter. Zwischen die Gebete sind kurze Auslegungen von Bibelversen eingefügt, die der Gebärenden bei der Niederkunft vorgelesen werden sollen[636]. In einem Kapitel gibt Stölzlin Pfarrern Anweisungen für die

---

[634]Vgl. u.a. Günther (1566), f. 144 f. Vgl. auch Stölzlin (1652), Zuschrifft, S. 18 f. Auch in Starks Andachten finden sich diätetische Anweisungen. Vgl. u.a. Stark (o.J., 1731), S. 31. Das Leben nach den diätetischen Erkenntnissen der Zeit wird als christlicher Gehorsamsakt geboten.

[635]In den Arbeiten Körbers und Hugs wird meist nur in der dritten Person von Schwangeren, Gebärenden und Wöchnerinnen gehandelt. Eine längere Trostunterweisung Hugs ist wie ein theologischer Traktat systematisch gegliedert. Vgl. Hug (1562), f. VIII-XVII. Bei Hug sind nur beigefügte Lieder und Gebete zur direkten frömmigkeitspraktischen Verwendung geeignet. Vgl. ebd., f. XIX f, XXV-XXVII. In den bei Girlich abgedruckten Trostreden werden die Schwangeren häufiger direkt angesprochen: "Erstlich solt jr wissen / das ewer Leibesfrucht ein segen vnd gabe Gottes sey". Girlich (1551), f. 3. In den vorzulesenden Texten werden auch die bei der Geburt anwesenden Frauen direkt angeredet: "Lieben Frawen / dieweil wir (solches zu tun) schueldig sind / ... so wollet Gott ... helffen anruffen / fuer diese ... fraw / das jhr Gott wolde helffen zu einer froelichen Geburt". Ebd., f. 13. Günther richtet sich an einigen Stellen in der zweiten Person singular an die Schwangere: "Wenn dir das Creutz wil zu schwer ... sein / erinnere dich dieses Trostes". Günther (1566), f. 30.

[636]Vgl. Stölzlin (1652), S. 152-202. Die 'Gemengelage' von Gebeten für verschiedene Personengruppen, erbaulichen Texten und Bibelversen ist auch für die allgemeinen Gebetbücher charakteristisch. Bei Bienemann sind Gebete Schwangerer, Gebärender und Wöchnerinnen zwischen Gebeten der Eheleute und Fürbitten bei der Entbindung anwesender Frauen abgedruckt. Vgl. Bienemann (1608, Vorwort: 1587), 1. Teil, f. 124-147. Bei Schimmer steht zwischen aus der Perspektive Schwangerer formulierten Gebeten ein "Gebet eines ehe-manns fuer sein schwanger weib". Vgl. Schimmer (1730, 1706), S. 1042 f. Im "Betbuechlein" (1587) wird Gebeten Schwangerer ein kurzer erbaulicher Text vorangestellt. Vgl. Ein New Christliches / nuetzes vnn schoenes Betbuechlein (1587), S. 404-417. Bei Cubach finden sich Gebete unfruchtbarer Eheleute, Schwangerer, Gebärender und Wöchnerinnen, Fürbitten der Ehemänner, Hebammen und anderer bei der Entbindung Anwesender für die Gebärende und ihr Kind sowie eine Trostunterweisung für Eltern nach der Geburt eines mißgestalteten Kindes. Vgl. Cubach (1662, 1657), S. 316-368. In von Zesens Frauen-Gebetbuch folgen nach einem Gebet einer Gebärenden zwei Bibelzitate (Jes. 58,9; 1. Kor. 10,13). Vgl. von Zesen (1657), S. 122. Schimmer stellt seinen Gebeten jeweils einen Bibelvers voran. Vgl. Schimmer (1730, 1706),

Abendmahlsspendung an Gebärende bei schwerer Entbindung[637]. In einem anderen richtet er sich an Ehemänner und Kinder, deren Frauen bzw. Mütter bei der Niederkunft gestorben sind[638].

Starks "Taegliches Gebet-Buechlein ... fuer Schwangere, Gebaehrende und Sechswoechnerinnen" (o.J., 1731) besteht zum größten Teil aus für die Verwendung bei der täglichen Morgen- und Abendandacht der Schwangeren, Gebärenden und Wöchnerin verfaßten "Andachten" - jeweils mit einem Gebet und einem Lied verbundenen erbaulichen Texten, die durch ein intensives Eingehen auf den seelischen Zustand der Adressatinnen gekennzeichnet sind[639].

---

f. 5. Bei Cundisius sind die angeführten Bibelzitate zwischen Gebeten und Liedern durch Fettdruck hervorgehoben. Vgl. Cundisius (1696, 1667). Rosenmüller betont, eingefügte Betrachtungen und Bibelstellen sollten verhindern, daß "nur gewohnheitsmäßig" gebetet werde. Vgl. Rosenmueller (1783), Vorrede s.p.

[637]Vgl. Stölzlin (1652), S. 152-228.

[638]Vgl. Stölzlin (1652), S. 417-439.

[639]In Starks "Gebet-Buechlein" werden die Schwangeren, Gebärenden und Wöchnerinnen nicht nur - wie auch in anderen Schriften - durch direkte Anrede persönlich angesprochen; mit psychologischem Einfühlungsvermögen versucht Stark, sich in seine Adressatinnen hineinzuversetzen. Unter der Rubrik "Andachten fuer Gebaehrende" finden sich auch kurze Sprüche und Stoßgebete ("Seufzer vor der Geburt" und "Seufzer bey und unter der Geburt") zum Lesen bei der Entbindung. Vgl. Stark (o.J., 1731), S. 52-86.

Schluß

A. Seelsorge, Frömmigkeit und die hohe Wertschätzung von Mutter und Kind

Gemäß den untersuchten Texten ist es die wichtigste Aufgabe der lutherischen Seelsorge im Zusammenhang mit der Geburt, die Schwangere, Gebärende und Wöchnerin ihres eigenen Heils (vgl. Teil I) und des Heils ihres Kindes (vgl. Teil II) zu vergewissern. In den bearbeiteten Quellen aus dem gesamten Untersuchungszeitraum ist die Überzeugung bestimmend, daß die Schwangere, Gebärende und Wöchnerin ihres eigenen Heils nur durch den Glauben (vgl. Teil I) und des Heils ihres Kindes aufgrund des ihm von Gott geschenkten Glaubens sicher sein kann (vgl. Teil II). Die Seelsorge soll in Mutter und Kind Glauben erwecken[640] und ihre Frömmigkeit soll Ausdruck ihres Glaubens sein[641].

In den analysierten Texten werden die Unmittelbarkeit des göttlichen Wirkens und Gottes Nähe hervorgehoben: Gott selbst hat die Schwangere, Gebärende und Wöchnerin als Frau zur Ehefrau und Mutter (vgl. Kap. I F) und ihr Kind als Kind christlicher Eltern zum Heilsempfang berufen (vgl. Kap. II B.2.1.1). Er selbst steht ihr als 'Hebamme' zur Seite (vgl. Kap. I C). Gott ist der Leibesfrucht in Christus zum 'Bruder' geworden (vgl. Kap. II B.2.2.1). Nach lutherischer Auffassung bedarf es keiner Vermittlung der göttlichen Hilfe durch Heilige mehr (vgl. Kap. I C.4) und dem ungetauft sterbenden Kind kann das Heil auch ohne die Vermittlung des Taufsakraments zuteil werden (vgl. Kap. II B). Gott ist der werdenden Mutter und der Mutter und ihrem Kind mit seiner Heil und Trost spendenden Gegenwart unmittelbar nahe[642].

Die Schwangere, Gebärende und Wöchnerin wird von Gott selbst in den Glaubensgehorsam gerufen: Die Aufsichnahme der Schmerzen und Ängste im Zusammenhang mit Schwangerschaften und Geburten wird als Pflichterfüllung gefordert (vgl. Kap. I A.2; I B.1-3); erst in Gebeten aus der zweiten Hälfte des 18. Jahrhunderts gewinnt die Freude an der Mutterschaft größere Bedeutung

---

[640] Gemäß reformatorischen Grundsätzen hat die Seelsorge die Funktion der Weckung, Belebung und Pflege des Glaubens. Vgl. Köstlin, S. 5. Vgl. auch Jörns.

[641] In den lutherischen Bekenntnissen des 16. Jahrhunderts wird unter 'Frömmigkeit' "die dem biblischen Christuszeugnis entsprechende Glaubensantwort" verstanden. Peters, S. 132. Als Einführung in die 'Kerngestalt' lutherischer Spiritualität vgl. Elert, 1, 2. Vgl. auch Aner.

[642] "Christo praesente omnia superabilia" - Luther hob die trostreiche Wirkung der Nähe Gottes für die Angefochtenen hervor. Vgl. Brandt, Luther als Seelsorger, besonders das Geleitwort von Carl Heinz Ratschow, ebd., S. 5. Vgl. auch Nebe; Brandt, Luthers Seelsorge; Winkler.

(vgl. Kap. III A). Auflehnung gegen die vorgegebene Frauenrolle wird als Rebellion gegen Gottes Berufung und damit gegen Gott selbst verurteilt (vgl. Kap. I A.2; I F)[643]. Vor den Schmerzen, Ängsten und Gefahren in Verbindung mit Geburten gibt es für die Frau 'kein Entrinnen'[644], weil ihr die Mutterrolle nicht nur von Menschen, sondern von Gott selbst zugewiesen wurde.

Im Gehorsam gegen Gottes Auftrag und Gottes Gebote hat sich die werdende Mutter und die Mutter ganz unter die 'göttliche Zucht' zu stellen[645]. Dazu sollen ihr vor allem die speziell für Schwangere, Gebärende und Wöchnerinnen verfaßten Gebete eine Hilfe sein. In Gebeten der zweiten Hälfte des 17. und des 18. Jahrhunderts gewinnt die Selbstbeobachtung der Beterin mit dem Ziel der Selbstkontrolle an Bedeutung (vgl. Kap. III C). Das Ausmaß der von der werdenden Mutter und der Mutter geforderten Selbstüberwachung wächst: sie hat zunehmend nicht nur ihr Verhalten, sondern auch ihr Denken und Fühlen durch strenge Selbstdisziplin den ihr vorgegebenen kirchlichen Normen zu unterwerfen[646].

---

[643] Das Aufbegehren verzweifelter Kindbetterinnen gegen ihr Leiden zählt nicht, weil sie sich schon im voraus dafür entschuldigt haben - letztendlich darf nur das gelten, was der Norm entspricht: die geduldige Akzeptanz aller Belastungen.

[644] Becker-Cantarino betont, durch die Reformation sei die Frau zu einem "Hauswesen" unter der Herrschaft des Ehemannes "domestiziert" und in völliger Abhängigkeit von ihrem Mann "unentrinnbar" ihrer "Gebärfunktion" ausgeliefert worden. Vgl. Becker-Cantarino, Der lange Weg, S. 41. "(Die Geburt) Jesu befreit uns davon, unseren Lebenssinn und unsere schöpferische Kraft allein in der Geburt von Kindern zu sehen". Moltmann-Wendel, Wenn Gott, S. 121.

[645] "Indem die Funktion (des Körpers) ... entscheidend wurde, geriet ... eine spezifisch männliche Vorstellungswelt ins Zentrum christlichen Denkens. Männliche Leiberfahrung scheint an Funktion und Arbeitsfähigkeit, also an der Außenwirkung interessiert ... Der Leib in seiner Schönheit, Vielfalt, Lebendigkeit und Kreativität war zu einem Dienstleistungskörper herabgesunken ... Frauenkörper wurden potenzierte Dienstleiber". Moltmann-Wendel, Wenn Gott, S. 29, 31. Mit Bezug auf die Gegenwart stellt Moltmann-Wendel fest: "Im Gegensatz zu diesem Körperverständnis, nach dem der Körper fremdbestimmt ... oder bedeutungslos ist, haben viele Frauen ein sehr eigenes, vitales und selbst-bewußtes Körperverhältnis entwickelt ... Auch Schwangerschaft kann wieder zu einer wichtigen Körpererfahrung werden". Moltmann-Wendel, Wenn Gott, S. 20, 21. Vgl. auch Kitzinger, Frauen; Unser Körper 2, S. 11-176.

[646] Der gänzliche Verlust des Wunderglaubens in aufklärerischen katholischen Gebetbüchern seit dem Ende des 18. Jahrhunderts führte nach Saurer "zu einer verstärkten Disziplinierung und Insistenz auf Pflichtenerfüllung". Saurer, S. 57. "Die Machbarkeit der Zukunft, die für das autonome Individuum offene Zukunft, ist eine These der Aufklärung. Diese These wird von den Gebetbuchverfassern für die aufgeklärte Betende adaptiert. Sie ist für ihre Gegenwart und Zukunft allein verantwortlich". Vgl. Saurer, S. 54. Über von ihr untersuchte katholische Gebete der ersten Hälfte des 19. Jahrhunderts stellt Saurer fest: "Die Sprache ... ist von den Modalverben 'müssen' und 'sollen' dominiert ... Die Beziehung zu Gott und die gesell-

Die in den untersuchten erbaulichen Texten und Gebeten festgestellte Hervorhebung des Verständnisses der mit der Entbindung verbundenen Bedrängnisse als göttliche Erziehungsmaßnahmen hat die Funktion, den Frauen die Bewältigung ihrer Schwierigkeiten zu erleichtern: Das unbegreifliche Leiden von Mutter und Kind soll durch das Vertrauen darauf erträglicher werden, daß es trotz seiner scheinbaren Sinnlosigkeit in Gott gründe (vgl. Kap. I D.1). Weil Gott selbst der Frau die Geburtsschmerzen und damit verbundenen Ängste auferlegt hat, darf und soll sie ihre Not dadurch erleichtern, daß sie sie offen zur Sprache bringt (vgl. Kap. I B.3). Sie braucht sich ihrer körperlichen und seelischen Bedrängnisse nicht zu schämen. Erst als Folge der Leib- und Sexualfeindlichkeit des 19. Jahrhunderts wurden aus evangelischen Kirchenliedern Bezüge auf die körperlichen Vorgänge bei der Entbindung "wegverbessert"[647]. Das preußische Militär-Gesangbuch von 1822 ersetzt im Lied "Nun danket alle Gott" (Martin Rinckart, 1586-1649) die Worte "von Mutterleib und Kindesbeinen an" durch "von Kindheit an"[648].

In den untersuchten Texten wird die Vorstellung, daß Gott selbst den Schwangeren, Gebärenden und Wöchnerinnen ihre Schmerzen und Ängste auferlegt habe, auch zur Ermahnung ihrer Mitmenschen eingesetzt, ihnen gemäß dem reformatorischen Ideal der 'Seelsorge aller an allen'[649] seelsorgerlich

---

schaftlichen Verhältnisse werden im Indikativ dargestellt. Dies ist Ausdruck der Auffassung von der Unmöglichkeit der Veränderung der gesellschaftlichen Verhältnisse. Für Frauen gab es keinen anderen Weg als den der Pflicht". Saurer, S. 56.

[647] Im Dresdner Gesangbuch (1844) werden Paul Gerhardts (1607-1676) Worte aus der zehnten Strophe seines Liedes "Befiehl du deine Wege" - "so wird er dich entbinden, da dus am wengsten gläubst" - in "so wird dein Leid verschwinden" "wegverbessert". Sauer-Geppert, S. 71.

[648] Sauer-Geppert, S. 79. Im Gegensatz zur frühen Neuzeit wurde im 19. Jahrhundert der Bezug auf die Geburtssituation als peinlich empfunden. Constantin Große (1895) schreibt über frühneuzeitliche Gebete: "Die naive Sprache der Alten von 'Mutterleib', 'Mutterbrust' nötigt, sie nicht gerade leichten, sinnlich gerichteten jungen Leuten zu geben". Große, S. 651. Mit Bezug auf Anweisungen zum Verhalten bei der Entbindung in mittelalterlichen und frühneuzeitlichen katholischen Erbauungsschriften stellt Braun fest: "Die Mahnungen an die Mütter gehen manchmal mehr ins Einzelne, als man heutigen Tags auf der Kanzel sich erlauben dürfte". Braun (1904), S. 14 f. Nach Moltmann-Wendel gibt es einen Zusammenhang zwischen der vergleichsweise offenen Sprache über den weiblichen Körper und seiner Disziplinierung: "Die Scham, im Leibe zu sein und einen Körper zu haben, wurde (im frühneuzeitlichen Protestantismus) ... kompensiert durch die Erkenntnis von der Nutzbarkeit des Körpers. Die Peinlichkeit wurde durch die Nützlichkeit ersetzt. Hier sehe ich eine Entwicklung, die ... uns den protestantischen Dienstleib bescherte". Moltmann-Wendel, Wenn Gott, S. 28.

[649] "What is potentially the most important phase of the Lutheran personal ministry has been the cultivation ... of the mutual care of souls on the part of laymen. Each man was his brother's keeper in a spiritual fellowship. 'Seelsorge aller an allen' ... This is the implementation of the doctrine of the spiritual priesthood of all Christians". Mc Neill, S. 190.

beizustehen (vgl. Kap. I B.2). Besonders den Hebammen werden wichtige seelsorgerliche Funktionen zugewiesen (vgl. Kap. II A.1-3)[650]. Wenn die werdende Mutter und die Mutter ihre Schmerzen und Ängste im Gehorsam gegen Gottes Berufung auf sich nimmt, wird sie im frühneuzeitlichen Luthertum als fleißige Arbeiterin in 'Gottes Weinberg', heldenhafte Kämpferin und im Fall ihres Todes als Märtyrerin geehrt (vgl. Kap. I F)[651]. Auch ihrem Kind wird eine hohe Wertschätzung zuteil: Durch die Taufe und bei kranken Neugeborenen durch den Vollzug der Nottaufe soll sichergestellt werden, daß es das Heil empfange (vgl. Kap. II A.1-3). Das Kind ist wichtig, weil es dem 'Leib Christi' als neues Glied hinzugefügt werden und als Erdenbürger zum Fortbestand der Menschheit beitragen soll. Dem ungetauft sterbenden Kind wird im Luthertum eine höhere Wertschätzung zuteil als in der katholischen Tradition: Es wird nicht länger aus der Gemeinschaft der Gläubigen ausgeschlossen, sondern als gläubig und fromm den gläubigen und frommen Erwachsenen gleichgestellt (vgl. Kap. II B; II C)[652].

---

[650]Im 19. Jahrhundert stieß die seelsorgerliche Betreuung Gebärender durch Pfarrer, zu der die Geistlichen in der frühen Neuzeit angeleitet worden waren (vgl. Kap. III D), auf Unverständnis und Ablehnung. Schon Luther hatte Gebärenden persönlich mit seelsorgerlichem Zuspruch beigestanden. Luther berichtet: "Da ein Weib ... in Kindesnöthen lag und mit dem Tode rang, wie war ich mit ihr in so großem Herzleid, tröstet sie und bat Gott mit ihr, er wollte ihr Kraft, Stärke und Macht verleihen"! WAT 2, Nr. 2742 b., S. 629, Z. 22-25. Dagegen betont Hardeland (1897): "(Es) entspricht nicht unserem Geschmack, was Haas (1718, 1695) von der Behandlung schwangerer und gebärender Frauen ausführt: hier darf das Amt doch wohl getrost die Seelsorge mütterlichem wie schwesterlichem Beistand überlassen". Hardeland, S. 401. Aufgrund des Vorrückens der Peinlichkeitsschwelle wurde im 19. Jahrhundert die Anwesenheit von Männern bei Entbindungen wie im Mittelalter als unschicklich angesehen. Zum Mittelalter vgl. Schreiner, Maria, S. 68.
[651]Zur Kritik an der mit der hohen Wertschätzung der Gebärenden verbundenen Einengung der Frau auf die Rolle der Hausfrau und Mutter vgl. Anm. 645.
[652]In der positiven Bewertung des Kindes im frühneuzeitlichen Luthertum spiegeln sich die Jesus-Worte des Neuen Testamentes wider, die eine hohe Wertschätzung des Kindes implizieren. Auf die große Bedeutung der christlichen Theologie für die Wertschätzung des Kindes und ihren positiven Einfluß auf den Umgang der Erwachsenen mit Kindern haben zu Recht Ariès und de Mause hingewiesen. Ariès konstatiert mit Bezug auf das 17. Jahrhundert: "Die Tatsache, daß der Persönlichkeit des Kindes nun ein solches Gewicht beigemessen wird, hängt mit Sicherheit mit einer tiefgreifenden Christianisierung der Lebensformen zusammen". Ariès, Geschichte der Kindheit, S. 103. de Mause behauptet, daß in den ersten christlichen Gemeinden die "infantizide Haltung" gegenüber den Kindern überwunden wurde. Vgl. de Mause, The Fetal Origins, S. 48. Bei historisch-anthropologischen Untersuchungen der Geschichte der Einstellungen und Verhaltensweisen gegenüber Kindern sollten theologische Motive und ihre jeweilige historische Realisierung als bedeutsame Faktoren berücksichtigt werden.

Die Betonung der hohen Wertschätzung von Mutter und Kind soll der werdenden Mutter und der Mutter bei der Bewältigung ihrer Schwierigkeiten ein wichtiger Trost sein. Gegenüber der als mutter- und kinderfeindlich geschilderten katholischen Tradition wird in den untersuchten Texten die Mutter- und Kinderfreundlichkeit des Luthertums herausgestellt[653]. Gemäß den untersuchten Quellen soll ihre Neugestaltung nach reformatorischen Grundsätzen entscheidend die seelsorgerliche Unterstützung der Schwangeren, Gebärenden und Wöchnerinnen verbessern.

B. Zur Entwicklung der Mutter-Kind-Verbindung und der Gottesbeziehung

Die vorliegende Untersuchung frühneuzeitlicher lutherischer Seelsorge und Frömmigkeit im Zusammenhang mit der Geburt weist auf die enge Verflechtung von Seelsorge, Frömmigkeit, der Menschen zuteil werdenden Wertschätzung und der Gestaltung ihrer persönlichen Beziehungen hin. Die bearbeiteten Texte lassen neben der hohen kirchlichen Wertschätzung von Mutter und Kind auch eine hohe Wertschätzung der Leibesfrucht bzw. des Neugeborenen durch seine Mutter und eine enge Mutter-Kind-Beziehung erkennbar werden. Gemäß den untersuchten Texten steht die werdende Mutter und die Mutter normalerweise ihrem Kind nicht distanziert oder ablehnend gegenüber - sonst wäre das intensive Bemühen lutherischer Seelsorge um den Trost der Schwangeren, Gebärenden und Wöchnerin mit der Gewißheit über das Heil ihres Kindes sinnlos. Jede trotz der grundsätzlich erwarteten positiven Einstellung gegenüber dem Kind dennoch vorhandene negative Haltung soll durch die mit Seelsorge und Frömmigkeit verbundene Ausrichtung des Denkens und Verhaltens an den kirchlichen Wertmaßstäben überwunden werden. Mit der göttlichen Berufung der Frau zur Mutterschaft ist sie zugleich von Gott selbst zu einer liebevollen Einstellung gegenüber ihrer Leibesfrucht bzw. ihrem Neugeborenen berufen. Das Kind muß für die Mutter im Luthertum überaus wertvoll sein, weil seine Geburt und Aufzucht als ihre wichtigste Lebensaufgabe angesehen wird.

Während die bearbeiteten Texte aus dem gesamten Untersuchungszeitraum eine hohe Wertschätzung der Leibesfrucht bzw. des Neugeborenen durch seine Mutter und eine enge Mutter-Kind-Beziehung anzeigen, läßt die Untersuchung der speziell für Schwangere, Gebärende und Wöchnerinnen verfaßten Gebete

---

[653] Zur Aufwertung verheirateter Frauen im Gefolge der Reformation vgl. Irwin, S. 42 f. Zur Mutter- und Kinderfreundlichkeit des Luthertums vgl. auch Preuß, S. 181 f.

des 16. bis 18. Jahrhunderts auf eine gefühlsmäßige Vertiefung der Mutter-Kind-Verbindung schließen: die 'Mutterliebe' gewinnt an Bedeutung; die Leibesfrucht bzw. das Neugeborene erscheint zunehmend als 'Objekt' der Liebe und Zärtlichkeit seiner Mutter (vgl. Kap. III A)[654]. Der Anstieg der Emotionalität des in den Gebeten zum Ausdruck gebrachten Charakters der Mutter-Kind-Beziehung und die zunehmende Betonung der Mutterliebe gehen einher mit einer Steigerung der Emotionalität der in den Gebeten zum Ausdruck gebrachten Gottesbeziehung (vgl. Kap. III C)[655]: Sowohl die Verbindung der Schwangeren, Gebärenden und Wöchnerin mit ihrer Leibesfrucht bzw. ihrem

---

[654] Mit der Verstärkung der Innenleitung der Disziplinierung ist eine Verstärkung des Trostes durch eine gefühlsmäßige Vertiefung der Gottesbeziehung und der Mutter-Kind-Beziehung verbunden.

[655] Althaus stellt bereits mit Bezug auf die zweite Hälfte des 16. Jahrhunderts fest: "Eine bisher unbekannte Christusmystik breitet sich in den Erbauungsbüchern aus und wird in schwärmerischen Zwiegesprächen mit dem schönsten unter den Menschenkindern eifrig gepflegt ... Es ist mit einem Worte die augustinisch-bernhardinische Mystik des Mittelalters, die ihren Einzug in die evangelischen Gebetbücher hält". Althaus, Forschungen, S. 61. Der entscheidende Anstoß für die Emotionalisierung und Mystifizierung lutherischer Gebete geht nach Althaus von der zeitgenössischen jesuitischen Literatur aus. Vgl. Althaus, Zur Charakteristik, S. 50. Zunächst bedienten sich viele evangelische Gebetbücher vielfach der Kirchenagenden als Quellen: "Die Möglichkeit eines solchen Austauschverhältnisses ist durch die schlichte Unmittelbarkeit und schriftgemäße Objektivität der reformatorischen Gebete bedingt. Sie halten sich noch frei von Reflexionen und subjektiven Gefühlsergüssen". Allmählich beginnt die Privatandacht, sich von den kirchlichen Gebetsakten loszulösen. Vgl. Althaus, Forschungen, S. 60. "In dem 'Paradiesgärtlein' von Johann Arnd, in den 'Meditationes sacrae' Johann Gerhards u.a. sehen wir eine neue Gebetsliteratur auf evangelischem Boden entstehen, die nicht nur einzelne mittelalterlich-mystische bzw. jesuitisch-mystische Stoffe in sich aufgenommen hat, sondern so gänzlich von ihnen durchsetzt ist, daß sie sich als das Produkt eines innerlichen Anbildungs- und Verschmelzungsprozesses zu erkennen gibt". Ebd., S. 142. Zeller sieht die zunehmende Verbreitung mystischer Frömmigkeit im Luthertum im Zusammenhang mit einem von ihm konstatierten Auseinanderfallen von Theologie und Frömmigkeit im letzten Drittel des 16. Jahrhunderts. Nach Zeller überwand um ca. 1600 eine sich der christlichen Mystik öffnende "protestantische Innerlichkeit" Unsicherheiten hinsichtlich der persönlichen Aneignung der als recht erkannten kirchlich verkündigten Wahrheit in der dritten nachreformatorischen Generation. Vgl. Zeller, Der Protestantismus, S. XVII ff. Roensch bestreitet die von Zeller konstatierte Frömmigkeitskrise im letzten Drittel des 16. Jahrhunderts: "Die Zeit des Pietismus hat bekanntlich das Vorwalten des lehrhaften Elements wie der Polemik in der Predigt zum Anlaß genommen, um dem ganzen Zeitalter der Orthodoxie Mangel an wahrer Frömmigkeit vorzuwerfen. Wenn es eines Beweises bedarf, um dieses oft wiederholte Urteil als eines der vielen Schlagworte zu kennzeichen, mit denen eine neue Richtung sich gegen ihre Vorläuferin durchzusetzen versucht, so kann ihn die Geschichte des Kirchenliedes liefern". Roensch, S. 151. Zur Frömmigkeitsgeschichte des frühneuzeitlichen Protestantismus vgl. auch Axmacher, Aus Liebe; dies., Praxis. Vgl. auch Maurer.

Neugeborenen als auch ihre Beziehung zu Gott werden gefühlsbetonter. Gleichzeitig mit der emotionalen Vertiefung der Mutter-Kind-Beziehung und der Gottesbeziehung ist in den Gebeten eine zunehmende Konzentration auf die Schwangere, Gebärende und Wöchnerin und ihre Psyche festzustellen (vgl. Kap. III A-C)[656]. Die Emotionalisierung der Mutter-Kind-Beziehung und der Gottesbeziehung vollzieht sich als Teil der zunehmenden Konzentration der werdenden Mutter und der Mutter auf sich selbst als betende Subjekte[657]. Weil sie sich im Gebet verstärkt auf sich selbst konzentriert, gewinnen für sie ihre Gefühle gegenüber Gott und ihrer Leibesfrucht bzw. ihrem Neugeborenen an Bedeutung. Sie reflektiert zunehmend und immer differenzierter über ihre Einstellungen und Empfindungen gegenüber ihren wichtigsten Bezugspersonen - außer ihrem Verhältnis zu Gott und ihrem Kind kommen Beziehungen zu anderen Personen nur ganz am Rande zum Ausdruck[658] - und versucht, sie durch Selbstkontrolle gemäß den ihr vorgegebenen Normen zu beeinflussen und zu überwachen. Durch die zunehmende Subjektivierung der Gebete wird der Schwangeren, Gebärenden und Wöchnerin verstärkt die Auseinandersetzung mit ihren eigenen Gedanken und Gefühlen gegenüber Gott und ihrem Kind ermöglicht und zur Aufgabe gemacht[659]. Gemäß den untersuchten Gebeten sollen die

---

[656] Der Rückgang der quantitativen Bedeutung der auf die Mutter-Kind-Beziehung und ausschließlich auf das Kind konzentrierten Gebetsteile bei gleichzeitiger relativer Zunahme des Umfangs der ausschließlich auf die werdende Mutter und die Mutter und ihre Gottesbeziehung konzentrierten Gebetsteile im Verlauf des 16. bis 18. Jahrhunderts zeigt, daß trotz der gefühlsmäßigen Vertiefung der Mutter-Kind-Beziehung die Beterin auch im Hinblick auf die Verbindung mit ihrem Kind zunehmend auf sich selbst konzentriert ist.

[657] Althaus stellt bereits in der zweiten Hälfte des 16. Jahrhunderts in protestantischen Gebeten einen zunehmenden Subjektivismus fest. Vgl. Althaus, Zur Charakteristik, S. 46 f. Vgl. Anm. 655. Bezogen auf von ihr untersuchte katholische Gebetbücher des 18. und 19. Jahrhunderts für Frauen betont Saurer: "Das Gebet, traditionell auch in der Familie bzw. in kleinen Gruppen vorgelesen, zog sich ... in die Privatheit, in den Binnenraum des Individuums zurück. Zu Hause und während der Messe dachten die Betenden, und insbesondere die betenden Frauen, über die Kataloge ihrer Pflichten nach". Saurer, S. 57. Vgl. auch Lebrun.

[658] "Hilf auch allen Schwangern, und denen, die in Kindesnoethen sind". Hoch-Fürstliches ... Haus-Buch (1757), S. 110. "Erfreue mich und meinen ehemann mit einem froelichen anblick". Schimmer (1730, 1706), S. 1039 f. Die Schwangere bittet Gott, sich selbst und ihren Ehemann damit zu erfreuen, daß er ihre Frucht als sein Kind annehme. Vgl. Stölzlin (1652), S. 30 f. "Da es ... nach deinem unerforschlichen Rath und Willen in der Geburt uebel gelingen solte / (dafuer du ... mich und meinen lieben Ehemann Vaeterlich behueten wollest /) so hilff dasz wir solch schweres Creutz mit Gedult ueberwinden". Cubach (1662, 1657), S. 320. "Lasz dir meinen lieben Man vnd meine vnerzogene Kinder ... befohlen sein". Glaser (o.J.), s.p. Vgl. auch Bienemann (1608, Vorwort: 1587), 1. Teil, f. 131-134; Cubach (1662, 1657), S. 333 f; Stark (o.J., 1731), S. 97-100.

[659] Nach Saurer führte die aufklärerische "Neudefinition" des Gebets als Weg zur Selbsterkenntnis zu einer stärkeren Disziplinierung: zur Verstärkung der Standespflichten bzw. der

Konzentration der Beterin auf ihre eigene Psyche und die damit verbundene differenziertere Selbstwahrnehmung noch kein Selbstzweck sein, sondern im Dienst Gottes zur Vertiefung ihrer Frömmigkeit und zur Verbesserung der Fürsorge für ihr Kind beitragen. Zu Recht stellt Friedrich Heiler fest: "Das Gebet ist ... (ein) Reflex der menschlichen, sozialen Beziehungen und Verhältnisse"[660].

Pflichten des weiblichen Geschlechts. Vgl. Saurer, S. 45, 55. "Das Selbst liegt in seinen Konturen bereits vor, die von den Betenden erkannt werden müssen. Sie umfassen geschlechtsspezifische Pflichten, Pflichtenverstöße bzw. Sünden. Die Konturen des Selbst der Frauen sind jene ihres Körpers ... Der Raum der Männer ist offener als jener der Frauen, da er nicht auf einen biologisch definierten Körper beschränkt ist". Saurer, S. 57. Nach Saurer blieb die Betende durch den "Individualisierungsschub" des aufklärerischen Gebets mit ihrem Beten allein. Das Versprechen des Gebets geht jetzt nicht länger über die Erwartungen hinaus, die in die Erfüllung der eigenen Pflichten und Leistungen gesetzt werden. Vgl. Saurer, S. 55.

[660] Heiler, Das Gebet, S. 139. "La prière est sociale non seulement par son contenu, mais encore dans sa forme. Ses formes sont d'origine exclusivement sociale". Mauss, S. 378.

Anhang

A. Erbauliche Texte

1. Martin Girlich (1551):
Ein kurtzer Bericht[661]

EJn jede Christliche Ehefraw / als bald sie schwanger wird / sol sie wol bedencken / vnd zu hertzen fuehren / das leibs frucht ein sonderlicher segen vnd gabe Gottes / Ja ein sehr grosse ehr ist / welche Gott nicht einer jeden Frawen guennet / sondern allein denen / so jme darzu gefallen / Solches bezeugen erstlich die klare spruch / der heiligen Goettlichen schrifft / denn also stehet geschrieben / Gen. j. (Gen. 1,28)

Gott segnet Adam vnd Heua / vnd sprach zu jhnen: Seidt fruchtbar vnd mehret euch / Unnd der heilige Geist spricht durch den Propheten Dauid Psalm cxxvij. (Ps. 127,3) Sihe / kinder sind eine gabe des HErren / vnd leibs frucht ist ein geschenck / Demnach bezeugen auch die Exempel vieler fromer Weiber / das fruchtbarkeit des leibs ein segen Gottes / vnd ein sondere ehre sey / ... Jm newen testament wird dergleichen auch gemeldet / von Zacharia vnn Elisabeth / denn dieweil der Engel des Herren zu Zacharia sagt: dein gebet ist erhoeret / vnd dein weib Elisabeth wird dir einen Sohn geberen[662] / will er hiemit zuuerstehn geben / das Zacharias vnd sein Ehewirtin Elisabeth / Gott vmb ein kind gebeten haben / Jst denn nun schwanger sein in der Ehe kindertragen vnd geberen ein segen vnd werck Gottes / soll billig ein fromme Fraw ob solchem segen nicht allein (nicht) murren / sondern sich des von hertzen frewen / vnd Gott dem HErren fuer diese wolthat danck sagen / das er sie dahin brauchet vnd wirdig achtet / das sie jhm seinen weinberg sollen helffen pflantzen / vnd sein reich mit Menschen erfuellen / wie sehr holdselig vnn lieblich im Psalmen geschrieben stehet / dein Weib wird sein / wie ein fruchtbarer Weinstock vmb dein Haus herumb / vnd deine kinder wie die olpflantzen / vmb deinen Tisch[663].

Zum Andern / sol ein schwanger Weib / Gott den HErren teglich anruffen vnd bitten / das (sie) die Frucht jres Leibs zu rechter natuerlicher zeit aus seiner gnad an die Welt gebere / damit sie zur seligen Tauff kommen / vnd ein Christ werden moege. Ob aber sollichs aus vnuermeidlicher not nicht geschehen

---

[661] Girlich (1551), s.p., S. 16-18.
[662] Lk. 1,13.
[663] Ps. 128,3.

moechte / das es Christus Jhesus der Sohn Gottes / in seinem Blut tauffen / vnd seines thewren verdiensts darumb nicht berauben woelle.

Zum Dritten / sintemal das kindlein so sie vnter jrem hertzen tregt / ein Creatur / geschoepff vnd werck Gottes ist / soll sie dem schoepffer warhafftiglich zusagen / das sie dasselbig / wo es an die welt kompt / jme zu eigen ergeben / zu seinen ehren / vnn zu gutem dem nechsten woelle aufferziehen.

2. Bonifazius Stölzlin (1652)[664]:
Erinnerung vnd Trost an die hartgebaehrende Frawen[665]

DAS die Geburthsschmertzen / liebe Schwester in Christo / die allergroeste Schmertzen seyen / das ist wol zu glauben / vnd sehen wir solches an euch. Augenscheinlich / weil das Kind bisz an die Geburth kommen / vnnd ist keine Krafft da zu gebaehren / darumb ist euch so bang / dasz jhr kaum Odem holet / Esa. 26.22 (Jes. 37,3). Nun gehet es nicht allezeit gleich zu / die eine gebiehret bald / die andere langsam / die eine / dem aeusserlichen Ansehen nach / ohne sonderliche Schmertzen / die andere mit vielen grossen Schmertzen. Dasz es aber Gott etwan (vnd auff diszmal mit euch) so hart laesset anstehen / vnd mit seiner Hueffff eine Zeitlang verziehet / dessen hat er seine besondere Ursachen. Als darumb / dasz die Weiber / vnd alle Menschen / wissen sollen / dasz Kindergebaehren nicht ein Werck Menschlicher Kraefften seye / sondern allein ein Werck Gottes / ja ein rechtes Wunderwerck. Dann ob es gleich jhrer viel fuer kein Wunder halten / weil es taeglich geschiehet / vnd viel auch ohne Gebett / vnd wider jhren Willen schwanger werden; so thut doch Gott das meiste dabey / er ist die beste Hebamme / der macht die Unfruchtbare zu einer froelichen Kindermutter / Psal. 113. ult. (Ps. 113,9). Dann gewiszlich / wann Gott der Herr einem Weib in Kindsnoethen nicht zu Huelff kaeme / were es vnmueglich / dasz sie mit dem Kind genesen koendte / ... Damit man es nun desto eher fuer ein Goettliches Wunder halte / so laesset es GOtt etwan hart anstehen. Und solches 2. darumb / dasz die Weiber desto fleissiger betten / die Noth lehret betten / man sagt. Man bettet zwar ausser der Noth auch / aber nimmermehr so hertzlich vnnd andaechtig / als wann das Wasser / wie man sagt

---

[664] Der lutherische Pfarrer Bonifazius Stölzlin (7.6.1603-22.4.1677) studierte in Ulm und Straßburg, diente in verschiedenen Gemeinden bei Ulm (u.a. Steinheim und Kuchheim) und wurde lutherischer Prediger von Giengen an der Brenz. Vgl. Jöcher 4, Sp. 853.
[665] Stölzlin (1652), S. 228-243.

/ will vber die Koerb gehen / wann die Noth vorhanden / vnd man Gottes Huelff bedarff / ... Damit nun die Weiber an Gott gedencken / jhr Miserere anstimmen / ausz der Tieffe ruffen / vnd je hefftiger die Noth / je hefftiger auch betten so laesset es Gott etwan so hart anstehen / damit er 3. jhren Glauben vnd Vertrawen zu jhme probiere vnd erforsche / ob sie auch den Glauben / vnd das Hertz zu jhme haben / dasz er das liebe Kindlein / das er in Mutterleib erschaffen / formieret vnd gebildet / auch frisch gesund vnd lebendig zur Welt bringen werde / vnd dasz er auch in der groesten Noth helffen koende / ... wann Creutz vnd Truebsaal daher gehet / vnd auff allen Seiten sauset vnd brauset / wann es auch lang wehret / vnd alle Morgen new wird / da erfaehret man erst / welche starck oder schwachglaubig seyn / da gibt es viel Wetterwindische / die in den Truebsaalen weich 1. Thes. 3. v. 3. (1. Thess. 3,3) vnd in dem Muth matt werden / Heb. 12.3 (Hebr. 12,3) vnd mit jhrem Hertzen von dem Herren weichen / Jer. 17.5 (Jer. 17,5). Damit nun der Weiber Glaub bekandt werde / so laesset er sie etwan lang in der Noth stecken. Auch 4. darumb / damit er der frommen Weiber Glauben bestaetige vnd staercke / dann wann sie in so grosser Noth stecken / vnd jhnen Gott so wunderlich hilfft / so wird jhr Glaub vnnd Vertrawen zu Gott vermehret / dasz sie in anderm Anligen desto mehr sich auff jhn verlassen / weil er jhnen in so grosser Noth geholffen / da alle Welt vermeynet / es seye ausz mit jhnen / ... Es leget es 5. Gott der Herr den gebaehrenden Weibern etwa so hart / dasz sie hernach daran gedencken / vnd desto froemmer / Gottsfoerchtiger / vnd demuetiger werden. Die Weiber seynd offt so gayl / sicher / vnd Gottlosz / geben ein grosses Aergernus / sonderlich seynd sie der Hoffart sehr ergeben / die sie von jhrer Mutter Eva ererbet / damit nun GOtt der Herr jhnen den Kuetzel vertreibe / sie im Zaum halte / vnd die Boszheit verleyde / so laesset er sie etwan lang vnter solchen harten Banden schwitzen / damit sie fein an Gott gedencken / sich zu jhme wenden / jhr Hertz von der Boszheit waschen vnd sonderlich / in Betrachtung jhrer Schwachheit / jhre stolze Pfawen-Federn fallen lassen / vnd sich vnter Gottes gewaltige Hand demuetigen / 1. Pet. 5.6 (1. Petr. 5,6) ... So nun diese grosse Schmertzen euch nicht von ohngefaehr begegnen / sondern von dem grundguten Gott aufferlegt / dessen er seine besondere Ursachen hat / so gebt euch gedultig darein / auff dasz jhr den Willen Gottes thut / Heb. 10.36 (Hebr. 10,36). vnd Gott den Herren damit ehret in ewrem Hertzen. Dann mit Ungedult koendt jhr Gottes Willen vnd Ordnung nicht auffheben / vmbstossen noch aendern / sondern muesset dannoch die Wehen vnnd die Schmertzen leiden / mit einem gantzen Centner Ungedult werdet jhr nicht ein Quintlein von den Schmertzen abtragen / sondern vielmehr Gott den Herrn erzuernen / dasz er dieselbigen haeuffet vnnd mehret: Eben wie man vielmehr auff das Pferd schlaegt / wann es stetig ist als wann es willig in dem Karren ziehet: Wann jhr aber gedultig seyd / so vollbringet jhr Gottes Willen / vnd macht euch selber ewer Creutz leichter ... Und ob wol Gott der

Herr solche Schmertzen euch Weibern wegen der Suend aufferlegt / so hat doch ewer lieber Herr Jesus Christus am Stamm desz H. Creutzes darfuer gebuesset vnd gnug gethan / er hat durch sein Leyden alle ewre Schmertzen geheiliget vnnd gesegnet zu einem heylsamen Creutz / also dasz / was euch in diesem ewrem ordentlichen Beruff wiederfaehret / euch zum besten dienen musz / Rom. 8.28 (Röm. 8,28). Ja es ist Gnade bey Gott / 1. Pet. 2.19 (1. Petr. 2,19). Und nach dem die Sünden durch Christum auszgesoehnet vnnd vergeben / so ist nichts Verdammliches an denen / die in Christo JEsu seynd / Rom. 8.1 (Röm. 8,1). Dannenhero nennet S. Petrus im 1. c. 3.7 (1. Petr. 3,7) Christliche Eheweiber Werckzeug vnnd Miterben der Gnade desz Lebens / das ist / Werckzeuge Gottes / dardurch er auff Erden seine Kirch will mehren vnd erhalten / welche auch zum Reich Gottes gehoeren / vnd bey Gott in Gnaden seynd durch Christum / an welchen sie glauben.

Deszwegen so versehet euch alles gutes zu dem lieben Gott / an Leib vnd Seel / vnnd zweiffelt in keinen Weg / so es sein gnaediger Will / vnd zu ewrer Seeligkeit nutzlich / so werde er euch wissen zu rechter Zeit mit Gnaden zu entbinden / einen froelichen Anblick zu geben / vnd nach der Trawrigkeit zu erfrewen / ... Unter dessen ruffet nur fleissig zu Gott / vnd lasset nicht ab mit bitten vnd mit flehen / ... Seynd gleich ewre Schmertzen grosz vnd hefftig / vnnd Gott stellet sich / als wolte er seiner Haende Werck zerstoeren vnd auffreiben / so ist doch gewisz sein Hertz weit eines andern Sinnes / vnnd hat ein anders bey sich beschlossen. Diesen Trost fasset der gedultige Mann Hiob / dann da er Cap. 10.13 (Hiob 10,13) GOtt dem Herrn fuergehalten / wie er jhn habe in Mutterleib bereitet / vnd mit Haut vnd Fleisch angezogen / setzet er diese Wort hinzu: Und wiewol du solches in deinem Hertzen verbirgest / so weisz ich doch / dasz du daran gedenckest / als wolt er sagen: Du schickest mir viel Creutz vnnd Leyden zu / vnd stellest dich von aussen / als haettestu dein Hertz gar von mir gewendet / woltest mich fuer dein Geschoepff vnd Kind nicht mehr erkennen: aber ich weisz dannoch / dasz du mich nicht gantz verlassen kanst / dann du bist Schoepffer ich bin dein Geschoepff / du bist Vatter / ich bin dein Kind / darumb wirstu mir zu rechter Zeit auszhelfen: Mit solcher Zuversicht trettet auch jhr / mit ewrer Leibesfrucht / weil jhr beede Gottes Geschoepff seyd / fuer Gott ewren Schoepffer / vnn sprecht: Herr vnser Schoepffer / verlasz doch das Werck deiner Haende nicht / zu dir / der du der Ursprung vnsers Lebens bist / kommen wir / dich vnsern Schoepffer ergreiffen wir / vnnd halten vns an dich / rueste dich anjetzo vns zu helffen / wie du dich vor diesem geruestet hast vns zu helffen. Jm Fall jhr aber vnter dieser Buerde / nach Gottes gnaedigem Willen / das Leben lassen soltet / so begegnet euch doch solches nicht ohn gefaehr / sondern nach dem Willen Gottes / dann vnser Zeit stehet in seinen Haenden / Psal. 31.16 (Ps. 31,16) Und seyd jhr desz wegen von GOtt nicht verlassen / viel weniger verstossen / ... Und haben insonderheit

Christglaubige Weiber eine statliche Verheissung von wegen jhrer schmertzlichen Geburth / in 1. ad Timoth. 2.15 (1. Tim. 2,15). Das Weib wird seelig von Kinderzeugen / so sie bleibt im Glauben / vnd in der Liebe / vnd in der Heiligung / sampt der Zucht / das Ist: Ob wol layder / durch ein Weib die Ubertrettung vnd alles Unglück in die Welt gefuehret ist / vnd ob sie wol alle miteinander zur Straff mit vielfaltigen Schmertzen Kinder tragen vnd gebaehren muessen / so sollen sie doch nicht verzagen noch verzweiffeln / sondern wissen dasz jhnen solches Creutz vnd Gehorsam an der Seeligkeit nicht hinderlich / sondern vielmehr fuerderlich ist / nicht als ein verdienstlichs Werck / als ob sie den Himmel durch Kinderzeugen verdienen koendten / sondern weil sie blieben im Glauben an den Herren Jesum Christum / auch diesen Glauben mit den Wercken der Liebe gegen Gott / jhre Ehemaenner / vnnd andern Menschen beweisen / vnn ein zuechtiges / keusches / nuechtern vnnd maessiges Leben fuehren. Jst das nicht ein herrlicher Trost fuer alle schwangere vnnd gebaehrende Weiber? mit diesen Worten troestet euch auch in ewren Schmertzen / vnnd haltet Gott dem Herrn in Gedult still / dann wann jhr stille bleibet / so wird euch geholffen / durch still seyn vnd Hoffen werdet jhr starck seyn / spricht der Herr Herr / Esa. 30.15 (Jes. 30,15).

3. Johann Friedrich Stark (o.J., 1731)[666]:
Trost bey herannahender Geburt[667]

Es pflegen sich gottselige Ehefrauen oftmals zu aengstigen, und unerfahren zu erschrecken, wann die Zeit der Geburt da ist; aber warum wollt ihr erschrecken? ihr habt ja Gott bey euch, der Gott, der euch hat die Schmerzen aufgelegt, der will sie euch helfen tragen und ueberwinden. Erinnert euch zur Zeit eurer Geburt: 1) Gott ist ein guter und gnaediger Gott, er meinet es nicht boese mit euch, denn denen, die Gott lieben, muessen alle Dinge zum Besten dienen[668]; weil er ein gnaediger Gott ist, so wird er euch Gnade erzeigen, und euer Elend und Jammer ansehen. 2) Er ist getreu; er weisz eure Kraefte und Vermoegen besser, denn ihr selbst. GOTT ist getreu, der euch nicht laesset versuchen ueber euer Vermoegen, sondern macht, dasz die Versuchung ein solches Ende

---

[666] Der Pietist Johann Friedrich Stark (10.10.1680-17.7.1756) diente als lutherischer Pfarrer und Konsistorialrat in Frankfurt a.M. Vgl. ADB 35, S. 463. Vgl. auch Zeller, Todesfurcht.
[667] Stark (o.J., 1731), S. 57 f.
[668] Vgl. Röm. 8,28.

gewinne, dasz ihr es koennt ertragen[669]. 3) Gott ist barmherzig, er wird sich auch ueber euch wie ein Vater ueber seine Kinder erbarmen[670]. 4) GOtt ist stark, was ihr nicht vermoeget, das vermag GOtt, dann seine Kraft ist in den Schwachen maechtig[671]. Sehet nicht an eure geringe Kraft und Staerke, sondern Gottes Macht, ihr sollt es auch nicht thun, sondern Gott will alles thun, und eure Haende, Arme und Glieder staerken, wie David GOtt allen Ruhm beyleget, und spricht: Du hast mich aus meiner Mutter Leib gezogen, auf dich bin ich geworfen[672]. 5) Erinnert euch, eure Schmerzen waehren nicht lange, nicht Jahr und Tag, wie Davids Elend, und wie jenes Kranken Schwachheit, sondern nur eine Stunde ... Sehet, dieses lasset euren Trost seyn bey eurer Geburt.

B. Gebete

1. Johannes Hug (1562)[673]:
Gebett gleubiger kindtbetterin in schmertzen vnd noeten vber der geburt[674]

O Allmechtiger / barmhertziger / Guetiger Gott / getreüwer Vatter / Jch dancke dir von grund meins hertzens / für deinen Goettlichen segen der fruchtbarkeyt / vnnd bitte dich vmb deines lieben Sons Jesu Christi willen / du woellest mich durch deinen heiligen Geyst / in diser meiner angst vnd noth regieren vnd stercken / das ich jha durch vngedult nit wider dich murre / vnd da ich ausz natürlicher schwachheyt zuuil thette / so woltest du mir solches vmb Christi willen Vaetterlich vergeben / vnn gnad verleyhen / das die frucht / die du beschert hast / gesundt zur welt vnd heyligen Tauffe kommen moege / Ob aber ich je nach deinem allerbesten willen / vber diser geburt / oder auch wol das Kindlin mit mir sterben solte / so verleyhe mir / mein hertz allerliebster Vatter / ein recht gedultig vnnd willig hertz darzu / allein bitte ich hertzlich / du woellest mir vmb des theüren verdiensts Jesu Chrsti willen / einen rechten bestaendigen glauben an dich geben / das ich mich deiner wider alle anfechtung troesten moege. Auch

---

[669]Vgl. 1. Kor. 10,13.
[670]Vgl. Ps. 103,13.
[671]Vgl. 2. Kor. 12,9.
[672]Vgl. Ps. 22,10 f.
[673]Johannes Hug war Pfarrer in Friedeburg im Mansfeldischen. Vgl. Beck, Die Erbauungsliteratur, S. 157.
[674]Hug (1562), f. XXVII f.

woellestu allerliebster Gott / in solcher meiner angst vnd noth / mein armes Kindlin / ob es zur seeligen Wassertauffe nit kommen koendte / dir gleichwol lassen befolhen sein / vnd es weder meiner noch seiner angeborner sünde halben jha nicht lassen / des theüren verdiensts Jhesu Christi beraubt sein / sondern es in gnaden auffnemmen / auff das wir beyde / in der froelichen aufferstehung der Gerechten / mit dir vns freüwen / vnd ewiglich dir dancken moegen / Umb desselbigen deines lieben Sons vnsers Herren Jesu Christi willen / Amen.

2. Otho Körber (1580)[675]:
Wie man das Kindlein / so in der geburt in gfahr seines lebens stehet / vnd sich zum theil beweiset / oder noch gantz verdeckt / dem lieben Gott befehlen soll[676]

O HErre Jhesu Christe vnser einiger Trost vnd Seligmacher / du hast ein hertzlich wolgefallen an den kindlein / die dir zugebracht werden / vnn nimpst sie gerne an zum ewigen leben / denn du hast gesagt / Mat. 19. (Mt. 19,14) Lasset die kindlein zu mir komen / denn solcher ist das reich Gottes / auff das dein wort / opffern wir das kindlein / durch vnser GEbet / zu dir vnserm lieben HErren vnd Seligmacher / nim es an / vnd las es deiner erloesunge vns am Creutze durch deinen bittern Todt erworben vnnd geschenckt ewiglich befohlen sein / Amen.

Wenn nun in solchem fall / die mutter vnd andere so darbey sind / das kindlein mit jhrem gleubigen gebet / Gott also befohlen haben / so sollen sie an seiner Seligkeit gar nicht zweiffeln / ob es auch aus not die Wassertauff nicht empfinge / denn Christus spricht / Mar. II. (Mk. 11,24) Alles was jr bittet in ewrem gebete / gleubt nur / das jrs empfangen werdet / so wirds euch werden / Und I. Johan. 5. (1. Joh. 5,14) Das ist die freidigkeit / die wir haben zum sone Gottes / das / so wir etwas bitten nach seinem willen / so hoeret er vns. Und so wir wissen / das er vns hoeret / was wir bitten / so wissen wir / das wir die bitte haben / die wir von jhm gebeten haben. Jtem / Matt. 18. (Mt. 18,20) spricht Christus ferner / Wo zween vnter euch eins werden auff Erden / warumb es ist / das sie bitten wollen / das sol jhnen wiederfahren von meinem Vater im himel. Darumb sollen die schwangere Weiber / in solchem truebseligen fall getrost

---

[675]"Ein lutherischer Theologus, lebte um 1539". Jöcher 2, Sp. 2142. Vgl. auch Beck, Die Erbauungsliteratur, S. 157.
[676]Körber (1580), s.p., S. 22-24.

sein / vnd die sache Gottes gutem willen / den wir teglich bitten gantz vnd gar befehlen / vnd sich Gott durch Christum ergeben / Amen.

3. Philipp von Zesen (1657)[677]:
Seufzer einer kreuschenden frauen / so in kindesnoehten arbeitet[678]

ACh! HErr / mein Gott! wie ist mir so weh! wie ist mir so bange! weh und angst verkuertzen meinen ahtem / dasz ich kaum reden kan. Ach! HErr / hilf mir / der du mich aus meiner mutterleibe gezogen / und meine zuversicht warest / da ich noch an meiner mutter bruesten lag[679]. Ach! hilf mir / mein Helfer. dan das kind ist mir bis an die gebuhrt kommen / und es ist kein krafte da zu gebaehren[680]. Du hast ja gesagt: ruffe mich an in der noht / so wil ich dich erretten / und so solstu mich preisen[681]. Ach so eile dan nun auf mein ruffen / und nach deiner zusage / mich zu erretten / und mir zu helffen. HErr / mein Gott / verzeuch nicht. Ach! HErr / hilf; ach! HErr / lasz es wohl gelingen. ach ja! so sei es.
Es. 58.9 (Jes. 58,9)
Wan du wirst ruffen / so wird dir der HErr antworten: wan du wirst schreien / so wird Er sagen: siehe! hier bin ich. ...
I Korint. 10.13 (1. Kor. 10,13)
Gott ist getreu / der euch nicht lesset versuchen ueber euer vermuegen / sondern machet / dasz die versuchung ein ende gewinne / dasz ihrs ertragen koennet.

---

[677]Philipp von Zesen (8.10.1619-13.11.1689) war Dichter und Schriftsteller mit "einer wahrhaft frommen, ja streng gläubigen Gesinnung". ADB 45, S. 118. Er wurde nicht zuletzt durch sein Studium in Wittenberg geprägt. Vgl. ebd., S. 108.
[678]von Zesen (1657), S. 122.
[679]Vgl. Ps. 71,6.
[680]Vgl. 2. Kön. 19,3.
[681]Ps. 50,15.

4. Nikolaus Haas (1718, 1695)[682]:
Wegen eines Kindes, so bald nach der Geburt ohne die Tauffe gestorben[683]

ALlmaechtiger GOTT, barmhertziger Vater! Du siehest die grosse Traurigkeit deiner Magd, und weist, dasz ich in diesem meinem betruebten Zustande nicht sowohl ueber meines Kindes Tod, als vielmehr und am allermeisten um dessen Seligkeit bekuemmert bin. Jch erkenne und verehre deine Macht, die du ueber meine Leibes-Frucht als dein Geschoepffe hast; Dasz wie du ihr nach deinem Wohlgefallen Leben und Odem gegeben, dir auch freygestanden habe, beydes ihr wieder zu nehmen. Dieses aber betruebet mich hertzlich, und dringet wie ein Schwerdt durch meine Seele[684], dasz dieses arme Kind verschieden ist, ehe es durch die heilige Tauffe dem Bunde deiner Gnaden einverleibet werden koennen. Ach gnaediger GOtt! nimm doch diese Traurigkeit aus meinem Hertzen und lasz den Trost aus deinem Wort mich erquicken: Du habest mein Gebet und Flehen, welches ich fuer diese meine Leibes-Frucht gethan, gnaedig erhoeret; Es sey mein Kind, Krafft der Verheissung, die du dem Abraham und einem ieden glaeubigen Christen gegeben hast, in deinen Gnaden-Bund dennoch eingeschlossen, weil du gesprochen: Jch bin dein GOtt; und deines Samens nach dir[685]; Ja, du koennest im Nothfall auch ohne die Tauffe die Menschen selig machen.

JEsu! liebster Heyland! der du ein hertzlicher Kinder-Freund bist, und sprichst: Lasset die Kindlein zu mir kommen, und wehret ihnen nicht, denn solcher ist das Reich GOttes[686]. Wie hertzlich gern haette ich mein liebes Kind in der H. Tauffe zu dir kommen lassen, und in deinen Gnaden-Schoosz legen wollen, wenn solches nicht durch den fruehzeitigen Tod mir waere verwehret worden! Jch weisz aber aus deinem goettlichen Munde: Es sey nicht der Wille des Vaters im Himmel, dasz iemand von diesen Kleinen verlohren werde[687]; Und glaeube festiglich, es habe GOtt dieses mein Kind nicht zum ewigen Verderben erschaffen; Du, O eingebohrner Sohn GOttes! habest es mit deinem theuren Blut von Suenden abgewaschen, und mit deinem Creutz-Tod von der ewigen Todes-Gewalt erloeset; wollest dich also seiner Seele hertzlich annehmen, dasz sie nicht verlohren gehe. Hast du dem bekehrten Schaecher am

---

[682] Der lutherische Theologe Nikolaus Haas (25.11.1665-26.7.1715) war seit 1703 erster Pfarrer und Schulinspektor zu Budissin in der Oberlausitz. Er verfaßte zahlreiche Erbauungsschriften. Vgl. Jöcher 2, Sp. 1297 f.
[683] Haas, Das in GOtt andaechtige Frauenzimmer (1718, 1695), S. 395-398.
[684] Vgl. Lk. 2,35.
[685] Gen. 17,7.
[686] Mk. 10,14.
[687] Vgl. Mt. 18,14.

Creutz, der niemahl des Sacraments der Heiligen Tauffe theilhafftig worden, das Paradiesz versprochen[688], warum haettest du nicht auch dieses Kind meines Leibes ohne Tauffe in dein ewiges Reich versetzen koennen? Aber mein Heyland! staercke doch in mir den schwachen Glauben, und gib, dasz ich mich hiermit allezeit troesten und aufrichten koenne.

HErr GOtt Heiliger Geist, du GOtt der Gedult und Trostes! vertreibe mit deinem Gnaden- und Trost-Licht die finstern Wolcken des Betruebnisses aus meiner Seele. Lasz mich wohl betrachten die herrlichen Wohlthaten, die GOTT durch den Tod an meinem Kinde gethan, dasz er dasselbe so geschwind von der Last der Suenden und aller Muehseligkeit erloeset, aus dem Tode ins Leben, aus dem Elend in die Glueckseligkeit, aus der Angst in die Ruhe gefuehret; die Seele zu der Gesellschafft der heiligen Engel aufgenommen, und alsobald im Anfang ihres Lauffes gecroenet hat[689]. Hilff, dasz ich in Betrachtung dessen bald meines Lebens vergesse, und nicht trawre wie die Heyden, die keine Hoffnung haben[690], sondern mich mit einem gottseligen David gewisz in meinem Hertzen versichert halte, dasz ob wohl mein Kind nicht wieder in diese Welt zu mir komme, so werde ich doch einsten zu ihm kommen[691], und in himmlischer Ehre und Freude es wieder sehen, dafuer aber dich samt GOTT dem Vater und meinem Heyland Christum ruehmen und preisen in alle Ewigkeit. Amen.

---

[688] Vgl. Lk. 23,43.
[689] Zur positiven Deutung des Sterbens von Kleinkindern vgl. WAT 5, Nr. 5490, S. 187, bes. Z. 8-10; ebd., Nr. 5499, S. 193, bes. Z. 19-21. Vgl. auch Struckmeier, Trost, S. 313 f.
[690] Vgl. 1. Thess. 4,13.
[691] Vgl. 2. Sam. 12,23.

C. Lieder

1. Johannes Bugenhagen (1551)[692]:
Ein trostlich Lied / wie die Eltern jre Kindlein in mutter leibe Christo sollen zutragen. Jm Thon / Jch danck dem Herrn von gantzem hertzen / etc.[693]

WJR dancken dir Herr Gott Himlischer Vater / das du vns gesegnet hast mit des Leibes frucht.
Auch bitten wir dich lieber Herr Jesu Christe / du woellest dieses kindlein lassen dein sein / wie du gesagt hast /
Last die kindlein zu mir komen vnd wehret jn nicht / denn solcher ist das Himelreich[694].
Auff diese deine zusag bringen wir zu dir dieses kindlein mit vnserm Gebet.
Wenns geborn vnn vns in die hende kompt / woelln wirs dir auch gern bringen vnd zutragen in die tauff.
Hastu doch das kindlein Johannem angenomen / da er noch in seiner mutter leibe war[695]. Darzu ist auch nicht der will des Himlischen Vaters / das jemand von diesen kleinen werd verloren[696].
Lob vnd preis sey Gott dem Vater / vnd dem Son / vnd dem Heiligen Geist.
Wie es war von anfang itzt / vnd jmerdar / vnd von ewigkeit zu ewigkeit / Amen.

---

[692] Johannes Bugenhagen (14.6.1485-20.4.1558) war Professor an der Universität Wittenberg und lutherischer General-Superintendent. Vgl. Jöcher 1, Sp. 1470-1472.
[693] Bugenhagen, Von den vngeborn kindern (1551), s.p., S. 168 f. Die abgedruckten Lieder sind in Fischers Kirchenliederlexikon nicht nachgewiesen. Auch das Lied "Jch danck dem Herrn von gantzem hertzen" wird bei Fischer nicht genannt. Vgl. Albert F. Fischer.
[694] Vgl. Mt. 19,14.
[695] Vgl. Lk. 1,15,41.
[696] Vgl. Mt. 18,14.

2. Johann Friedrich Stark (o.J., 1731)[697]:
Gesang bey herannahender Geburtsstunde.
Mel. Zion klagt mit Angst und Schmerzen[698]

1. Ach, hilf mir in dieser Stunde, Vater der Barmherzigkeit! so schrey' ich mit Herz und Munde jezt zu dieser Leidenszeit, ach! ich wende mich zu dir, groszer GOtt! ach! hilf du mir, lasz mich doch bald Huelfe finden durch ein gnaediges Entbinden.

2. Es steht ja in deinen Haenden, sprich ein Wort, so ist's gescheh'n, wirst du deine Huelfe senden, so wird's bald nach Wunsche geh'n; komm, mein Gott! und loes' das Band, reich' mir deine Vaterhand, HErr! hilf mir in meinen Noethen, sonsten werden sie mich toedten.

3. HErr! du hast es ja verheissen, dasz du wollest bey mir seyn, und aus aller Noth mich reissen, hilf mir, HErr! denn ich bin dein; Helfer! hilf jezt gnaediglich, groszer GOtt! erbarme dich; hoere, rette, komm und eile, und doch laenger nicht verweile.

4. Zwar ich will dir nicht vorschreiben deiner Huelfe Stund und Zeit, ich will doch gedultig bleiben in des Leidens Bitterkeit, gib mir jezo Kraft und Staerk hier zu diesem schweren Werk; ach! hilf selbsten mir arbeiten, und weich' nicht von meiner Seiten.

5. HErr! ich will dir fest vertrauen, waehret es auch noch so lang, und auf deine Allmacht schauen, waere mir auch noch so bang, sieh', ich sehne mich nach dir, Vater, Vater! hilf doch mir, hilf, o Vater! deinem Kinde, hilf, mein Vater! doch geschwinde.

6. Ach, mein GOTT! erhoer' mein Bitten, oeffne, was verschlossen ist, tritt jezt selber in die Mitten, weil du doch der Helfer bist, leg' du selber Hand mit an, die Hand, die mir helfen kann, sieh', wie ich dich fest umfasse, und mich ganz auf dich verlasse.

7. Jn Gott hab' ich Kraft und Staerke, in Gott hab' ich guten Muth, der ist selbst mit in dem Werke, auf dem alle Huelfe ruht, Gottes Huelfe ist schon nah, wenn er spricht, so stehet's da. Mein Muth ist mir unbenommen, Gottes Stunde wird bald kommen.

8. O wie will ich GOtt dann preisen, wenn ich nun entbunden bin, wie will ich ihm Dank erweisen! mein Gemuethe, Geist und Sinn, und auch mein erfreuter Mund soll fuer diese Huelfesstund immer, weil ich werde leben, Gottes Gnad und Ruhm erheben.

---

[697] Zu Stark vgl. Anm. 666.
[698] Stark (o.J., 1731), S. 56 f. Zum Lied "Zion klagt mit Angst und Schmerzen" vgl. Albert F. Fischer, S. 420.

Abkürzungs-, Quellen- und Literaturverzeichnis und Verzeichnis der verwendeten Hilfsmittel

A. Abkürzungsverzeichnis

1. Archive und Bibliotheken

BStBMü	Bayerische Staatsbibliothek München.
FBGo	Forschungsbibliothek Gotha.
FfP	Leichenpredigten-Verzeichnis der Forschungsstelle für Personalschriften, Arbeitsstelle der Akademie der Wissenschaften und der Literatur zu Mainz.
HABWf	Herzog August Bibliothek Wolfenbüttel.
KoAMi	Kommunalarchiv Minden.
LBCo	Landesbibliothek Coburg.
NsLBHa	Niedersächsische Landesbibliothek Hannover.
NsStuUBGö	Niedersächsische Staats- und Universitätsbibliothek Göttingen.
StAuStBLi	Stadtarchiv und Stadtbibliothek Lindau.
StAuwStBSo	Stadtarchiv und Wissenschaftliche Stadtbibliothek Soest.
StBBPK	Staatsbibliothek zu Berlin - Preußischer Kulturbesitz.
StuStBAu	Staats- und Stadtbibliothek Augsburg.
StuUBBr	Staats- und Universitätsbibliothek Bremen.
UBBi	Universitätsbibliothek Bielefeld.
UBDü	Universitätsbibliothek Düsseldorf.
UBEr	Universitätsbibliothek Erlangen.
UBMa	Universitätsbibliothek Marburg.
UBMü	Universitätsbibliothek Münster.
UBTü	Universitätsbibliothek Tübingen.
UBWr	Universitätsbibliothek Wroclaw.
UuStBKö	Universitäts- und Stadtbibliothek Köln.
WüLBSt	Württembergische Landesbibliothek Stuttgart.
ZdMKö	Zentralbibliothek der Medizin Köln.

2. Handbücher und Zeitschriften

AfK	Archiv für Kulturgeschichte.
AR	Archiv für Reformationsgeschichte.
GeschGes	Geschichte und Gesellschaft. Zeitschrift für Historische Sozialwissenschaft.
HThG	Handbuch theologischer Grundbegriffe. Unter Mitarbeit zahlreicher Fachgelehrter hrsg. von Heinrich Fries, München 1962.
JahrbLiturg u Hymnol	Jahrbuch für Liturgik und Hymnologie.
LuthJB	Luther-Jahrbuch. Jahrbuch der Luthergesellschaft.
RGG	Die Religion in Geschichte und Gegenwart. Handwörterbuch für Theologie und Religionswissenschaft.
Saec	Saeculum. Jahrbuch für Universalgeschichte.
TRE	Theologische Realenzyklopädie.
ZTheolKir	Zeitschrift für Theologie und Kirche.

3. Quellen

GLTh	Iohannis Gerhardi Loci theologici ..., Ed. altera cui praefatus est Fr. Frank, 3 Bde., 9 Tomi, Leipzig 1885.
Hartzheim	Schannat, Johann Friedrich, Joseph Hartzheim (Hg.), Concilia Germaniae, 8 Bde., Neudruck der Ausgabe Köln 1760, Aalen 1970.
RR	Ritvale Romanvm. Pavli V. Pont. Max. ivssv editvm, Romae ex Typographia reuerendae Camerae Apostolicae 1614; Biblioteca Apostolica Vaticana STAMP. BARB. B. VII 17; Erzbischöfliche Akademische Bibliothek Paderborn Mikrofiche EAP Cipol 84 1000 84.
Sth	S. Thomae Aquinatis Doctoris Angelici Summa Theologiae, Cura et Studio Sac. Petri Caramello, Cum Textu ex Recensione

	Leonina, 4 Bde., Torino 1962.
WA	D. Martin Luthers Werke. Kritische
	Gesammtausgabe, Weimar 1883 ff.
WAB	D. Martin Luthers Werke. Kritische
	Gesamtausgabe (Weimarer Ausgabe)
	Briefwechsel, Weimar, Graz 1930 ff.
WAT	D. Martin Luthers Werke. Kritische
	Gesamtausgabe Tischreden, Weimar 1912 ff.

4. Sonstige Abkürzungen

HO	Hebammenordnung.
KO	Kirchenordnung.
Lp.	Leichenpredigt.

B. Quellenverzeichnis

1. Hebammenordnungen und Hebammenlehrbücher

Albertus Magnus, Daraus man alle Heimlichkeit desz weiblichen geschlechts erkennen kan. Deßgleichen von ihrer Geburt / sampt mancherley artzney der Kreuter / auch von tugendt der edlen Gestein vnd der Thier / mit sampt einem bewehrten Regiment fuer das boese ding. Jetzund aber auffs new gebessert / vnd mit schoenen Figuren gezieret / dergleichen vor nie auszgangen, Franfurt a.M. MDLXXXI, Nachdruck (Faksimile), hrsg. von Peter Amelung, Stuttgart 1966 (Neudruck 1977).

Bourgeois, Louyse, Ein gantz new / nuetzlich vnd nohtwendig Hebammen Buch ..., Oppenheim 1619; HABWf 38.1 Med. (1).

Burckhard, Georg (Hg.), Die deutschen Hebammenordnungen von ihren ersten Anfängen bis auf die Neuzeit I (= Studien zur Geschichte des Hebammenwesens I 1), Leipzig 1912.

Busch, Johann David, Kurzgefaßte Hebammenkunst. Zum Unterricht fuer Wehemuetter und zunaechst fuer seine Lehrtoechter entworfen, Marburg 1801.

Deventer, Heinrich, Neues Hebammen-Licht Bey welchen die Hebammen-Kunst Und was darzu gehoeret Durch geschickte Handgriffe aufrichtig gelehret wird ..., Jena 1717; StAuwStBSo 5 K.6.1.

Des getreuen Eckarths Unvorsichtige Heb-Amme ..., Leipzig 1715; Hessische Landesbibliothek Wiesbaden YY 8711.

Das Frauenbüchlein des Ortolff von Bayerland, gedruckt vor 1500 (Faksimile-Ausgabe) (= Alte Meister der Medizin und der Naturkunde 1), hrsg. von Gustav Klein, o.O. 1910.

Der Swangern frawen vnd hebammen roßgarten (1512), Nachdruck (Faksimile), o.O. o.J.

Preußisches Hebammen-Lehrbuch, herausgegeben im Auftrage der geistlichen, Unterrichts- und Medizinal-Angelegenheiten, Berlin 1892.

Henke (Hencke), Johann Christoph, Voellig entdektes Geheimniß der Natur, sowol in der Erzeugung des Menschen als auch in der willkuehrlichen Wahl des Geschlechts der Kinder ..., Braunschweig 1786; BStBMü Anat. 221b.

Herlitz (Herlicius), David, De Cura Gravidarum / Puerperarum et Infantum. Newe Frawen Zimmer / Oder Gruendtliche Unterrichtung / von den Schwangern vnnd Kindelbetterinnen ..., 4. Aufl. Stettin 1610; HABWf 278 Quod. (1).

Hofer, Franz Joseph, Lehrsaetze der praktischen Geburtshilfe die Manualoperationen betreffend, zum Gebrauche der Vorlesungen bey dem Chirurgischen und Hebammen-Institut. Nebst einem Anhange, Augsburg, bey Matthaeus Riegers sel. Soehnen 1788.

Horenburg (Horenburgen), Anna Elisabeth, Wohlmeynender und noethiger Unterricht der Heeb-Ammen ..., Hannover, Wolfenbüttel 1700; BStBMü A. obst. 18m.

Jansonius, Samuel, Kurze ... Abhandlung von Erzeugung des Menschen ..., Frankfurt a.M. o.J. (ca. 1705); BStBMü Path. 557/1 F: 24 1/1.

Lehrbuch der Geburtshülfe zum Unterricht für Hebammen in den Königlich Preußischen Landen, Berlin 1815.

Lehrbuch der Geburtskunde für die Hebammen in den Königlich Preußischen Staaten, Berlin 1839.

Mercurio, Scipio, La Commare dell Scipione Mercurio. Kindermutter. Oder Hebammen Buch ..., Leipzig 1652; ZdMKö WE 152 1/0.

Mettlinger, Bartholomäus, Die jungen Kinder wie man sy halten und erziechen sol von irer gepurt biß sy zu iren tagen komen, Faksimile der Inkunabel "Ein regiment der jungen Kinder" von Bartholomäus Mettlinger, gedruckt von Hans Schaur zu Augsburg im Jahre 1497, Kommentar von Peter Amelung, o.O. o.J. (Dietikon-Zürich 1976).

Ders., Ein Regiment der jungen Kinder, Augsburg 1473, in: Erstlinge der pädiatrischen Literatur. Drei Wiegendrucke über Heilung und Pflege des Kindes, Nachdruck (Faksimile), hrsg. von Karl Sudhoff, München 1925.

von Muralt, Johann, Kinder- Und Hebammen-Buechlein: Oder Wolgegruendeter Underricht / wie sich die Wehemuettern gegen Schwangern Weiberen in der Geburt / gegen den Jungen Kindern und nach der Geburt zu verhalten haben ..., o.O. 1697; BStBMü Path. 870.

Osiander, Friedrich Benjamin, Beobachtungen, Abhandlungen und Nachrichten welche vorzueglich Kranckhaeiten der Frauenzimmer und Kinder und die Entbindungswissenschaft betreffen, Tübingen 1787; NsStuUBGö MC8 MED.PRACT. 3410/69.

Ders., Lehrbuch der Hebammenkunst. Sowohl zum Unterricht angehender Hebammen als zum Lesebuch fuer jede Mutter, Göttingen 1796; BStBMü a. obst.35t.

Osiander, Johann Friedrich, Die Ursachen und Hülfsanzeigen der unregelmäßigen und schweren Geburten, 2. Aufl. Tübingen 1833.

Plenk, Joseph Jakob, Anfangsgruende der Geburtshilfe, 3. Aufl. Wien 1781; UBTü Jg 227.

Reiff, Gwaltherus, Frawen Rosengarten. Von vilfaltigen sorglichen Zufaellen vnd gebrechen der Muetter vnd Kinder ..., Frankfurt o.J; HABWf Mr 40 16.

Rhodion (Rhodionis), Eucharius, De partv hominis et quae circa ipsum accidunt, Frankfurt 1544; Stadtbibliothek Trier D 262 a.

Rueff, Jacob, Ein schoen lustig Trostbuechle von den empfangnussen vnd geburten der menschen ..., Zürich 1554; NsStuUBGö 8o Med. chir. III, b 1140.

Schütte, Johann Heinrich, Wohlunterwiesene Hebamme ..., 2. verm. und verb. Aufl. Frankfurt a.M. 1773.

von Siebold, Eduard Casp. Jac., Lehrbuch der Geburtshülfe. Zum Gebrauche bei academischen Vorlesungen und zu eigenem Studium, 2. vermehrte und verbesserte Aufl. Braunschweig 1854.

Siegemund, Justine, Die königlich-preußische und chur-brandenburgische Hof-Wehemutter. Das ist: Ein höchst nöthiger Unterricht von schweren und unrecht stehenden Geburthen, Faksimile-Nachdruck der Ausgabe Berlin 1741, Hildesheim, New York 1976.

Steidele, Raphael Johann, Lehrbuch von der Hebammenkunst, Wien 1775, NsStuUBGö MC8MED.CHIR.III,61799/2.

Tralle (Tralles), Balthasar Ludewig, Entwurff einer Vernuenfftigen Vorsorge Redlicher Muetter Vor Das Leben und die Gesundheit Ihrer Angebohrnen Kinder, Breslau, Leipzig 1736; NsStuUBGö MC 8 MED.DIAET.118/57.

Viardel, Cosmus, Anmerckungen von der Weiblichen Geburt ..., Frankfurt 1676; StuStBAu Med. 4659.

Voelter, Christoph, Neueroeffnete Hebammen-Schul / Oder Nutzliche Unterweisung Christlicher Hebammen und Wehmuettern ..., Stuttgart 1722; Mikrokopie UBBi 88/24114, Sign. 49 ZN801 V8.

Wittich, Johann, Troestlicher Unterricht fuer Schwangere vnd geberende Weiber ..., o.O. (Leipzig) 1598; HABWf 138.2 Med.

2. Schriften für Schwangere, Gebärende und Wöchnerinnen

Girlich, Martin, (Titelblatt fehlt; Schrift für Schwangere, Gebärende und Wöchnerinnen, 1551; angeheftet an Otho Körber); BStBMü Asc.3872(3).

Günther (Gvnther), Thomas, Ein Trostbüchlein für die Schwangeren und Geberenden Weiber / wie sich dise fuer / inn / vnd nach der Geburt / mit Betten / Dancken / vnd anderm / Christlich verhalten sollen. Dergleichen zuuor in Truck nit auszgangen ..., Frankfurt a.M. 1566; HABWf 1000.1 Theol. (2).

Hug (Hugo), Johannes, Troestlicher vnd kurtzer bericht / wes sich alle Gottsfoerchtige schwangere Ehefrauwen / vor vnn in kindsnoeten zu troesten haben. Genommen ausz dem herrlichen schoenen Gleichnusz vnsers Herren Jesu Christi / Joan. am XVj. ..., o.O. 1562; HABWf 1000.1 Theol. (3).

Körber, Otho, Tröstlicher Bericht / wie sich die schwangere Weiber / vor vnd in der Kindsgeburdt troesten / vnd sich sampt dem Kindlein dem lieben Gott / durch Christum befehlen sollen, Leipzig 1580; BStBMü Asc. 3872 (3).

Stark, Johann Friedrich, Taegliches Hand-Buch In guten und boesen Tagen, ... deme noch beygefueget, ein taegliches Gebetbuechlein fuer Schwangere, Gebaehrende, und fuer Unfruchtbare; als der 5te und 6te Theil dieses Handbuchs, ... Stuttgart o.J.; Universitätsbibliothek Siegen SO4 ITR 2554, Id.-Nr.: W4764268.

Stölzlin (Stoeltzlin), Bonifazius, Geistlicher Adler-Stein: Das ist / Christlicher Unterricht / Trost / vnd Andaechtige / Geistreiche / vnd Schrifftmaessige Gebet / fuer Schwangere vnd gebaehrende Frawen / vor / in / vnd nach der Geburt / so wol auch anderer Christen fuer sie / auff alle Faell gerichtet: Deszgleichen auch fuer Christliche Eltern / wann jhnen jhre liebe Kinder kranck werden vnd sterben; Zusamengetragen vnd verfertigt / Durch M. Bonifacium Stoeltzlin / Ulm. Evangelischen Pfarrern zu Steinheim, o.O. 1652; Stadtbibliothek Ulm 65229.

3. Leichenpredigten

3.1 Leichenpredigten-Sammelwerke

Celichius, Andreas, Christlicher Leichbegengnissen vnd Ehrenpredigten Aus den Spruechen vnd Geschichten des Alten Testaments / der ander Theil ..., Wittenberg 1594; Bibliothek St. Mang Kirche Kempten 4o.V.3.a.53.b.

Gediccus, Simon, Meditatio mortis. Meißnische außerlesene Leichpredigten ..., Altenburg o.J.; HABWf 231.47 Theol.

Gottwaldt, Daniel, Klaghauß / Das ist / Christliche Leich-Predigten vber etliche Historien / Psalmen vnd Sprueche der heiligen Schrifft ... Von ... Herren Bartholomaeo Nassern. Der Erste Theil auß dem Alten Testament. Jetzt nach seinem seligen ableiben in Truck verfertiget / Durch M. Danielem Gottwaldt ..., Straßburg 1623; HABWf 231.9 Theol.

Heermann, Johannes, Schola Mortis ..., Braunschweig 1642; UBMa an XIX e B 1446 n.

Ders., Christianae Eutanasiae Statuae ..., Leipzig 1680; HABWf Da 598.

Ders., Gueldene Sterbekunst ..., Leipzig 1659; HABWf Qu N 592.

Herberger, Valerius, Der dritte Theil Der geistlichen Trawrbinden ..., Leipzig o.J.; HABWf 469 Theol.

Müller, Heinrich, Johann Caspar Heinisius, Gräber der Heiligen ..., Frankfurt 1624; StAuwStBSo 4Bb 10.4.

Ortlob, Carl, M. Carl Ortlobs ... Leichen-Predigten ..., Breslau 1680; HABWf Da 598.

Pancratius, Andreas, Christliche Leichpredigten ..., Frankfurt a.M. 1608; HABWf 21,1 Theol.

Roth, Heinrich, Leichenpredigten Welche zur zeit des Sterbens / zu Sangerhausen Anno 69. Eisleben vnd Mansfelt / Anno 68. 70. vnd 75. etc. vber etliche verstorbene / aus etlichen Psalmen / vnd andern Trostspruechen sind erklert ..., o.O. o.J.; HABWf 348.4 Theol.

3.2 Leichenpredigten auf im Zusammenhang mit der Geburt gestorbene Frauen und Leichenpredigten auf Kinder

3.2.1 Leichenpredigten auf im Zusammenhang mit der Geburt gestorbene Frauen

3.2.1.1 Predigten aus Leichenpredigten-Sammelwerken

Celichius, 12. Lp., S. 102-111.

Heermann, Schola Mortis, 27. Lp. (auf Helena Franck, † 27.6.1627), S. 572-590 (Lenz (Hg.), Katalog, Nr. 1941, S. 139).

Ders., Christianae Eutanasiae Statuae, 21. Lp. (auf Dorothea Scholtz, † 13.2.1620), S. 564-591 (FfP, Nr. 684); 25. Lp. (auf Helena Tantzmann, geb. Praetorian), S. 660-690.

Müller, Heinisius, 48. Lp., S. 720-740.

Ortlob, 20. Lp., S. 1022-1062.

3.2.1.2 Einzelne Leichenpredigten

Lp. von Johann Friedrich Burch auf Barbara Sophia Aszig, geb. Crusius, Brieg 1731; UBWr 561633-37; FfP, Nr. 3097.

Lp. von Matthäus Gregaeus auf Margaretha Behr, geb. Peckatel, Rostock 1612; NsLBHa AK 13/91; FfP, Nr. 2139.

Lp. von Justus Witter auf Catharina Maria Behrens, geb. Doerrien, Hildesheim 1701; HABWf Db 750; FfP, Nr. 102.

Lp. von Justus Gesenius auf Dorothea Elisabeth Boehmer, geb. Molan, Hannover 1677; HABWf Db 753; FfP, Nr. 90.

Lp. von Johann Huelsemann auf Gertraut Borcholt, geb. Falckner, Leipzig 1654; NsStuUBGö 4o; FfP, Nr. 1404.

Lp. von Hermann Elert auf Marie Borries, Rinteln 1640, KoAMi 6946/3.

Lp. von Andreas Grüger auf Elisabeth Anastasia Breithaupt, geb. Spielhausen, Gotha 1656; LBCo Cas A 2917:6; FfP, Nr. 2904.

Lp. von Henrich Krueger auf Anna Catharina von dem Bussche, geb. Freiin von Eller, Halberstadt 1696; NsStuUBGö Conc.fun.I.107,6; FfP, Nr. 1447.

Lp. von Heinrich Heuser auf Clara Anna von Buttlar, geb. Hundt von Kirchberg, Kassel 1671; HABWf QuN 239; FfP, Nr. 545.

Lp. von Anton Töpfer auf Martha Cyprianus, geb. Kesseling, Mülhausen 1628; NsLBHa Cm 239; FfP, Nr. 2051.

Lp. von G.L.v.S. (?) auf Anna Magdalena von Czettritz, geb. von Zedlitz, Liegnitz 1687; UBWr 544538-39; FfP, Nr. 3018.

Lp. von Joseph Binder auf Margaretha Clara Ebel, geb. Heldberg, Zelle 1687; NsStuUBGö 4o M.III.9, Conc.fun.117; FfP, Nr. 1589.

Lp. von Casimir Dietzel auf Agatha Ehrmann, geb. Schewermann, o.O. o.J. (1650); WüLBSt Lp. 3531; FfP, Nr. 1678.

Lp. von Johann Andreas Picart auf Barbara Dorothea Engelhard, geb. Holtzmann, Coburg 1649; WüLBSt Lp. 3757; FfP, Nr. 1662.

Lp. von Johannes Schmid auf Cordula Funck, geb. Heerbrand, Stuttgart 1651; WüLBSt Lp. 4780; FfP, Nr. 1782.

Lp. von Michael Mulingius auf Anna Freyberger, geb. Raw, Wittenberg 1611; NsStuUBGö 4o M.IV.8, Conc.fun.223; FfP, Nr. 960.

Lp. von Johann-Benedict Carpzow auf Margarita Geier, geb. Schuerer, Leipzig 1654; NsStuUBGö 4o M.XI.15 Conc.fun.267; FfP, Nr. 987.

Lp. von Caspar Hermann Sandhagen auf Maria Juliana Gloxin, geb. Becker, Lüneburg 1680; NsStuUBGö 4o M.VI.3, Conc.fun.37; FfP, Nr. 1647.

Lp. von M. Gottlob Burghart auf Johanna Elisabeth von Gregersdorf, geb. von Seidlitz, Brieg 1711; UBWr 564118; FfP, Nr. 3122.

Lp. von Michael Lindhold auf Anna Dorothea Hake, geb. von Grapendorf, Rinteln 1649; NsStuUBGö 4o Fun.III,21; FfP, Nr. 1424.

Lp. von Johann Christoph Hoesel auf Magdalena Herold, geb. Huthmann, o.O. 1711; UBEr 2o Rar.A.200/610; FfP, Nr. 2506.

Lp. von Gregor Schoenfeld auf Catharina Ursula, Landgräfin von Hessen, geb. Markgräfin von Baden-Hochberg, Marburg 1615; NsStuUBGö Conc.fun.II. 1,13; FfP, Nr. 1049.

Lp. von Johann Lieszgang auf Martha Catharina Hoffmann von Muennighoffen, geb. von Berckefeldt, Goslar 1660; NsStuUBGö 4o N.VI.3, Conc.fun.14; FfP, Nr. 1693.

Lp. von Paulus Jenisch auf Ursula Holeysen, geb. Buroner, Augsburg 1671; StuStBAu 4o Aug. Leichenpredigten 126; FfP, Nr. 785.

Lp. von Petrus Kirchbach auf Justina Kirchbach, geb. Cost, o.O. 1623; UBEr Thl.XIX.83,22; FfP, Nr. 2531.

Lp. von Vincentius Schmuck auf Anna Lorentz, geb. Kather, Leipzig 1611; UBWr 385105; FfP, Nr. 3254.

Lp. von Erasmus Thomas Volswet auf Emerentia Lund, geb. Rave, Goslar 1646; NsLBHa AK 13/91; FfP, Nr. 2166.

Lp. von Johann Böttiger auf Maria Gotthülff Meier, geb. Schultze, Magdeburg 1668; NsStuUBGö 4o M.IX.12, Conc.fun.265; FfP, Nr. 1692.

Lp. von Frans Henrich Schmid auf Margaretha Meyer, geb. Lammers, Bremen 1721; StuUBBr Brem.b.1480 Nr. 2.; FfP, Nr. 2181.

Lp. von Vincenz Schmuck auf Magdalena Mueller, geb. Reinhart, Leipzig 1615; NsStuUBGö 4o M.I.7, Conc. fun.220; FfP, Nr. 936.

Lp. von Christian Schmid auf Christina Sophia Neander, geb. Ruehl, Colberg 1676; UBWr 547766; FfP, Nr. 3069.

Lp. von Gerhard Mejer auf Anna Sibylla Plessken, geb. Missler, Bremen 1714; StuUBBr Brem.b.1480 Nr. 14; FfP, Nr. 2357.

Lp. von George Friedrich Thilo Olavia Silesio auf Anna Elisabeth von Prittwitz und Gaffron, geb. von Seidlitz, Brieg 1710; UBWr 366803; FfP, Nr. 3164.

Lp. von Georg Hunold auf Dorothea Rayer, geb. Wilhelm, Stendal 1609; NsStuUBGö 4o N.V.21, Conc.fun.120; FfP, Nr. 1220.

Lp. von Franz Hartmann auf Lucretia von Reichenbach, geb. von Schlick, o.O. 1613; UBWr 548400; FfP, Nr. 3077.

Lp. von Christopherus Albinus Monsterberg auf Maria Reimann, geb. Benk, Olsse 1638; UBWr 389840; FfP, Nr. 3258.

Lp. von Johann Huelsemann auf Maria Richter, geb. Genssel, Leipzig 1654; NsStuUBGö 4o M.IV.3, Conc.fun.13/92; FfP, Nr. 1691.

Lp. von Petrus Vagetius auf Gesche Ursula Riecke, geb. Wojer, Bremen 1718; StuUBBr Brem.b.1480,15; FfP, Nr. 2348.

Lp. von Michael Populus auf Eva von Rotenburg, geb. von Unruhe, Lissa 1642; UBWr 548767; FfP, Nr. 3080.

Lp. von Theodor Steding auf Giesel Ilse von Saldern, Rinteln 1641; KoAMi 6926/13.

Lp. von Albert Reineccius auf Elisabeth-Maria Schneidewind, geb. Offney, Northausen 1659; NsStuUBGö Conc.fun.II.114,19; FfP, Nr. 1100.

Lp. von Christoph Lucht auf Catharina Schrey, geb. Bossert, o.O. 1677; NsStuUBGö 4o M.IV.12, Conc.fun.35; FfP, Nr. 1590.

Lp. von Gerhard Mejer auf Maria Schroeder, geb. Schmid, Bremen 1719; StuUBBr Brem.b.1480 Nr. 29; FfP, Nr. 2333.

Lp. von Gerhard Mejer auf Maria Margarete Schroeder, geb. Reus, Bremen 1712; StuUBBr Brem.b.832 Nr. 16; FfP, Nr. 2179.

Lp. von Johann Friedrich Sartorius auf Susanna Staudte, geb. Weinstein, Nürnberg 1638; Stadtbibliothek Nürnberg Will II.1114 4o; FfP, Nr. 2566.

Lp. von Thomas Edler auf Elisabeta Kunigunda Steding, geb. von Loese, Rinteln 1659; NsLBHa Cm 129; FfP, Nr. 1960.

Lp. von Johann Leonhard Schoepff auf Anna Susanna von Stein zum Altenstein, geb. von Brand, Bayreuth 1682; LBCo Sche B 16; FfP, Nr. 2904.

Lp. von Georg Herman Ruebenkoenig, gen. Istrut auf Maria Johannetta Stirn, geb. Krafft, Kassel 1716; NsStuUBGö 4o M.IV.10, Conc.fun.143; FfP, Nr. 956.

Lp. von Matthias Platanus auf Maria Helena von Strzela und Oberwitz, geb. von Rohr, Breslau 1711; UBWr 766 803; FfP, Nr. 3245.

Lp. von Benedict Carpzov auf Christina Barbara Teller, geb. Berlich, Leipzig 1674; WüLBSt Lp. 17722; FfP, Nr. 1852.

Lp. von Ambrosius Henning auf Anna Vagetius, geb. von der Lieth, o.O. 1671; StuUBBr Brem.b.797,23; FfP, Nr. 2323.

Lp. von Michael Rager auf Anna Vagetius, geb. von der Lieth, Stade 1671; StuUBBr Brem.b.797,24.

Lp. von Conrad Rausehart auf Regina Waise, geb. Gruber, Nürnberg 1613, 2. Aufl. Coburg 1660; NsStuUBGö 4o Tom.14./20, Conc.fun.93; FfP, Nr. 1412.

Lp. von Johann Schurtzmann auf Johanna Christina Walther, geb. Walther, Breslau 1730; UBWr 555001-02; FfP, Nr. 3267.

Lp. von Niclas Zapf auf Anna Christine Wex, geb. Melasius, Weimar 1663; WüLDSt Lp. 19223; FfP, Nr. 1860.

Lp. von Petrus Vagetius auf Elisabeth Zierenberg, geb. Lappenberg, Bremen o.J. (1704); StuUBBr Brem.b.1480 Nr. 3; FfP, Nr. 2344.

Lp. von Erhard Hartmann auf Magdalena Zinn, geb. Heber, Tübingen 1602; UBTü 4o L XVI 90 ang.; FfP, Nr. 1397.

3.2.2 Leichenpredigten auf Kinder

3.2.2.1 Predigten aus Leichenpredigten-Sammelwerken

Gediccus, 17. Lp. (auf Georg von Bockwitz, † 8.2.1616), S. 239-251 (FfP, Nr. 588).

Gottwaldt, 32. Lp. (auf Justus Meyer, † 1609), S. 325-332 (FfP, Nr. 624); 48. Lp. (auf Carolus Roeme, † 1602), S. 311-320 (FfP, Nr. 625); 49. Lp. (auf Magdalene Grimm, † 1609), S. 321-331.

Heermann, Schola Mortis, 1. Lp. (auf den Sohn Leonhardts von Kottwitz, † 21.5.1623), S. 1-18; 16. Lp. (auf ein Kind Israels von Canitz, † 7.1.1624), S. 315-330; 20. Lp. (auf Margaretha von Stoessel, † 18.11.1626), S. 429-445 (Lenz (Hg.), Katalog, Nr. 1923, S. 479).

Ders., Christianae Eutanasiae Statuae, 5. Lp. (auf Christianus Runtorfius, † 1.9.1619), S. 108-127 (Lenz (Hg.), Katalog, Nr. 1724, S. 414 f); 7. Lp., S. 208-230; 20. Lp. (auf Margaretha von Sack auf Kollen, Bartsch und Irsingen, † 22.7.1616), S. 541-563; 22. Lp., S. 592-612; 23. Lp. (auf den Sohn Paul Tanzmanns, † 12.1.1619), S. 613-634.

Ders., Gueldene Sterbekunst, 12. Lp. (auf Martha Tiele), S. 311-336 (FfP, Nr. 514).

Herberger, 11. Lp. (auf Valerius Vechnerus, † 1600), S. 209-233 (FfP, Nr. 678).

Müller, Heinisius, 5. Lp., S. 144-168; 51. Lp., S. 771-786.

Pancratius, 131. Lp. (auf "H.S. Toechterlein", † 15.2.1574), S. 300-317 (FfP, Nr. 581).

Roth, 19. Lp. (auf David Hartung), S. 113-120 (FfP, Nr. 671).

3.2.2.2 Einzelne Leichenpredigten

Lp. von Johann Gese auf Franz Georg, Fürst von Anhalt, o.O. 1568; HABWf Gm 122; FfP, Nr. 1181.

Lp. auf Margareta von Arnstedt (Verfasser: nicht gen.), o.O. 1605; NsStuUBGö Conc. fun. II.15,16; FfP, Nr. 1048.

Lp. von Paulus Reich auf Agnes Avenarius, Dresden 1614; NsStuUBGö 4o M.I.13, Conc.fun.7; FfP, Nr. 924.

Lp. von Georg Scholtz auf 2 Kinder des Carl Christoph Freiherr von Bees von Cöln und Ketzendorff, Brieg 1621; UBWr 544008; FfP, Nr. 3012.

Lp. von Jacob Rülich auf Anna Maria Boecklin, Laugingen 1603; StuStBAu 4o Aug. Leichenpredigten 32; FfP, Nr. 704.

Lp. von Henrich Tribelius auf Salomon Boner, o.O. 1601; NsStuUBGö 4o V.IX.11, Conc.fun.26; FfP, Nr. 1547.

Lp. von Johann Bergius auf Johann-Sigismund, Markgraf von Brandenburg, Berlin 1625; NsStuUBGö Conc.fun.II.2,12; FfP, Nr. 1405.

Lp. von Samuel Baldovius auf Claudia Eleonora, Herzogin von Braunschweig und Lüneburg, Gießen 1676; HABWf Gn4o Sammelbd. 18; FfP, Nr.1189.

Lp. von Christian Lehmann auf Anna Regina Dietrich, St. Annaberg 1674; StuStBAu 4o Bio. Leichenreden 1. Abt. 282; FfP, Nr. 800.

Lp. von Caspar Vigelius auf Johannes Rupertus Erythropilus, Marburg 1635; UBMa VIIa B 1Qa; FfP, Nr. 281.

Lp. von Christian Adolph auf Jeremias Faber, Leipzig 1636; UBWr 343019; FfP, Nr. 3191.

Lp. von Andreas Hempel auf Maria und Barbara von Falkenhayn und Gloschkaw, Breslau 1632; UBWr 544907; FfP, Nr. 3021.

Lp. von Johannes Prange auf Maria Sibylla Goldast, gen. von Haiminsfeld, Stadthagen 1624; KoAMi 6968/5.

Lp. von Eberhard Joach auf ein Kind des Wilhelm-Moritz Haken, Colberg 1664; NsLBHa Cm 222 (2); FfP, Nr. 2026.

Lp. von Elias Origanus auf Rebecca Hamperger, Liegnitz 1617; UBWr 509378; FfP, Nr. 3302.

Lp. von Michael Geisler auf Johannes Heltzel, Liegnitz 1625; UBWr 545873; FfP, Nr. 3034.

Lp. von Alard Vaeck auf Herman-Christophorus von Helversen, Rinteln 1633; UBMa VIIn B 662 Leichenpredigten Rinteln, Bd. 2; FfP, Nr. 214.

Lp. von Gerhard Mejer auf Gerhard Wilhelm Johann Hoenert, Bremen 1721; StuUBBr Brem.b.832 Nr. 19; FfP, Nr. 2256.

Lp. von Felix Roschmann auf Dorothea Sophia, Gräfin von Hohenlohe-Langenburg, Tübingen 1597; UBWr 545450; FfP, Nr. 3029.

Lp. von Hieronymus Pfaffreuter auf Jacobus Janus, Regensburg 1635; UBEr Thl.XIX,23.4; FfP, Nr. 254.

Lp. auf den Sohn des Jacob Kips (Verfasser: nicht gen.), o.O. 1608; StAuStBLi K II 388; FfP, Nr. 311.

Lp. auf Susanna von Kotwitz (Verfasser: nicht gen.), o.O. 1618; NsStuUBGö Conc.fun.II.8,3; FfP, Nr. 1043.

Lp. von Liborius Haremannus auf Elisabeth Lucius, Rinteln 1631; KoAMi 6935/10; Lenz (Hg.), Katalog, Nr. 1508, S. 309.

Lp. von Liborius Haremannus auf Johann-Leonhart, Anton-Henrich und Johann-Gerlach Lucius, Rinteln 1634; KoAMi 6935/12.

Lp. von Tobias Braun auf Maria Marschalck von Guttmannshausen, Regensburg 1607; WüLBSt Lp. 11206a; FfP, Nr. 1823.

Lp. von Gerhard Mejer auf Georg Christian Mehne, Bremen 1710; StuUBBr Brem.b.832, Nr. 14; FfP, Nr. 2178.

Lp. von Conrad Posthium auf Patrick Mohr, Herborn 1649; UBMa XIXe B 1507m; FfP, Nr. 260.

Lp. von Elias Pistorius auf Anna Magdalena Pistorius, Freiberg 1658; NsStuUBGö 4o M.III.14, Conc.fun.205; FfP, Nr. 948.

Lp. von Gerhard Mejer auf Johannes Rouwe, Bremen o.J.; StuUBBr Brem.a.623 Nr. 119; FfP, Nr. 2363.

Lp. von Gerhard Mejer auf David Ruete, Bremen 1710; StuUBBr Brem.b.804 Nr. 19; FfP, Nr. 2473.

Lp. von Statius Carstens auf Maria Margareta Scharfius, Lüneburg 1652; NsLBHa Cm 196 (12); FfP, Nr. 2016.

Lp. von Johannes Bradt auf Dorothea Elisabeth Schulze, Rinteln 1638; KoAMi 6921/36.

Lp. von Johann Georg Haenischen auf Adam Gottfried von Stosch, Steinau an der Oder 1663; UBWr 549738; FfP, Nr. 3092.

Lp. von Michael Rager auf Johann Christoff Straußberg, Stade 1652; StuUBBr Brem.b.797,20; FfP, Nr. 2355.

Lp. von Julius Strube auf Catharina Hedewig Stuck, Helmstedt 1616; HABWf Db 4618; FfP, Nr. 321.

Lp. auf Catharina Walcker (Verfasser: nicht gen.), o.O. o.J.; NsStuUBGö Conc.fun.II.9,30; FfP, Nr. 1050.

Lp. von Georg Fincke auf Rudolf Georg und Otto Bastian zu Wangenheim, Coburg 1617; LBCo Mo Λ 183:13; FfP, Nr. 2987.

Lp. auf den Sohn des Heinrich Widde (Verfasser: nicht gen.), o.O. 1610; StAuStBLi K II 388; FfP, Nr. 312.

Lp. von Christoph Zeller auf Joachim Ernst, Herzog von Württemberg, Stuttgart 1663; UBTü 4o L III 37 ang.; FfP, Nr. 1366.

3.3 Andere Leichenpredigten

Lp. von Johannes Wilhelm Andreae auf Anna Christina Gerstenberger, geb. Stenger, Erfurt 1674; NsStuUBGö Conc.fun.II.122,7; FfP, Nr. 1456.

Lp. von Franz Schröder auf Theodor Korfey, Rinteln 1656; KoAMi 6953/14.

Lp. von Johann Ebel auf Agnesa von Mandelsloh (unverh.), Rinteln 1627; KoAMi 6934/36.

Lp. von Herrmannus Elertus auf Gabriel Naturp, Rinteln 1650; KoAMi 6953/14; Lenz, Katalog, Nr. 641, S. 357.

Lp. von Justus Corvinus auf Otto von und zu Oyen, Osnabrück 1621; Stadtarchiv Bielefeld F 18/18; Lenz (Hg.), Katalog, Nr. 772, S. 372.

Lp. von Theodorus Steding auf Catharina Post, geb. von Veltheim, Rinteln 1646; KoAMi 6934/36; Lenz (Hg.), Katalog, Nr. 643, S. 389.

Lp. von Hermann Veltmann auf Wilke Steding, Rinteln 1641; KoAMi 6922/31.

4. Gebetbücher

Arnold, Gottfried, Paradiesischer Lust-Garten / voller andaechtiger Gebete und Gesaenge Bey allen Zeiten / Personen und Zustaenden ..., Leipzig und Stendel ... 1703; NsStuUBGö MC 8 CANT.GEB.41.

Ein schone Andechtich / Christlich vnn gantz troestlich Bedeboekelin / van velen nuetten vnde noedigen saken vnde anliggende ..., Rostock 1560; HABWf 1318 Theol. 8o.

Ein Bedeboekelin / nye vth der hilligen Schrifft / des Olden vnn Nyen Testamentes / welcker voerhen nue geseen / noch gehoert / ... Ock wat etlike Roemische Bisschoppe edder Paweste ... up gerichtet hebben ..., Magdeburg 1551; HABWf QuH 143.6 (2).

Ein Betbuchlein / fuer allerley gemein anligen / Einem jeden Christen sonderlich zugebrauchen, Leipzig 1546; HABWf Yj38 Helmst. 80(2).

Ein Betbuechlein / fuer allerley gemein anligen. Einem jeden Christen sonderlich zu gebrauchen, o.O. 1551; HABWf 856 Theol. (3).

Ein New Christliches / nuetzes vnn schoenes Betbuechlein / voller Gottseliger Betrachtungen vnd Gebeten / fuer allerley gemeine vnd sonderliche noeten vnd anliegen ..., Magdeburg 1587; HABWf 1219 Theol.

Blümlein (Bluemelin), Anna, Gulden Halszbandt: Allen Gottliebenden Weibspersonen / vnd frommen Christen / zu ehren vnd nutz / ausz den Hundert vnd Funfftzig Psalmen Dauids ... zusammen gebracht: Durch Annam Bluemelin / Desz Ehrwirdigen Herrn M. Georgii Flosculi Dechants zu Vffenheim Hauszfrawen. Sampt seiner Vorrede ..., o.O. 1586; HABWf QuH 126.17 (2).

Bodenborg, Daniel, Betbuechlin Der lieben heiligen Veter / Patriarchen / Propheten / Koenigen / vnd vieler herrlichen Gottfuerchtigen Menner vnnd Weiber etc. Item / Christi vnd der lieben heiligen Apostln / aus der gantzen Biblia ..., o.O. 1564; BStBMü Asc. 608.

Brunfels, Otto, Biblisch Bettbuechlin Der Altuaetter / vnn herrlichen Weibern / beyd Alts Newes Testaments. Ermanung zu dem Gebet, vnd wie man recht Betten sol, Straßburg 1531; HABWf 1222.1 Theol. 8o.

Brunner, Philipp Joseph, Gebetbuch fuer aufgeklaerte katholische Christen, 9. Aufl. Rotenburg o.d.T. 1809.

Caelius (Celius), Michael, Wie ein Christ Gott teglich dancken / seine suende beichten / vnd beten sol ..., o.O. (Erfurt) 1582; HABWf 860 Theol. 8o 0384.

Ders., Ein danck / Beicht vnd Betbuechlein / Fuer Kinder vnd einfeltige Christen / Mit schoenen Christlichen Gebeten / auff alle Sontag vnd fuernemlichste Fest / vor vnd nach der Predig zu sprechen ..., Nürnberg 1550; BStBMü Asc. 1028.

von Cochem, Martin, Goldener Himmels-Schlüssel; oder sehr kräftiges, nützliches und trostreiches Gebeth-Buch ..., St. Gallen 1780; UBBi German Baroque Literature No. 1081a, reel No. 314.

Ders., Guldener Himmels-Schlüssel; oder, Neues Gebett-Buch ..., Dillingen 1690; UBBi German Baroque Literature, No. 1081, reel No. 314.

Ders., Der grosse Myrrhengarten des bitteren Leidens. Enthaltend die notwendigsten Gebete eines katholischen Christen, neu hrsg. von P. Petrus, 4. Aufl. Dülmen i.W. 1904.

Cubach, Michael, Einer Gläubigen und Andächtigen Seelen Tägliches Bet- Buß- Lob- und Danckopffer, das ist Ein grosses Gebetbuch, in allerley Geistlichen und Leiblichen, gemeinen und Sonderbahren Nöthen und Anligen zu gebrauchen ..., Lüneburg 1662; HABWf Ti 107.

Cundisius, Johann, Geistlicher Perlenschmuck: oder, Des christ-loeblichen Gott- und Tugend-liebenden Frauenzimmers aller-edelster Leibs- und Seelen-Zierrath ..., Nürnberg 1696; BStBMü E-Slg Asc. 55375.

Erasmus (Desiderius), Precationes aliquot e scripturae Canonicae uerbis contextae per D. Erasmum Rot. ..., Köln 1550; HABWf Ti 148.

Fabri, Johann, Vil schoener andechtiger vnd Christenlicher Gebet ..., 5. Aufl. 1558; HABWf Yv 892 Helmst. 80.

Feinler, Johann, Kinder-Gebet-Büchlein. Auff alle Zeit und Fälle der lieben Jugend ..., Leipzig 1661; UBEr Thl. XX, 87.

Glaser, Petrus, Das Vater vnser / Auszgelegt vnd in Gebet stueckweisz geordnet ..., Leipzig o.J.; Deutsche Staatsbibliothek Berlin Bs 1552.

Haas, Nikolaus, Das in GOtt andaechtige Frauenzimmer, Wie es so wohl alltaeglich des Morgens und Abends, und bey allen seinen obliegenden Thun und Fuernehmen, ... vor dem Allerhoechsten erscheinen ... koenne ..., Leipzig 1718; Bibliothek der Freien Universität Berlin Fl 2388.

Habermann (Avenarius), Johann, Christliche Gebet / auff alle Tag in der Wochen zu sprechen ..., Wittenberg 1572; HABWf Alv.: Ac 518 (2).

Ein niederdeutsches Gebetbuch aus der zweiten Hälfte des XIV. Jahrhunderts (Bistumsarchiv, Trier, Nr. 528), hrsg. von Axel Mante, Lund, Kopenhagen 1960.

Hoch-Fürstl. Wirtemb. Hof-Caplans, christliches Haus-Buch zur Uebung des Gebets ..., 2. Aufl. Stuttgart 1757; UBTü Gi 104.

Herman (Hermann), Johannes, Ein new Gebetbuch / Deszgleichen vormals nie im Druck auszgangen / Darinnen Hundert Christlicher / guter vnd nuetzlicher Gebet begriffen ... , Leipzig 1602; LBCo MFS-Cas A 721.

Hortulus animae evangelisch (1520). Das älteste evangelische Gebetbuch. Dr. Martin Luther und ein Kreis evangelischer Beter um ihn, in Faksimile herausgegeben mit einem Schlußwort von Ferd. Cohrs, Leipzig 1927.

Hortulus Animae. Lustgarten der seelen. Mit schoenen Figuren. Nuermberg 1549, verfaßt von Georg Rhaw; UBDü Pr-Th-II-64.

Hortvlvs Devotionis ..., Köln 1541; HABWf QuH 145(2).

Kegel, Philipp, Zwoelff geistliche Andachten / Darinnen gar schoene trostreiche Gebete begriffen ..., Lüneburg 1647; HABWf 1333.6 Theol.

Ders., Ein Newe Christlich vnnd gar Nuetzlich Betbuch ..., Hamburg 1593.

Marezoll, Johann Gottlob, Andachtsbuch fuer das weibliche Geschlecht, vorzueglich fuer den aufgeklaerten Theil desselben ..., Leipzig 1788; BStBMü Asc. 3054.

Mathesius, Johann, Andächtige und christliche gemeine Gebetlein für alle Noth der Christenheit. Der Kirchen Gottes in St. Joachimsthal. durch den alten Herrn M. Johann Mathesius, Neuaufl. Nürnberg 1836.

Musculus, Andreas, Betbuechlin ..., Frankfurt a.d.O. 1559; HABWf Alvensl. Ac 521 (5).

Neumark, Georg, Des Christlichen Frauenzimmers Geistliche Perlen-Krohne ..., Nürnberg 1675; Universitätsbibliothek Heidelberg v. Waldberg 2644 MC: a n 8o Theol. past 482/26.

Olearius, Johann Gottfried, Neu-zugerichtes Haus- und Kirchen-Hand-Buch ..., Leipzig 1672; HABWf Th 1965.

Ders., Geistliches Haus- und Kirchen-Handbuch der Kinder Gottes, Leipzig 1669.

Otter, Jacob, Bettbuechlin / fur allerley gemeyn anligen der Kirchen ..., o.O. o.J.; WüLBSt 0,86.5 36/994.

Quirsfeld, Johann, Allersuessester Jesus-Trost ..., 3. Aufl. Leipzig, Frankfurt 1689; UBMü 1E 10839.

Rosenmueller, Johann Georg, Andachtsbuch, in Betrachtungen und Gebeten fuer Christen in allerley Umstaenden und Anliegen ..., Nürnberg 1783; StuStBAu S 1392.

Rost, Georg, Schola Precationis Oder BetSchul. Auffs newe vbersehen vnd gebessert, Leipzig 1629; Universitäts- und Landesbibliothek Sachsen-Anhalt, Halle a.d.S. Ab:7B2/b23.

Sailer, Michael, Vollstaendiges Gebetbuch fuer katholische Christen, 11. Aufl. München o.J. (1. Aufl. 1784); Stadtbibliothek Trier N 18/1263.

Schimmer, Georg, Biblisches Seelen-Kleinod, oder neu-vollstaendiges Gebet-Buch der auserlesensten Andachten, Zu allen Zeiten, In allen Anliegen, und Fuer alle Menschen, nach dem Sinn des Heil. Geistes, und mit dessen eigenen worten zusammen gesetzet ..., Leipzig 1730; HABWf Th 2303.

Schmaltzing, Georg, Der Psalter Dauids. Die Hundert vnd Fünfftzig Psalmen / In gepets weysz / ausz heyliger Goetlicher schriefft gegründet ..., o.O. 1534; HABWf A 265 Helmst. 80.

Schroeder, Joachim, Bedeboekelin Auer de Husstafel / Wo ein yder yn synem Stande vnd anliggenden noeden tho Gade beden schal ..., o.O. 1557; HABWf 143.6 Qutt (1).

Söffing, Justus, Herzenslust an Jesu oder Jesus-Gebetbuch, Rudolstadt 1675; HABWf 654.1 Theol. (1).

Storr (Storren), Christian, Christliches Haus-Buch zur Uebung des Gebets ..., 2. Aufl. Stuttgart 1757; UBTü Gi 1041.

Dat Gulden Stück, Veber guden Christliken Gebede, yn allen nöden ..., Hamburg 1586; Staats- und Universitätsbibliothek Hamburg FC 101.

Wackernagel, Wilhelm (Hg.), Altdeutsche Predigten und Gebete aus Handschriften, Basel 1876.

Wild, Johann, Christlichs / Sonder schoenes vnd Catholisch Betbuechlin ..., o.O. 1563; HABWf Helmst 8o.

Wille, Alexander (SJ), Beth- und Tugend-Buch ..., Münster 1780; Universitätsbibliothek Münster Sondermag 1E 8296.

Zeämann (Zeaeman), Georg, Biblische Betquel vnd Ehren Kron / ... Oder Ausserlesen Biblisches Betbuch ..., Nürnberg 1632; HABWf Th 2880 0386.

von Zesen, Philipp, Frauenzimmers Gebeht-Buch: Auf allerlei zu-faelle des taeglichen gemeinen lebens / so wohl nach den haupt-staffeln des kindlichen / bluehenden / und bejahrten alters; als nach allen des Fraulichen geschlechts unterschiedlichen staenden ..., Amsterdam o.J. (1657).

5. Erbauungsschriften und Schriften für Eheleute

Albrecht von Eyb: Von Liebe und Keuschheit der Eheleute und von anderer unordentlicher Liebe und Unkeuschheit, in: Wie ein Mann, S. 80-93.

Ders., Ob einem manne sey zunemen ein eelichs weyb oder nicht. Mit einer Einführung zum Neudruck von H. Weinacht, Darmstadt 1982.

Arndt, Johann, Vier Bücher vom wahren Christenthum, 8. Aufl. Berlin 1866.

Barbaro, Francesco, Das Buch von der Ehe. De Re Uxoria, deutsch von Percy Gothein, Berlin 1933.

Baxter, Richard, Armer Leute Haus-Buch ..., Frankfurt, Leipzig 1694; WüLBSt Theol.oct.1135.

Aus Bertholds von Freiburg Rechtssumme, 177. Artikel: Von den ehelichen Werken, wann die Sünde sind und wann nicht, in: Wie ein Mann, S. 43-46.

Bienemann (Melissander), Caspar, Christliches Ehebuechlein ..., o.O. o.J. (1587); HABWf Th 269.

Bolton, Robert, Noah Goettlicher Wandel. In der Gottlosen Welt ..., Frankfurt a.M. 1676.

Aus dem "Büchlein von der Regel der heiligen Ehe", in: Wie ein Mann, S. 94-96.

Caelius (Celius), Michael, Auslegung vber den Spruch Salomonis / Prouerbiorum am achtzehenden Capitel. Wer eine Ehefraw findet / der findet was guts / Vnd bekoemet wolgefallen vom HErrn. Zu trost vnd lere / allen Christlichen fromen Eheleuten. Prouerb. XXXj. Wem ein Tugentsam Weib beschert ist / Die ist edler denn die koestlichen Perlen, o.O. 1557; BStBMü F:17 4o Exeg.166.

Cramer, Heinrich Matthias August, Unterhaltungen zur Befoerderung der Haeuslichen Glueckseligkeit, Berlin 1781; Mikrokopie UBBi (42) ZN 802 A5.

Dietrich, Veit, Etliche Schrifften fuer den gemeinen man / von vnterricht Christlicher lehr vnd leben / vnnd zum trost der engstigen gewissen. Durch V. Dietrich. Mit schoenen Figuren. Nuermberg M.D.XLVIII (= Quellen und Forschungen zur Erbauungsliteratur des Späten Mittelalters und der Frühen Neuzeit V), hrsg. von Oskar Reichmann, Assen 1972.

Aus der Flugschrift "Von dem ehlichen Stand", in: Wie ein Mann, S. 97-100.

Fischart, Johann, Das Philosophisch Ehzuchtbüchlein, erneuert und bearbeitet von G. Holtey-Weber (= Bibliothek der Gesamtlitteratur des In- und Auslandes, Nr. 364), Halle a.d.S. 1889.

Gerhard, Johann, Schola Pietatis, Das ist / Christliche vnd Heilsame Vnterrichtung / was fuer Vrsachen einen jeden wahren Christen zur Gottseligkeit bewegen sollen / ... 5 Teile, 5. Aufl. Jena 1653; HABWf Th 941.

Johann Gerhard's tägliche Uebung der Gottseligkeit. Aus dem Lateinischen uebersetzt, Sulzbach 1842.

von Hohenlohe, Marie Katharina Sophie, Heilsame Seelen-Apothek, zur Bewahrung vor mutwilligen und vorsätzlichen Sünden, zur Glaubensstärkung in allerlei Schwermut, zur Ermunterung der Geduld, auch Trost in allerlei Kreuz, und endlich zur kräftigen Erquickung für Gebärende, Reisende, Kranke und Sterbende. Nebst einem Anhang von Morgen- und Abend-Gebeten, damit dieses Buch auch als ein tägliches Handbuch kann gebraucht werden. Aus göttlichem Wort und geistreichen Liedern in kindlicher Einfalt zu eigener Erbauung zusammengetragen, und auf öfters Begehren zum Gebrauch dem Druck übergeben, Reutlingen o.J. (10. Aufl. 1770)(Neuausg. o.O. o.J.).

Lotze, Lukas, Trostschrifft / (Für diejenigen / Welchenn jhr Vatter /) Muetter / Ehegemahel / Kinder / Brueder / Schwester / vnd andere guete Freund / ausz disem leben verscheiden / vnnd in dem Herren entschlaffen seind ..., Frankfurt 1566; HABWf Alvensl. Dc 32(6).

Wie ein Mann ein fromm Weib soll machen. Mittelalterliche Lehren über Ehe und Haushalt, hrsg., ins Neuhochdeutsche übertragen und mit einem Nachwort versehen von Michael Dallapiazza, Frankfurt a.M. 1984.

Marcus von Weida, Spigell des ehlichen Ordens (= Quellen und Forschungen zur Erbauungsliteratur des Späten Mittelalters und der Frühen Neuzeit I), aus der Handschrift hrsg. von Anthony van der Lee, Assen 1972.

Moller, Martin, Handbüchlein zur Vorbereitung auf den Tod oder Heilige Sterbekunst, neu hrsg. von D. Willkomm, Zwickau 1910.

Martin Mollers christliche Lebens- und selige Sterbekunst. Ein Lehr- und Trostbüchlein für das christliche Volk, neu hrsg. von Karl August Thieme, Hainichen 1862.

Dr. Heinrich Müllers geistliche Erquickstunden oder dreihundert Haus- und Tischandachten, hrsg. vom Evangelischen Bücher-Verein, 7. Aufl. Berlin 1859.

von Münchhausen, Philipp Adolf, Geistliche Kinder-Milch / Oder Einfaeltiger Christen Hausz-Apothek ..., Frankfurt a.M. 1676; HABWf Th 4o 44.

Nakatenus, Wilhelm, Himmlisch Palm-Gärtlein, zur beständigen Andacht und geistlichen Übungen ..., Köln 1754; UBBi German Baroque Literature, No.1019a.

Neuheuser, Samuel, Ein christlich Trostbuechlein ..., Straßburg 1580; BStBMü Asc. 3390.

Niclas von Wyle: Die sechste Übersetzung, in: Wie ein Mann, S. 47-79.

Prätorius, Stephan, Seefarer Trost und Krancken Trost. Textausgabe und Beobachtungen zum Sprachgebrauch von Pieter Boon (= Quellen und Forschungen zur Erbauungsliteratur des Späten Mittelalters und der Frühen Neuzeit XII), Amsterdam 1976.

"Ein püechel von der regel der heyligen ee", hrsg. von Michael Dallapiazza, in: Zeitschrift für deutsches Altertum und deutsche Literatur 112 (1983), S. 261-292.

Puetter, Johann Stephan, Etwas fuer alle Staende, und etwas zur taeglichen Andacht fuer die, welche ihre Gesinnung damit uebereinstimmend finden werden ..., Göttingen 1775; NsStuUBGö MC 8o TH.PAST 474 / 84.

Rambach, Johann Jakob, Erbauliches Handbuechlein fuer Kinder ..., 2. Aufl. Gießen 1734; UBDü P.u.R. 309.

Schmaltzing, Georg, Der Psalter Dauids. Die hundert vnd fünfftzig Psalmen / Jn gepets weysz / ausz heyliger Goetlicher schriefft gegründet ..., o.O. 1534; HABWf A 265 Helmst. 8o.

Schmolck, Benjamin, Geistlicher Pathenpfennig oder tägliche Erinnerung und Erneuerung des Taufbundes, allen Denen die durch die Taufe Christo einverleibt sind, sonderlich aber seinen lieben Pathen geschenkt von Benjamin Schmolck ... Unsern Kindern zu Lieb und Dienst wiederum herausgegeben durch Traugott Siegmund, Neu-Ruppin 1862.

Scriver, Christian, Gottholds Zufällige Andachten, hrsg. und Verlag vom Evangelischen Bücher-Verein, 4. Aufl. Berlin 1867.

Ders., Seelen-Schatz ..., Leipzig 1675; HABWf Th 2425 (1).

Seelengärtlein. Hortulus Animae. Cod. Bibl. Pal. Vindob. 1706. K.K. Hofbibliothek in Wien, Erläuterungen von Fried. Dörnhöffer, Frankfurt a.M. 1911.

Strigenitz (Strigenitius), Gregor, Vota nuptialia, Das ist: Christliche vnd hertzliche Wuentsche / fuer newe Eheleute / vnd troestliche Erklerungen fuernehmer Texte aus Goettlicher heiliger Schrifft ..., Leipzig 1617; HABWf TH 2607 4o (1).

Suevus, Sigismund, Spiegel des menschlichen Lebens. Eine Auswahl (= Quellen und Forschungen zur Erbauungsliteratur des Späten Mittelalters und der Frühen Neuzeit VI), hrsg. und mit einer Einleitung versehen von M.A. van den Broek, Amsterdam 1984.

Urlsperger, Samuel, Der Krancken Gesundheit und der Sterbenden Leben; Oder schrifftmaesziger Unterricht Vor Krancke und Sterbende / ... Mit einer ausz ... Manuscriptis ... Des Seel. Herrn D. Hedingers gezogenen / und von dem Autore dieses Unterrichts ... ergaentzten ... Handleitung so wohl Vor angehende Prediger / Als auch vor Krancke und Sterbende ..., Stuttgart 1723; Stadt- und Landesbibliothek Dortmund Wy 782.

Vogel (Orneus), Matthäus, Trost- oder Seelartzneibuch : in welchem fast wider alle Anfechtungen und Trübsalen so sonderlich den waren Christen in dieser Welt begegnen, insbesonders heilsame und edle Recept ..., Frankfurt a.M. 1571; WüLBSt MC Theol.fol.1272.

Weller, Hieronymus, Antidotvm Wellerianvm Oder / Geistliche Artzney / wider allerley Anfechtung vnn Truebsal frommer Christen / ... Also zugerichtet vnd in Druck gegeben. Durch Philip Han ..., Magdeburg 1602; HABWf Yj 47 Helmst. 8o.

Aus Heinrich Wittenwilers "Ring", in: Wie ein Mann, S. 9-42.

6. Andere Quellen

Affelmann, Johannes, Appendix Scriptorum Nonnullorum. b. D. Affelmanni, Qvae Denuò hinc indè fuere collecta, Et qvorum Pleraqve, qvae hic leguntur, anteà nondum fuere edita; Nunc revisa, emendata, et publici juris facta, Studio et Opera Georgii Moebii ..., Leipzig 1677; StAuwStBSo 4 Kk 11.0.

Ders., In syntagm. diss. part. 1; Disputatio ... De fide infantium (o.O. o.J.); LBCo Cas A 2662.

Ambrosius, Über die Jungfrauen, in: Des heiligen Kirchenlehrers Ambrosius von Mailand Ausgewählte Schriften 3 (= Bibliothek der Kirchenväter 32), Kempten 1917, S. 307-386.

Augustinus, Das Gut der Ehe, übertragen von A. Maxsein, Würzburg 1949.

Ders., De Praesentia Dei Liber seu Epistola CLXXXVII Respondet ad duas quaestiones Dardani, in: Sancti Aurelii Augustini ... Opera Omnia ... II (= Patrologiae ... Series Latina ... Tomus XXXIII), Paris 1865, Sp. 832-848.

Becanus, Martin, Manvale Controversiarvm hvivs Temporis ..., Münster 1629; Erzbischöfliche Akademische Bibliothek Paderborn 71 A 46.

Die Bekenntnisschriften der evangelisch-lutherischen Kirche, 6., durchgesehene Aufl. Göttingen 1967.

Ven. Cardinalis Roberti Bellarmini Politiani S.J. Opera Omnia Ex Editione Veneta, Pluribus tum additis tum correctis, iterum edidit Justinus Fèvre, Protonotarius Apostolicus, 12 Bde., unveränderter Nachdruck der Ausgabe Paris 1870, Frankfurt a.M. 1965.

Beza, Theodor, Ad Acta Colloqvii Montisbelgardensis Tvbingae edita, Theodori Bezae Responsionis, Pars Altera. Editio Tertia, In qua praeterea est Index adiectus, Genf 1589; StAuwStBSo 4 Gg 5.6.

Die Bibel. Nach der Übersetzung Martin Luthers, Stuttgart 1984.

Biermann, Johann, Moses und Christus; Oder / Erklaerung / Der vornehmsten Fuerbilder des Alten Testaments ..., Frankfurt a.M. 1706; StAuwStBSo 4 Bb 10.4.

Börner, Christian Friedrich, De Fide Iacobi in Vtero ex Hoseae Cap. XII. Vers. IV Oder Vom Glauben Jacobs im Mutter-Leibe. Ivssv et Avctoritate venerandi Theologorvm Ordinis in Academia Lipsiensi pro Licentia svpremos Honores Theologicos conseqvendi A.D. XIX. et XX. Sept. A. C. MDCCVIII disserit Christianvs Fridericvs Boernervs ... , Litteris Christ. Fleischeri, o.O. 1734; HABWf Li 718.

Bohnstedt, David Sigismund, Theologische Gedancken I. Vom schweren Gericht GOttes ueber die schwere Suende der Hurerey und Ehebruchs, und der Errettung davon: II. Von Miszgeburten / Ob und wie ferne dieselbe als ein Straff- Ubel anzusehen etc. ... Bey Gelegenheit eines in Cleve gebohrnen Monstri ..., Frankfurt, Leipzig 1725; StAuwStBSo 1 an 5 K 6.1.

Buch (Buchius), Philipp, Dissertatio Theologica, De Ceremoniis ecclesiasticis ... praeside ... Philippo Buchio ... Ad diem XXVI. Mart. Anno M DC LXXXVI ... Autor Didericus à Lith, Bremensis ..., Frankfurt a.d.O. o.J. (1686); HABWf Ti 561.

Buddeus, Franciscus, Compendivm Institvtionvm Theologiae Dogmaticae brevioribvs observationibvs illvstratvm, cvra Io. Georgii Walchii ..., Leipzig 1724; Landeskirchliches Archiv Bielefeld W 5272.

Bugenhagen, Johannes, Der XXIX. Psalm ausgelegt / Durch Doctor Johan Bugenhagen / Pomern. Darinnen auch von der Kinder Tauffe. Item von den vngeborn Kindern / vnd von den Kindern die man nicht teuffen kan. Ein trost D.

Martini Luthers fur die Weibern / welchen es vngerat gegangen ist mit Kinder geberen. o.O. 1542; FBGo Theol. 4o 331-332 (10), Rara.

Ders., Von den vngeborn kindern / vnd von den kindern / die wir nicht teuffen koennen / vnd wolten doch gern / nach Christus befehl / vnd sonst von der Tauff / etc., Wittenberg 1551; FBGo 664 (10), Rara.

Caelius (Celius), Michael, Von der Kinder Tauffe / vnd was man sich zu troesten habe / der Kinder so one die Tauffe sterben ..., o.O. 1558; Staatliche Bibliothek Regensburg Theol. syst. 542/1,2.

Calixt, Friedrich Ulrich, Quaestionis Quid de eorum qui sine Baptismo è vivis excedunt salute statuendum? ..., Helmstedt 1686; HABWf Li Sammelbd. 242 (10).

Calixt, Georg, Dispvtatio Theologica De Baptismo Sive sacro Regenerationis ac Renovationis Lavacro, ... Svb Praesidio Georgi Calixti ... pro supremo in Theologia gradu et titulo capessendo publicè examinandas proponit Brandanvs Daetrivs Hambvrgensis, ... Helmstedt 1643; HABWf Li Sammelbd. 243 (1).

Ders., Dogmatische Schriften, hrsg. von Inge Mager (= Georg Calixt, Werke in Auswahl 2), Göttingen 1982.

Calvin, Johannes, Unterricht in der christlichen Religion. Institutio Christianae Religionis. Nach der letzten Ausgabe übersetzt und bearbeitet von Otto Weber, 2. Aufl. Neukirchen-Vluyn 1963.

Carpzov, Benedict, Definitiones Ecclesiasticae ..., o.O. 1673; HABWf Li 4o 6o.

Cassander, Georg, De Articulis Religionis inter Catholicos et Protestantes controversis Consultatio, Köln 1577; UuStBKö W F IV 25.

Chemnitz, Martin, Examen concilii tridentini / per Martinum Chemnicium scriptum, 2. ed. 1578 Francofurtensem, coll. ed. a. 1707 denuo typis / exscribendum curavit, indice locupletissimo adornavit Vindicias Chemnicianas adversus pontificios praecipue adversus bellarminum ad calcem adjecit Ed. Preuss, Berlin 1861.

Chrysostomus, Johannes, Vom jungfräulichen Stande, Kempten 1869.

Daniel, Herm. Adalb. (Hg.), Codex litvrgicvs Ecclesiae Romano-Catholicae in Epitomen redactvs, Leipzig 1847.

Dedeken, Georg, Thesauri Consiliorum et Decisionum ... In richtiger Ordnung / mit gantzen Sectionibus, vielen Quaestionibus, Remissoriis und Responsis vermehret / und mit vollkommenern Indicibus verbessert in Druck gegeben Durch Johannem Ernestum Gerhardum ..., 3 Bde., Jena 1671; Bibliothek des Landeskirchenamtes Bielefeld, Synodalbibliothek E 36.

Denzinger, Henricus, Adolfus Schönmetzer (SJ) (Hg.), Enchiridion Symbolorum Definitionum et Declarationum de Rebus Fidei et Morum, Editio XXXIV emendata, Freiburg i.Br. 1965.

Dold, Alban (Hg.), Die Konstanzer Ritualientexte in ihrer Entwicklung von 1482-1721 (= Liturgiegeschichtliche Quellen 5/6), Münster in Westfalen 1923.

Dunte, Ludovicus, Decisiones Mille et Sex Casuum Conscientiae ..., 3. vermehrte und verbesserte Ausgabe Ratzeburg 1664; StAuwStBSo 4 Ee 9.4.

Fecht, Johannes, Disputatio Theologica ... De Statv Infantivm / A Gentilibvs Progenitorvm cvm in Infantia decedvnt, Oder: Von dem Zustand der Heydnischen Kinder / die in ihrer Kindheit sterben / ... praeside viro ... Ioanne Fechtio ... Ad Diem Decembr. Anno M DCXCVII. Publicae Disqvisitioni modeste svbiicit Iacobvs Henricvs Zernecke ..., o.O. 1712; HABWf Li 2421.

Feinler, Gottfried, Theatrum Morientium Geistlich-historischer-Schauplatz / Worinnen enthalten: I. Ruehmlicher Nachklang 500. selig-verstorbener Christen ... II. Ehren-Gedaechtnisz 200. Evangelischer reiner Theologen ..., Leipzig 1702.

Feuerborn, Just, Disputatio Theologica Qua Ex Dei verbo explicatur Quaestio: An in Infantes cadant Peccata actualia? et analogae quaestiones concurrentes simul evolvuntur ... Sub Praesidio Justi Fewrbornii, Ss. Theol. D. ejusdemqve Professoris, ... in Academia Giessena Respondendo defendet publicè Richardvs Bennichivs holsatvs In Auditorio Theologico die 29. Januarii ..., Gießen 1618; StBBPK B s 902.

Freisen, Joseph (Hg.), Liber Agendarum ecclesie et diocesis Sleszwicensis, Katholisches Ritualbuch der Diözese Schleswig im Mittelalter, Paderborn 1898.

Gerhard, Johann, Ausführliche Schriftmässige Erklärung der beiden Artikel von der heiligen Taufe und von dem heiligen Abendmahl ... verlegt zu Jena durch Tobiam Steinmann. Im Jahr M.DC.X., Neuausgabe o.O o.J.

Gerhard, Johann Ernst, Disquisitio theologica. De salute infantum ante baptismo decedentium, Diss. Jena 1671; HABWf Gf 947.4o ang.

Gerson, Johannes, Sermo de Nativitate gloriosae Virginis Mariae, Et de commendatione Virginei sponsi ejus Joseph. In Concilio Constantiensi, in: Johannes Gerson, Opera Omnia, edidit Louis Ellies Du Pin III, Nachdruck der Ausgabe Antwerpen 1706, Hildesheim, Zürich, New York 1987, Sp. 1345-1360.

GLTh.

Gregor der Große, Sancti Gregorii Papaei cognomento magni, Opera omnia ... I (= Patrologiae ... Series ... Latinae, Tomus LXXV), Paris 1849, Moralium Lib. I-XVI ... in Job, Sp. 527-1162.

Gretser, Jacobus, De Fvnere Christiano Libri tres Auersus Sectarios ..., Ingolstadt 1611; UBMü Dan: 1E 10885.

Haas, Nic., Der getreue Seelen-Hirte. Kurze und gründliche Vorstellung wie ein Seelsorger den ihm Anvertrauten bei mehr als dritthalbhundert Fällen mit heilsamen Rath und Trost aus GOttes Wort an die Hand geben könne. An das Licht gesetzet von M. Nic. Haas, der Evang. Kirchen Schulen in der Ober-Lausitzer Haupt-Sechs-Stadt Budißin Pastor Prim. und Inspector (Erstausgabe 1696), St. Louis, Mo. 1870.

Haberkorn, Petrus, Disputatio Theologica Inauguralis De Fide Infantium, Ex Psalm. VII,3. Matth. XVII,3. seqq. adstructa, Omnibus Modernis Adversariis Inprimis Martino Becano Jesuitae ac D. Samueli Maresio, Theol. Reform. opposita ... Moderatore ... Petro Haberkornio ... Pro acquirendis summis in Theologia Honoribus ac Privilegiis Doctoralibus, ... publicè et solenniter examinandam proponit. M. Christianus Nifanius, Dithmarsus, ... Die 16. Octobr. Anno 1660, Gießen 1703; Bibliothek der Technischen Hochschule Aachen Bd4 (Nr. 10 von 53).

Hartzheim.

Hoeynck, F.A., Geschichte der kirchlichen Liturgie des Bisthums Augsburg. Mit Beilagen: Monumenta liturgiae Augustanae, Augsburg 1889.

Hollatz, David, Examen theologicum acroamaticum, 2 Bde., Faksimileausgabe der Originalausgabe, Darmstadt 1971.

Holtzfuss, Bartholomäus, Dissertatio Theologica De Fide, ... Praeside ... Barth. Holtzfuss, ... D. XIII. Novembr. An. MDCCIV. Placido Eruditorum Examini sistit Wilhelmus Hermannus Gravius, Ss. Theol. Cultor, Bütaviensis, Frankfurt a.d.O. o.J.; BStBMü 4o Diss. 2093/30.

Hutter, Leonhard, Compendium Locorum Theologicorum (= Kleine Texte für Vorlesungen und Übungen 183), hrsg. von Wolfgang Trillhaas, Berlin 1961.

Jacobus de Voragine, Die elsässische Legenda aurea 1. Das Normalcorpus, hrsg. von Ulla Williams, Werner Williams-Krapp, Tübingen 1980.

Katechismus der katholischen Lehre. Getreue Übersetzung des auf Befehl des hl. Papstes Pius X. veröffentlichten Katechismus. Erstmals übersetzt aus dem Italienischen anno domini 1974, Kirchen/Sieg o.J.

Meisner (Meißner), Balthasar, Disputatio VII. ad Statum reparationis pertinens. De Peccati Originalis Poena et Ultione. In inclyta Witteb. Academia, ... Sub Praesidio Balth. Meisneri ... Respondente, Georgio Ludovico, Stetinensi Pomerano Habebitur ad diem VI. Decembr. Wittebergae, Typh. Gormannianis, Anno 1618, o.O. o.J.

Philippi Melanchthonis Opera quae supersunt omnia, Vol. VII, VIII, X (= Corpus Reformatorum, Vol. VII, VIII, X), edidit Carolus Gottlieb Bretschneider, Halis Saxonum 1840, 1841, 1842, Nachdruck New York, London, Frankfurt a.M. 1963.

Melanchthons Werke, II. Band, 2. Teil, Loci praecipui theologici von 1559 (2. Teil) und Definitiones (= Melanchthons Werke in Auswahl II, 2), Gütersloh 1953.

Müller, E.F. Karl (Hg.), Die Bekenntnisschriften der reformierten Kirche, Nachdruck der Ausgabe Leipzig 1903, Zürich 1987.

Niesel, Wilhelm (Hg.), Bekenntnisschriften und Kirchenordnungen der nach Gottes Wort reformierten Kirche, 3. Aufl. Zollikon-Zürich o.J. (1950).

Pruckner, Andreas, Manuale Mille Quaestionum illustrum Theologicarum, praecipuè practicarum ..., Nürnberg 1689; StAuwStBSo KK. 4. 1 1/2.

Quellen zur Geschichte der Täufer VII (= Quellen und Forschungen zur Reformationsgeschichte XXVI. Quellen zur Geschichte der Täufer VII), Elsaß I, Stadt Straßburg 1522-1532, Gütersloh 1959.

Quistorp, Johann Nicolaus, Dissertatio De Fide Infantum, Qvam Adversus Calvinianos, inprimis Robertum Baronium. D. Samuelem Maresium. D. Christophorum Wittichium. D. Nicolaum Arnoldum ... Sub Praesidio ... Joh. Nicolai Qvistorpii ..., Ad diem III. Februar. Anni M. DCC. Pro virili tueri conabitur Georgius Frid. Niehenck / Rostoch ..., Rostock o.J.; StAuwStBSo 41 in 4 Nn 1.3.

Richter, Aemilius Ludwig (Hg.), Die evangelischen Kirchenordnungen des sechszehnten Jahrhunderts. Urkunden und Regesten zur Geschichte des Rechts und der Verfassung der evangelischen Kirche in Deutschland, 2 Bde., Nachdruck der Ausgabe Weimar 1846, Nieuwkoop 1967.

Schönfelder, Albert (Hg.), Die Agende der Diözese Schwerin von 1521, Paderborn 1906.

Ders. (Hg.), Ritualbücher 1, I. Das Benedictionale der Diözese Meißen von 1512, II. Die Agenda der Diözese Naumburg von 1502, III. Die Ritualbücher der Erzdiözese Köln von c. 1485 (= Liturgische Bibliothek, Sammlung gottesdienstlicher Bücher aus dem deutschen Mittelalter), Paderborn 1904.

Schornbaum, Karl (Hg.), Quellen zur Geschichte der Wiedertäufer 5 II (= Quellen und Forschungen zur Reformationsgeschichte 23), Gütersloh 1951.

Schrader, Johannes, New verbessert und vollstaendig gantz Auszfuehrlich Kirchen Formular / Allerhand Christlicher Wort / und Ceremonien / deren ein Prediger in Verrichtung seines Ampts / und der Seelsorge kan gebrauchen ..., 3 Teile, Frankfurt, Leipzig 1670; HABWf Ti 434 (1-3).

Sehling, Emil (Hg.), Die evangelischen Kirchenordnungen des XVI. Jahrhunderts, Leipzig 1902 ff.

Stengel, Georg, De Monstris et Monstrosis ..., Ingolstadt 1647; UuStBKö GB X 106 +D.

STh.

R.P. Francisci Suarez e Societate Jesu Opera Omnia Editio nova, a Carolo Berton, ..., 28 Bde., Paris 1856-1878.

WA.

WAB.

Walch, Johann Georg, Dissertatio Theologica De fide infantum in vtero, Praeside ... Georgio Walchio, ... in avditorio theologico pvblico ervditorvm examini svbmittet Henricus Godofredvs Lindner, Gera-Variscvs, ... Ienae, D. XI. Ivlii, An. Sal. Chr. MDCCXVII; StBBPK Bd 8603-146.

Ders., Gedancken Vom Glauben der Kinder im Mutter Leibe Und dem Grunde der Seeligkeit der verstorbenen ungetaufften Christen-Kinder, Welche Aus dem Lateinischen ins Teutsche uebersetzet, und mit verschiedenen nuetzlichen Anmerckungen versehen Von M. Adam Lebrecht Mueller, 2. verb. Aufl. 1733; Landeskirchliches Archiv Nürnberg 8o 52 46/3.

Ders., Historische und Theologische Einleitung in die Religions-Streitigkeiten der Evangelisch-Lutherischen Kirche, Faksimile-Neudruck der Ausgabe Jena 1733-1739, 2 Bde., Stuttgart-Bad Cannstatt 1972.

WAT.

C. Literaturverzeichnis

Aland, Kurt, Die Stellung der Kinder in den frühen christlichen Gemeinden - und ihre Taufe (= Theologische Existenz heute, Neue Folge 138), München 1967.

Althaus, Paul, Zur Charakteristik der evangelischen Gebetsliteratur im Reformationsjahrhundert (= Sonderabdruck aus dem Reformationsfest-Programm der Universität Leipzig), Leipzig 1914.

Ders., Forschungen zur evangelischen Gebetsliteratur, Gütersloh 1927.

Ameln, K., Das deutsche geistliche Kinderlied im Jahrhundert der Reformation, in: Augsburger Jahrbuch für Musikwissenschaft (Nr. 40) (1988), S. 31-46.

Andresen, Carl (Hg.), Handbuch der Dogmen- und Theologiegeschichte 3, Die Lehrentwicklung im Rahmen der Ökumenizität, von Gustav Adolf Benrath,

Gottfried Hornig, Wilhelm Dantine, Eric Hultsch, Reinhard Slenczka, Göttingen 1984.

Aner, Karl, Das Luthervolk. Ein Gang durch die Geschichte seiner Frömmigkeit, Tübingen 1917.

Appel, Helmut, Anfechtung und Trost im Spätmittelalter und bei Luther (= Schriften des Vereins für Reformationsgeschichte 56,1 Nr. 165), Leipzig 1938.

Ariès, Philippe, Geschichte der Kindheit, 3. Aufl. München, Wien 1976.

Ders., Geschichte des Todes, München, Wien 1980.

Ders., Studien zur Geschichte des Todes im Abendland, München 1976.

Arnold, Klaus, Kind und Gesellschaft in Mittelalter und Renaissance. Beiträge zur Geschichte der Kindheit (= Sammlung Zebra, Reihe B, 2), Paderborn, München 1980.

Assion, Peter, Sterben nach tradierten Mustern. Leichenpredigten als Quelle für die volkskundliche Brauchforschung, in: Lenz (Hg.), Leichenpredigten als Quelle 3, S. 227-247.

Axmacher, Elke, Aus Liebe will mein Heyland sterben. Untersuchungen zum Wandel des Passionsverständnisses im frühen 18. Jahrhundert (= Beiträge zur theologischen Bachforschung 2), (Diss. Kirchliche Hochschule Berlin, 1981) Neuhausen-Stuttgart 1984.

Dies., Praxis Evangeliorum. Theologie und Frömmigkeit bei Martin Moller (1547-1606) (= Forschungen zur Kirchen- und Dogmengeschichte 43), Göttingen 1989.

Baas, Karl, Mittelalterliche Hebammenordnungen, in: Sudhoff-Festschrift (= Archiv für die Geschichte der Naturwissenschaften und der Technik 6), Leipzig 1913, S. 1-7.

Bacht, Heinrich, Das "Jesus-Gebet", seine Geschichte und seine Problematik, in: Geist und Leben. Zeitschrift für Aszese und Mystik 24 (1951), S. 326-348.

Badinter, Elisabeth, Die Mutterliebe. Geschichte eines Gefühls vom 17. Jahrhundert bis zur Gegenwart, München, Zürich 1981.

Bächtold-Stäubli, Hans, Art. Geburt, in: RGG 2 (1928), Sp. 910-912.

Ders. (Hg.), Handwörterbuch des deutschen Aberglaubens (= Handwörterbuch zur deutschen Volkskunde 1), 10 Bde., Berlin 1927.

Bartels, Paul, Die Mutter in Sitte und Brauch der Völker, in: Mutterschaft, S. 5-40.

Barth, Karl, Das christliche Leben (Fragment), Die Taufe als Begründung des christlichen Lebens (= Die kirchliche Dogmatik 4, Die Lehre von der Versöhnung 4 (Fragment)), Zürich 1967.

Baruch, F., Die Hebammen im reichsstädtischen Nürnberg, Erlangen 1955.

Baumann, Urs, Erbsünde? Ihr traditionelles Verständnis in der Krise heutiger Theologie (= Ökumenische Forschungen II), Freiburg, Basel, Wien 1970.

Baur, Ferdinand Christian, Lehrbuch der christlichen Dogmengeschichte, unveränderter reprographischer Nachdruck der 3. Aufl. Leipzig 1867, Darmstadt 1979.

Beard, Mary R., Woman as Force in History, New York 1947.

Beck, Hermann, Die Erbauungsliteratur der evangelischen Kirche Deutschlands von Dr. M. Luther bis Martin Moller (= Die Erbauungsliteratur der evangelischen Kirche Deutschlands 1), Erlangen 1883.

Ders., Die religiöse Volkslitteratur der evangelischen Kirche Deutschlands in einem Abriß ihrer Geschichte (= Zimmers Handbibliothek der praktischen Theologie 10c), Gotha 1891.

Becker-Cantarino, Barbara, Vom "Ganzen Haus" zur Familienidylle. Haushalt als Mikrokosmos in der Literatur der Frühen Neuzeit und seine spätere Sentimentalisierung, in: Daphnis. Zeitschrift für mittlere deutsche Literatur 15 (1986), S. 509-531.

Dies., Der lange Weg zur Mündigkeit. Frauen und Literatur in Deutschland von 1500 bis 1800 (= dtv 4548), Stuttgart 1989.

Beißel, Stephan, Zur Geschichte der Gebetbücher. I. Gebetbücher der ersten Hälfte des Mittelalters, II. Gebetbücher der zweiten Hälfte des Mittelalters, III. Gebetbücher des 16. Jahrhunderts, IV. Gebetbücher seit dem 17. Jahrhundert, in: Stimmen aus Maria Laach. Katholische Blätter 77 (1909), S. 28-41, 169-185, 274-289, 296-311.

Beintker, Horst, Art. Gebet VI. Dogmatisch, in: RGG II (1958), Sp. 1230-1234.

Ders., Zu Luthers Verständnis vom geistlichen Leben des Christen im Gebet, in: LuthJB 31 (1964), S. 47-68.

Beitl, Richard, Der Kinderbaum. Brauchtum und Glauben um Mutter und Kind, Berlin 1942.

Ders., O.A. Erich (Hg.), Wörterbuch der deutschen Volkskunde, Leipzig 1936.

Benedek, T.G., The Changing Relationship between Midwives and Physicians during the Renaissance, in: Bulletin of the History of Medicine 51 (1977), S. 553 ff.

Berger, Placidus, Religiöses Brauchtum im Umkreis der Sterbeliturgie in Deutschland (= Forschungen zur Volkskunde 41), Münster 1966.

Beuys, Barbara, Familienleben in Deutschland. Neue Bilder aus der deutschen Vergangenheit, Reinbek bei Hamburg 1980.

Biehl, Peter, Erschließung des Gottesverständnisses durch elementare Formen des Gebets. Religionspädagogische Erwägungen zu einer These G. Ebelings, in: Der evangelische Erzieher 36 (1984), S. 168-188.

Allgemeine Deutsche Biographie, 56 Bde., Neudruck der 1. Aufl. von 1875, Berlin 1967.

Birkelbach, Dagmar, Christiane Eifert, Sabine Lueken, Zur Entwicklung des Hebammenwesens vom 14. bis 16. Jahrhundert am Beispiel der Regensburger Hebammenordnungen, in: Beiträge zur feministischen Theorie und Praxis 5 (1981), S. 83-98.

Blum, Elisabeth, Tod und Begräbnis in evangelischen Kirchenliedern aus dem 16. Jahrhundert, in: Paul Richard Blum (Hg.), S. 97-110.

Blum, Paul Richard, Leichenpredigten: Bemerkungen zu einem Forschungsgebiet und Vorstellung der Tübinger Sammlung des Martin Crusius, in: ders. (Hg.), S. 111-124.

Ders. (Hg.), Studien zur Thematik des Todes im 16. Jahrhundert (= Wolfenbütteler Forschungen 22), Wolfenbüttel 1983.

Bock, Gisela, Giuliana Nobili (Hg.), Il corpo delle donne: immagini e realtà storiche, Ancona 1988.

Böhme, Gernot, Wissenschaftliches und lebensweltliches Wissen am Beispiel der Verwissenschaftlichung der Geburtshilfe, in: ders. (Hg.), Alternativen der Wissenschaft, Frankfurt 1980, S. 25-53.

Böse, Kuno, Das Thema "Tod" in der neueren französischen Geschichtsschreibung: Ein Überblick, in: ders. (Hg.), Studien zur Thematik des Todes im 16. Jahrhundert (= Wolfenbütteler Forschungen 22), Wolfenbüttel 1983, S. 1-20.

Bolley, Alphons, Gebetsstimmung und Gebet. Empirische Untersuchungen zur Psychologie des Gebetes, unter besonderer Berücksichtigung des Betens von Jugendlichen, Düsseldorf 1930.

Bonhoeffer, Thomas, Ursprung und Wesen der christlichen Seelsorge (= Beiträge zur evangelischen Theologie 95), München 1985.

Bornkamm, Heinrich, Art. Evangelische Erbauungsliteratur, in: Sachwörterbuch der Deutschkunde 1, Leipzig 1930, S. 194-295.

Ders., Luther und das alte Testament, Tübingen 1948.

Ders., Das Wort Gottes bei Luther, München 1933.

von Borries, Bodo, Wendepunkte der Frauengeschichte. Ein Lese- und Arbeitsbuch zum An- und Aufregen (= Frauen in Geschichte und Gesellschaft 26), Pfaffenweiler 1990.

Borscheid, Peter, Hans Jürgen Teuteberg, Ehe, Liebe, Tod. Zum Wandel der Familie, der Geschlechts- und Generationsbeziehungen in der Neuzeit, Münster 1983.

Boudriot, Wilhelm, Die altgermanische Religion in der amtlichen kirchlichen Literatur des Abendlandes vom 5. bis zum 11. Jahrhundert, Bonn 1928.

Brandt, Theodor, Luther als Seelsorger, Wuppertal 1973.

Ders., Luthers Seelsorge in seinen Briefen, Witten 1962.

Brandt-Wyt, Renetta, Zur Hebammenfrage, in: Mutterschaft, S. 395-402.

Braun, Carl, Die katholische Predigt während der Jahre 1450-1650 über Ehe und Familie, Erziehung, Unterricht und Berufswahl. Nebenarbeit aus den Vorstudien für den zweiten und geschichtlichen Band des Werkes "Volentibus et Valentibus, zeitgemäße Bildung, vermittelt durch die Volksschule und ihre Lehrer". Nach handschriftlichen und gedruckten Quellen, Würzburg 1904.

Bremond, Henri, Histoire litteraire du Sentiment religieux en France depuis la Fin des Guerres de Religion jusqu'a nos Jours, IX La Vie chrétienne sous L'Ancien Régime, Paris 1932.

Breuer, Stefan, Sozialdisziplinierung. Probleme und Problemverlagerungen eines Konzeptes bei Max Weber, Gerhard Oestreich und Michel Foucault, in: Soziale Sicherheit und soziale Disziplinierung. Beiträge zu einer historischen Theorie der Sozialpolitik, hrsg. von Ch. Sachße und Florian Tennstedt, Frankfurt a.M. 1986, S. 45-69.

Buschan, Georg, Das deutsche Volk in Sitte und Brauch, Stuttgart o.J. (1922).

Cardenal, Ernesto, Das Buch der Liebe (= Gütersloher Taschenbücher Siebenstern 168), 2. Aufl. Hamburg 1973.

Chesler, Phyllis, Mutter werden. Die Geschichte einer Verwandlung (= neue frau), Hamburg 1980.

Choron, Jacques, Der Tod im abendländischen Denken, Stuttgart 1967.

Clebsch, William A., Charley R. Jaekle, Pastoral Care in Historical Perspective, 2. Aufl. New York 1975.

Clemen, Otto, Luther und die Volksfrömmigkeit seiner Zeit (= Studien zur religiösen Volkskunde Abteilung B, 8), Dresden und Leipzig 1938.

Cosack, C.J., Das Cubachsche Gebetbuch, in: Ders., Zur Geschichte der evangelischen ascetischen Literatur in Deutschland. Ein Beitrag zur Geschichte des christlichen Lebens wie zur Cultur- und Literaturgeschichte. Aus dem Nachlaß des Verfassers veröffentlicht von B. Weiß, Basel, Ludwigsburg 1871, S. 243-276.

Cutter, Irving S., Henry R. Viets, A short History of Midwifery, Philadelphia, London 1964.

Davis, Natalie Zemon, Frauen und Gesellschaft am Beginn der Neuzeit, Berlin 1986.

Delumeau, Jean, Angst im Abendland. Die Geschichte kollektiver Ängste im Europa des 14. bis 18. Jahrhunderts, 2 Bde., Reinbek bei Hamburg 1985.

Derwein, Herbert, Geschichte des christlichen Friedhofs in Deutschland, Frankfurt a.M. 1931.

Deubner, Ludwig, Magie und Religion. Rede gehalten bei der Jahresfeier der Freiburger Wissenschaftlichen Gesellschaft am 29. Oktober 1921 (= Freiburger Wissenschaftliche Gesellschaft 9), Freiburg i.Br. 1922.

Diepgen, Paul, Über den Einfluß der autoritativen Theologie auf die Medizin des Mittelalters (= Akademie der Wissenschaften und der Literatur, Abhandlungen der geistes- und sozialwissenschaftlichen Klasse 1958, 1), Mainz, Wiesbaden 1958.

Ders., Frau und Frauenheilkunde in der Kultur des Mittelalters, Stuttgart 1963.

Doerne, Martin, Art. Erbauung, Teil 2, in: RGG II (1958), Sp. 538-540.

Domel, Georg, Die Entstehung des Gebetbuches und seine Ausstattung in Schrift, Bild und Schmuck bis zum Anfang des 16. Jahrhunderts, Köln a.Rh. 1921.

Donnison, Jean, Midwives and Medical Men. A History of Inter-Professional Rivalries and Women's Rights, London 1977.

Dorner, Isaak August, Geschichte der protestantischen Theologie besonders in Deutschland nach ihrer principiellen Bewegung und im Zusammenhang mit dem religiösen, sittlichen und intellectuellen Leben betrachtet (= Geschichte der Wissenschaften in Deutschland, Neuere Zeit 5), München 1867.

Dressel, Gert, Historische Anthropologie. Eine Einführung, Wien 1996.

Dürig, Walter, Geburtstag und Namenstag. Eine liturgiegeschichtliche Studie, München 1954.

Dürr, Alfred, Walther Killy (Hg.), Das protestantische Kirchenlied im 16. und 17. Jahrhundert. Text-, musik- und theologiegeschichtliche Probleme (= Wolfenbütteler Forschungen 31), Wiesbaden 1986.

Ebeling, Gerhard, Dogmatik des christlichen Glaubens, 3 Bde., Tübingen 1979.

Ders., Das Gebet, in: ZTheolKir 70 (1973), S. 206-225.

Ders., Vom Gebet. Predigten über das Unser-Vater, Tübingen 1963.

Eder, Klaus, Historische Anthropologie, in: Handbuch der Geschichtsdidaktik, hrsg. von Klaus Bergmann, Annette Kuhn, Jörn Rüsen, Gerhard Schneider, 3. Aufl. Düsseldorf 1985, S. 98-102.

Ehrenreich, Barbara, Deirdre English, Hexen, Hebammen und Krankenschwestern, 9. Aufl. München 1982.

Elert, Werner, Morphologie des Luthertums 1, Theologie und Weltanschauung des Luthertums hauptsächlich im 16. und 17. Jahrhundert, 3. Aufl. München 1965.

Ders., Morphologie des Luthertums 2, Soziallehren und Sozialwirkungen des Luthertums, 3. unveränderte Aufl. München 1965.

Elias, Norbert, Über den Prozeß der Zivilisation. Soziogenetische und psychogenetische Untersuchungen, 1, Wandlungen des Verhaltens in den weltlichen Oberschichten des Abendlandes, 2, Wandlungen der Gesellschaft. Entwurf zu einer Theorie der Zivilisation (= suhrkamp taschenbuch wissenschaft 158, 159), Frankfurt a.M., 1: 1976, 2: 13. Aufl. 1988.

Eller, Engelbert, Das Gebet. Religionspsychologische Studien, Paderborn, Wien, Zürich o.J.

van Engelenburg, Beschützung der Wöchnerinnen in vorigen Jahrhunderten, in: Janus 8 (1903), S. 463-465.

Engelsing, Rolf, Analphabetentum und Lektüre. Zur Sozialgeschichte des Lesens in Deutschland zwischen feudaler und industrieller Gesellschaft, Stuttgart 1973.

Ders., Die Perioden der Lesergeschichte in der Neuzeit, in: ders., Zur Sozialgeschichte deutscher Mittel- und Unterschichten (= Kritische Studien zur Geschichtswissenschaft 4), Göttingen 1973.

Ennen, Edith, Frauen im Mittelalter, 3. überarbeitete Aufl. München 1984.

Erdei, Klára, Die Meditation - mentalitätsgeschichtliche Deutungen einer Gattung, in: August Buck, Tibor Klaniczay (Hg.), Das Ende der Renaissance: Europäische Kultur um 1600 (= Wolfenbütteler Abhandlungen zur Renaissanceforschung 6), Wiesbaden 1987, S. 81-107.

Fasbender, Heinrich, Geschichte der Geburtshülfe, Jena 1906.

Fehrle, Eugen (Hg.), Zauber und Segen, Jena 1926.

Feis, Oswald, Bericht aus dem Jahre 1411 über eine Hebamme, die angeblich 7 Kaiserschnitte mit gutem Erfolg für Mutter und Kind ausgeführt hat, in: Sudhoffs Archiv für Geschichte der Medizin 26 (1933), Neudruck Wiesbaden 1965, S. 340-344.

Fischer, Albert F., Kirchenliederlexikon. Hymnologisch-literarische Nachweisungen über ca. 4500 der wichtigsten und verbreitetsten Kirchenlieder aller Zeiten in alphabetischer Folge nebst einer Übersicht der Liederdichter, Nachdruck der Ausgabe Gotha 1878/1879, Hildesheim 1967.

Fischer, Emil, Zur Geschichte der evangelischen Beichte, 2 Bde. (= Studien zur Geschichte der Theologie und der Kirche VIII 2, Bd. IX 4), Neudruck der Ausgaben Leipzig 1902, 1903, Aalen 1972.

Fischer, Isidor, Geschichte der Gynäkologie, in: Josef Halban, Ludwig Seitz (Hg.), Biologie und Pathologie des Weibes 1, Berlin, Wien 1924, S. 1-199.

Fischer-Homberger, Esther, "Krankheit Frau", in: Imhof (Hg.), Leib, S. 215-229.

Dies., Krankheit Frau und andere Arbeiten zur Medizingeschichte, Darmstadt 1979.

Dies., Medizin vor Gericht. Gerichtsmedizin von der Renaissance bis zur Aufklärung, Bern, Stuttgart, Wien 1983.

Flügge, Sibylla, Hebammen und heilkundige Frauen. Recht und Rechtswirklichkeit im 15. und 16. Jahrhundert, Frankfurt am Main 1998.

Forbes, Thomas R., The Midwife and the Witch, Neudruck der Ausgabe von 1911, New Haven 1966.

Franz, Adolf, Die kirchlichen Benediktionen im Mittelalter, 2 Bde., unveränderter Nachdruck der 1. Aufl. Freiburg im Breisgau 1909, Graz 1960.

Frauen in der Geschichte II. Fachwissenschaftliche und fachdidaktische Beiträge zur Sozialgeschichte der Frauen vom frühen Mittelalter bis zur Gegenwart (= Geschichtsdidaktik 8), Düsseldorf 1982.

Freisen, Joseph, Geschichte des kanonischen Eherechts bis zum Verfall der Glossenliteratur, Neudruck der 2. Ausgabe Paderborn 1893, Aalen, Paderborn 1963.

Freitag, Werner, Volks- und Elitenfrömmigkeit in der Frühen Neuzeit. Marienwallfahrten im Fürstbistum Münster (= Veröffentlichungen des Provinzialinstituts für westfälische Landes- und Volksforschung des Landschaftsverbandes Westfalen-Lippe 29), Paderborn 1991.

Freund, Gerhard, Sünde im Erbe. Erfahrungsinhalt und Sinn der Erbsündenlehre, Stuttgart, Berlin, Köln, Mainz 1979.

Friedrich, Gerhard, Art. Erbauung I. Neues Testament, in: TRE 10 (1983), S. 18-29.

Friethoff, C., Die Prädestinationslehre bei Thomas von Aquin und Calvin, Freiburg (Schweiz) 1926.

Fuchs, Stefan, Matthias Wingens, Sinnverstehen als Lebensform. Über die Möglichkeit hermeneutischer Objektivität, in: GeschGes 12 (1986), S. 477-501.

Fuchs, Werner, Todesbilder in der modernen Gesellschaft, Frankfurt am Main 1969.

Funk, Philipp, Die Geschichte des christlichen Gebets als innere Geschichte der Kirche, in: Kirche und Wirklichkeit, Jena 1923, S. 80-88.

Gay, Peter, Erziehung der Sinne. Sexualität im bürgerlichen Zeitalter, München 1986.

Gebauer, Gunter, Historische Anthropologie. Zum Problem der Humanwissenschaften heute oder Versuche einer Neugründung, Reinbek bei Hamburg 1989.

Geerts, Clifford, Dichte Beschreibung. Beiträge zum Verstehen kultureller Systeme, Frankfurt a.M. 1983.

Gélis, Jacques, Die Geburt. Volksglaube, Rituale und Praktiken. Von 1500-1900. Aus dem Französischen übertragen von Clemens Wilhelm, München 1989.

Ders., Les sanctuaires "à répit" des Alpes francaises et du Val d'Aoste: espace, chronologie, comportements pélerins, in: Estratto da "Archivio Storico Ticinese" anno XXX, numero 114, dicembre 1993, S. 183-221.

Ders., Mireille Laget, Marie-France Morel, Der Weg ins Leben. Geburt und Kindheit in früherer Zeit, München 1980.

Geyer-Kordesch, Johanna, Annette Kuhn (Hg.), Frauenkörper. Medizin. Sexualität. Auf dem Wege zu einer neuen Sexualmoral, Redaktion Gerhard Seidel (= Geschichtsdidaktik 31), Düsseldorf 1986.

Belehrter Glaube. Festschrift für Johannes Wirsching zum 65. Geburtstag, hrsg. von Elke Axmacher, Klaus Schwarzwäller, Berlin, Bern, New York, Paris, Wien 1994.

Goetz, Hans-Werner, "Vorstellungsgeschichte": Menschliche Vorstellungen und Meinungen als Dimension der Vergangenheit. Bemerkungen zu einem jüngeren Arbeitsfeld der Geschichtswissenschaft als Beitrag zu einer Methodik der Quellenauswertung, in: AfK 61 (1979), S. 253-271.

Goldammer, Kurt, Die Formenwelt des Religiösen. Grundriß der systematischen Religionswissenschaft (= Kröners Taschenausgabe 264), Stuttgart 1960.

Goldstein, Laurence (Hg.), The Female Body. Figures, Styles, Speculations, Ann Arbor (The University of Michigan Press) 1991.

Graff, Paul, Geschichte der Auflösung der alten gottesdienstlichen Formen in der evangelischen Kirche Deutschlands bis zum Eintritt der Aufklärung und des Rationalismus, Göttingen 1921.

Greschat, Hans-Jürgen, Art. Frömmigkeit. I. Religionsgeschichtlich, in: TRE 11 (1983), S. 671-674.

Grönvik, Lorenz, Die Taufe in der Theologie Martin Luthers (= Acta Academiae Aboensis, Ser. A, Humaniora 36/1), Abo 1968.

Groh, Dieter, Anthropologische Dimensionen der Geschichte (= suhrkamp taschenbuch wissenschaft 992), Frankfurt a.M. 1992.

Grohmann, Joseph Virgil (Hg.), Aberglauben und Gebräuche aus Böhmen und Mähren I, Prag 1864.

Gross, Julius, Entstehungsgeschichte des Erbsündendogmas. Von der Bibel bis Augustinus (= Geschichte des Erbsündendogmas. Ein Beitrag zur Geschichte des Problems vom Ursprung des Übels I), München, Basel 1960.

Ders., Entwicklungsgeschichte des Erbsündendogmas im nachaugustinischen Altertum und in der Vorscholastik (5.-11. Jahrhundert) (= Geschichte des Erbsündendogmas. Ein Beitrag zur Geschichte des Problems vom Ursprung des Übels II), Basel 1963.

Ders., Entwicklung des Erbsündendogmas im Zeitalter der Scholastik (12.-15. Jahrhundert) (= Geschichte des Erbsündendogmas. Ein Beitrag zur Geschichte des Problems vom Ursprung des Übels III), München, Basel 1971.

Ders., Entwicklungsgeschichte des Erbsündendogmas seit der Reformation (= Geschichte des Erbsündendogmas. Ein Beitrag zur Geschichte des Problems vom Ursprung des Übels IV), München, Basel 1972.

Große, Constantin, Die Alten Tröster. Ein Wegweiser in die Erbauungslitteratur der evang.-luth. Kirche des 16. bis 18. Jahrhunderts, Hermannsburg 1900.

Grossmann, Karl, Katalog der Mindener Leichenpredigten-Sammlung (= Mindener Beiträge 14), Minden 1972.

Grün, Hugo, Die kirchliche Beerdigung im 16. Jahrhundert, in: Theologische Studien und Kritiken 105 (1933), S. 138-214.

Ders., Der deutsche Friedhof im 16. Jahrhundert, in: Hessische Blätter für Volkskunde 24 (1925), S. 64-97.

Gruenter, Rainer, Die Hausmutter in allen ihren Geschäften, in: Euphorion. Zeitschrift für Literaturgeschichte 57 (1963), S. 218-226.

Ders., Nachtrag zur "Hausmutter", in: Euphorion 61 (1967), S. 155-162.

Gubalke, Wolfgang, Die Hebamme im Wandel der Zeiten. Ein Beitrag zur Geschichte des Hebammenwesens, Hannover 1964.

Guth, Klaus, Sitte, Ritus, Brauch. Bräuche um Tod und Begräbnis, in: Archiv für Liturgiewissenschaft 31 (1989), S. 100-118.

Haberling, Elseluise, Der Hebammenstand in Deutschland von seinen Anfängen bis zum Dreißigjährigen Krieg (= Beiträge zur Geschichte des Hebammenstandes 1), Berlin, Osterwieck am Harz 1940.

Habermas, Rebekka, Niels Minkmar (Hg.), Das Schwein des Häuptlings. Beiträge zur Historischen Anthropologie, Wagenbach 1992.

Häring, Hermann, Das Problem des Bösen in der Theologie, Darmstadt 1985.

Hahn, Alois, Tod und Individualität. Eine Übersicht über neuere französische Literatur, in: Kölner Zeitschrift für Soziologie und Sozialpsychologie 31 (1979), S. 746-765.

Haimerl, Franz Xaver, Mittelalterliche Frömmigkeit im Spiegel der Gebetbuchliteratur Süddeutschlands (= Münchener theologische Studien I, 4), München 1952.

Hamm, Bernd, Frömmigkeit als Gegenstand theologiegeschichtlicher Forschung. Methodisch-historische Überlegungen am Beispiel von Spätmittelalter und Reformation, in: ZTheolKir 74 (1977), S. 464-497.

Hardach-Pinke, Irene, Zwischen Angst und Liebe. Die Mutter-Kind-Beziehung seit dem 18. Jahrhundert, in: Martin, Nitschke (Hg.), S. 525-590.

Hardeland, August, Geschichte der speciellen Seelsorge in der vorreformatorischen Kirche und der Kirche der Reformation, Berlin 1897.

von Harnack, Adolf, Lehrbuch der Dogmengeschichte 3, Die Entwicklung des kirchlichen Dogmas II/III, unveränderter reprographischer Nachdruck der 4., neu durchgearbeiteten und vermehrten Aufl. Tübingen 1910, Darmstadt 1964.

Hasak, P.D., Eine Wanderung durch das Gebiet der religiösen Literatur am Schlusse des Mittelalters. Ein Beitrag zur Aufhellung des "finstern Mittelalters" (= Separatabdruck aus den Beilagen Nr. 21-31 zur Augsburger Postzeitung), Augsburg 1880.

Hausen, Karin, Heide Wunder (Hg.), Frauengeschichte - Geschlechtergeschichte (= Geschichte und Geschlechter 1), Frankfurt, New York 1992.

Heiler, Friedrich, Erscheinungsformen und Wesen der Religion (= Die Religionen der Menschheit 1), Stuttgart 1961.

Ders., Die Frau in den Religionen der Menschheit, Berlin, New York 1977.

Ders., Art. Gebet I. Gebet und Gebetssitten, religionsgeschichtlich, in: RGG II (1958), Sp. 1209-1213.

Ders., Das Gebet. Eine religionsgeschichtliche und religionspsychologische Untersuchung, unveränderter Nachdruck nach der 5. Aufl. mit Literaturergänzungen, München, Basel 1969.

Hennig, John, Zur liturgischen Lehre von den Unschuligen Kindern, in: Archiv für Liturgiewissenschaft IX 1 (1965), S. 72-85.

Hepding, Hugo, Das Begräbnis der Wöchnerinnen, in: Volkskundliche Beiträge. Wossidlo Festschrift, Neumünster 1939, S. 151-165.

Hermann, Rudolf, Das Verhältnis von Rechtfertigung und Gebet nach Luthers Auslegung von Röm. 3 in der Römerbriefvorlesung (= Studien des apologetischen Seminars 15), Gütersloh 1926.

Herntrich, Hans-Volker, Kasualien und Lebensordnung, in: JahrbLiturg u Hymnol 18, 1973/74, S. 55-64.

Herold, Ludwig, Volksbrauch und Volksglaube bei Geburt und Taufe im Karlsbader Bezirk, in: Hessische Blätter für Volkskunde 44 (1953), S. 15-49.

Herrmann, Ulrich, Susanne Renftle, Lutz Roth, Bibliographie zur Geschichte der Kindheit, Jugend und Familie, München 1980.

Hippe, Die Gräber der Wöchnerinnen, in: Mitteilungen der Schlesischen Gesellschaft für Volkskunde VII, 13 (1905), S. 15-20.

Hirsch, Rudolf, Printing, Selling and Reading. 1450-1550, 2. Aufl. Wiesbaden 1974.

Höfler, Max, Volksmedizin und Aberglaube in Oberbayerns Gegenwart und Vergangenheit, München 1888.

Höhn, H., Sitte und Brauch bei Geburt, Taufe und in der Kindheit (= Mitteilungen über volkstümliche Überlieferungen in Württemberg 4, Sonderabdruck aus den Württembergischen Jahrbüchern für Statistik und Landeskunde 1909), Stuttgart 1910.

Ders., Sitte und Brauch bei Tod und Begräbnis (= Mitteilungen über volkstümliche Überlieferungen in Württemberg 7, Sonderabdruck aus den Württembergischen Jahrbüchern für Statistik und Landeskunde 1913), Stuttgart 1913.

Hoffmann, Gottfried, Kindertaufe und Kinderglaube, in: Lutherische Theologie und Kirche 9 (1985), S. 1-15.

Hoffmann, Julius, Die "Hausväterliteratur" und die "Predigten über den christlichen Hausstand". Lehre vom Hause und Bildung für das häusliche Leben im 16., 17. und 18. Jahrhundert, Weinheim a.d.B., Berlin 1959.

Hoffmann, Sibylle, Ich schaff das schon! Junge Frauen werden Mutter: Wünsche, Ängste, Wirklichkeit (= rororo panther 5624), Hamburg 1987.

Hofmann, L., Militia Christi. Ein Beitrag zur Lehre von den kirchlichen Ständen, in: Trierer Theologische Zeitschrift 63 (1954), S. 76-92.

Honecker, Martin, Die Kirchengliedschaft bei Johann Gerhard und Robert Bellarmin, in: ZTheolKir 62 (1965), S. 21-45.

Honegger, Claudia, Überlegungen zur Medikalisierung des weiblichen Körpers, in: Imhof (Hg.), Leib, S. 203-213.

van Hoof, Romana, Bezeichnungen für das Sterben und Todesmetaphorik in Leichenpredigten, in: Lenz (Hg.), Leichenpredigten als Quelle 3, S. 249-269.

von Hovorka, O., A. Kronfeld, Vergleichende Volksmedizin. Eine Darstellung volksmedizinischer Sitten und Gebräuche, Anschauungen und Heilfaktoren des Aberglaubens und der Zaubermedizin 2, Stuttgart 1909.

Hub, Johann Dietrich, Die Hebammenordnungen des XVII. Jahrhunderts, Diss. Würzburg 1914.

Hünermann, Peter, Christliches Beten, in: Adel Theodor Khoury, Peter Hünermann (Hg.), Wozu und wie beten? Die Antwort der Weltreligionen (Herder Taschenbuch 1644), Freiburg, Basel, Wien 1989, S. 117-157.

Hufnagel, Alfons, Die Bewertung der Frau bei Thomas von Aquin, in: Theologische Quartalschrift 156 (1976), S, 132-165.

Hughes, Muriel Joy, Women Healers in medieval Life and Literature, New York 1943.

Hunt, David, Parents and Children in History. The Psychology of Family Life in Early Modern France, New York, London 1970.

Huovinen, Eero, Fides infantium. Martin Luthers Lehre vom Kinderglauben (= Veröffentlichungen des Instituts für Europäische Geschichte Mainz 159), Mainz 1997.

Hupfeld, Renatus, Das kultische Gebet (= Zwölftes Heft der liturgischen Konferenz Niedersachsens), Gütersloh 1929.

Ders., Zur Psychologie des Gottesdienstes, Gütersloh 1927.

Imhof, Arthur Erich (Hg.), Biologie des Menschen in der Geschichte. Beiträge zur Sozialgeschichte der Neuzeit aus Frankreich und Skandinavien (= Kultur und Gesellschaft. Neue historische Forschungen 3), Stuttgart, Bad Cannstatt 1978.

Ders., Die gewonnenen Jahre. Von der Zunahme der Lebensspanne seit dreihundert Jahren oder von der Notwendigkeit einer neuen Einstellung zu Leben und Sterben. Ein historischer Essay, München 1981.

Ders. (Hg.), Leib und Leben in der Geschichte der Neuzeit: Vorträge eines internationalen Colloquiums Berlin 1.-3.12.1981 = L'homme et son corps dans l'histoire moderne (= Berliner historische Studien 9), Berlin 1983.

Ders. (Hg.), Mensch und Gesundheit in der Geschichte: Vorträge eines internationalen Colloquiums in Berlin vom 20. zum 23. September 1978 = Les hommes et la sante dans L'histoire (= Abhandlungen zur Geschichte der Medizin und der Naturwissenschaften 39), Husum 1980.

Ders., Der Mensch und sein Körper. Von der Antike bis heute, München 1983.

Ders., Normen gegen die Angst des Sterbens. Diskussionseinlage, in: Lenz (Hg.), Leichenpredigten als Quelle 3, S. 271-285.

Ders., Die verlorenen Welten: Alltagsbewältigung durch unsere Vorfahren, und weshalb wir uns heute so schwer damit tun, München 1984.

Irwin, Joyce L., Womanhood in Radical Protestantism 1525-1675, Lewiston, Queenston, Lampeter 1979.

Iser, Wolfgang, Der Akt des Lesens. Theorie ästhetischer Wirkung (Uni-Taschenbücher 636), 2. Aufl. München 1984.

Jeremias, Joachim, Hat die älteste Christenheit die Kindertaufe geübt?, Göttingen 1938.

Jetter, Werner, Die Taufe beim jungen Luther. Eine Untersuchung über das Werden der reformatorischen Sakraments- und Taufanschauung (= Beiträge zur historischen Theologie 18), Tübingen 1954.

Jöcher, Christian Gottlieb, Allgemeines Gelehrten-Lexicon ..., 7 Bde., Unveränderter Nachdruck der Ausgabe Leipzig 1750, Darmstadt 1960.

Jörns, Klaus-Peter, Luther als Seelsorger, in: Wege zum Menschen 37 (1985), S. 489-498.

Jordahn, Bruno, Das kirchliche Begräbnis. Grundlegung und Gestaltung (= Veröffentlichungen der Evangelischen Gesellschaft für Liturgieforschung 39), Göttingen 1949.

Jüngel, Eberhard, Tod (= Gütersloher Taschenbücher Siebenstern 1295), 4. Aufl. 1990.

Jürgensmeier, Friedhelm, Die Leichenpredigt in der katholischen Begräbnisfeier, in: Lenz (Hg.), Leichenpredigten als Quelle 1, S. 122-145.

Jütte, Robert, "Disziplin zu predigen ist eine Sache, sich ihr zu unterwerfen eine andere" (Cervantes) - Prolegomena zu einer Sozialgeschichte der Armenfürsorge diesseits und jenseits des Fortschritts, in: GeschGes 17 (1991), S. 92-101.

Ders., Die Frau, die Kröte und der Spitalmeister. Zur Bedeutung der ethnographischen Methode für eine Sozial- und Kulturgeschichte der Medizin, in: Historische Anthropologie. Kultur, Gesellschaft, Alltag 4 (1996), S. 193-215.

Jung, P., Die Augsburger erneuerte Hebammenordnung von 1750, in: Gesnerus, Aarau 3 (1946), S. 134-146.

Junghans, Helmar (Hg.), Leben und Werk Martin Luthers von 1526 bis 1546. Festgabe zu seinem 500. Geburtstag, 2 Bde., Göttingen 1983.

Jungmann, Josef Andreas, Christliches Beten in Wandel und Bestand (= Reihe "leben und glauben"), München 1969.

Kämpfer, Winfried, Studien zu den gedruckten mittelniederdeutschen Plenarien. Ein Beitrag zur Entstehungsgeschichte spätmittelalterlicher Erbauungsliteratur (= Niederdeutsche Studien 2), Münster 1954.

Kalb, Friedrich, Grundriss der Liturgik. Eine Einführung in die Geschichte, Grundsätze und Ordnungen des lutherischen Gottesdienstes, München 1965.

Kammeier-Nebel, Andrea, Empfängnisverhütung, Abtreibung und Aussetzung im frühen Mittelalter, in: Affeldt, Kuhn (Hg.), S. 136-151.

Karant-Nunn, Susan C., The Transmission of Luther's Teachings on Women and Matrimony: The Case of Zwickau, in: AR 77 (1986), S. 31-46.

Kasper, Walter, Karl Lehmann (Hg.), Teufel - Dämonen - Besessenhait. Zur Wirklichkeit des Bösen, Mainz 1978.

Kawerau, Waldemar, Die Reformation und die Ehe. Ein Beitrag zur Kulturgeschichte des sechzehnten Jahrhunderts (= Schriften des Vereins für Reformationsgeschichte 10, 39), Halle 1892.

Kelso, Ruth, Doctrine for the Lady of the Renaissance. With a Foreword by Katharine M. Rogers, Urbana, Chicago, London 1956.

Kemper, Hans-Georg, Das lutherische Kirchenlied in der Krisen-Zeit des frühen 17. Jahrhunderts, in: Dürr, Killy (Hg.), S. 87-108.

Ketsch, Peter, Frauen im Mittelalter, 2 Bde., hrsg. von Annette Kuhn (= Geschichtsdidaktik: Studien, Materialien 14), Düsseldorf, 1: 1983, 2: 1984.

Kitzinger, Sheila, Frauen als Mütter. Mutterschaft in verschiedenen Kulturen. Aus dem Englischen von Inge Wacker (= dtv Sachbuch 10139), 2. Aufl. München 1984.

Dies., Natürliche Geburt. Ein Buch für Mütter und Väter, 2. ergänzte Aufl. München 1981.

Klapper, Joseph, Volkskundliches in altschlesischen Gebetbüchern, in: Mitteilungen der Schlesischen Gesellschaft für Volkskunde 18 (1916), S. 34-70.

Klaus, Bernhard, Die Erbsündenlehre als Motiv des kirchlichen Handelns in der Taufe, in: Kerygma und Dogma. Zeitschrift für theologische Forschung und kirchliche Lehre 15 (1969), S. 50-70.

Klein, Luise, Die Bereitung zum Sterben. Studien zu den frühen reformatorischen Sterbebüchern, Diss. Göttingen 1958.

Klingner, Erich, Luther und der deutsche Volksaberglaube (= Palaestra LVI), Berlin 1912.

Klink, Johanna, Kind auf Erden, Düsseldorf 1973.

Dies., Kind und Glaube, 2. Aufl. Düsseldorf 1973.

Dies., Kind und Leben, Düsseldorf 1972.

Dies., Nicht im Sturm, nicht im Feuer: das Kindergebet (= Topos-Taschenbücher 26), Düsseldorf 1974.

Kloke, Ines Elisabeth, Das Kind in der Leichenpredigt, in: Lenz (Hg.), Leichenpredigten als Quelle 3, S. 97-122.

Dies., Lebenslauf und Lebensende in Leichenpredigten des 16. bis 18. Jahrhunderts, in: Christoph Conrad, Hans-Joachim von Kondratowitz (Hg.), Gerontologie und Sozialgeschichte. Wege zu einer historischen Betrachtung des Alters (= Beiträge zur Gerontologie und Altenarbeit 48), Berlin 1983, S. 75-89.

Dies., Die gesellschaftliche Situation der Frauen in der frühen Neuzeit im Spiegel der Leichenpredigten, in: Schuler (Hg.), S. 147-163.

Knapp, Theologie und Geburtshilfe. Nach F.E. Cangiamilas (1701-1763) Sacra Embryologica (Editio Latina MDCCLXIV). Mit aktuellen Bemerkungen, Prag 1908.

Koch, Traugott, Art. Erwählung, IV. Dogmatisch, in: TRE 10 (1982), S. 197-205.

Kocka, Jürgen, Historisch-anthropologische Fragestellungen - ein Defizit der Historischen Sozialwissenschaft? Thesen zur Diskussion, in: Süssmuth (Hg.), S. 73-83.

Köhler, Oskar, Versuch einer "Historischen Anthropologie", in: Saec 25 (1974), S. 129-246.

Unser Körper, unser Leben. Ein Handbuch von Frauen für Frauen, 2 Bde., Aus dem Amerikanischen übersetzt und bearbeitet von Angelika Blume und Claudia Preuschoft (= rororo Sachbuch 8408, 8409), Reinbek bei Hamburg 1988.

Köstlin, Heinrich Adolf, Die Lehre von der Seelsorge nach evangelischen Grundsätzen (= Sammlung von Lehrbüchern der Praktischen Theologie in gedrängter Darstellung V), 2., neubearbeitete Aufl. Berlin 1907.

Koppitz, Hans-Joachim, Zur deutschen Buchproduktion des 15. und 16. Jahrhunderts. Einige Beobachtungen über das Vordringen deutschsprachiger Drucke, in: Gutenberg-Jahrbuch 62 (1987), S. 16-25.

Koselleck, Reinhart, Historik und Hermeneutik, in: Sitzungsberichte der Heidelberger Akademie der Wissenschaften. Philosophisch-historische Klasse 1987, Bericht 1, vorgelegt am 6. Dezember 1986, Heidelberg 1987, S. 9-28.

Kranz, Gisbert, Europas christliche Literatur von 1500 bis heute, 2 Bde., München, Paderborn, Wien 1968.

Krause, Gerhard, Art. Erbauung II. Theologiegeschichtlich und praktisch-theologisch, in: TRE 10 (1983), S. 22-28.

Krauss, Friedrich S., Folkloristisches von der Mutterschaft, in: Mutterschaft, S. 41-55.

Kreiker, Sebastian, Armut, Schule, Obrigkeit. Armenversorgung und Schulwesen in den evangelischen Kirchenordnungen des 16. Jahrhunderts (= Religion in der Geschichte. Kirche, Kultur und Gesellschaft 5), Bielefeld 1997.

Kriss-Rettenbeck, Lenz, Bilder und Zeichen religiösen Volksglaubens, München 1978.

Krummacher, Hans-Henrik, Überlegungen zur literarischen Eigenart und Bedeutung der protestantischen Erbauungsliteratur im frühen 17. Jahrhundert, in: Acta Litteraria Academiae Scientiarum Hungaricae 26 (1984), S. 145-162; Wiederabdruck in: Rhetorik 5 (1986), S. 97-113.

Kümmel, Werner Friedrich, Der sanfte und selige Tod. Verklärung und Wirklichkeit des Sterbens im Spiegel lutherischer Leichenpredigten des 16. bis 18. Jahrhunderts, in: Lenz (Hg.), Leichenpredigten als Quelle 3, S. 199-226.

Kulp, H.-L., Art. Gebet V. Kirchengeschichtlich, in: RGG II (1958), Sp. 1221-1230.

Ders., Art. Gebetbücher, in: RGG II (1958), Sp. 1234 f.

Labouvie, Eva (Hg.), Frauenleben - Frauen leben. Zur Geschichte und Gegenwart weiblicher Lebenswelten im Saarraum (17. - 20. Jahrhundert) (= Saarland-Bibliothek 6), St. Ingbert 1993.

Dies., Selbstverwaltete Geburt. Landhebammen zwischen Macht und Reglementierung (17. - 19. Jahrhundert), in: GeschGes 18 (1992), S. 477-506.

Dies. (Hg.), Ungleiche Paare. Zur Kulturgeschichte menschlicher Beziehungen (= Beck'sche Reihe 1197), München 1997.

Dies., Andere Umstände. Eine Kulturgeschichte der Geburt, Köln 1998.

Lähteenmäki, Olavi, Sexus und Ehe bei Luther (= Schriften der Luther-Agricola-Gesellschaft 10), Turku 1955.

Läpple, Volker, Das Methodenproblem in der evangelischen Seelsorge, in: Joachim Scharfenberg (Hg.), Freiheit und Methode. Wege christlicher Einzelseelsorge (= Sehen, Verstehen, Helfen 1), Wien, Freiburg, Basel, Göttingen 1979.

Lammert, G., Volksmedizin und medizinischer Aberglaube in Bayern und den angrenzenden Bezirken, begründet auf die Geschichte der Medizin und Cultur, Würzburg 1869.

Lau, Franz, Die Konditional- oder Eventualtaufe und die Frage nach ihrem Recht in der lutherischen Kirche, in: LuthJB 25 (1958), S. 110-140.

Leavitt, Judith Walzer, Brought to Bed: Child Bearing in America 1750-1950, Oxford 1986.

Lebrun, Francois, Reformation und Gegenreformation. Gemeinschaftspraxis und private Frömmigkeit, in: Philppe Ariès, Roger Chartier (Hg.), Geschichte des privaten Lebens 3: Von der Renaissance zur Aufklärung, Frankfurt a.M. 1991, S. 75-114.

van der Lee, Anthony, Oskar Reichmann, Die Erbauungsliteratur des späten Mittelalters und der frühen Neuzeit als Quellengrundlage für die Erforschung der Herausbildung der deutschen Nationalsprache. Ein Bericht, in: Jahrbuch für Internationale Germanistik IV, 2 (1972), S. 109-124.

van der Leeuw, Gerardus, Phänomenologie der Religion (= Neue theologische Grundrisse), Tübingen 1933.

Lehmann, Volker, Die Geburt in der Kunst, Braunschweig 1978.

Leichenpredigten. Quellen zur Erforschung der Frühen Neuzeit. Forschungsstelle für Personalschriften. Arbeitsstelle der Akademie der Wissenschaften und der Literatur zu Mainz, Liebigstraße 37, Telefon 06421-283800,283162, 3550 Marburg/Lahn (Informationsschrift o.J.).

Leist, Marielene, Erste Erfahrungen mit Gott. Die religiöse Erziehung des Klein- und Vorschulkindes (= Herderbücherei 409), 9. Aufl. Freiburg, Basel, Wien 1975.

Dies., Kinder begegnen dem Tod (= Gütersloher Taschenbücher Siebenstern 956), Gütersloh 1987.

Lenz, Rudolf, Emotion und Affektion in der Familie der frühen Neuzeit. Leichenpredigten als Quelle der historischen Familienforschung, in: Schuler (Hg.), S. 121-145.

Ders., Die Forschungsstelle für Personalschriften an der Philipps-Universität Marburg, in: Genealogie 29 (1980), S. 225-233.

Ders. (Hg.), Katalog der Leichenpredigten und sonstigen Trauerschriften in der Universitätsbibliothek Marburg. Katalogteil (= Marburger Personalschriften-Forschungen 2,1), Marburg/Lahn 1980.

Ders. (Hg.), Leichenpredigten. Eine Bestandsaufnahme. Bibliographie und Ergebnisse einer Umfrage (= Marburger Personalschriften-Forschungen 3), Marburg 1980.

Ders. (Hg.), Leichenpredigten als Quelle historischer Wissenschaften 1: Köln, Wien 1975; 2: Marburg 1979; 3: Marburg 1984.

Ders., De mortuis nil nisi bene? Leichenpredigten als multidisziplinäre Quelle unter besonderer Berücksichtigung der Historischen Familienforschung, der Bildungsgeschichte und der Literaturgeschichte (= Marburger Personalschrifen-Forschungen 10), Sigmaringen 1990.

Lepenies, Wolf, Geschichte und Anthropologie. Zur wissenschaftlichen Einschätzung eines aktuellen Disziplinenkontakts, in: GeschGes 1 (1975), S. 325-343.

Lerner, Gerda, Frauen finden ihre Vergangenheit. Grundlagen der Frauengeschichte, Frankfurt a.M, New York 1995.

Leube, Hans, Kalvinismus und Luthertum im Zeitalter der Orthodoxie. 1. (einziger) Band. Der Kampf um die Herrschaft im protestantischen Deutschland, Neudruck der Ausgabe Leipzig 1928, Aalen 1966.

Lohff, Wenzel, Lutz Mohaupt (Hg.), Volkskirche - Kirche der Zukunft? - Leitlinien der Augsburgischen Konfession für das Kirchenverständnis heute - Eine Studie des Theologischen Ausschusses der Vereinigten Evangelisch-Lutherischen Kirche Deutschlands (= Zur Sache - Kirchliche Aspekte heute 12/13), Hamburg 1977.

Lohrmann, W., Glaube und Taufe in den Bekenntnisschriften der evangelisch-lutherischen Kirche. Ein Beitrag zur theologischen Besinnung über die Tauffrage heute (= Arbeiten zur Theologie 8), Stuttgart 1962.

Ludewig, Hansgünter, Gebet und Gotteserfahrung bei Gerhard Tersteegen (= Arbeiten zur Geschichte des Pietismus 24), Göttingen 1986.

Lüers, Friedrich, Art. Aussegnung, in: Bächtold-Stäubli (Hg.), Sp. 729 f.

Ders., Sitte und Brauch im Menschenleben, München 1926.

Ludolphy, Ingetraut, Die Frau in der Sicht Martin Luthers, in: Helmar Junghans, Ingetraut Ludolphy, Kurt Meier (Hg.), Vierhundert Jahre lutherische Reformation, 1517-1967. Festschrift für Franz Lau zum 60. Geburtstag, Göttingen 1967, S. 204-221.

Dies., Zur Geschichte der Auslegung des Evangelium infantium, in: Erdmann Schott (Hg.), Taufe und neue Existenz, Berlin 1973, S. 71-86.

Luther and Women, Seminar leader: Jane D. Douglas, Reporter: John Tonkin, in: LuthJB 57 (1990), S. 262-264.

Maclean, Ian, The Renaissance Notion of Woman. A Study in the Fortunes of Scholasticism and Medical Science in European Intellectual Life (= Cambridge Monographs on the History of Medicine), Cambridge, London, New York, New Rochelle, Melbourne, Sydney 1945.

Mager, Inge, Das lutherische Lehrlied im 16. und 17. Jahrhundert, in: Jahrbuch der Gesellschaft für niedersächsische Kirchengeschichte 82 (1984), S. 77-95.

Martin, Jochen, Probleme historisch-sozialanthropologischer Forschung, in: Süssmuth (Hg.), S. 43-48.

Ders., August Nitschke (Hg.), Zur Sozialgeschichte der Kindheit (= Veröffentlichungen des "Instituts für historische Anthropologie e.V." 4 (= Kindheit Jugend Familie II)), München 1986.

Ders., Renate Zoepffel (Hg.), Aufgaben, Rollen und Räume von Frau und Mann, 2 Bde. (= Veröffentlichungen des "Instituts für Historische Anthropologie e.V." 5/1,2 (= Kindheit Jugend Familie III/1,2), Freiburg, München 1989.

Maurer, Wilhelm, Kirche und Geschichte. Gesammelte Aufsätze, 2: Beiträge zu Grundsatzfragen und zur Frömmigkeitsgeschichte, hrsg. von Ernst-Wilhelm Kohls, Gerhard Müller, Göttingen 1970.

de Mause, Lloyd, The Fetal Origins of History, in: Journal of Psychohistory 9 (1981), S. 1-89.

Ders., Hört ihr die Kinder weinen. Eine psychogenetische Geschichte der Kindheit, Frankfurt a.M. 1977.

Mauss, Marcel, oevres. 1. les fonctions sociales du sacré. présentation de victor karady, Paris 1968.

McNeill, John T., A History of the Cure of Souls, New York 1951.

Mecking, Burkhart, Christliche Biographien. Beobachtungen zur Trivialisierung in der Erbauungsliteratur, Frankfurt a.M., Bern 1983.

Medick, Hans, Vom Interesse der Sozialhistoriker an der Ethnologie. Bemerkungen zu einigen Motiven der Begegnung von Geschichtswissenschaft und Sozialanthropologie, in: Süssmuth (Hg.), S. 49-56.

Ders., "Missionare im Ruderboot"? Ethnologische Erkenntnisweisen als Herausforderung an die Sozialgeschichte, in: GeschGes. 10 (1983), S. 295-319.

Mensching, Gustav, Die Religion. Erscheinungsformen, Strukturtypen und Lebensgesetze, Stuttgart 1959.

Merchant, C., Die Frau in Produktion und Reproduktion, in: dies., Der Tod der Natur. Ökologie, Frauen und neuzeitliche Naturwissenschaft, München 1987, S. 164-176.

Merkel, Gottfried Felix, Deutsche Erbauungsliteratur. Grundsätzliches und Methodisches, in: Jahrbuch für Internationale Germanistik 3,1 (1971), S. 30-41.

Metz, Johann Baptist, Karl Rahner, Ermutigung zum Gebet, 2. Aufl. Freiburg, Basel, Wien 1980.

Middell, Katharina (Hg.), Ehe, Alltag, Politik. Studien zu Frauengeschichte und Geschlechterverhältnissen von der frühen Neuzeit bis zur Gegenwart (= Comparativ 3,5), Leipzig 1993.

Mitterauer, Michael, Die Entwicklung zum modernen Familienzyklus, in: Michael Mitterauer, Reinhard Sieder, Vom Patriarchat zur Partnerschaft. Zum Strukturwandel der Familie (= Beck'sche Schwarze Reihe 158), 3., gegenüber der 2. unveränderte Aufl. München 1984, S. 64-91.

Mitterer, Albert, Mann und Weib nach dem biologischen Weltbild des heiligen Thomas und dem der Gegenwart, in: Zeitschrift für Katholische Theologie 57 (1933), S. 491-556.

Mohr, Rudolf, Art. Erbauungsliteratur III. Reformations- und Neuzeit, in: TRE 10 (1983), S. 51-80.

Ders., Protestantische Theologie und Frömmigkeit im Angesicht des Todes während des Barockzeitalters hauptsächlich auf Grund hessischer Leichenpredigten, Diss. Marburg 1964.

Ders., Der unverhoffte Tod. Theologie- und kulturgeschichtliche Untersuchungen zu außergewöhnlichen Todesfällen in Leichenpredigten (= Marburger Personalschriften-Forschungen 5), Marburg 1982.

Ders., Der Tote und das Bild des Todes in den Leichenpredigten, in: Lenz (Hg.), Leichenpredigten als Quelle 1, S. 82-121.

Molinski, Waldemar, Theologie der Ehe in der Geschichte (= Der Christ in der Welt. Eine Enzyklopädie VII 7 a/b), Aschaffenburg 1976.

Moltmann, Jürgen, Gott-Mutter, in: Moltmann-Wendel, Moltmann (Hg.), S. 49-55.

Moltmann-Wendel, Elisabeth, Wenn Gott und Körper sich begegnen. Feministische Perspektiven zur Leiblichkeit, Gütersloh 1989.

Dies., Gibt es eine feministische Kreuzestheologie?, in: dies., Moltmann (Hg.), S. 100-114.

Dies., Jürgen Moltmann (Hg.), Als Frau und Mann von Gott reden, München 1991.

Mörsdorf, Josef, Gestaltwandel des Frauenbildes und Frauenberufs in der Neuzeit (= Münchener theologische Studien II 16), München 1958.

von Moos, Peter, Consolatio. Studien zur mittellateinischen Trostliteratur über den Tod und zum Problem der christlichen Trauer, 4 Bde. (= Münstersche Mittelalter-Schriften 3,1-4), München 1971.

Müller, Ernst Wilhelm (Hg.), Geschlechtsreife und Legitimation zur Zeugung (= Veröffentlichungen des "Instituts für Historische Anthropologie e.V." 3 (= Kindheit Jugend Familie I), Freiburg, München 1985.

Müller, Julius, Die christliche Lehre von der Sünde 2, 3, vermehrte und verbesserte Ausgabe, Breslau 1849.

Müller, Karl Ferdinand, Das Gebet im Leben der Gemeinde, in: JahrbLiturg u Hymnol 9 (1964), S. 1-28.

Müllerheim, Robert Nathan, Die Wochenstube in der Kunst, Stuttgart 1904.

Mutterschaft. Ein Sammelwerk für die Probleme des Weibes als Mutter, hrsg. in Verbindung mit zweiundfünfzig Mitarbeitern von Adele Schreiber, Einleitung von Lily Braun, München 1912.

Nebe, August, Luther als Seelsorger, Wiesbaden 1883.

Nelle, Wilhelm, Geschichte des deutschen evangelischen Kirchenliedes, 4. unveränderte Aufl. Hildesheim 1962.

Nied, Edmund, Heiligenverehrung und Namengebung. Sprach- und kulturgeschichtlich mit Berücksichtigung der Familiennamen, Freiburg i.Br. 1924.

Niekus Moore, Cornelia, "Mein Kindt, nimm diß in acht". Anna Hoyers' Gespraech eines Kindes mit seiner Mutter von dem Wege zur wahren Gottseligkeit" als Beispiel der Erbauungsliteratur für die Jugend im 17. Jahrhundert, in: Pietismus und Neuzeit VI (1980), S. 164-185.

Niesel, Wilhelm, Die Theologie Calvins, 2. überarbeitete Aufl. München 1957.

Nipperdey, Thomas, Die anthropologische Dimension der Geschichtswissenschaft, in: Gerhard Schulz (Hg.), Geschichte heute. Positionen, Tendenzen und Probleme, Göttingen 1973, S. 225-255.

Ders., Kulturgeschichte, Sozialgeschichte, historische Anthropologie, in: Vierteljahrschrift für Sozial- und Wirtschaftsgeschichte 55 (1968), S. 145-164.

Nitschke, August, Fragestellungen der historischen Anthropologie. Erläutert an Untersuchungen zur Geschichte der Kindheit und Jugend, in: Süssmuth (Hg.), S. 32-42.

Ders., Geburt und Tod, in: Funkkolleg Geschichte. Studienbegleitbrief 1, Weinheim und Basel 1979, S. 76-114.

Ders., Historische Verhaltensforschung. Analysen gesellschaftlicher Verhaltensweisen - Ein Arbeitsbuch (= UTB 1153), Stuttgart 1981.

Nowicki-Pastuschka, Angelika, Frauen in der Reformation: Untersuchungen zum Verhalten von Frauen in den Reichsstädten Augsburg und Nürnberg zur reformatorischen Bewegung zwischen 1517 und 1537, Pfaffenweiler 1990.

Nyssen, Friedhelm, Die Geschichte der Kindheit bei Lloyd de Mause. Quellendiskussion (= Europäische Hochschulschriften. Reihe 11, 233), Frankfurt a.M., Bern 1984.

Oelze, Ernst, Balthasar Schuppe. Ein Beitrag zur Geschichte des christlichen Lebens in der ersten Hälfte des 17. Jahrhunderts, Hamburg o.J. (1862).

Oestreich, Gerhard, Strukturprobleme des europäischen Absolutismus, in: Vierteljahresschrift für Wirtschaftsgeschichte 55 (1968), S. 329-347.

Ozment, Steven, The Family in Reformation Germany: The Bearing and Rearing of Children, in: Journal of Family History 2 (1983), S. 159-176.

Ders., When Fathers Ruled. Family Life in Reformation Europe, Cambridge (Massachusetts) 1983.

Pachinger, A.M., Der Aberglaube vor und bei der Geburt des Menschen, in: Münchener medizinische Wochenschrift 51 (1904), S. 1438 f.

Peters, Albrecht, Die Spiritualität der lutherischen Reformation, in: Lohff, Mohaupt (Hg.), S. 132-148.

Peukert, Detlev J.K., Grenzen der Sozialdisziplinierung. Aufstieg und Krise der deutschen Jugendfürsorge 1878-1932, Köln 1986.

Pfeilsticker, Walter, Eine württembergische Hebammenordnung von ca. 1480, in: Sudhoffs Archiv 20 (1928), S. 95-98.

Pieper, Josef, Über den Begriff der Sünde, München 1977.

Piper, Hans-Christoph, Ars moriendi und Kirchenlied, in: JahrbLiturg u Hymnol 19 (1975), S. 105-122.

Ders., Die Rubrik der Kreuz- und Trostlieder im deutschen ev.-luth. Gesangbuch von der Reformation bis zum frühen 18. Jahrhundert, in: JahrbLiturg u Hymnol 11 (1966), S. 137-149.

Pissarek-Hudelist, Herlinde, Luise Schottroff (Hg.), Mit allen Sinnen glauben. Feministische Theologie unterwegs, Gütersloh 1991.

Ploß, H., Das Kind in Brauch und Sitte der Völker. Anthropologische Studien, 2 Bde., Berlin 1882.

Po-chia Hsia, Ronnie, Social discipline in the Reformation: Central Europe 1550-1750, London 1989.

Ders., W. Scribner (Hg.), Problems in the Historical Anthropology of Early Modern Europe (= Wolfenbütteler Forschungen 78), Wiesbaden 1997.

Pöll, Wilhelm, Das religiöse Erlebnis und seine Strukturen, München 1974.

Preuß, Hans, Die deutsche Frömmigkeit im Spiegel der bildenden Kunst. Von ihren Anfängen bis zur Gegenwart dargestellt, Berlin o.J. (1926).

Prior, Mary (Hg.), Women in English Society 1500-1800, London, New York 1985.

Procopé, John, Art. Erbauungsliteratur I. Alte Kirche, in: TRE 10 (1983), S. 29-43.

von Rad, Gerhard, Das erste Buch Mose. Genesis. Übersetzt und erklärt von Gerhard von Rad (= Das Alte Testament Deutsch 2/4), 12. Aufl. Göttingen und Zürich 1987.

Rahner, Karl, Von der Not und dem Segen des Gebetes, 2. Aufl. Innsbruck 1959.

Reinhard, Wolfgang, Gegenreformation als Modernisierung? Prolegomena zu einer Theorie des konfessionellen Zeitalters, in: AR 68 (1977), S. 226-252.

Ders., Konfession und Konfessionalisierung in Europa, in: ders. (Hg.), Bekenntnis und Geschichte, München 1981, S. 165-189.

Ders., Möglichkeiten der Verbindung von Kirchengeschichte mit Sozial- und Wirtschaftsgeschichte, in: Grete Klingenstein, Heinrich Lutz (Hg.), Spezialforschung und "Gesamtgeschichte". Beispiel und Methoden zur Geschichte der Frühen Neuzeit, München 1982, S. 254-278.

Ders., Zwang zur Konfessionalisierung?, in: Zeitschrift für historische Forschung 10 (1983), S. 257-277.

Riceur, Paul, Hermeneutik und Psychoanalyse. Der Konflikt der Interpretationen II, München 1974.

Rieks, Annette, Die französische Sozial- und Mentalitätsgeschichte als Basis einer Geschichte der glaubenden Menschen, in: Zeitschrift für Kirchengeschichte 101 (1990), 4. Folge XXXIX, S. 58-79.

Rietschel, Georg, Lehrbuch der Liturgik 2, Die Kasualien (= Sammlung von Lehrbüchern der praktischen Theologie in gedrängter Darstellung II), Berlin 1909.

Röbbelen, Ingeborg, Theologie und Frömmigkeit im deutschen evangelisch-lutherischen Gesangbuch des 17. und frühen 18. Jahrhunderts, Göttingen 1957.

Roensch, Manfred, Grundstrukturen der Frömmigkeit von der Zeit der Orthodoxie bis zur Erweckungsbewegung, in: Lohff, Mohaupt (Hg.), S. 149-174.

Roeser, Edmund, Liturgisches Gebet und Privatgebet. Begriff, geschichtliches Verhältnis und Wertung, Wien 1940.

Rößler, Martin, Das Gesangbuch - Fundament und Instrument der Frömmigkeit, in: ZTheolKir 79 (1982), S. 107-126.

Rohner-Baumberger, Ursula, Das Begräbniswesen im calvinistischen Genf, Diss. Basel 1975.

Rotzetter, Anton, Theologie und Spiritualität, in: Geist wird Leib I, Köln 1979, S. 19-39.

Rudolf, Rainer, Ars moriendi. Von der Kunst des heilsamen Lebens und Sterbens, Graz 1975.

Ruland, Ludwig, Die Geschichte der kirchlichen Leichenfeier, Regensburg 1901.

Sägmüller, Johann B., Lehrbuch des katholischen Kirchenrechts II, 3. Aufl. o.O. 1913.

Samter, Ernst, Geburt, Hochzeit und Tod. Beiträge zur vergleichenden Volkskunde, Leipzig, Berlin 1911.

Sartori, Paul, Sitte und Brauch, 3 Bde. (= Handbücher zur Volkskunde 5-8), Leipzig 1910-1914.

Sauer-Geppert, Waltraut-Ingeborg, Motivationen textlicher Varianten im Kirchenlied, in: JahrbLiturg u Hymnol 21 (1977), S. 68-82.

Saurer, Edith, Bewahrerinnen der Zucht und der Sittlichkeit. Gebetbücher für Frauen - Frauen in Gebetbüchern, in: L'Homme. Zeitschrift für Feministische Geschichtswissenschaft 1, 1 (1990), S. 37-58.

Schaller, Hans, Art. Gebet, in: Neues Handbuch theologischer Grundbegriffe 2, hrsg. von Peter Eicher, München 1984, S. 26-34.

Scharbert, Josef, Art. Verheissung, in: HThG II, S. 750-752.

Scharffenorth, Gerta, Taufe und Kirchengliedschaft in der Theologie Luthers und in den Kirchenordnungen der Reformation, in: Christine Lienemann-Perrin (Hg.), Taufe und Kirchenzugehörigkeit. Studien zur Bedeutung der Taufe für Verkündigung, Gestalt und Ordnung der Kirche, München 1983, S. 192-245.

Schaub, Hedwig, Zur Geschichte des Bestattungswesens in Basel vom Mittelalter bis zur Gegenwart, Diss. Liestal 1933.

Scheffczyk, Leo, Art. Erbschuld, in: HThG I, München 1970, S. 327-336.

Scheitler, Irmgard, Das Geistliche Lied im deutschen Barock (= Schriften zur Literaturwissenschaft 3), Berlin 1982.

Schelenz, Hermann, Frauen im Reiche Aeskulaps. Ein Versuch zur Geschichte der Frau in der Medizin und Pharmazie. Unter Bezugnahme auf die Zukunft der modernen Ärztinnen und Apothekerinnen, Leipzig 1900.

Schieder, Wolfgang (Hg.), Volksreligiosität in der modernen Sozialgeschichte (= GeschGes, Sonderheft 11), Göttingen 1986.

Schilling, Heinz, "Geschichte der Sünde" oder "Geschichte des Verbrechens"? Überlegungen zur Gesellschaftsgeschichte der frühneuzeitlichen Kirchenzucht, in: Annali dell'Istituto Storico Italo-Germanico di Trento 12 (1986), S. 1-46.

Ders., Reformierte Kirchenzucht als Sozialdisziplinierung?, in: Niederlande und Nordwestdeutschland. Franz Petri zum 80. Geburtstag, hrsg. von Wilfried Ehbrecht, Heinz Schilling, Köln 1983, S. 261-327.

Ders., Die Konfessionalisierung im Reich. Religiöser und gesellschaftlicher Wandel in Deutschland zwischen 1555 und 1620, in: Historische Zeitschrift 246 (1988), S. 1-46.

Schindler, Sepp (Hg.), Geburt: Eintritt in eine neue Welt. Beiträge zu einer Ökologie der perinatalen Situation, Göttingen 1982.

Schlieben, E., Mutterschaft und Gesellschaft. Beiträge zur Geschichte des Mutter- und Säuglingsschutzes, Osterwieck am Harz o.J. (Vorwort: 1927).

Schlumbohm, Jürgen, Barbara Duden, Jacques Gélis, Patrice Veit (Hg.), Rituale der Geburt. Eine Kulturgeschichte, München 1998.

Schmid, Jos., Art. Treue, in: Lexikon für Theologie und Kirche 10, hrsg. von Josef Höfer, Karl Rahner, Freiburg 1965, Sp. 333-335.

Schmidt, E., Der christliche Ritter. Ein Ideal des sechzehnten Jahrhunderts, in: Deutsche Rundschau 49 (1890), S. 194-210.

Schmidtke, Dietrich, Studien zur dingallegorischen Erbauungsliteratur des Spätmittelalters am Beispiel der Gartenallegorie (= Hermea, Neue Folge 43), Tübingen 1982.

Schmidt-Pauli, Elisabeth, Ich bin dein! Geschichte der heiligen Barbara, o.O. 1937.

Schmitz-Moormann, Karl, Die Erbsünde. Überholte Vorstellung, bleibender Glaube, Olten, Freiburg 1969.

Schneider, Elisabeth, Das Bild der Frau im Werk des Erasmus von Rotterdam (= Basler Beiträge zur Geschichtswissenschaft 55), Basel, Stuttgart 1955.

Schoenen, Anno (OSB), Aedificatio. Zum Verständnis eines Glaubenswortes in Kult und Schrift, in: Hilarius Emonds (OSB), Enkainia. Gesammelte Arbeiten zum 800jährigen Weihegedächtnis der Abteikirche Maria Laach am 24. August 1956, Düsseldorf 1956, S. 14-29.

Schönfeld, Walther, Frauen in der abendländischen Heilkunde. Vom klassischen Altertum bis zum Ausgang des 19. Jahrhunderts, Stuttgart 1947.

Schoeps, Hans-Joachim, Deutsche Geistesgeschichte der Neuzeit 1, Das Zeitalter der Reformation, Mainz 1977.

Schreiner, Klaus, "Discrimen veri ac falsi". Ansätze und Formen der Kritik in der Heiligen- und Reliquienverehrung des Mittelalters, in: AfK 48 (1966), S. 1-53.

Ders., "Si homo non pecasset ..." Der Sündenfall Adams und Evas in seiner Bedeutung für die soziale, seelische und körperliche Verfaßtheit des Menschen, in:

Ders., Norbert Schnitzler (Hg.), Gepeinigt, begehrt, vergessen. Symbolik und Sozialbezug des Körpers im späten Mittelalter und in der frühen Neuzeit, München 1992, S. 41-84.

Ders. (Hg.), Laienfrömmigkeit im späten Mittelalter: Formen, Funktionen, politisch-soziale Zusammenhänge, München 1992.

Ders., Maria: Jungfrau, Mutter, Herrscherin, München, Wien 1994.

Ders., Zum Wahrheitsverständis im Heiligen- und Reliquienwesen des Mittelalters, in: Saec 17 (1966), S. 131-169.

Schrott, Alois, Seelsorge im Wandel der Zeiten. Formen und Organisation seit der Begründung des Pfarrinstitutes bis zur Gegenwart. Ein Beitrag zur Pastoralgeschichte, Graz, Wien 1946.

Schüngel-Straumann, Helen, Schifra und Pua. Frauenlist als Gottesfurcht, in: Pissarek-Hudelist, Schottroff (Hg.), S. 45-50.

Schütz, Werner, Seelsorge. Ein Grundriß, Gütersloh 1977.

Schuler, Peter-Johannes (Hg.), Die Familie als sozialer und historischer Verband. Untersuchungen zum Spätmittelalter und zur frühen Neuzeit, Sigmaringen 1987.

Schulz, Frieder, Die evangelischen Begräbnisgebete des 16. und 17. Jahrhunderts. Forschungen zur evangelischen Gebetsliteratur (II), in: JahrbLiturg u Hymnol 11 (1966), S. 1-44.

Ders., Das sogenannte Franziskusgebet. Forschungen zur evangelischen Gebetsliteratur (III), in: JahrbLiturg u Hymnol 13 (1968), S. 39-53.

Ders., Außerliturgische Luthergebete. Forschungen zur evangelischen Gebetsliteratur (I), in: JahrbLiturg u Hymnol 10 (1965), S. 115-130.

Ders., Von allen Seiten umgibst du mich. Gebetsgeschichtliche Studie über ein weit verbreitetes Segens- und Schutzgebet. Forschungen zur evangelischen Gebetsliteratur (VI), in: JahrbLiturg u Hymnol 32 (1989), S. 105-114.

Schulze, Winfried, Gerhard Oestreichs Begriff "Sozialdisziplinierung in der Frühen Neuzeit", in: Zeitschrift für historische Forschung 14 (1987), S. 265-302.

Schuster-Keim, Ute, Alexander Keim, Zur Geschichte der Kindheit bei Lloyd de Mause. Psychoanalytische Reflexion (= Europäische Hochschulschriften. Reihe 11, 352), Frankfurt a.M., Berlin, Bern, New York, Paris, Wien 1988.

Schweizer, Johannes, Kirchhof und Friedhof. Eine Darstellung der beiden Haupttypen europäischer Begräbnissitten, Linz an der Donau 1956.

Seebaß, Gottfried, Das Problem der Konditionaltaufe in der Zeit der Reformation, in: Zeitschrift für bayerische Kirchengeschichte 35 (1966), S. 138-168.

Ders., Die Vorgeschichte von Luthers Verwerfung der Konditionaltaufe nach einem bisher unbekannten Schreiben Andreas Osianders an Georg Spalatin vom 26. Juni 1531, in: AfR 62 (1971), S. 193-206.

Seeberg, Erich, Luthers Anschauung von dem Geschlechtsleben und der Ehe und ihre geschichtliche Stellung, in: LuthJB 7 (1925), S. 77-122.

Seeberg, Reinhold, Lehrbuch der Dogmengeschichte 4, 2, Die Fortbildung der reformatorischen Lehre und die gegenreformatorische Lehre, Nachdruck der 3. Aufl. Leipzig 1920, Darmstadt 1959.

Seitz, Manfred, Art. Frömmigkeit. II. Systematisch-theologisch, in: TRE 11 (1983), S. 674-683.

Selbach, Constanze und Helmut, Krisen-Analyse, in: Studium Generale. Zeitschrift für die Einheit der Wissenschaften im Zusammenhang ihrer Begriffsbildungen und Forschungsmethoden 9 (1956), S. 394-404.

Shahar, Shulamith, Die Frau im Mittelalter, übersetzt von Ruth Achlama, Königstein, Ts. 1981.

Shorter, Edward, Die Geburt der modernen Familie, Reinbek bei Hamburg 1977.

Ders., Der weibliche Körper als Schicksal. Zur Sozialgeschichte der Frau, München 1984.

Ders., Die grosse Umwälzung in den Mutter-Kind-Beziehungen vom 18. bis zum 20. Jahrhundert, in: Martin, Nitschke (Hg.), S. 503-534.

Ders., Der Wandel der Mutter-Kind-Beziehungen zu Beginn der Moderne, in: GeschGes 1 (1975), S. 256-287.

von Siebold, Eduard Caspar, Versuch einer Geschichte der Geburtshilfe, 2 Bde., 2. Aufl. Tübingen 1901/1902.

Siewerth, Gustav, Die christliche Erbsündelehre. Entwickelt auf Grund der Theologie des heiligen Thomas von Aquin, Einsiedeln 1964.

Sonderegger, Albert, Missgeburten und Wundergestalten in Einblattdrucken und Handzeichnungen des 16. Jahrhunderts. Mit 67 Abbildungen. Aus der Wickiana der Zürcher Zentralbibliothek (= Zürcher medizingeschichtliche Abhandlungen 12), Zürich, Leipzig, Berlin 1927.

Sprandel, Rolf, Historische Anthropologie. Zugänge zum Forschungsstand, in: Saec 27 (1976), S. 121-142.

Ders., Kritische Bemerkungen zu einer historischen Anthropologie, in: Saec 25 (1974), S. 247-250.

Springer-Strand, Ingeborg, Barockroman und Erbauungsliteratur. Studien zum Herkulesroman von Andreas Heinrich Bucholtz (= Arbeiten zur mittleren deutschen Literatur und Sprache 2), Bern 1975.

Steinhausen, Georg, Geschichte des deutschen Briefes. Zur Kulturgeschichte des deutschen Volkes, 2 Teile, Nachdruck der 1. Aufl. 1889, Dublin, Zürich 1968.

Stricker, Käthe, Die Frau in der Reformation (= Quellenhefte zum Frauenleben in der Geschichte 11), Bremen 1927.

Struckmeier, Eckhard, Kindersterben und Kinderliebe - Eine Untersuchung von Leichenpredigten der ersten Hälfte des 17. Jahrhunderts aus dem Weserraum, in: G. Ulrich Großmann (Hg.), Renaissance im Weserraum 2, Aufsätze (= Schriften des Weserrenaissance-Museums Schloß Brake 2), München, Berlin 1989, S. 315-330.

Ders., Trost und persönliche Beziehungen. Kondolenzbriefe der ersten Hälfte des 17. Jahrhunderts aus dem Weserraum, in: Neithard Bulst, G. Ulrich Großmann, Petra Krutisch, Heinrich Rüthing (Hg.), Der Weserraum zwischen 1500 und 1650. Gesellschaft, Wirtschaft und Kultur in der Frühen Neuzeit (= Materialien zur Kunst- und Kulturgeschichte in Nord- und Westdeutschland 4), Marburg 1993, S. 299-321.

Stupperich, Robert, Die Frau in der Publizistik der Reformation, in: AfK 37 (1971), S. 204-233.

Suleiman, Susan Rubin (Hg.), The Female Body in Western Culture. Contemporary Perspectives, Cambridge (Massachusetts), London (England) (Harvard University Press) 1986.

Suppan, Klaus, Die Ehelehre Martin Luthers. Theologische und rechtshistorische Aspekte des reformatorischen Eheverständnisses, Salzburg, München 1971.

Süssmuth, Hans, Geschichte und Anthropologie. Wege zur Erforschung des Menschen, in: ders. (Hg.), S. 5-18.

Ders. (Hg.), Historische Anthropologie. Der Mensch in der Geschichte, Göttingen 1984.

Szöverffy, Josef, Volkskundliches in mittelalterlichen Gebetbüchern (= Historiskfilosofiske Meddelelser udgivet af Det Kongelige Danske Videnskabernes Selskab 37, 3), Kopenhagen 1958.

Tholuck, August, Das kirchliche Leben des 17. Jahrhunderts, Erste Abtheilung. Die erste Hälfte des siebzehnten Jahrhunderts bis zum westphälischen Frieden (= Vorgeschichte des Rationalismus 2, 1), Berlin 1861.

Thümmel, W., Die Versagung der kirchlichen Bestattungsfeier, ihre geschichtliche Entwickelung und gegenwärtige Bedeutung, Leipzig 1902.

Thurneysen, Eduard, Praktische Seelsorge (= STB 148), München, Hamburg 1970.

Tietz, Gerold, Verlobung, Trauung und Hochzeit in den evangelischen Kirchenordnungen des 16. Jahrhunderts, Diss. Tübingen 1969.

Tillich, Paul, Systematische Theologie II, Stuttgart 1958.

Trigg, Jonathan D., Baptism in the Theology of Martin Luther (= Studies in the History of Christian Thought LVI), Leiden, New York, Köln 1994.

Troeltsch, Ernst, Die Sozialllehren der christlichen Kirchen und Gruppen (= Gesammelte Schriften von Ernst Troeltsch 1), Neudruck der 1922 erschienenen Ausgabe, Aalen 1961.

Tschirch, Reinmar, Gott für Kinder. Religiöse Erziehung, Vorschläge und Beispiele (= Gütersloher Taschenbücher Siebenstern 83), 3. Aufl. Gütersloh 1975.

Veit, Ludwig Andreas, Volksfrommes Brauchtum und Kirche im deutschen Mittelalter. Ein Durchblick, Freiburg i.Br. 1936.

Veit, Patrice, Gottes Bild und Bild des Menschen in den Liedern Luthers. Untersuchungen zur religiösen Sensibilität, in: Dürr, Killy (Hg.), S. 9-24.

Vogler, Bernhard, Die Entstehung der protestantischen Volksfrömmigkeit in der rheinischen Pfalz zwischen 1555 und 1619, in: AfR 72 (1981), S. 158-195.

Volkov, Shulamit (Hg.), Neuere Frauengeschichte (= Tel Aviver Jahrbuch für deutsche Geschichte 21), Gerlingen 1992.

Vonlanthen, Gerhard, Ehe und Familie in der vorindustriellen Gesellschaft am Beispiel von gedruckten Leichenpredigten. Eine inhaltsanalytische, familiensoziologische Untersuchung, Diss. Passau o.J.

Vontobel, Klara, Das Arbeitsethos des deutschen Protestantismus von der nachreformatorischen Zeit bis zur Aufklärung (= Beiträge zur Soziologie und Sozialphilosophie 2), Bern 1946.

Wagner, Rudolf, Luthers Gedanken über das Gebet, Teile I und II, in: Luther. Mitteilungen der Luthergesellschaft 20 (1938), S. 7-14; 47-64.

von Walter, Johannes, Christentum und Frömmigkeit. Gesammelte Vorträge und Aufsätze von Johannes von Walter, Gütersloh 1941.

Wang, Andreas, Der "Miles Christianus" im 16. und 17. Jahrhundert und seine mittelalterliche Tradition. Ein Beitrag zum Verhältnis von sprachlicher und graphischer Bildlichkeit (= Mikrokosmos. Beiträge zur Literaturwissenschaft und Bedeutungsforschung 1), Bern, Frankfurt a.M. 1975.

Weber, Hans Emil, Reformation, Orthodoxie und Rationalismus. Erster Teil. Von der Reformation zur Orthodoxie. Erster Halbband, unveränderter reprografischer Nachdruck der 1. Aufl. Gütersloh 1937, Darmstadt 1966.

Weber, Max, Die protestantische Ethik. Eine Aufsatzsammlung (= Gütersloher Taschenbücher Siebenstern 53), hrsg. von Johannes Winckelmann, 8. Aufl. Gütersloh 1991.

Ders., Die Protestantische Ethik und der Geist des Kapitalismus, in: Archiv für Sozialwissenschaft und Sozialpolitik, Neue Folge 2 (1905), S. 1-54, Neue Folge 3 (1905), S. 1-110.

Ders., Wirtschaft und Gesellschaft. Grundriß der verstehenden Soziologie, 5. Aufl. Tübingen 1980.

Ders., Die Wirtschaftsethik der Weltreligionen, in: Gesammelte Aufsätze zur Religionssoziologie I, 7. Aufl. Tübingen 1978, S. 237-573.

Weber, Paul, Beiträge zu Dürers Weltanschauung. Eine Studie über die drei Stiche Ritter, Tod und Teufel, Melancholie und Hieronymus im Gehäus, Straßburg 1900.

Weger, Karl-Heinz, Theologie der Erbsünde. Mit einem Exkurs Erbsünde und Monogenismus von Karl Rahner (= Quaestiones Disputatae 44), Freiburg 1970.

Wertz, R.W., D.C. Wertz, Lying-in. A History of Childbirth in America, New York 1977.

Widengren, Geo, Religionsphänomenologie (= de Gruyter Lehrbuch), Berlin 1969.

Wiener, Wilhelm, Das Gebet. Historisch, ethisch, liturgisch und pastoraltheologisch betrachtet, Gotha 1885.

Wiesner Wood, Merry, Birth, Death and the Pleasures of Life. Working Women in Nuremberg 1480-1620, Diss. The University of Wisconsin-Madison 1979.

Wille, Friedrich C., Über Stand und Ausbildung der Hebammen im 17. und 18. Jahrhundert in Chur-Brandenburg (= Abhandlungen zur Geschichte der Medizin und der Naturwissenschaften 4), Berlin 1934, Neudruck Neudeln/Lichtenstein 1977.

Wimmel, Herbert, Sprachliche Verständigung als Voraussetzung des "Wahren Christentums". Untersuchungen zur Funktion der Sprache im Erbauungsbuch Johann Arndts (= Kasseler Arbeiten zur Sprache und Literatur. Anglistik-Germanistik-Romanistik 10), Frankfurt a.M., Bern 1981.

Windel, Rudolf, Zur christlichen Erbauungsliteratur der vorreformatorischen Zeit, Halle a.d.S 1925.

Windhorst, Christof, Täuferisches Taufverständnis. Balthasar Hubmaiers Lehre zwischen traditioneller und reformatorischer Theologie (= Studies in Medieval and Reformation Thought XVI), Leiden 1976.

Wingren, Gustaf, Luthers Lehre vom Beruf (= Forschungen zur Geschichte und Lehre des Protestantismus 10,3), München 1952.

Winkler, Eberhard, Luther als Seelsorger und Prediger, in: Helmar Junghans (Hg.), Leben und Werk Martin Luthers von 1526-1546. Festgabe zu seinem 500. Geburtstag I, Göttingen 1983, S. 225-239.

Wintzer, Friedrich, Art. Frömmigkeit. III. Praktisch-theologisch, in: TRE 11 (1983), S. 683-688.

Wirsching, Johannes, Lernziel Glauben. Einführung in die Theologie, Frankfurt a.M., Berlin, Bern, New York, Paris, Wien 1995 (Überarbeitete und erweiterte Neuausgabe der ersten Ausgabe, Gütersloh 1976).

Ders., "Pforte des Himmels". Über Wesen und Ziel der christlichen Taufe, in: ders. (Hg.), Glaube im Widerstreit. Ausgewählte Aufsätze und Vorträge (= Kontexte. Neue Beiträge zur Historischen und Systematischen Theologie 4), Frankfurt a.M., Bern, New York, Paris 1988, S. 85-105.

Wodtke, Friedrich Wilhelm, Art. Erbauungsliteratur, in: Reallexikon der deutschen Literaturgeschichte 1, 2. Aufl. Berlin 1958, S. 393-405.

Wulf, Christoph (Hg.), Vom Menschen. Handbuch Historische Anthropologie (= Beltz-Handbuch), Weinheim 1997.

Wulf, F. (SJ), Art. Gebet, in: HThG I, S. 424-436.

Wulf, Hans, Art. Erbauungsliteratur IV. Die Erbauungsliteratur in der Gegenwart, in: TRE 10 (1983), S. 80-83.

Wunder, Heide, Frauen in den Leichenpredigten des 16. und 17. Jahrhunderts, in: Lenz (Hg.), Leichenpredigten als Quelle 3, S. 57-68.

Dies., Christina Vanja (Hg.), Wandel der Geschlechterbeziehungen zu Beginn der Neuzeit (= suhrkamp taschenbuch wissenschaft 913), Frankfurt a.M. 1991.

Zeeden, Ernst Walter, Die Entstehung der Konfessionen. Grundlagen und Formen der Konfessionsbildung im Zeitalter der Glaubenskämpfe, München 1965.

Ders., Katholische Überlieferungen in den lutherischen Kirchenordnungen des 16. Jahrhunderts (= Katholisches Leben und Kämpfen im Zeitalter der Glaubensspaltung 17), Münster i.W. 1959.

Ders., Das Zeitalter der Gegenreformation, Freiburg 1967.

Zeller, Winfried, Drucktätigkeit und Forschung des 19. Jahrhunderts auf dem Gebiet der protestantischen Erbauungsliteratur des 16. und 17. Jahrhunderts, in: ders., Theologie 1, S. 219-223.

Ders., Leichenpredigt und Erbauungsliteratur im Protestantismus, in: ders., Theologie 2, S. 23-34.

Ders. (Hg.), Der Protestantismus des 17. Jahrhunderts (= Klassiker des Protestantismus V), Bremen 1962.

Ders., Theologie und Frömmigkeit. Gesammelte Aufsätze, 2 Bde. (= Marburger theologische Studien 15), hrsg. von Bernd Jaspert, Marburg (1) 1971, (2) 1978.

Ders., Todesfurcht und Sterbensfreudigkeit bei Johann Friedrich Starck, in: ders., Theologie 2, S. 218-225.

Ders., Die "alternde Welt" und die "Morgenröte im Aufgang". Zum Begriff der "Frömmigkeitskrise" in der Kirchengeschichte, in: ders., Theologie 2, S. 1-13.

Zimmerli-Witschi, Alice, Frauen in der Reformationszeit, Diss. Zürich 1981.

D. Verzeichnis der verwendeten Hilfsmittel

Aland, Kurt, Hilfsbuch zum Lutherstudium, bearb. in Verbindung mit Ernst Otto Reichert und Gerhard Jordan, 3. neubearbeitete und erweiterte Aufl. Witten 1970.

Graesse, Johann G., Friedrich Benedict, Helmut Plechl, Orbis latinus. Lexikon lateinischer geographischer Namen; lat.-dt., dt.-lat., 4. revidierte und erweiterte Aufl. Braunschweig 1971.

Leistner, Otto, ITA. Internationale Titelabkürzungen von Zeitschriften, Zeitungen, wichtigen Handbüchern, Wörterbüchern, Gesetzen usw., 4. erweiterte Aufl. Osnabrück 1990.

Periodical Title Abbreviations: By Abbreviation. Covering: Periodical Title Abbreviations in Science, the Social Sciences, the Humanities, Law, Medicine, Religion, Library Science, Engineering, Education, Business, Art, and Many Other Fields, compiled and edited by Leland G. Alkire, Jr., 2 Bde., 5. Aufl. Detroit, Michigan 1986.

Staatsbibliothek Preußischer Kulturbesitz, Deutsche Staatsbibliothek, Deutsches Bibliotheksinstitut. Sigelverzeichnis für die Bibliotheken der Bundesrepublik Deutschland Stand: 1990, Berlin 1991.

Theologische Realenzyklopädie. Abkürzungsverzeichnis, zusammengestellt von Siegfried Schwertner, Berlin, New York 1976.

Summary

This thesis addresses an aspect of history that has not previously been adequately dealt with, namely early modern Lutheran spirituality and piety within the context of childbirth. The following study contributes to the field of sociological and anthropological research into the history of childbirth as a 'basic human experience'. It covers aspects of spirituality, piety, systematic theology and the historical relationship that has existed between mothers and their unborn and newborn children.

In researching this thesis the author has analysed a number of primary sources, sources which have never before been analysed in the context stated above. These included rules and regulations written for the church and midwives, devotional papers, books written for pregnant women, women in labour and childbirth, funeral sermons for women who died in childbirth and children who were either stillborn or died shortly after birth. They also included prayer- and devotional books, theological pamphlets and dissertations dating from the sixteenth to the eighteenth centuries on the subject of the salvation of those children who died before baptism.

This thesis is not meant to be a complete study of the history of childbirth, given the range, quality and abundance of the sources available, that would be an impossible task. The author has instead concerned himself with the Lutheran church's concern for the spiritual wellbeing of those at the very centre of the childbirth experience, namely mothers and children.

Part I of this dissertation concerns itself with the Lutheran church's ministry to both pregnant women, women in labour and those having recently given birth. Part II is concerned with the spiritual wellbeing of the unborn and newborn infant, examined within the context of the formal prayers of the sixteenth to eighteenth centuries constructed by the church especially for use by pregnant women, women in labour and those having recently given birth. Part III examines the developing relationship between the unborn / newly born child and its mother-to-be / mother, and also the relationship between the mother and God. In this context literature from the sixteenth, seventeenth and eighteenth centuries is analysed. The annex shows some edited examples of devotional texts, prayers and songs written for pregnant women, women in labour and those having recently given birth.

The theology of early modern Lutheranism regarded fertility as a gift from God. Pregnancy's hardships, the pain of childbirth and the women's anxieties were to be endured patiently. Early modern Lutheranism taught that God sent these hardships in order to help women overcome their female pride. Women were allowed to voice their anxieties before, during and after childbirth, Biblical examples being used to support this view.

Pregnant women and women in labour were exhorted to think of God as their 'midwife' and to put their trust in him. They were further exhorted to overcome the fears, anxieties and distress of childbirth by relying upon the 'divine promises' of the scriptures. Childbirth was to be regarded as a spiritual battle and a 'school of faith'.

The Lutheran view of pregnancy and childbirth was dominated by the protestant work ethic. It was believed that God himself had assigned motherhood to women as their main 'work' or 'employment' and that those women who became pregnant were simply walking in obedience to God and their faith. The pains of childbirth were to be borne patiently with God's help and comfort, those so doing being honoured as industrious workers in the 'vineyard of God', as heroic warriors in a great religious battle and as martyrs in the case of their death. On the other hand, any rebellion by a woman against the hardships of motherhood was seen as rebellion against her God-given vocation in life, and therefore as rebellion against God himself.

Women who courageously bore the hardships of pregnancy, childbirth and motherhood would also have their children held in high esteem. Salvation through baptism, or emergency-baptism (in the case of newly born children who were ill) was guaranteed by the church.

In contrast to Roman Catholic teaching, Lutherans believed that even the children of believers who died before baptism could be administered still received salvation. They believed that in Christ God was already the 'true brother' of the unborn and hence the stillborn child.

Lutheran theology taught that the children of Christian parents were part of God's elect, chosen by God to receive salvation even before baptism. God's dealings with the Old Testament prophets, whom God used even before they were circumcised and his use of Paul, before his conversion and baptism were cited as the Biblical authority for this position (see Jer. 1,5; Gal. 1,15; Rom. 1,1).

The children of Christian parents who died before baptism were believed to receive salvation in the same manner as the ancient catechumenes who suffered martyrdom before they were baptised. It was believed that they had received the 'baptism of blood' and the 'baptism of the Holy Spirit' which, when combined with the gift of faith given to them by God, was sufficient for their salvation. This led to the unbaptised stillborn children of Christian parents being buried within the confines of the church graveyard in contrast to the Middle Ages when such children were buried outside of the graveyard.

In addition to the high esteem in which the Lutheran community held its mothers and children, the analysed texts also reveal the high esteem with which the unborn and newborn were to be held by their own mothers according to the ideals of the early modern Lutheran church. An analysis of prayers written for pregnant women between the sixteenth and eighteenth century reveals a deepening of the mother- and child- relationship. The use of emotional language in prayers where the woman is speaking of her child and the increasing emphasis on motherly love corresponds with a similar use of emotional and expressive language being used towards God. The woman's relationship to both God and her child became progressively more sensitive and emotional.

Register

A. Personen

Die Seitenangaben zu Personen und Bibelstellen, die in den Fußnoten angeführt werden, sind *kursiv* gedruckt. Die nur in den Fußnoten genannten Verfasserinnen und Verfasser von Werken der Sekundärliteratur werden im Personenregister nicht berücksichtigt.

—A—

Abbt, Thomas *13*
Abraham *62*; 134; *136*; 137; *141*; 143; *150*; *165*; 221
Abundia *169*
Adam 26; *139*; 213
Affelmann, Johannes 99; *139*; *167*
Agatha, hl. 54
Albin, Christina *83*
Ambrosius 25
Anna, hl. 54; *55*; *68*; *71*
Aquila *109*
Ariès, Philippe 6
Arnold, Gottfried *202*
Arnstedt, Margareta von *139*; *179*; *181*; 182; *186*
Aszig, Barbara Sophia 37; 38
Augustinus 25; 121; *138*; *162*
Avenarius, Agnes 24; *133*; *169*; *182*; *184*

—B—

Barbara, hl. 54
Barbaro, Francesco *21*; *31*
Bartholomäus, Susanna *83*
Becanus, Martin *142*; *160*; *165*
Becker-Cantarino, Barbara 6
Bees von Cöln und Ketzendorff, Carl Christoph, Freiherr von *178*; 181

Behrens, Catharina Maria 28; *33*; 38; *39*; *51*
Bellarmin, Robert *106*; 135; *136*; *142*; 145; *149*; *155*; 160
Benoni *53*
Bergner, Dorothea 37
Beza, Theodor *108*; 140; *141*; *149*; *150*; *162*
Bidenbach, Eberhard *159*
Biehl, Peter 185
Biel, Gabriel *98*; 145
Bienemann, Caspar *17*; *19*; 20; *22*; *27*; 40; *77*; 81; *83*; *125*; *188*; *203*; *211*
Biermann, Johann *72*
Bileam 145
Blümlein, Anna *201*
Boecklin, Anna Maria *181*
Boehmer, Dorothea Elisabeth 38; *39*; 46
Böhme, Rosina 38
Bohnstedt, David Sigismund *188*
Bolton, Robert *23*
Boner, Salomon *179*
Börner, Christian Friedrich 164; *165*; 168
Borries, Marie *65*
Bourgeois, Louyse *23*; *54*; *58*
Brandenburg, Johann-Sigismund, Markgraf von *182*

Braunschweig und Lüneburg, Claudia Eleonora, Herzogin von *184*
Breithaupt, Elisabeth Anastasia *26*; *39*
Brunfels, Otto *20*
Buddeus, Franciscus *152*; *153*; *154*; *163*
Bugenhagen, Johannes *97*; 109; 115; *116*; *120*; *130*; *132*; *135*; *148*; *152*; *156*; *158*; *161*; *166*; *174*; 223
Burckhard, Georg 10
Busch, Johann David *32*
Bussche, Anna Catharina von dem *37*; *83*

—C—

Caelius, Michael *19*; *25*; *78*; *134*; *136*; *144*; *148*; 149; *156*; *162*; *169*; 173; 200
Calixt, Friedrich Ulrich *156*; 157
Calixt, Georg *109*; *127*; *145*; 165
Calvin, Johannes *108*; *141*; *162*
Canitz, Israel von *174*
Cardenal, Ernesto 185
Carpzov, Benedict *73*
Celichius, Andreas *23*; *25*; *39*; *43*; *52*; *76*
Chemnitz, Martin *98*
Chrysostomus *25*
Cicero *80*
Clebsch, William A. 3
Cochem, Martin von *19*; *54*; *55*; *68*; *123*
Cornelius (Hauptmann) *158*; *159*
Cubach, Michael *24*; *35*; 44; *69*; *82*; *83*; 125; 189; *193*; *203*; *211*
Cundisius, Johannes 17; *20*; *22*; 45; *85*; 189; *192*; *197*; *204*
Czettritz, Magdalena von *38*

—D—

Dannhauer, Johann Conrad *152*
David *62*; *64*; 213; 218
Demosthenes *80*
Deventer, Heinrich *48*
Dietrich, Anna Regina *178*
Dietrich, Veit *18*; *23*; *27*; *43*; *65*; *77*; 84; *92*; *93*; 99
Dunte, Ludwig 139

—E—

Ehrmann, Agatha *29*; *38*; *83*
Elisabeth, Mutter Johannes' des Täufers, hl. 54; *55*; *71*; *158*; *160*; 163; 213
Engelhard, Barbara Dorothea *28*; *29*; *52*; 84
Engelsing, Rolf 12
Erasmus von Rotterdam *22*; *57*; *71*
Erythropilus, Johannes Rupertus *177*
Esau *142*; 164
Eva *26*; *27*; 31; *51*; 213; 215

—F—

Faber, Jeremias *183*
Falkenhayn und Gloschkaw, Maria und Barbara von *23*; *166*
Fecht, Johannes *152*; *153*; *154*; 155
Feinler, Andreas *39*
Feinler, Johann *26*; *36*; *37*; *38*; *80*; *83*; *178*; *179*; *180*; *181*; 182; *184*
Freiburg, Berthold von *22*
Frenzel, Melchior *98*
Freyberger, Anna 40; *76*; *81*; *84*
Funck, Cordula *27*; *37*; *39*

—G—

Geier, Margarita 32; *51*
Gélis, Jacques 2

Gerhard, Johann *20*; *21*; *36*; *66*; *97*; *100*; 104; *106*; *109*; *121*; *123*; *142*; *144*; *148*; *151*; *156*; *158*
Gerhard, Johann Ernst *142*; *144*; 147; 157; *163*
Gerson, Johannes 126; 127; *145*
Geßner, Salomon 150; *151*
Girlich, Martin *18*; 20; *21*; 26; 30; *41*; 43; *44*; *50*; *51*; *52*; *59*; *66*; 75; 76; 83; *129*; *148*; 189; 203; 213
Glaser, Petrus *22*; 69; *125*; *211*
Gloxin, Maria Juliana *62*
Glück, G. *147*
Godehard, hl. 54
Goldast, gen. von Haiminsfeld, Maria Sibylla *178*; 180; 181; 182; 183; 184; *185*
Gottwaldt, Daniel *163*
Graff, Paul 172
Gregersdorf, Johanna Elisabeth von 29; *38*
Gregor I. (der Große) *31*; *72*
Günther, Thomas 17; *18*; *22*; *23*; 24; *25*; *27*; *28*; 30; 31; *32*; 38; *39*; 42; 43; 49; 51; *52*; *61*; *65*; 66; *75*; *76*; *80*; *87*; 88; *89*; *129*; *134*; *136*; *148*; 157; 158; *164*; *166*; *188*; 202; *203*
Güttel, Caspar 57

—H—

Haas, Nikolaus *18*; *19*; *20*; 33; *40*; *41*; *44*; *66*; 69; 75; *78*; *82*; *87*; *99*; *104*; *121*; *123*; 136; *137*; *141*; *144*; *146*; 148; *160*; *163*; 188; *208*; 221
Habermann, Johann *20*; *78*
Hake, Anna Dorothea 29; *33*
Hamm, Bernd 13
Hamperger, Rebecca *17*; 23
Hanna *18*

Heermann, Johannes *23*; 30; *37*; 38; *41*; 43; *51*; *59*; *69*; *81*; 120; *121*; 125; *126*; *129*; *132*; *133*; *135*; *138*; *141*; *144*; *146*; *148*; *149*; *153*; *163*; 165; *166*; *169*; 174; *175*; 180; *181*
Heiler, Friedrich 212
Heinisius, Johann Caspar *27*; *61*; *64*; *75*; *82*; *84*; *123*; *163*
Helversen, Herman-Christophorus von *180*; *182*
Herberger, Valerius *181*
Herlitz, David *91*; *93*; *103*
Herodes 157; *158*
Herold, Magdalena *28*; 29; *38*
Hessen, Catharina Ursula, Landgräfin von *126*; *134*; *144*; *148*
Hildebrand, Joachim 153
Hiob *144*; *149*; 216
Hoesel, Johann Christoph *28*
Hoffmann von Muennighoffen, Martha Catharina 26; *34*; 36; *37*; *39*; *50*; *81*
Hohenlohe, Marie Katharina Sophie von 41
Hohenlohe-Langenburg, Dorothea Sophia, Gräfin von *178*
Holda (Hulda) *169*
Holeysen, Ursula 82; *83*; 84; *85*
Hollatz, David *109*; *120*; *137*; *156*; *157*
Holtzfuss, Bartholomäus *162*
Horenburg, Anna Elisabeth 53
Hubmaier, Balthasar *144*; *159*; *163*
Hug, Johannes *18*; *20*; *22*; *24*; *27*; *42*; *43*; *51*; *65*; *66*; *75*; *76*; *81*; 128; *129*; 134; *138*; 152; *159*; 203; 218
Hülsemann, Johann *153*
Hunt, David 7

Hutter, Leonhard *120*

—I—

Ignatius, hl. *54*; *124*
Isaak *62*; *150*

—J—

Jaekle, Charles R. 3
Jakob *21*; *62*; 64; *142*; 149; 164; 168
Janus, Jacobus *133*; 176
Jeremia *149*
Joel 183
Johannes der Täufer, hl. *55*; *71*; *98*; *100*; *104*; *144*; 145; *157*; 158; *159*; 160; 163; 164; 223
Johannes, Evangelist, hl. 113
Joseph *62*

—K—

Katharina, hl. *57*
Kirchbach, Justina 23; 76; *133*; 134; *135*; *138*; *146*; *148*
Kirchbach, Petrus 65; 133
Körber, Otho *18*; *22*; 43; *50*; 65; *76*; *81*; *125*; *130*; *189*; 203; 219
Korfey, Theodor *178*
Kottwitz, Leonhardt von *174*
Kotwitz, Susanna von 180
Kyros *144*

—L—

Läpple, Volker 4
Lau, Franz 117
Lea *18*
Leonhard, hl. 54
Leyser, Polycarp *140*
Linck, Wenzeslaus 116
Lorentz, Anna *38*; 83; *84*

Lucius, Anton-Henrich *178*; *179*; 182
Lucius, Elisabeth *179*
Lucius, Johann-Gerlach *178*; *179*; *182*
Lucius, Johann-Leonhart *178*; *179*; *182*
Lund, Emerentia *28*; *29*; 33; *34*; 37; *38*; *39*; 40; 83
Luther, Martin *14*; *18*; 21; 24; *28*; 31; *36*; 40; *43*; *51*; 56; *57*; *59*; 61; *64*; 67; *73*; 79; 80; *81*; *83*; 85; 87; *95*; 97; 98; 111; *112*; 115; 116; 120; 122; *125*; 131; *132*; 134; *136*; *138*; *143*; *152*; 161; 162; 164; 165; *166*; *173*; 175; 179; *205*; *208*; *222*

—M—

Mamertus, hl. *55*
Mandelsloh, Agnesa von *178*; *181*
Marezoll, Johann Gottlob 22; *23*; *32*; 189; 190; 198
Margaretha, hl. 53; 55; 57; 59; *104*; *124*
Maria, Mutter Jesu, hl. *32*; 54; 55; 56; *59*; *71*; *75*; *100*; *124*; 147; 148; 158; *159*; 160; 163
Mathesius, Johann 77; *78*
Mause, Lloyd de 7
Meißner, Balthasar 132; *133*; *134*; 135; *138*; 146; *147*; *153*; *154*; *162*; *163*; 166
Melanchthon, Philipp *57*
Mercurio, Scipio *26*; *83*
Meyer, Margaretha 33; 76
Moller, Martin *36*; *39*; *52*; *180*
Mörsdorf, Josef 6
Mose *62*; *75*; *132*; *133*; *136*
Mueller, Magdalena 20
Müller, Adam Lebrecht *154*

Müller, Heinrich *23*; *27*; *43*; *61*; *64*; *66*; *75*; *82*; *84*; *123*; *163*
Muralt, Johann von *28*; 46; 48

—N—

Naeman *144*
Nakatenus, Wilhelm *54*; *124*
Naturp, Gabriel *178*
Neander, Christina Sophia *29*
Nebukadnezar *144*
Nikodemus *121*
Nipperdey, Thomas 1
Nismitz, Hans Georg von *178*

—O—

Onan *23*
Osiander, Andreas *99*; 115
Osiander, Friedrich Benjamin *28*; *32*; *56*; *97*; *100*; *119*
Osiander, Johann Friedrich *74*
Otter, Jacob *21*; *78*
Oyen, Otto von *40*; *178*

—P—

Paulus, hl. *75*; *84*; *109*; 131; *132*; *137*; *142*; 149
Perchta *169*
Petrus, hl. *62*; *100*; *104*; 113; 216
Pfaffreuter, Hieronymus 176
Pharao *132*
Pinehas *64*
Pistorius, Anna Magdalena *177*; *180*
Pius X. *104*
Plessken, Anna Sibylla *26*; 64; *83*
Post, Catharina *178*
Priscilla *109*
Prittwitz und Gaffron, Anna Elisabeth von *33*; *62*; *80*; 82

—Q—

Quistorp, Johann Nikolaus *142*

—R—

Rahel *21*; *30*; *39*; *43*; *51*; *53*; 61; *62*
Rambach, Johann Jakob *178*; *179*; 180; *181*; *182*; *184*
Rayer, Dorothea *20*; *22*; 51; *52*
Reichenbach, Lucretia von *33*; *39*; *40*; *65*
Reimann, Maria *20*; *28*; *29*; *82*
Reinhard, Wolfgang 4
Richter, Maria 26
Riecke, Gesche Ursula 64
Rinckart, Martin 207
Rosenmüller, Johann Georg *199*; *204*
Rotenburg, Eva *39*
Rotzetter, Anton 5

—S—

Sanherib 43; *132*
Sarcerius, Erasmus *108*
Schimmer, Georg 22; 34; *35*; *44*; *62*; 82; *125*; *160*; *188*; *203*; *211*
Schmid, Johann August 180
Schmolck, Benjamin *182*; *184*; *198*
Schneidewind, Elisabeth-Maria *30*; *39*; *53*; *64*; *65*; *81*
Schrey, Catharina *23*; *52*
Schroeder, Joachim *201*
Schroeder, Maria *64*
Schulze, Dorothea Elisabeth *181*; *183*
Schurtzmann, Johann 63
Schütte, Johann Heinrich *46*
Scriver, Christian *21*; *32*; *179*; *181*; *183*
Seebaß, Gottfried 114; 115; 116; 117

Shorter, Edward 7
Siegemund, Justine 46; 47; *48*; 53; 56
Starcke, C.H. *120*
Stark, Johann Friedrich *18*; 19; *21*; 22; *23*; *24*; 27; *28*; *34*; *38*; 42; *43*; 44; *50*; *51*; *52*; 61; 62; *66*; 69; 77; 83; *84*; *87*; *88*; *130*; 188; 189; 191; *196*; *197*; 198; 199; 201; 202; *203*; 204; *211*; 217; 224
Staudte, Susanna *64*
Steding, Elisabeta Kunigunda *64*; 65; 82
Steding, Wilke *36*; *38*
Steidele, Raphael Johann *32*
Stein zum Altenstein, Anna Susanna von *23*; 27; *32*; *61*
Stengel, Georg *188*
Stölzlin, Bonifazius 18; *24*; *26*; 28; 30; 31; 32; *33*; 35; 39; *40*; *41*; 42; *43*; 44; *45*; *46*; *50*; *52*; *59*; 61; 62; *65*; 66; 67; 68; 69; *75*; 76; *80*; *81*; *82*; 84; 88; *123*; 125; *129*; 130; *133*; *134*; *135*; *136*; 146; *147*; *148*; 152; *156*; 157; 160; *164*; *166*; *169*; *171*; 188; 189; 196; *199*; 203; *204*; *211*; 214
Stosch, Adam Gottfried von *179*; 182
Strzela und Oberwitz, Maria Helena von 29; *82*
Stupperich, Robert 6
Suarez, Franciscus *106*; *119*; 135; 145; *146*; *155*; *156*; 160; *162*

—T—

Tanzmann, Helene *37*
Tanzmann, Paul 175
Tarnow, Paul *98*; *100*; *109*; *120*
Teller, Christina Barbara *29*

Thomas von Aquin *99*; 106; 110; *111*; 113

—U—

Urlsperger, Samuel *39*; *178*

—V—

Vagetius, Anna *61*; *64*
Vigilius, hl. 54
Vogel, Matthäus *31*
Völter, Christoph *23*; *26*; *28*; 47
Voragine, Jacobus de *53*; 54

—W—

Waise, Regina *38*; *75*
Walch, Johann Georg 14; *128*; *135*; *138*; 148; *149*; *151*; *152*; *154*; *155*; *158*; *159*; 162; 163; *164*; 165; *167*
Walther, Johanna Christina *37*; 63; *64*
Wangenheim, Otto Bastian zu *178*; *180*; *182*
Wangenheim, Rudolf Georg zu *178*; 180; *182*
Weida, Marcus von 22
Weller, Hieronymus *23*; *41*
Wex, Anna Christine 22
Wille, Alexander 37
Witsius, Hermann *158*
Wittich, Johann 46
Wotan *169*
Wyle, Niclas von 22

—Z—

Zacharias *160*; 213
Zeämann, Georg *17*; *32*
Zesen, Philipp von *20*; 30; *31*; 34; 35; *40*; *44*; 52; *78*; *192*; *197*; 198; *203*; 220

Ziegler, Clemens *147*; *149*; *159*
Zimmerli-Witschi, Alice 6
Zinn, Magdalena *32*; 38; *67*

Zippora *109*; *133*
Zwingli, Huldrych 140; *141*; *150*; *152*

B. Bibelstellen

Gen	1,28	18; 21; 213
	3,16	34; 50
	3,17-19	30
	4,17	*139*
	5,3	*139*
	17,7	134; *136*; *141*; *142*; *221*
	22,6 f	64
	25,19-34	*164*
	25,23	149
	25,26	164
	29,32	*18*
	30,1	*21*
	32,27	*64*
	35,16 f	*43*; 61
	35,16-19	*30*
	35,18	*51*; *53*
	38,1-11	*23*
	38,23-33	64
2. Mose	1,22	*134*
	4,24 f	*109*
	4,25	*133*
	14,15	*132*
	20,7	56
	21,22	*25*
3. Mose	12,1-8	72; 74
	12,4	*77*
4. Mose	22,28	145
5. Mose	22,6 f	*64*
Jos	5,5	*135*
1. Sam	1,11	20
	2,1	*18*
2. Sam	4,10	*64*
	12,23	*135*; *222*
	24,14	35
2. Kön	19,3	*220*
Hiob	3,11-18	*149*
	10,10-12	*18*
	10,13	216

	10,21	*136*
	14,4	*142*
	26,6	*136*
Ps	8,3	183; 184
	22,10	*218*
	31,16	216
	48,7	35
	50,3	*56*
	50,15	52; *220*
	51,7	*141; 142*
	62,4	35
	71,6	*220*
	88,13	*136*
	94,17	*136*
	103,13	*148; 218*
	113,9	214
	121,2	*43*
	127,3	18; *183*; 213
	128,3	*213*
	130,1	35
	139,33	*148*
Pred	3,2	50
Jes	4,14	*62*
	17,18	28
	19,16	*30*
	29,24	*134*
	30,15	217
	37,3	43; 214
	37,4	*132*
	38,14	35
	46,3	50
	46,3 f	*44*
	48,18	*134*
	49,1	*148*
	49,25	*134*
	53,7	*66*
	58,9	*203*; 220
	66,7	50
	66,9	50
Jer	1,5	*148*; 149
	6,31	28

	17,5	215
	20,17	*149*
	23,9	34
	48 passim	34
	49 passim	34
	50,41	*30*
Kl	1,20	34
Hes	18,19	132
	18,20	*133*
	33,11	*146*
Dan	3,1-30	43
Hos	12,3 f	*164*
Joel	2,16	183
Jona	3,4-9	183
Hab	2,34	*166*
Sach	8,6	*163*
Mal	1,1	*148*
	1,2 f	149
Mt	1,20	*120*
	2,16-18	157; *158*
	3,2	*157*
	7,7	129
	8,5 ff	*129*
	8,6	*166*
	11,28	59
	15,21-28	*129*; *166*
	15,22	*166*
	18,1-11	*129*
	18,3	*161*
	18,14	*147*; *221*; *223*
	18,19	129
	18,20	*129*; 219
	19,14	*147*; 219; *223*
	20,1-15	84
	28,19	108
Mk	10,13	*158*
	10,13-15	94
	10,13-16	*156*
	10,14	129; 130; *131*; 147; *156*; 176; *221*
	11,24	129; 219

	13,14	128
	16,14	*129*
	16,16	126; *154*; *162*; *165*
Lk	1,13	*213*
	1,15	145; 158; *160*; 163; *223*
	1,37	*43*
	1,41	158; *223*
	2,35	*221*
	5,17-26	*166*
	7,11-17	*166*
	8,49-56	*166*
	9,39	*166*
	9,56	*146*
	18,16	*147*
	22,39-46	69
	22,42	40
	23,39-43	157
	23,43	67; *222*
	23,46	40
Joh	1,5	*129*
	2,4	50
	2,16	*32*
	3,5	120; *121*; 136; *159*
	3,6	*142*
	3,16	*151*
	3,18	*162*
	3,36	*154*; *162*
	4,43-54	*166*
	4,47	*166*
	13,1	34
	14,13	129
	15,9	*61*
	16,16-23	*43*
	16,21	34; 50; *51*
Apg	1,24	132
	2,16	*157*
	2,39	*136*; 137; *139*; *148*
	3,25	*137*; *138*; *147*
	10,44-47	158
	14,22	*180*
	18,26	*109*

Röm	1,1	149
	1,17	*153*; 165; *166*
	2,29	*137*
	3,28	*84*
	4,5	165
	5,1	*85*
	5,12	*142*
	8,1	216
	8,26	*132*
	8,26 f	131
	8,28	*197*; 216; *217*
	9,6-8	*165*
	9,10-13	149
	9,11-13	*142*
	9,13	*148*
	10,12	*144*
	10,14-17	*162*
	16,3	*109*
1. Kor	5,12	*137*; *152*; *153*
	6,12	*138*
	7,14	*137*; *138*; *140*
	9,22	75
	10,13	*203*; *228*; 220
	14,34	108
	15,3	*142*
2. Kor	12,9	*43*; *218*
Gal	3,6 f	*165*
Eph	2,3	139; *141*; *142*
	3,20	132
	3,29	132
	5,26	*98*
	6,10-17	*60*
Phil	1,6	*65*
1. Thess	3,3	215
	4,13	*222*
1. Tim	1,15	*146*
	2,1	*153*
	2,3-5	*60*
	2,9	*146*; *147*
	2,15	70; 71; 75; 76; *77*; *84*; 85; 217

	4,9	146
	6,12	*60*
2. Tim	4,7	*50*; *65*
	4,7 f	*181*
1. Petr	2,9	109
	2,19	216
	3,7	30; 216
	4,17	*32*
	5,6	215
1. Joh	1,7	*157*; *158*
	1,8	157
	2,2	151
	5,14	219
	5,14 f	129
Hebr	2,1-4	*148*
	2,14 f	*146*
	2,34	*153*
	4,15	69
	10,23	*151*
	10,36	215
	11,6	*162*; 184
	12,3	215
Offb	1,6	157
	7,14	82
	12,1 f	*28*
	20,12	*154*
	21,27	*154*

Nachweise

Abb. 1: Geburtsdarstellung auf dem Titelblatt von Thomas Günthers "Trost-buechlein fuer die Schwangeren vnd Geberenden Weiber", Frankfurt am Main 1566. Das Original befindet sich im Besitz der Herzog August Bibliothek Wol-fenbüttel; Signatur: HABWf 1000.1 Theol. (2). Abdruck mit freundlicher Ge-nehmigung der Herzog August Bibliothek Wolfenbüttel vom 29.11.1995.

Abb. 2: Titelblatt der Leichenpredigt von Johann Schurtzmann auf Johanna Christina Walther, geb. Walther, Breslau 1730. Das Original befindet sich im Besitz der Universitätsbibliothek Wroclaw; Signatur: UB Wroclaw 555001; Forschungsstelle für Personalschriften, Nr. 3267. Abdruck mit freundlicher Genehmigung der Universitätsbibliothek Wroclaw vom 22.12.1995.

Abb. 3: Titelblatt der theologischen Dissertation des Leipziger Professors Christian Friedrich Börner über den "Glauben Jacobs im Mutter-Leibe".
Das Original der Schrift "De Fide Iacobi in Vtero", Leipzig 1734, befindet sich im Besitz der Herzog August Bibliothek Wolfenbüttel; Signatur: HABWf Li 718. Abdruck mit freundlicher Genehmigung der Herzog August Bibliothek Wolfenbüttel vom 29.11.1995.

Abb. 4: Titelblatt der Leichenpredigt von Hieronymus Pfaffreuter auf Jacobus Janus, Regensburg 1635. Das Original befindet sich im Besitz der Universitätsbibliothek Erlangen-Nürnberg; Signatur: UB Erlangen-Nürnberg Thl.XIX,23.4; Forschungsstelle für Personalschriften, Nr. 254. Abdruck mit freundlicher Genehmigung der Universitätsbibliothek Erlangen-Nürnberg vom 1.12.1995.

Abb. 5: Bildnis des Verfassers des "Gebetbuechleins fuer Schwangere, Gebaehrende, und fuer Unfruchtbare", o.J., 1731, Johann Friedrich Stark. Das Original befindet sich im Besitz der Universitätsbibliothek Siegen; Signatur: UB Siegen S04 ITR 2554, Id.-Nr.: W4764268. Abdruck mit freundlicher Genehmigung der Universitätsbibliothek Siegen vom 1.12.1995.

Abb. 6: Titelblatt des Gebetbuchs "Wie ein Christ Gott teglich dancken / seine suende beichten / vnd beten sol", 1582. Das Original befindet sich im Besitz der Herzog August Bibliothek Wolfenbüttel; Signatur: HABWf 860 Theol. 8o 0384. Abdruck mit freundlicher Genehmigung der Herzog August Bibliothek Wolfenbüttel vom 29.11.1995.

KONTEXTE

Neue Beiträge zur Historischen und Systematischen Theologie

Herausgegeben von Prof. Dr. Johannes Wirsching, S.T.M.
Humboldt-Universität zu Berlin

Band 1 Bernd Wildemann: Das Evangelium als Lehrpoesie. Leben und Werk Gustav Volkmars. 1983.

Band 2 Andreas Fuhr: Machiavelli und Savonarola. Politische Rationalität und politische Prophetie. 1985.

Band 3 Rainer Hauke: Trinität und Denken. Die Unterscheidung der Einheit von Gott und Mensch bei Meister Eckhart. 1986.

Band 4 Johannes Wirsching: Glaube im Widerstreit. Ausgewählte Aufsätze und Vorträge. 1988.

Band 5 Harald Knudsen: Subjektivität und Transzendenz. Theologische Überlegungen zu einer Theorie der Letztbegründung des Ichs. 1987.

Band 6 Egon Franz: Das Opfersein Christi und das Opfersein der Kirche. Der Opferbegriff Augustins als Beitrag zum Verständnis der Eucharistie in den Konvergenzerklärungen von Lima 1983. 1988.

Band 7 Karl-Christoph Kuhn: Kirchenordnung als rechtstheologisches Begründungsmodell. Konturen eines neuen Begriffs und Modells katholischer Rechtstheologie unter besonderer Berücksichtigung von Peter J.M.J. Huizing. 1990.

Band 8 Thomas Beelitz: Die dynamische Beziehung zwischen Erfahrung und Metaphysik. Eine Untersuchung der Spekulativen Philosophie von Alfred North Whitehead im Interesse der Theologie. 1991.

Band 9 Insik Choi: Die taologische Frage nach Gott. Paul Tillichs philosophischer Gottesbegriff des "Seins-Selbst" und sprachliche Verantwortung des Glaubens in Begegnung mit dem Taogedanken Laotzus. 1991.

Band 10 Hermann Detering: Paulusbriefe ohne Paulus? Die Paulusbriefe in der holländischen Radikalkritik. 1992.

Band 11 Kurt Gins: Experimentell-meditative Versenkung in Analogie zur klassisch christlichen Mystik. Religionspsychologische Untersuchung auf introspektiver Grundlage. 1992.

Band 12 Johannes Wirsching: Glaube im Widerstreit. Ausgewählte Aufsätze und Vorträge. Zweiter Band. 1993.

Band 13 Silvia Soennecken: Misogynie oder Philogynie? Philologisch-theologische Untersuchungen zum Wortfeld "Frau" bei Augustinus. 1993.

Band 14 Reinhard Simon: Das Filioque bei Thomas von Aquin. Eine Untersuchung zur dogmengeschichtlichen Stellung, theologischen Struktur und ökumenischen Perspektive der thomanischen Gotteslehre. 1994.

Band 15 Axel Lange: Von der fortschreitenden Freiheit eines Christenmenschen. Glaube und moderne Welt bei Karl Gottlieb Bretschneider. 1994.

Band 16 Helmut Krause: Theologie, Physik und Philosophie im Weltbild Karl Heims. Das Absolute in Physik und Philosophie in theologischer Interpretation. 1995.

Band 17 Jan Rachold (Hrsg.): Schleiermacher - eine Briefauswahl. 1995.

Band 18 Ralf K. Wüstenberg: Glauben als Leben. Dietrich Bonhoeffer und die nichtreligiöse Interpretation biblischer Begriffe. 1995.

Band 19 Harald Rimbach: Gnade und Erkenntnis in Calvins Prädestinationslehre. Calvin im Vergleich mit Pighius, Beza und Melanchthon. 1996.

Band 20 Klaus Schwarzwäller: Um die wahre Kirche. Ekklesiologische Studien. 1996.

Band 21 Ulf Liedke: Naturgeschichte und Religion. Eine theologische Studie zum Religionsbegriff in der Philosophie Theodor W. Adornos. 1997.

Band 22 Martin Detmer: Gott in Jesus mit den Menschen. Zum offenbarungstheologischen Ansatz bei Wilfried Joest. 1997.

Band 23 Wichmann von Meding: Österreichs erstes Reformationsjubiläum. Jakob Glatz und die Gemeinden Augsburgischer Konfession 1817/18. Ein Modell des Verhältnisses von Kirchenleitung und Verkündigung. 1998.

Band 24 Ralf K. Wüstenberg (Hrsg.): Wahrheit, Recht und Versöhnung. Auseinandersetzung mit der Vergangenheit nach den politischen Umbrüchen in Südafrika und Deutschland. 1998.

Band 25 Rainer Withöft: Civil Religion und Pluralismus. Reaktionen auf das Pluralismusproblem im systematisch-theologischen Diskurs. 1998.

Band 26 Michael F. Möller: Die ersten Freigelassenen der Schöpfung. Das Menschenbild Johann Gottfried Herders im Kontext von Theologie und Philosophie der Aufklärung. 1998.

Band 27 Wilhelm Schmidt: Der brennende Dornbusch. Eine Darlegung des Evangeliums nach Johannes. 1999.

Band 28 Philippus Theophrastus Paracelsus: Astronomia Magna oder die ganze Philosophia sagax der großen und kleinen Welt. Herausgegeben, bearbeitet und mit einem Nachwort versehen von Norbert Winkler. 1999.

Band 29 Johannes Wirsching: Glaube im Widerstreit. Ausgewählte Aufsätze und Vorträge. Dritter Band. 1999.

Band 30 Rainer Hauke: Gott-Haben – um Gottes Willen. Andreas Osianders Theosisgedanke und die Diskussion um die Grundlagen der evangelisch verstandenen Rechtfertigung. Versuch einer Neubewertung eines umstrittenen Gedankens. 1999.

Band 31 Eckhard Struckmeier: 'Vom Glauben der Kinder im Mutter-Leibe'. Eine historisch-anthropologische Untersuchung frühneuzeitlicher lutherischer Seelsorge und Frömmigkeit im Zusammenhang mit der Geburt. 2000.

Wolfgang Beutin

ANIMA. Untersuchungen zur Frauenmystik des Mittelalters
Teil 2: Ideengeschichte, Theologie und Ästhetik

Frankfurt/M., Berlin, Bern, New York, Paris, Wien, 1998. 235 S.
Bremer Beiträge zur Literatur- und Ideengeschichte.
Herausgegeben von Thomas Metscher und Wolfgang Beutin. Bd. 23
ISBN 3-631-31489-2 · br. DM 59.–*

ANIMA ist eine erstaunliche Dame. Mystische Texte erzählen von ihren abenteuerlichen Fahrten, Fährnissen und Erfahrungen in den Bezirken des Diesseits und Jenseits. Hier liegt nun der zweite Teil von Wolfgang Beutins Gesamtwerk vor, das von ihr handelt. Nachdem der Verfasser im ersten Teil einen Forschungsüberblick gegeben hatte, versucht er im zweiten Teil eine Analyse der Grundkategorien, die bei der Befassung mit der Geschichte und Theorie der Mystik des Mittelalters – vor allem der Frauenmystik – benötigt werden. In drei Abschnitten setzt er sich mit der Ideenwelt auseinander, wodurch die Mystik und das mystische Schrifttum gekennzeichnet sind, insbesondere auch mit ihrem theologischen Fundament: den Begriffen „Gott", „Erfahrung" und „Seele" (anima), sowie mit der Ästhetik der mystischen Niederschriften. Diese Überlegungen des Autors zielen auf eine spezifische Literaturtheorie der Mystik.

Aus dem Inhalt: Religion, Philosophie und Triebhaushalt · Zum Gottesbild · Cognitio Dei experimentalis · Bilder der Seele und der Seelenbegriff · Supernaturale Personen im geistlichen Schrifttum und in der bildenden Kunst · Zur Literaturtheorie der mystischen Niederschriften

Frankfurt/M · Berlin · Bern · New York · Paris · Wien
Auslieferung: Verlag Peter Lang AG
Jupiterstr. 15, CH-3000 Bern 15
Telefax (004131) 9402131
*inklusive Mehrwertsteuer
Preisänderungen vorbehalten